화이트헤드 철학에 입문합니다 I
- 화이트헤드 철학을 처음 만나는 사람들을 위한 기초 입문서

미선 정강길 지음

초판 펴낸날 / 2019년 1월 20일
펴낸곳 / 몸학연구소
펴낸이 / 정강길
등록번호 / 405-96-10652 (2018년 11월 15일)
몸학연구소
서울특별시 금천구 가산디지털2로 98, 2동 209호(가산동, IT캐슬)
E-Mail: freeview21@daum.net
보급처: 유통

Entering into the Whitehead's Process Philosophy
by Misun Jeong Kang Gil
Copyright @ Jeong Kang Gil 2019
Printed in Seoul
Mommics Institute

ISBN 979-11-965984-2-6
값 25,000원

화이트헤드 철학에 입문합니다 I

- 화이트헤드 철학을 처음 만나는 사람들을 위한 기초 입문서

제 1 권

미선 정강길 지음

"존재하는 모든 것은
그 자신과 타자와 전체를 위한
모종의 가치를 지니고 있다."

― A. N. 화이트헤드

화이트헤드 1차 문헌과 약어 표기

UA (1898). *A Treatise on Universal Algebra: With Applications* (2009), Cambridge: Cambridge University Press.

PNK (1919) *An Enquiry Concerning the Principles of Natural Knowledge*. Cambridge: Cambridge University Press.

CN (1920). *The Concept of Nature* (2015), Michael Hampe (Preface to this edition by), Cambridge: Cambridge University Press.

R (1922). *The Principle of Relativity*. Cambridge: Cambridge University Press.

SMW (1925). *Science and the Modern World* (1948), New York: Pelican Mentor Books., 오영환 역. 『과학과 근대 세계』 (2008), 서울: 서광사.

RM (1926). *Religion in the Making* (1996), New York: Fordham University Press.

S (1927). *Symbolism, Its Meaning and Effect* (1958), Cambridge: Cambridge University Press.

PR (1929). *Process and Reality : An Essay in Cosmology* (1978), Edited by David Ray Griffin and Donald W. Sherburne (Corrected Edition). New York: The Free Press., 오영환 역, 『과정과 실재』 (2003), 서울: 민음사.

FR (1929). *The Function of Reason*. Boston: Beacon Press.

AE (1932). *The Aims of Education*. Boston: Beacon Press.

AI (1933). *Adventure of Ideas* (1967), New York: The Free Press.

MT (1938). *Modes of Thought* (1968), New York: The Free Press.

ESP (1947). *Essay In Science and Philosophy* (1968), New York: Greenwood Press.

D (1954). *Dialogues of Alfred North Whitehead*. Lucien Price (As Recorded by), Boston: Monthly Press Book.

▲ 알프레드 노스 화이트헤드 (Alfred North Whitehead, 1861-1947)

● 일러두기

1. 본서는 가능하면 앞에서부터 차례대로 정독해주기를 권하고 있다. 왜냐하면 뒤로 갈수록 앞에서 소개된 개념들이 계속 누적되고 활용되면서 뒤의 새로운 내용들 역시 소개되고 있기 때문이다. 이 점에서 (특히 제5장부터는) 일주일에 한 장씩 습득하는 **슬로우 독서**를 추천 드리는 바다.

2. 본서에 수록된 화이트헤드의 1차 문헌 출처는 본문 안에 표시했고 그 표기 설명은 다음과 같다.

    (PR   11 / 65)

    여기서 PR은 원서 *Process and Reality* 약어 표시, 그리고 앞 숫자는 원서의 쪽수이고, 뒤의 숫자는 국역판의 쪽수다. 다만 필자가 화이트헤드의 원문과 대조해 번역된 내용에서 약간 수정한 경우도 있기 때문에 가능하면 독자분들도 원서의 내용과 직접 비교해서 보길 권해 드린다.

3. 본서에 사용된 남녀 아바타와 몇 가지 그림 파일은 한글 문서 작업의 기본프로그램 안에 있는 그리기마당의 그림을 사용한 것임을 말씀드린다. 또한 본서에 인용된 화이트헤드 저작의 본문 내용에 대한 밑줄 표시들은 모두 필자가 강조해놓은 표시라는 점도 함께 말씀드린다.

● 차례

화이트헤드 철학에 입문합니다 I

[제1권]

서문 – 왜 화이트헤드를 만나려 하는가? ———————————— 1

제1장 화이트헤드의 생애와 학문적 여정에 대한 간단 소개 ———— 55

제2장 화이트헤드는 왜 하필 <형이상학>의 구축으로 뛰어들었나? —— 85

제3장 화이트헤드는 <어떤 방법>으로 자신의 형이상학을 구축한 것인가 -- 139

제4장 범주 도식, 화이트헤드 철학의 주요 개념들에 대한 기본 도안 —— 183

제5장 화이트헤드 철학의 핵심 개념, <현실 존재> 이해하기 ————— 199

제6장 현실 존재와 함께 <영원한 객체>와 <창조성> 이해하기 ———— 267

제7장 현실 존재의 합생 내부 들여다보기 (1) ——————————— 313
– <포착>과 합생의 <초기 위상들>에 대한 이해

제8장 현실 존재의 합생 내부 들여다보기 (2) ——————————— 377
– 합생 후기 위상의 <비교적 느낌들> 이해 : 물리적 목적, 명제적 느낌,
  지성적 느낌[* 화이트헤드 철학의 <의식> 이해] ———————— 432

주[註] (참조 문헌) ————————————————————— 481
찾아보기[Index] —————————————————————— 495

화이트헤드 철학에 입문합니다 Ⅱ

[제2권]

제9장 화이트헤드의 지각 이론
      - 인과적 효과성, 표상적 직접성, 상징적 연관

제10장 자연의 계층구조
      - 결합체와 여러 사회들

제11장 화이트헤드는 왜 신을 끌어들인 것인가?

제12장 우주의 창조적 전진 : 신-나-타자 얽힘의 공동 창조

[부록] 화이트헤드 철학 이후의 수정 입장들
      - 존재[과정]의 이유와 모험

후기 - 화이트헤드에게도 레닌이 필요하다?!

주[註] (참조 문헌)

찾아보기[Index]

감사의 말

겨울 바다를 바라보면서 문득 〈겨울〉과 〈바다〉에 감사함을 느끼는 심정은 어떤 연유일까 하는 생각부터 듭니다. 여기서 '겨울'이라 함은 〈어렵고 힘든 시절〉을 뜻하고 '바다'는 〈광대무변한 자연의 깊이〉를 뜻한다고 볼 수 있겠습니다. 본서는 여러 해를 거쳐 정말 우여곡절 끝에 매우 힘들게 나온 저작이라는 점을 고백하지 않을 수 없습니다. 그동안 여러 성원을 보내주신 분들이 계십니다. 제가 일일이 미처 다 기억해내지도 전하지도 못한 점에 있어서는 송구하다는 말씀을 올립니다.

먼저 이 책은 다음과 같은 책들에 많은 빚을 지고 나온 것임을 말씀드리지 않을 수 없겠습니다. 그 점에서 꼭 감사를 드리고 싶습니다.
- A. N. 화이트헤드 지음, 오영환 역, 『과정과 실재』, 민음사, 2003.
- 문창옥, 『화이트헤드 과정철학의 이해』, 통나무, 1999.
  Donald W. Sherburne [by edited], *A Key to Whitehead's Process and Reality*, The University of Chicago Press, 1966.
- Thomas E. Hosinski, *Stubborn Fact and Creative Advance*, Rowman & Littlefield Publishers, 1993.

본서에서는, 기존의 좋은 아이디어들이 있고 또한 그것이 필요하다고 생각되면 이를 적극 채택하고 활용하였음을 말씀드립니다. 특히 호진스키 책의 [합생 도표 그림]과 셔번이 언급한 차이니즈박스 아이디어는 본서에서 그림으로 매우 유익하게 활용했다고 볼 수 있겠습니다.

그렇지만 혹시라도 본서의 내용과 관련해 어떤 문제라도 발생된다면 그것은 전적으로 필자의 책임인 것이며, 위의 저자분들은 그 어떤 책임도 없음을 분명하게 말씀드립니다. 무엇보다 본서의 내용에 대해 모든 화이트헤드 연구자들과 해석자들이 동의해야 할 필연적 이유도 없기 때문에 행여 본서를 통해 오해나 논란이 있게 된다면, 그것은 전적으로 필자의 역량 부족에서 비롯된 것임을 명확히 해두고자 합니다.

한국화이트헤드학회 전(前)회장이셨던 장왕식 교수님과 정승태 교수님 그리고 현재 회장직을 맡고 계신 김영진 교수님에게도 감사의 말씀을 전합니다. 어려운 학회사정에도 불구하고 학회를 위한 일로서는 여러 도움을 주신 점이 크다고 할 수 있겠습니다.

또 한편으로 제가 속한 과학사상연구회 선생님들께도 감사의 말씀을 전합니다. 특별히 권오대 선생님, 김덕년 선생님, 김성구 선생님, 김성원 선생님, 박은정 선생님, 신재식 선생님, 안기석 종무관님, 채수일 목사님, 현우식 선생님, 홍석인 선생님께서는 참석 때마다 따뜻한 환대를 해주셨고, 이는 좋은 모임을 통해 부족한 제게도 상호 자극을 받을 수 있는 배움의 기회가 되었음을 말씀드리지 않을 수 없겠습니다.

본서는 몸학연구소를 통해 함께 화이트헤드 철학 공부를 하고 계시는 이재천 선생님께도 진심으로 감사의 말씀을 드리고 싶습니다. 마치 화이트헤드가 말년에 믿기 힘든 왕성한 활동력을 보인 것처럼 적어도 화이트헤드 공부에 대한 열정과 신념은 제가 따라갈 수 없을 정도로 절로 머리 숙여지는 점이 있습니다. 진심으로 이재천 선생님 내외분의 건강과 행복을 언제나 기원하는 바입니다.

끝으로 나의 사랑하는 가족에게도 고마움을 담아 표현해보고자 합니다. 본서가 나오기까지는 사랑하는 아내의 지속적인 격려와 애정어린 조언이 없었다면 결실을 맺는 것이 거의 불가능하지 않았을까 생각합니다. 본서의 출간이 그 고마움에 어느 정도라도 보답이 될 수 있기만을 희망해봅니다. 또한 같은 한 식구인 우리 앨티(반려묘 애칭)에게도 나의 고마움이 함께 전해졌으면 하는 마음입니다.

2018년 11월 12일
속초 동해 바다를 보면서
펜을 놓다

서문

- 왜 화이트헤드를 만나려 하는가

"단편적인 지식정보는 교양과는 아무런 상관이 없다.
단지 박식하기만 한 인간은 지구상에서
가장 쓸모없이 따분하기만 한 인간이다."

— A. N. 화이트헤드

철학의 난해함과 일반 대중과의 괴리

'삶은 배움의 연속'이라고도 말하지만 우리 모두는 과연 얼마만큼 그러한 삶에 충실하고 있을까? 실상 또 다른 삶의 측면에서 보면 그러한 배움의 과정에서도 온갖 난관과 곤란을 겪기도 하기에 '삶은 좌절의 연속'이라는 점도 분명히 있다. 이는 나 자신을 포함해 거의 대부분의 사람들이 경험하는 점에 해당한다. 적어도 우리가 지성의 연마라는 학문을 습득한다고 했을 때 종종 맞닥뜨리게 되는 가장 큰 어려움들 중 하나를 꼽는다면, 아마도 앞서간 현자들이 남겨놓은 〈학문의 난해함〉이 아닐까 생각된다. 이는 거의 모든 사람들이 배움의 과정에서 겪게 되는 대표적인 난관에 해당할 것이다.

그렇기 때문에 하루하루를 먹고 살아야만 하는 가난한 형편에 있는 분들이나 일상사가 너무나 바쁜 분들은 아예 일치감치 포기하거나 벽을 쌓고 지내는 경우들도 매우 많다. 물론 힘겹고 빡빡한 생계 속에서도 틈틈이 어려운 학문들까지도 익혀가는 멋진 삶을 사시는 분들도 없진 않다. 어찌되었든 〈학문의 난해함〉이 커다란 장벽이 되는 경우들도 있음을 부인할 순 없다. 하지만 또 한편에서는 배움에 대한 욕망과 갈증 역시 완전히 가시지는 못한 채로 마음 한 구석의 응어리로 남아 계신 분들도 여전히 있을 것이다.

현재 우리 앞에는 다양한 학문의 분야들이 있지만, 이 중에서도 〈철학〉philosophy이라는 학문은 그 역사가 매우 오래된 학문에 해당할 뿐만 아니라 아마도 가장 대표적인 난해한 학문 분야로도 거론되곤 한다. 게다가 철학 안에서도 존재론, 인식론, 논리학 등 다양한 분과들로 나누어지기도 할 뿐만 아니라 심지어 단 한 명의 철학자를 이해하기 위해서도 많은 사람들의 수고와 노력들이 필요할 정도다. 어쩌면 21세기의 우리는 아직까지도 무려 이천오백 년 전의 그리스[희랍] 철학자인 플라톤^{Plato}의 철학에 대해서도 여전히 모든 걸 다 이해했다고 말할 수도 없지 않나 생각된다. 분명한 점 하나는, 지금까지 인류의 지성사에 기여한 여러 현자들이 남겨놓은 〈철학〉이라는 분야야말로 인류가 남겨놓은 온갖 지적 언어들로 이루어진 난해한 개념과 말들의 대표적인 〈격전장〉으로도 손꼽힌다는 사실이다.

그래서인지 이에 대한 가장 극단적인 반응은, 아무래도 철학이라는 학문 자체의 무용론(無用論) 곧 철학은 먹고사는 일상사에는 아무런 쓸모가 없다는 주장마저 나오기도 한다. 생각건대, 학문을 직업으로 채택한 전공자나 이런 쪽에 관심 많은 식자층의 사람들을 제외한다면 적어도 먹고사는 생업에 종사하는 평범한 일반 사람들에게 〈철학〉이라는 분야는 거의 지적 허영이나 사변적인 유희를 좇는 〈생각의 사치들〉로 점철된 분야로 여겨질 가능성도 크다고 하겠다. 따라서 대학을 비롯한 한정된 공간에서 소비되는 아카데믹한 철학도 있겠고, 또 한편으로는 그럴듯한 교양 쌓기를 명분으로 어느 정도 생활의 여유가 있는 사람들이 살롱 카페에서의 잡담으로 소비하는 철학도 없잖아 있을 것이다. 그럴 경우 철학과 일반 대중 사이의 소통의 벽 자체는 계속적으로 점점 더 두터워져만 갈 수 있다. 물론 오늘날에는 자본주의 시대의 경쟁 활동과 기업 조직의 확장 경영 및 소속된 인적 역량의 증대에 복무하는 그런 철학 또는 인문학도 횡행하고 있긴 하다. 이런 경우는 대중적 접근이 좀 더 용이할 지도 모르겠다.

혹자는 〈철학〉이라는 말만 들어도 괜히 골 아픈 느낌이 들어서 딱딱한 표정과 냉랭한 반응을 보여주기도 한다. 그나마 다행인 점이 있다면, 요즘에는 철학이 특정한 식자층이나 향유할 수 있는 거라는 생각에 맞서 어렵고 난해한 철학 내용도 조금은 소화하기가 쉽도록 소개하는 대중적인 철학서들도 꽤 나오곤 한다는 점이다. 물론 이것은 현실 자본주의 체제를 살고 있는 일반 대중의 소비 욕구에 맞춰가는 지점도 있기 때문에 이를 놓고선 논란도 분분할 수 있다. 하지만 또 한편으로 보면 평범한 일상을 사는 일반인의 눈높이에도 맞춰가려는 시도라는 점에서 어느 정도 그 선택지의 폭을 확장하는 데에 기여하는 점도 있기에 매우 반갑게 보는 시선들도 있다.

알다시피 '통속적'이라는 성격은 분명 대중의 기대에 부응하려는 충족과 상업적 목적을 함의하는 점도 있겠지만 그만큼 대중 속으로 파고 들어가겠다는 목적 역시 갖고 있기도 하다. 물론 어느 분야든지 마찬가지로 철학에서도 전문 학자와 일반 대중 간의 불가피한 괴리와 간격을 인정한다손 치더라도 한편에선 이 괴리와 간격을 지속적으로 좁혀나가는 시도와 노력 역시 필요하다고 생각한다. 전문가든 일반인이든 어차피 우리 모두는 결코 고립된 세계를 살고 있지 않으며 전(全)방위적인 소통이 요구되는 광범위한 관계상의 네트워크 세계를 형성하며 살고 있다. 어떠한 특정 학문의 분야도 결코 자족적으로만 정당화될 수도 없는 노릇이다. 특정 학문의 전문성이 갖는 난해함의 위상이 일반 대중을 군림하기 위해서 있는 게 아니라면 결국은 대중적 소통의 현실 문제도 충분히 고려할 필요가 있지 않겠는가. 필자의 이 글 역시 바로 그러한 고민과 연장선상에서 나온 결과물에 해당한다고 볼 수 있다.

지성의 역사에서 난해함이 허락되는 경우란?

〈전문가〉란 국소적인 부분을 더욱 세부적으로 펼쳐놓을 줄 아는 사람들을 일컫는다. 예컨대 골프 전문가는, 해당 골프 세계의 상세한 내용과 개념 용어들을 즐비하게 풀어놓을 줄 아는 관계자일 것이다. 이때 골프를 잘 모르는 사람들은 이들 전문가들에게서 매우 생소한 골프 분야의 용어들을 접하게 된다. 마찬가지로 IT분야 전문가들도 자기 분야에서 통용되는 개념 용어들을 사용할 것이며, 필요하다면 새로운 개념 용어들도 개발할 것이다. 각각의 특정 분야들로 전문화되는 점 자체는 거부할 수 없는 현실의 흐름이기도 하다. 그럴 경우 해당 분야의 전문가나 그 분야의 오랜 관심자들이 아닌 한, 적어도 일반 대중들의 입장에서 본다면 그 특정 분야의 전문적인 개념 용어들을 들을 때마다 거의 대부분은 어렵게 느낄 만큼 매우 생소해할 것이다.

물론 전문가들이 사용하는 개념 용어가 일반 대중들 위에 군림하기 위해서 일부러 어렵게 만든 거면 문제가 있는 것이지만, 인류 지성의 역사를 잘 들여다보면 부득이하게 난해함이 허락되고 있는 지점도 있다. 지성의 역사에서 부득이하게 난해함이 허락되는 경우가 있다면 과연 어떤 경우인가? 아마도 그것은 설명과 이해에 있어 어느 정도 효율성의 축적을 확보하는 경우가 아닌가 생각된다. 예컨대, 우리는 〈피타고라스 정리〉라는 개념을 알고서 삼각형에 대한 설명을 듣는 것과 〈피타고라스 정리〉라는 개념을 모른 채로 삼각형에 대한 설명을 듣는 것은 서로 분명한 차이가 있음을 경험한다. 만일 우리가 〈피타고라스 정리〉라는 개념을 알게 되면 적어도 이 세계에 대한 이해 정도가 그만큼 더 넓어지면서도 훨씬 더 간편해지는 느낌 역시 받을 수 있다. 하지만 반대로 〈피타고라스 정리〉를 모른 채로 삼각형에 대한 설명을 들을 경우에는 좀 더 많은 설명 분량과 이해의 노력 시간들이 요구될 것이다. 오늘날까지도 각각의 분야들에서는 그 설명과 이해의 효율성을 축적해 놓은 여러 전문 개념 용어들이 등장하거나 발달한다. 이때 누군가가 그 해당 분야의 전문 용어와 개념들을 어느 정도 알고 있다면 딱 그 용어만 들어도 "아하!" 할 수 있는 편리한 소통 경험도 하게 되는 것이다. 특수한 전문 개념들의 발명은 모든 전문화의 특징에 속한다.

철학의 역사는 특히나 온갖 개념들이 난무하는, 다양한 생각들의 마당 곧 온갖 사유의 실험장이기도 하다. 그럼으로써 저마다의 몸삶을 위한 〈생각하는 법〉 혹은 자신만의 〈사고방식〉思考方式, Modes of Thought들을 더욱 예리하게 단련시켜 나간다. 각 시대마다 철학자들은 선대에서 나온 개념 용어들을 끌어오면서도 여기에 더해 새로운 개념 용어들을 다시금 창출하기도 한다. 그러다보니 철학에서 쓰는 용어들은 그야말로 온갖 개념들의 밀림 숲을 이루게 되었고, 그럼으로써 철학이라는 분야가 그만큼 대중적 접근이 더 힘들어진 분야로도 여기게 된 점이 있어왔다.

이 글은 그러한 현실 속에서 알프레드 노스 화이트헤드(Alfred North Whitehead 1861-1947)라는 사람이 펼쳤던 다소 난해하다고 알려진 그의 철학사상을 일반 대중들에게 좀 더 쉽게 소개하려는 목적으로서 시도된 입문서이다. 하지만 대중들 간에도 워낙 이해력의 편차들 역시 매우 심할 수가 있기에 단지 필자가 보는 관점에서 가능하면 시중에 나온 일반적인 대중 교양서 정도에 맞추고자 노력했을 따름이다. 모든 설명들을 일일이 구구단 수준에서만 맞춰서 장황하게만 풀어 쓸 수도 없을 것이다. 어차피 "쉽다" 또는 "어렵다" 하는 판단의 느낌들도 어떤 면에선 상대적일 수 있다. 그렇기에 필자의 작업이 성공적인 작업이라는 얘긴 전혀 못 되고 아무래도 마음에 들지 않는 부족한 점도 당연히 있을 것이다. 단지 지금까지의 전문적인 화이트헤드 철학 관련서적들보다는 가능하면 일반 대중들한테도 좀 더 쉽게 다가설 수 있는 입문용의 방향이 되도록 노력했다는 점만 말씀드린다. 이 역시 필자의 한계를 고백하지 않을 수 없는 일이다.

화이트헤드, 여전히 잘 알려져 있지 않은 난해한 철학자

이 책은 화이트헤드의 철학사상에 대한 입문적인 소개를 목적으로 한다는 점에서 그리고 그 주요 대상이 전문 연구자나 학자들을 대상으로 쓴 것이 아니라 거의 화이트헤드를 처음 접하는 일반 대중들을 대상으로 염두에 두고 썼다는 점에서 어쩌면 기존의 화이트헤드 철학 책들과는 조금 다른 색조로 느껴질 지도 모르겠다.

만일 철학 전공자가 아님에도 알프레드 노스 화이트헤드$^{\text{Alfred North Whitehead}}$라는—어쩌면 이 이름은 동양인들에겐 다소 기이하게 들릴 수도 있을법한— 생경한 철학자의 이름을 이미 잘 알고 있거나 익히 들어봤던 분이라면 그 분은 어느 정도 철학 공부가 있거나 최소한 철학 분야에 많은 관심을 갖는 분에 속하지 않을까 짐작되어진다. 왜냐하면 화이트헤드라는 이 인물은 일반적으로 철학에 큰 관심을 갖는 이가 아니라면 여간 접하기 힘든, 매우 생경한 철학자에 속하기 때문이다. 평소 잡다한 지식 정보에 강하신 분이라면 아마도 20세기 초에 나온 『수학 원리』*Principia Mathematica*의 공동 저자로서의 화이트헤드와 그리고 버트란트 러셀$^{\text{Bertrand Russell}}$ 정도는 익히 알고 있을 가능성도 있다. 알다시피 버트란트 러셀이라는 인물은 화이트헤드에 비하면 상당한 유명인사에 속한다. 워낙 출중한 다방면의 재능과 천재적 사유 그리고 왕성한 사회적 활동을 한 점도 있기에 러셀의 유명세는 분명 그럴만한 이유가 있는 명성이었다. 그럼에도 화이트헤드가 바로 이 러셀의 스승이었다는 점은 그다지 잘 알려져 있진 않은 편이다.

무엇보다 화이트헤드의 철학사상은 일반 대중에게는 물론이고 이미 학자들 사이에서도 상당히 이해하기가 까다롭다고 알려져 있는 터라 인기는 고사하고 서구 철학사의 주요 인물 소개에서도 종종 빠지기도 할 만큼 거의 망각 속에 드리워져 있었던 비운의 인물에 속할 정도다. 필자가 비운의 인물이라고까지 언급한 데에는 나름의 이유가 있다. 나중에 보겠지만, 이 철학자에게선 시대를 앞선 통찰들을 많이 엿볼 수 있음에도 불구하고 그에게선 거의 족보나 계보도 찾기 힘들고 뚜렷한 계승도 매우 드문 터라 그동안 거의 잘 알려져 있지 않았던 서양 철학자였기 때문이다.

그렇긴 해도 철학에 조금이라도 관심하는 이들 사이에선, "서구 유럽의 철학사는 플라톤 철학에 대한 일련의 각주(footnotes)로 이루어져 있다"라는 이 언명 자체는 한편으로 꽤 알려져 있는 것 같다. 화이트헤드가 그의 주저인 『과정과 실재』 *Process and Reality*(1929년 출간)에서 언급한 이 말 자체는 화이트헤드 철학을 알든 모르든 간에 많은 공감을 얻고 있는 것 마냥 여기저기서도 꽤나 즐겨 인용되고 있는 문구에 속한다. 하지만 그에 상응될 만큼의 화이트헤드 철학이 적극 소개되는 경우는 매우 드문 편이다. 즉, 그러한 화이트헤드의 언급이 그의 철학사상과 관련된 맥락에서는 과연 어떤 의미를 갖는 것인지에 대해서는 거의 고려되고 있지 않다는 것이다.

20세기 철학의 전반적 흐름과는 <다른 길>로 갔던 화이트헤드

어떤 면에서 화이트헤드의 철학이 소외될 수밖에 없었던 연유 중의 하나는 이 철학의 성격이 20세기 서양철학의 지배적 분위기나 주된 흐름과도 다른 성격을 갖는 변별적인 점에도 있었다. 이것은 화이트헤드가 플라톤 철학을 극복하고자 하는 방식과도 관련한다. 알다시피 이천년 서구 철학사에 있어 플라톤은 서양 철학의 논의에 기초 토대를 제공한 핵심 철학자로 평가된다. 그런데 이 지점에서 화이트헤드 철학의 성격과 20세기 현대 철학의 주된 흐름과는 서로 다른 색조를 보였던 것이다. 왜냐하면 20세기 서양철학사의 주요 성격은 아무래도 <반(反)형이상학> 혹은 <탈(脫)형이상학>의 기조가 높았다고 볼 수 있는데, 주로 형이상학의 폐해와 무용성 강조가 있었고 대체로 반(反)플라톤(플라톤적 도식의 역전) 혹은 탈(脫)플라톤(예컨대 합리적 이성과 진리에 대한 해체뿐만 아니라 철학에서의 그러한 성격 자체를 아예 탈피하려는 시도)의 색조를 띠는 점이 컸기 때문이다. 반면에 화이트헤드 철학의 성격은 형이상학에 대한 필요성을 적극 역설할 정도로 옹호의 입장과 함께 플라톤 철학에 대한 극복 양상도 서로 달랐을 만큼 차이가 있었다. 굳이 말한다면 예컨대 〈반(反)플라톤〉이나 〈탈(脫)플라톤〉보다는 오히려 〈친(親)플라톤〉에 더 가까웠다고 볼 수 있을 것 같다.

화이트헤드가 평가하고 있는 플라톤은 그때까지의 모든 철학자들을 통틀어서도 최고로 높게 볼 정도다. "전대미문의 유일한 천재철학자"(D 132) 또는 "이제까지 서양에서 배출된 가장 위대한 정신의 소유자"(D 230)로 칭할 만큼—물론 때론 비판적 언급도 하지만 그럼에도— 매우 두드러질 정도로 긍정적으로 높이 평가하고 있다. 특히 화이트헤드는 〈후기 플라톤〉의 유산들에 더 큰 관심을 보이면서 자신의 철학사상을 전개한 바가 있다. 그의 철학적 작업은 한편으로 플라톤의 유산들을 계승하는 점도 있으면서도 또 한편으로는 자신의 〈유기체 철학〉이라는 창조적인 체계화 작업을 펼쳐놓은 새로운 형이상학(Metaphysics)에 해당한다.

비록 화이트헤드는, 철학을 포함한 온갖 관념들의 역사를 온갖 착오들mistakes의 역사로 볼 만큼 매우 냉철한 평가의 입장이었지만, 또 다르게는 그러한 착오들을 통해 점진적으로는 행위가 정화되어는 가는 점도 있음을 언급하면서 결국 문명적인 세계 질서의 창조는 "**힘에 대한 설득의 승리**(the victory of persuasion over force)"라는 플라톤의 주장 역시 여전히 정당화될 수 있다고 봤었다(AI 25). 이러한 화이트헤드를 적어도 〈반플라톤자〉로 보긴 힘들 것이다. 물론 플라톤의 한계를 넘어서고자 했던 점도 있긴 하나 그의 저작들 곳곳에서 표명된 플라톤 철학에 대한 여러 평가와 칭송들까지 함께 종합적으로 고려해볼 경우, 굳이 말한다면 대체적으로 〈친플라톤적〉 입장에 좀 더 가깝다고 생각된다.

그래서인지 화이트헤드는 20세기 서양 현대철학의 주요 흐름에는 속하지 않았었다. 이미 그 스스로가 밝힌 것처럼 자신의 철학적 행보는 한때 같은 작업을 했었던 러셀과도 다를 만큼 명제 및 언어 분석에 치중하는 철학으로도 가질 않았었고, 오히려 그때 당시 〈논리실증주의〉 진영에선 배격했던 〈형이상학〉을 화이트헤드는 적극 옹호하는 〈사변학파〉Speculative School에 속했었다(MT 173). (* 참고로 여기서 굳이 일일이 언어분석 철학이 무엇인지 논리실증주의가 무엇인지에 대한 설명들까지 죄다 거론할 필요는 없을 것 같다.) 그러나 화이트헤드의 사변철학은 철저히 현실의 다양한 경험들에 대한 합리적 해명에 복무하고자 하는 작업으로서 제안된 〈형이상학〉이었음에도 당시로선 거의 주목받지 못했던 것이다.

그는 자신이 구축해놓은 정교한 철학 체계조차도 유보적인 가설로 간주했을 뿐만 아니라 철저히 〈경험론〉empiricism에 헌신하고자 했던 〈실험 합리주의자〉였었다. 화이트헤드는 "체계를 위해 경험을 경시하는 데에 대한 항거"가 있어야 한다는 점까지도 앞선 철학자들—특히 윌리엄 제임스William James—로부터 배울 수 있는 교훈으로 삼았었다(MT 3). 물론 그의 철학은 윌리엄 제임스뿐만 아니라 베르그송Henri Bergson, 존 듀이John Dewey로부터 힘입은 바도 컸었다(PR xii/44). 그렇기 때문에 〈형이상학〉을 추구했음에도 〈근원적[급진적] 경험론〉Radical Empiricism로도 평가되고 있다.1) 그러면서도 화이트헤드는 플라톤을 비롯해 이후의 철학자들까지도 크게 강조하지 않았던 점을 내세우거나 서양 철학사에서 버려진 잔해들을 새롭게 끌어 모으는 작업에도 착수하면서 마침내 자신만의 고유한 철학 체계를 구축해놓은 것이다.

당시 화이트헤드가 활약했던 20세기 초반의 시기는 이제 막 뉴턴의 고전물리학 세계관이 붕괴하고 아인슈타인의 상대성 이론과 양자물리학이 새롭게 등장하던 새로운 전환의 시기였다. 이는 과학사에서 볼 때도 엄청난 패러다임의 전환을 보여주는 시대에 해당한다. 절대 시공간의 세계가 무대 뒤로 물러나는 그러한 〈확실성의 붕괴〉를 목격하던 시대였었다. 그 시대의 화이트헤드는 이러한 시대적 전환이 갖는 철학적 의미를 성찰하고자 했던 것이다. 사실 수백 년 동안이나 매우 익숙해있던 낡은 세계관을 벗어난다는 건 참으로 쉽지 않은 일이라 생각된다. 어쩌면 21세기를 살아가는 우리 자신들의 사고와 세계관 역시 여전히 암암리에 뉴턴 패러다임의 근대 세계관의 사고방식들을 훨씬 더 친숙하게 지닌 채로 살아가고 있을 수도 있다.

그런데 20세기 초의 화이트헤드는 당시 새로운 현대 물리학의 성과들까지 매우 발 빠르게 흡수하면서 이를 자신의 철학 체계 속에 반영하고자 노력했었다. 그러면서도 자신의 새로운 철학을 구축할 때 〈새 술은 새 부대에〉 담아야 한다는 생각을 했는지 많은 새로운 개념 용어들을 고안해낸 점이 있었다. 뿐만 아니라 애초 수학자로서 출발한 그의 이력들에서 보듯이 그의 철학에는 기하학을 비롯한 수학적 이해들과 당대의 시공간 물리학에 대한 이해들도 함께 깔려 있다. 하지만 안타깝게도 이러한 점들로 인해 전공자든 일반인이든 상당히 접근하기가 쉽지 않은 점도 있게 된 것이다. 적어도 당시 서구인들에게도 화이트헤드가 구축한 낯선 체계와 새로운 개념들에 대한 이해와 접근성이 수월하지 않다보니 자연히 화이트헤드 철학에 대한 관심도 함께 멀어지게 된 것이 아닌가 생각된다.

"W로 시작하는 가장 위대한 20세기 철학자는? 비트겐슈타인이 아닌 화이트헤드!"

비록 화이트헤드가 많이 알려져 있진 않지만, 그럼에도 학자들 사이에선 화이트헤드 철학에 대한 몇몇 평가 정도는 이미 나와 있기도 하다. 대체로 극찬들이 주를 이루는 편인데, 애초 잘 알려진, 프래그머티

즘^{pragmatism}의 대표 사상가인 존 듀이는 화이트헤드의 『과정과 실재』를 일컬어 "철학에의 혁명적 공헌"이라는 찬사를 남긴 바가 있으며, 프랑스 철학자인 앙리 베르그송도 화이트헤드를 가리켜 "영어로 저술하는 최고의 철학자"라고 했었다. 또한 20세기 후반부터 많은 영향을 끼치고 있는 현대 프랑스 철학자인 질 들뢰즈$^{Gilles\ Deleuze}$ 역시 화이트헤드의 『과정과 실재』가 현대의 위대한 철학서로 평가받는다는 점을, 그리고 화이트헤드에 대해서는 임시적으로 영미권 최후의 위대한 철학자로 거론한 적도 있다. 그럼에도 이런 기라성 같은 학자들의 평가들도 참조에 불과하며, 그런 언급들이 곧바로 화이트헤드 철학의 정당성이나 탁월함을 절대적으로 보증해준다고는 볼 수 없을 것이다.

오늘날 과학기술학과 정치생태학을 통해 혁신적인 사상가로도 평가받는 유럽 학자인 브뤼노 라투르$^{Bruno\ Latour}$는 "20세기에서 이름이 W로 시작하는 가장 위대한 철학자는, 미안하게도 비트겐슈타인^{Wittgenstein}이 아니라 화이트헤드^{Whitehead}로 보는 것이 올바른 답변"이라고 평가하기도 했었다.[2] 물론 이는 비트겐슈타인 철학을 훨씬 더 선호하는 분들한테는 다소 껄끄럽게 들리는 언급일 수도 있겠지만, 어쨌든 필자가 여기서 말하고자 하는 바는, 적어도 화이트헤드가 현대 철학에 있어 비트겐슈타인 못지않게 참으로 중요한 철학자라는 점을 말하고자 함에 있을 뿐이다. 그럼에도 화이트헤드 철학이 정말로 그런지 안그런지는 어차피 직접 공부해서 확인해봐야 아는 법이니까 여기서는 단지 이런 몇몇 극찬의 평가들이 익히 나와 있다는 점만 알고 그냥 넘어가도록 하자. 적어도 화이트헤드가 구축해놓은 철학 작업의 성과들과 비교해볼 경우, 그는 서양 철학자들 중에서도 거의 잘 알려지지 않았던, 그야말로 비대중적인 소외된 철학자였었다는 점만은 분명한 사실로 보인다. 적어도 지금까지는 대체로 그러했었다.

서문 - 왜 화이트헤드를 만나려 하는가

"화이트헤드는 굉장히 대담한 사상을 펼쳤지만, 불행히도 훨씬 덜 연구되었어요!"
- 브뤼노 라투르3)

결국 이 책을 쓰는 목적에도 부합되겠지만 필자가 이러한 얘길 꺼내는 이유 중 하나는, 아무래도 화이트헤드의 사상이 좀 더 널리 알려졌으면 좋지 않을까 하는 솔직한 마음에서 나온 것임을 고백하지 않을 수 없다. 오늘날 현시점에서도 화이트헤드 철학을 들여다보면 과학, 종교, 예술, 교육 등 여러 분야의 연구자들이 보기에도 나름대로 앞선 파악과 유용한 통찰들을 꽤 발견할 수 있지 않은가 하는 생각 역시 들었기 때문이다. 특히 오늘날에도 대립과 갈등 관계로만 보일 수 있는 과학과 종교에 대해서는 더욱 그러하다고 생각된다. 여기선 일례로 단지 몇 가지만 먼저 조금 언급해보고자 한다.

현대 자연과학과도 잘 어울릴만한 배경의 <철학적 세계관>을 제공

우선 화이트헤드가 자신의 생애 말년에 꽃 피운 <과정철학>Process Philosophy은 현대의 과학사상에도 잘 어울린다는 평가가 있다. 일단 그의 철학에서 가장 중요한 개념으로 많이 언급되는 <과정>process과 <유

기체>organism에 대한 의미부터 살펴보자. 화이트헤드가 보는 이 우주는 정태적인 우주가 아니라 항상 역동적인 과정을 드러내는 <팽창하는 우주>라는 점이 있다. 즉, 그는 팽창하는 우주를 철학적 관점에서 주장한 것이다(PR 215/431). 알다시피 화이트헤드 철학을 다른 말로 <과정철학> 혹은 <유기체 철학>philosophy of organism이라고 부를 만큼 그의 사상에선 <과정>과 <유기체> 개념이 매우 중요한 핵심 개념인데, 이것이 갖는 일차적 의미를 다음과 같이 밝히고 있다.

"현실적인 것들과 관련한 <우주의 팽창>the expansion of the universe이 <과정>process의 일차적인 의미가 된다. 그리고 그 팽창의 임의의 단계에 있는 우주가 <유기체>organism의 일차적인 의미인 것이다." (PR 215/431)

사실 <우주가 팽창한다>는 발상은 동시대의 유명 과학자인 아인슈타인Albert Einstein조차도 하지 못했던 바였다. 익히 알려져 있듯이 아인슈타인도 그때 당시엔 정적인 우주론인 <정상우주론>을 주장했었다. 이 <정적인 우주론>에서의 우주는 시간과 공간에 관계없이 항상 일정한 것으로 본다. 반면에 화이트헤드는 그런 우주가 아니라 역동적인 과정상의 우주를, 그것도 <팽창하는 우주>라는 점을 철학자로서 주장한 것이다. 물론 과학에서의 <팽창우주론>은 이미 러시아의 물리학자인 프리드만A. Friedmann이나 벨기에 신부이기도 했던 조르주 르메트르G. Lemaître에 의해서도 주장된 바가 있었는데 거의 주목받지 못했으며, 당시 아인슈타인조차도 이 같은 주장을 비난했었다. 결국 이 문제는 1929년 에드윈 허블E. P. Hubble의 관측 발견으로 <정상우주론>은 사실이 아닌 것으로 판명되면서 <팽창우주론>이 훨씬 더 큰 설득력을 얻게 된 것이다.4) 공교롭게도 1929년은 화이트헤드 형이상학의 우주론을 담고 있는 대표작인 『과정과 실재』가 출간된 해이기도 하다. 그런데 화이트헤드의 이 대표 저작은 이미 1927-1928년 에든버러^{Edinburgh} 대학에서 행해진 일련의 기포드^{Gifford} 강좌 내용을 담고 있는 저작인지라 실제로는 허블의 1929년 발표 전에 나온, 철학 진영의 우주론 주장으로 볼 수 있겠다.

물론 여기서 우리는 철학의 우주론과 자연과학의 우주론을 다소 구분해서 볼 필요도 있을 것이다. 철학에서 펼치려는 〈우주론〉cosmology은 자연과학에서 말하는 우주론보다 훨씬 더 근원적인 일반성을 추구하는 지적 탐험에 속하는데, 왜냐하면 철학의 주장들은 과학적 관측의 성과들을 고려하면서도 또 한편으로는 그러한 관측 한계까지도 넘어서 가장 궁극적인 일반화의 맥락까지 상상적으로 설명해보려는 형이상학적 시도에 속하기 때문이다. 그 점에서 철학은 궁극적인 일반성의 설명이론을 추구하지만, 시험적 가설의 범주를 못 넘는 근본적인 한계도 갖는다. 철학과 과학이 서로 다르긴 하지만 그렇다고 해서 완전히 서로 파편화된 별개의 영역들까지는 아니며 어느 정도 포개어지는 점도 없잖아 있다. 이 같은 전망에서 보면, 철학적 우주론은 미지의 발견에 있어 자연과학에도 빛을 던져 줄 수도 있고 아닐 수도 있는 것이다. 또한 반대로 과학적 관측의 경험과 성과를 통해 새롭게 발견한 사항들 역시 기존 철학 이론에도 근본적인 재검토나 수정이 요청되게끔 할 수 있다는 점에선 분명한 영향을 끼친다. 독일의 근대 철학자 임마누엘 칸트$^{Immanuel\ Kant}$가 당시 뉴턴 물리학을 흡수하여 이를 존중하면서도 형이상학적으로는 보다 근본적인 범주들이 설정된 철학적 체계화를 펼쳤듯이, 화이트헤드 역시 뉴턴 이후의 새로운 현대 물리학의 성과들을 흡수하면서도 이를 더 철학적으로 일반화할 수 있는 그러한 형이상학이 필요하다고 내다봤던 것이다.

그런 점에서 볼 때 화이트헤드가 말한 〈과정〉의 1차적 의미 그리고 그가 말한 〈유기체〉의 1차적 의미는 현대 과학의 우주론과도 양립 가능하면서도 보다 근원적인 일반적 성격을 갖는 우주와 사물의 본성 같은 것으로서 제안된 내용이라 할 수 있겠다. 바로 이 〈과정〉과 〈유기체〉 개념에 대한 1차적 의미가 결국은 현실적인 것들과 관련한 〈우주의 팽창〉과 결부되어 있을뿐더러, 임의의 〈팽창 중에 있는 우주〉를 〈유기체〉의 1차적 의미로 상정해놓은 것이다.

화이트헤드는 우주의 팽창을 과정으로 그리고 팽창 중에 있는 우주를 유기체로 이해했던 철학자였다니 몰랐었네!

화이트헤드 철학이 〈과정 철학〉 또는 〈유기체 철학〉으로 불린다는 점에서도 중요한 얘기 같아!

그리고 이러한 언급에서도 조금은 짐작해볼 수 있듯이, 이때 말하는 〈유기체〉^{organism}라는 개념 역시 생물학적 의미의 〈유기체〉 개념으로 간주하면 곤란할 듯싶다. 화이트헤드 철학[형이상학]에서 말하는 〈유기체〉 개념은 물리학에서의 전자^{electron}나 원자핵에도 적용되고 있는 그러한 개념으로서 훨씬 더 근본적인 성격을 담고 있는 개념이다. 나중에 보겠지만, 그의 〈유기체〉 개념은 유물론적인 〈물질〉 개념이나 관념론적인 〈정신〉 개념 둘 모두를 극복 지양하고자 하는 〈유기(체)적 의미〉를 담고 있다. 화이트헤드는 자연의 근본적인 〈실재〉^{reality}를 물질이나 정신 그 어느 쪽 하나에만 일방적으로 편중되지 않은 비이원론적 실재, 곧 〈유기(체)적 실재〉로서 이해했었고 그 스스로도 자신의 이론을 〈유기(체)적 실재론〉organic realism이라고 불렀었다(PR 309/594). 따라서 철학 진영에서 보는 화이트헤드의 위치는 〈관념론자〉가 아닌 〈실재론자〉인 것이며, 물질의 선차성을 주장하는 〈유물론자〉가 아니라 〈유기(체)적 실재론자〉에 해당한다. 이것은 화이트헤드가 그때 당시 20세기 현대 물리학이 〈정태적인 물질〉static stuff 개념에서 〈유동적인 에너지〉fluent energy 라는 개념으로 변화하는 데에 따른 철학적 전환으로서의 반영이라고 했었다(PR 309/594). 그런 점에서도 20세기 이후의 현대 물리학과 어울릴만한 〈과정철학〉Process Philosophy이라고 여겨진다. 예컨대 핵물리학을 전공했던 이안 바버Ian G. Barbour는 화이트헤드 철학이 그 점에서 유용한 도움을 줄 것으로 전망하면서 다음과 같이 언급한 바 있다.

"과정철학의 창시자 알프레드 노스 화이트헤드는 양자물리학을 깊이 이해하고 있었던 덕분에 실재를 개별적인 입자보다는 일련의 순간의 사건들과 상호 침투적인 물리적 장場, fields으로 설명하는 일에 익숙했다"[5]

그러면서도 이안 바버는 화이트헤드의 철학이 앞으로의 과학과 종교 간의 대화와 관계에 있어서도 좋은 가교적 역할을 할 것으로 전망하고 있었다. 이처럼 〈우주의 팽창〉과 〈유기체로서의 우주〉를 주장했던 화이트헤드는 그 자신의 철학 체계 안에 당시 현대 과학의 새로운 발견과 성과들과도 얼마든지 양립 가능한 세계관의 철학적 시도를 감행했던 것이다. 앞서 말씀드린, 〈정적인 우주론〉을 펼쳤던 아인슈타인은 자신의 최대 실수라고 자처한 〈우주 상수〉Cosmological constant가 나중에 〈암흑 에너지〉dark energy의 발견과 연관되면서 다시 큰 화제가 되기도 했었다.

그리고 또 다른 아인슈타인의 대표적인 큰 실수를 들라고 한다면, 이미 널리 알려져 있는 표현처럼 "유령 같은 원격 작용(spooky actions at a distance)"이라고 비난했던 양자역학에 대한 것이다.6) 알다시피 현재까지 행해진 실제 과학 실험 결과에서는 아인슈타인의 분명한 패배로 남아 있다. 흔히 알려져 있듯이, 현대 양자물리학에서 거론되는 양자의 〈비국소성〉non-locality과 〈얽힘〉entanglement 현상은 우리의 일상적 직관을 위배하는 것인데, 흥미롭게도 화이트헤드의 과정철학에서는 그 어떤 기묘한 원격작용 역시 충분히 수용되고 지지될 수 있다는 점을 일찌감치 열어놓고 있다는 사실도 현시점에서 보면 매우 특기할 만한 점이라고 생각된다.

"과학에서의 연속적 전달이라는 개념은, 연장성의 잇따른 양자들successive quanta의 경로를 통한 직접적 전달immediate transmission이라는 개념으로 대체되지 않으면 안 된다. 이러한 연장성extensiveness의 양자들은, 잇따르는 인접한 계기(契機, occasion)의 근저basic가 되는 영역이다. 유기체 철학은, 하나의 계기가 그것과 인접되지 않은 후속의 계기에 직접 객체화objectification되고 있다는 점을 전면적으로 부정할 필요가 없다. 사실상 이와 정반대인 견해가 이 (유기체 철학의) 학설에서는 더 자연스럽게 생각될 것이다. 만약 물리학이 〈원격 작용〉action at a distance을 끝내 부정한다면, 우리로서는, 직접적인 객체화가 인접한 계기들에 대한 것이 아닌 경우에는 실제로 무시될 수 있고, 또 이처럼 실제로 무시될 수 있다는 것은 어떤 형이상학적 일반성을 갖는 것이 아니라 현재의 우주 시대의 특징일 것으로 추론하는 것이 무난하겠다." (PR

307-308/591-592)

여기서 화이트헤드는 인접하지 않은 사물에 대한 직접적인 객체화라는 〈원격 작용〉을 표명하고 있다. 물론 물리학의 실험 검증들도 여전히 남아 있었기에 당시엔 어떤 확신을 갖고서 말하기보다 무난한 정도로 언급한 것일 테지만, 아직 〈원격 작용〉에 대한 물리학의 명확한 실험과 검증을 갖기가 힘들었던 20세기 초의 시절에 그의 철학은 이미 그 가능성을 열어놓고 이를 언급하고 있다는 사실이 한편으로 꽤 흥미롭게 여겨졌다. 양자역학과 화이트헤드 철학과의 상호 비교 연관성을 검토한 바 있는 마이클 엡퍼슨Michael Epperson은 그의 연구 저작에서 화이트헤드 형이상학과 양자역학의 내용들이 서로 양립 가능한 것으로도 보고 있다.7) 이미 화이트헤드 스스로가 『과정과 실재』 곳곳에서 〈양자〉(量子, quantum) 개념을 쓰고 있기 때문에 분명 아무 연관성이 없다고는 볼 수 없을 뿐만 아니라 오히려 밀접한 핵심을 담고 있다고 봐야 할 것이다. 심지어 과학 진영의 〈양자역학〉에서 언급되는 실험과 현상들을 이해함에 있어 〈화이트헤드의 철학〉을 동원해서 해석할 때 그 의미가 훨씬 더 분명하게 잘 드러난다는 연구 보고들도 나와 있다.8)

사실상 화이트헤드의 『과정과 실재』라는 저작이 발표된 1929년 당시만 해도 이 기묘한 〈원격 작용〉을 현대 물리학과 연관해서 거론하는 것부터가 상당히 모험적인 언급일 수 있음에도 적어도 그가 밝혀놓은 입장과 통찰의 대부분은 거의 잘 알려지지 않은 편에 속했고, 이는 어떤 면에서 지금도 그런 점이 없잖아 있다고 본다. 물론 "유령 같은 원격작용"이라고 비난한 아인슈타인의 발언은 매우 잘 알려져 있지만. 그렇더라도 이렇게 된 연유에는 어쩌면 자신의 책을 너무나 어려운 용어와 개념어들로 써냈던 화이트헤드 자신에게도 일말의 책임은 있지 않을까 하는 생각도 든다. 설령 새로운 철학사상을 전개하기 위해 '새 술은 새 부대에 담아야 한다'는 점을 감안하더라도, 그의 철학은 영어권의 전문 철학자들도 매우 어려워할 정도였으니 말이다. 어쨌든 화이트헤드가 만약에 살아있어서, 물리학 역사의 유명한 〈양자 얽힘〉quantum entanglement 현상의 실제 실험 확인, 즉 이를 통해 아인슈타인의 분명한 패배가 이 점에선 과학적 실험으로 밝혀졌다는 소식을 접했더라도 그로선 크게 놀라워하지는 않았을 것으로 생각된다. 화이트헤드의 철학 세계에서 보면 그와 같은 현상도 얼마든지 자연스러운 것으로 소화 가능한 거였다는 얘기다.

 그 외에도 화이트헤드가 자신의 철학을 통해 도출해낸 몇 가지 표명들 중 보다 흥미를 끄는 점 하나는, 20세기 초반의 물리 과학과 철학적 논의들을 고찰하면서도 우리의 우주시대를 넘는 '다른 우주시대' 혹은 '여러 우주시대'라는 개념들까지 언급한 대목이다(PR 97/221, 112/249, 197/401, 300/577). 이는 단일 우주로서의 〈하나의 우주시대〉만 주로 염두에 두고 있던 화이트헤드 당시의 서구 진영에선 매우 드물 만큼 낯선 언급에 속했었다. 화이트헤드는 우리가 속한 〈하나의 우주시대〉만 존재할 것으로 보진 않았었다. 물론 이러한 그의 입장을 21세기 현시점에서 보면, 오늘날 이론물리학의 최전선에서도 논의되고 있는 〈순환 우주〉cyclic universe나 〈다중우주〉multi-verse를 화이트헤드 철학의 우주론이 이를 직접적으로 정당화한 것으로는 볼 수 없다. 다만 〈단일한 우주시대〉만을 상정하지 않고 〈여러 우주시대〉를 염두에 둔 우주론으로서 그와 양립 가능한 철학적 배경 또는 철학적 세계관을 이미 그 당시에 제안한 것으로는 볼 수 있겠다.9) 적어도 분명한 사실 하나는, 현대 철학자로서의 화이트헤드가 현재의 우리의 우주시대만 있다고는 보질 않았었다는 점이다. 물론 현시점의 물리학에서 말하는 순환우주론이든 다중우주론이든 아직까진 가설에 속할 뿐이며 확정된 이론의 지위로 승격된 것도 아니다. 설령 가설이라고 해도 게 중에는 필자 역시 동의하지 않는 다중우주론도 있다. 다만 여기서 필자가 말씀드리고자 하는 바는, 20세기 새로운 물리학의 성과들을 자신의 형이상학 체계에도 반영코자 노력했던 화이트헤드로선 우리의 우주시대만이 아닌 다른 여러 우주시대 역시 가능하다고 봤었던, 당시로선 매우 드문 과학철학자였다는 점과 그럼으로써 그 어떤 미지의 발견으로 안내할 만한 새롭고 풍부한 상상력의 비행을 그의 형이상학을 통해 여실히 발휘한 점도 없잖아 있다는 것이다. 형이상학(meta-physics)은 물리과학(physics)의 너머(meta-)까지 탐사하며 그러한 과학의 성과들이 소통적으로 자리할 수 있도록 궁극적 배경이 될 만한 존재론적 세계관을 모색해보는 분야이기도 한 것이다. 이러한 화이트헤드 형이상학의 입장은 〈무시무종(無始無終)의 우주론〉 입장을 띠고 있다.10) 물론 형이상학에서의 제안들은 근본적으로 가설적 한계를 벗어날 순 없겠지만 그것은 우리의 사고를 보다 풍부하고 예리하게 이끄는 촉진의 역할로선 우주를 탐구하는 과학자들의 사유에 대해서도 공헌할 점은 있다고 생각된다. 오늘날엔 과학자들이 〈빅뱅 이전〉도 거론하는 점을 볼 때 그 방향 추세가 적어도 〈단 하나의 우주시대〉만을 상정하는 분위기에 안주될 것 같진 않다. 그에 비해 문명사에서 과학 너머의 형이상학이 떠맡고 있는 매우 중요한 역할과 기능에 대해선 여전히 이를 간과하는 경우들은 아직 많은 실정이다.

　필자는 지금 화이트헤드가 미리 그 어떤 과학적 발견을 해놓았다는 얘길 하는 것이 결코 아니다. 또한 과학과 철학 간의 사유는 1대1 식의 대응 마냥 동일한 것으로 취급될 수도 없다. 철학은 그때까지의 과학적 성과들을 비롯해 세계 안의 여러 사건들을 재료로 하여 가장 궁극적인 모형이 될 만한 우주론과 존재론으로서의 세계를 상상적으로 펼쳐보는 형이상학적 시도를 내포할 뿐이다. 바로 이 지점에서 필자가 언급하려는 바는, 적어도 화이트헤드의 철학 체계가 현대 물리학의 최신 우주론에 관한 논의에 있어서도 충분히 양립 가능한 성격도 함께 지니고 있다는 것이며, 미지의 새로운 발견을 위한 과학적 이론 작업에 요청되는 새로운 상상력을 필요로 함에 있어서도 어느 정도 도움이 될 만한 폭넓게 열린 철학적 안내의 성격을 갖고 있다는 점에 있다. 바로 그 점에선 화이트헤드 철학은 현대 자연과학의 성과들과도 양립될 뿐만 아니라 아직 현재의 관측기술로도 발견되지 않은 미개척적인 영역의 성과나 발견들에 대해서도 어느 정도 통찰적인 전망이나 생각의 실마리를 제공해주는 점 또한 있다고 생각된다.

<철저한 진화론으로서의 철학>을 추구하다!

현대 물리학 분야뿐만 아니라 진화생물학과 연관해서도 화이트헤드 철학에선 놀라운 점을 엿볼 수 있는데, 당시로선 드물게 철학자로서는 분명한 공진화$^{Co\text{-}Evolution}$의 구도를 펼치고 있었다는 점이다. 그에 따르면, 환경이 개별 유기체를 선택하기도 하지만 그 유기체가 환경을 변경하고 개척해간다는 점도 함께 내포되어 있으며 그럼으로써 종^{species}과 환경은 함께 진화하는 것으로 설정되어 있다. 물론 근본적으로도 개체와 환경은 분리될 수 있다고도 보질 않는다.

"진화 메커니즘의 요건은, 거대한 영속성을 지닌 어떤 특수한 유형의 유기체의 진화에 동반되는 유리한 환경의 진화이다. 자신의 환경에 유해한 영향을 주어 그것을 퇴락시키는 자연물은 자멸하고 만다. 개별적인 유기체의 발전과 병행해서 유리한 환경을 진화시키는 가장 간단한 방법 가운데 하나는, 각 유기체가 환경에 끼치는 영향이, 같은 유형에 속하는 다른 여러 유기체들의 존속에도 유리한 것이 되도록 하는 방법이다.

더 나아가 만일 그 유기체가 또한 같은 유형에 속하는 다른 여러 유기체의 발전에도 유리하게 작용하는 경우라면, 우리는 관찰되는 바와 같은 고도의 존속력을 지닌 유사한 존재들의 대집단을 만드는 데 적합한 진화의 메카니즘을 확보한 셈이 된다. 왜냐하면 환경은 종^{species}과 함께 자동적으로 발전하며, 종 또한 환경과 함께 자동적으로 발전하기 때문이다." (SMW 112/192-193)

이는 1925년에 나온 언급이기에 거의 백 년 전에 밝힌 셈인데, 화이트헤드 자신은 스스로를 진화론자로, 그것도 "뼛속까지[철저한] 진화론자(a thoroughgoing evolutionist)"라는 표현까지도 썼을 만큼(D 346) 진화 자체를 근본적인 사태로 보는 〈진화의 철학〉을 추구하고 있다. 나중에 보겠지만, 화이트헤드는 생물체의 진화만이 아니라 심지어 무기적인 사물의 진화마저 표방하는 그러한 〈진화의 철학〉을 펼치고 있다는 점에서 〈진화〉라는 사건을 보다 뿌리 깊게 근원적인 영역으로까지 밀고 들어간다. 화이트헤드는 고정불변의 자기동일성(self-identity, 자기정체성)을 유지한 채로 외적인 변화의 운동만 수행하는 그러한 공허한 물질 입자 개념을 거부한다. 그래서 〈진화론〉과 〈유물론〉은 양립 가능하지 않다고 내다봤었다.

"사실상 철저한 진화론 철학은 유물론과 양립할 수 없(다). 유물론 철학의 출발점인 원생적 재료$^{aboriginal\ stuff}$, 또는 물질^{material}은 진화할 수 없다. 이 물질은 본질적으로 궁극적인 실체^{substance}인 것이다. 유물론에 따를 때, 진화란 물질의 각 부분 사이의 외적 관계의 변화를 기술하기 위한 또 하나의 말에 불과한 것이 되고 만다. 외적 관계들의 한 집합은 외적 관계들의 다른 모든 집합들과 매한가지이기 때문에 진화할 것이 아무 것도 없는 것이다. 목적도 진보도 없는 변화만이 있을 뿐이다. 그러나 현대 진화론의 주안점은 복잡한 유기체가 그에 선행하는 보다 덜 복잡한 유기체의 상태로부터 진화한다는 데에 있다" (SMW 109/189)

여기서 화이트헤드는 외적인 관계들만 변화하는 것은 물질 자체의 진화와는 다른 것으로 보는데 그 점에서 〈진화〉^{evolution}와 〈변화〉^{change}를 구분해서 보고 있다. 즉, 유물론 철학의 출발점인 원생적 물질 자체는 진화하지 않은 채로 외적 관계의 변화만 겪는다는 것이다. 화이트헤드가 보는 진화는, 외적 관계 차원의 변화만이 아니라 질적 차원의 변화 역시 함께 있어야 한다고 본 것이며, 어떤 고정된 〈실체로서의 물질〉이 중심적인 것으로 상정되는 것을 거부한다.

마찬가지로 화이트헤드는 일찍부터 〈유전자^{gene} 중심의 결정론〉 역시 거부하는 입장을 표명한 바 있다(MT 139). 그가 보기에 앞서 말한 자족하는 낡은 물질 개념처럼 그와 유사한 오류가 생명체의 유전자 이해에도 깃들어 있음을 간파했던 것이다(MT 139). 물질이 고정불변의 자기동일성을 갖지 않는 것과 마찬가지로 유전자 역시 그렇지 않다고 보면서, 환경(이는 신체도 포함한 환경)이 유전자에 영향을 주면서 오히려 유전자를 변화시키기도 한다는 점을 화이트헤드는 주장한 것이다(MT 139). 이는 분명 오늘날의 〈후성유전학〉^{epigenetics}을 떠올리게 해준다. 실제로 화이트헤드가 노년에 출간한 『사고의 방식들』 *Modes of Thought* (1938년 출간)에서 이러한 점을 언급했을 때 그때 당시의 생리학자의 연구를 근거로서 이 점을 얘기했었고, 그는 그 연구가 매우 중요한 시사점을 던져준다고 봤었다.11) 그런데 정말 실제로도 그러했다.

알다시피 환경이 유전자에도 변화를 준다는 명시적인 주장은 그때 당시로선 상당히 매우 드문 입장에 속했었고, 어떤 면에서 화이트헤드의 이 같은 주장은 최근 21세기 들어서 본격적으로 조명 받고 있는 〈후성유전학〉epigenetics에 대한 지지 발언을 일찌감치 철학 진영에서 표명한 것이 아닌가 생각될 정도다. 오늘날 새로운 명칭으로 대두된 '후성유전학epi-genetics'이라는 이름은, 접두어 'epi-'가 환경environment을 뜻하고 'genetics'는 유전학을 뜻하면서 말 그대로 후성유전학은 '환경의 영향을 받는 유전학'이라는 뜻이라고 한다.12) 물론 현재의 후성유전학에서도 얘기되는 바는, 후성유전적 변형이 유전자의 염기 서열을 변화시키지는 않고 유전자가 발현되는 방식의 변화에 있다고도 말한다. 다만 장기적인 진화 과정에서 볼 경우 그리고 복제 실수를 포함한 돌이변이의 원인들(여기엔 화학적 이유 및 다양한 환경적 원인들)까지 포함해서 본다면 적어도 환경이 유전자에도 수정을 줄 수 있다는 점은 분명해 보인다. 게다가 아직 생물학자들 사이에서도 지구행성의 역사에서 유전자가 최초로 어떻게 형성되었는지는 과학이라기보다 진화 소설에 가깝다고 얘기되는 점도 있기에13) 관련된 모든 메커니즘이 완전히 규명된 것으로는 보질 않는다. 어쨌든 오늘날에는 생명체를 유전자의 총합 그 이상으로 보는 시각 역시 더 확산되고 있다고 여겨지며, 그 과정에서 등장한 후성유전학은 심지어 〈후성유전학 혁명〉Epigenetics Revolution이라고도 불릴 만큼 어떤 면에서 생물학의 새로운 패러다임 전환이라는 평가를 얻기도 할 정도로 새롭게 각광 받고 있는 실정이다. 21세에 들어선 현재는 유전자 편집 조작까지 하는 시대에 이르고 있어 결국은 〈지성적 목적에 의한 진화〉가 점차로 더 중요하게 대두되고 있는 분위기도 있다. 오늘날에 점차로 많이 거론되고 있는 〈인류세〉^{Anthropocene}라는 용어도 인간이라는 생물 종이 자연의 진화과정에 커다란 중요 변수로 작동된다는 사실을 보다 분명하게 알려주는 지점에 해당할 것이다.

이러한 구도에서 보는 자연에 대한 이해에도 〈과정〉과 〈관계〉가 근본적인 요인으로 깔려 있다. 심지어 〈자연의 법칙〉조차도 결코 영원하지 않다는 점을 드러내준다. 즉, 자연의 법칙도 진화라는 과정 속에 놓여 있을 뿐이다. 이른바 〈법칙도 더불어 진화한다〉는 것이다. 화이트헤드는, 뉴턴의 『프린키피아』 *Principia*가 최종적인 것이 아닌 것처럼 아인슈타인의 상대성원리 역시 꼭 최종적인 것으로만 볼 이유는 없다고도 말한다(D 345). 화이트헤드 입장에선 단지 〈과정〉이라는 철학적 틀에서 이를 포섭할 따름이다. 그런 점에서도 화이트헤드는 철저한 역동적 과정으로서의 우주, 항상 진화 중인 우주를 늘 염두에 둔다고 볼 수 있다. 따라서 〈자연의 법칙〉마저 영원하다거나 이를 절대적인 것으로는 보질 않았던 것이다.

"자연의 법칙 같은 것은 존재하지 않으며 단지 자연의 〈일시적인 습관〉$^{temporary\ habits}$만이 있을 뿐이다." (D 367).

그런데 자연의 법칙이 영원한 것이 아니라 그 역시 진화한다고 보는 이 같은 주장은 화이트헤드만의 어떤 유별난 주장이라기보다 흥미롭게도 이미 현대 물리학 진영 안에서도 많이 언급되곤 했다는 사실이다.[14] 이제는 자연의 법칙조차도 절대적인 게 아니라 그 역시 우주의 진화와 함께 동반적으로 진화하는 것으로 보는 것이다. 이렇게 보면 과학 역시 진화와 함께 만들어진다는 관점도 한편으로 나올 법한 얘기인 것이다.

전체와 개체, 극미에서 극대까지 <자연에 대한 궁극적인 전체상>을 가늠해보려는 철학적 시도

철학의 작업은 과학의 관측 기술의 한계에 구속되어 있지 않기에 보다 근본적인 상상력의 비행이 요구되는 그러한 작업에 속한다. 철학은 직접적인 과학이론이 아니다. 따라서 필자는 '화이트헤드 철학이 과학적이다'라는 주장도 엄밀히 말해 맞지 않는 표현이라고 생각한다. 단지 화이트헤드의 철학은 그 당시는 물론이고 지금도 현대과학의 관측에도 포섭되지 않는, 가장 극미한 세계부터 가장 극대한 세계―이것은 우리의 우주시대도 넘어서는 세계―까지 상상적으로 다루고자 했을 뿐이다. 말 그대로 피직스(Physics)인 물리학(자연학)을 넘어서(Meta-) 그 궁극적인 배경 전체를 고찰하고자 했던 <메타피직스>(Meta-Physics, 형이상학)인 것이다. 다시 말해서, 화이트헤드는 극미세계에서 극대세계까지 진화 과정의 전체 세계상(象)을 자신의 <상상적 일반화>$^{imaginative\ generalization}$라는 작업을 통해 보여주고자 했던 것이다. 그러나 아무렇게나 상상해서 나온 작업은 결코 아니며 적어도 그때까지의 축적된 인류 지성의 성과들과 경험들을 재료와 근거로 삼아서 가능한 <논리적이고 정합적인 상상력의 비행>을 궁극적인 철학의 지평에서 마련해놓고자 했을 뿐이다.

오늘날 뇌를 연구하는 현대 신경과학이나 인지과학에서도 언급되듯이, 우리 뇌는 그 인지 과정에서 일부분만 갖고도 <전체상>을 어림짐작으로도 유추할 만큼 맥락적 도식의 사고를 종종 수행하는 점이 있다. 사물 또는 사건을 이해할 때 우리는 좀 더 넓은 배경의 전제들을 부지불식간에 끌어들이기도 하는 것이다. 이것은 <의식>^{consciousness}에 자각되기도 하지만 전혀 자각되지 않은 채로 <무의식적·무비판적 전제>라는 기본 배경으로서 수용되는 경우들이 많다. 지극히 당연한 전제로 간주되는 것들은 거의 의식에선 곧바로 자각되지 않는 편이다. 화이트헤드는 바로 그 맥락적 도식의 사유에 있어 〈논리적이고 정합적인 상상력의 비행〉을 통해 할 수 있는 한, 전체 맥락상의 그림을 좀 더 예리하게 그려보고자 나름의 과감한 시도를 감행했던 것이다. 가능한의 최소 극미에서 최대 극대까지! 그는 형이상학이 사멸되고 있던 시기에 정말 대담하게도 〈새로운 형이상학〉이라는 구성의 길로 뛰어들었던 것이다.

화이트헤드 철학 세계에서는 언제나 전체와 개체가 함께 엮여져 있으며 그것은 항상 흐름 중에 있는 〈과정〉으로 간주될 뿐인데, 화이트헤드는 자신의 철학조차도 결코 완결된 작업으로 보질 않았었고 존재와 우주를 이해해보려는 시도에 있어 하나의 과정으로서 제안했었다. 그의 철학에서는 그 어떤 작은 하나의 개체 사물조차도 기본적으로는 전체 우주가 개입하면서 빚어내고 있는 과정으로 볼 만큼 〈관계〉와 〈과정〉 자체는 가장 근본적인 경험의 성격으로 간주된다. 그리고 이 경험을 〈실재〉^{reality}로 보는 입장인 것이다. 이러한 철학적 성격을 지녔기 때문인지 몰라도, 일찍부터 〈관계론적 세계관〉을 표방한 동양철학과는 상당히 친화적이라는 평가 또한 나오고 있다. 이것은 거꾸로 말하면, 그동안 서구인들의 마인드를 지배했던 〈실체론적 사물 이해〉와는 잘 맞질 않았다고 볼 수 있는 지점일 것이다. 사실 실체론적 관점은 흔히 언어를 사용하는 일상에서는 좀 더 익숙한 마인드에 해당되는 것이다. 언어는 진화의 사물을 고정화시킨다. 그러나 이미 비트겐슈타인도 주장한 바가 있듯이, 현재의 우리는 언어의 한계를 벗어나지 못하는 점이 있다. 우리가 보통 의사전달에 있어 사물을 설명하거나 이해하려 할 때 그 어떤 정지된 고정불변의 실체로서의 사물로 간주해버리는 습관적 이해의 방식들은 지극히 당연한 것으로 여기면서도 암암리에 작동되곤 한다. 그러나 그런 만큼 〈과정〉은 망각되어 왔던 점도 있어온 것이다. 그 점에서 고정불변의 〈실체〉가 아니라 〈과정〉과 〈관계〉를 중시하는 화이트헤드의 철학이 어쩌면 실체론적 이해가 주된 흐름이었던 서양철학사에서는 정작 이해되기 어려운 사상으로 취급된 게 아닌가 싶다.

<양자 중력> 이론의 철학화를 접할 수 있는 만물의 이론?

개인적으로는 화이트헤드의 철학이 궁극적인 원자적 실재의 지평까지 탐사하는 형이상학이라는 점에서 현대 물리학의 상대성 이론과 양자역학을 넘어서 적어도 과학 진영에서는 궁극의 대통일 이론을 연구하는 <양자 중력>quantum-gravity 이론가들도 충분히 관심을 가질만한 철학사상이라고 생각된다. 왜냐하면 화이트헤드가 자신의 형이상학에서 구상한, 최소 기본 단위의 원자적 존재는 시공간의 발생보다도 존재론적으로 우선한다고 볼 만큼 가장 궁극적인 <실재>reality로서 언급되고 있기에 다소 철학적 상상력의 도움과 지원을 받을 수도 있지 않을까 싶기 때문이다. 화이트헤드는 시간과 공간이 이러한 <실재>와 별도로 분리된 배경 같은 것으로도 보질 않았었다. 새로운 이론의 발견에는 상상력도 함께 필요로 할 수 밖에 없는데, 적어도 그 지점에선 화이트헤드 철학의 가설적인 존재론과 우주론이 어느 정도 새로운 통찰에도 도움을 줄 수 있지 않은가 싶은 것이다. 이미 화이트헤드가 보는 시공간의 형성도 가장 궁극적인 원자적 실재가 갖는 일련의 생성 소멸 사건들로 인해 일어나는 것으로 보고 있다. 이것은 초미시적으로든 초거시적으로든 적어도 현재의 관측 기술의 한계마저 넘어서 있을 만큼 가장 궁극적이고 기본적인 구상을 하고 있는 셈이다.

예컨대 현대 물리학자들은 플랑크 규모—즉 10^{-33}cm 이하 규모—의 이하에서는 시공간조차 붕괴될 수 있는 거품으로 묘사한다.[15] 화이트헤드가 볼 때 우리의 우주는, 궁극적 사물로서의 기본적인 원자적 실재가 연출하는 생성 소멸 사건이 우주의 근원적인 바탕이면서 매순간마다

〈새로움〉novelty을 출현시키고 있는 〈유기체적 세계〉라는 것이다.

그런데 흥미롭게도 오늘날 현대 물리학자들 중에는 우리의 우주를 가장 근본적인 지평에서 이해해보고자 할 경우 〈과정〉과 〈관계〉로서의 세계 이해를 훨씬 더 선호하고 이를 더 높게 평가하는 경우들도 종종 접하게 된다는 점이다. 예컨대 〈양자 중력〉quantum-gravity을 연구하는 세계적인 과학자로도 잘 알려진 리 스몰린Lee Smolin은 우주에 대해 다음과 같은 언급을 한 바가 있다.

> "(앞에서) 나는 우리의 세계를 고정되고 정적인 공간과 시간의 배경 속에서 살고 있는 독립적 실재들의 집합으로는 이해할 수 없다고 주장했다. 대신 우리 세계는 각 부분의 특성이 다른 부분들과의 관계에 의해서 결정되는, 〈관계들〉의 네트워크다.
> ....
> 우주의 전체 역사는 그 사이의 관계들이 끊임없이 변화하는 수많은 〈과정들〉로 이루어진 이야기다."16)

아마도 화이트헤드 철학에 관심하는 분들한테 위 인용문의 출처를 생략하고 그냥 이 언급만 들려주었다면 거의 백 년 전에 나온 화이트헤드 자신의 주장으로 볼 여지도 클 것 같다. 물론 과학자들의 이러한 진술이 곧바로 화이트헤드의 주장과 완전히 일치되진 않는다고 하더라도 이젠 물질을 연구하는 물리학 진영에서도 전체 우주와 사물을 인식하는 관점 자체에는 〈과정〉과 〈관계〉로 보려는 점도 있음을 말씀드리는 것이다. 적어도 〈과정〉과 〈관계〉라는 개념이 진화하는 이 우주와 사물을 이해함에 있어 매우 중요한 핵심 관점의 〈키워드〉로도 부각되고 있다는 얘기다. 특히 양자역학의 경우는 더욱 두드러지게 강조되고 있는 걸로 보인다. 〈양자 중력〉 연구로서 세계적으로도 유명한 물리학자 카를로 로벨리^{Carlo Rovelli} 역시 〈관계〉와 〈과정〉이 양자역학에 있어 매우 중요한 통찰이라는 점을 다음과 같이 명시적으로 강조한 바 있다.

"양자역학이 기술하는 세계에서는 물리계들 사이의 〈관계〉 속에서가 아니고는 그 어떤 실재도 없습니다. 사물이 있어서 관계를 맺게 되는 것이 아니라, 오히려 관계가 '사물'의 개념을 낳는 것입니다. 양자역학의 세계는 대상들의 세계가 아닙니다. 그것은 기본적 사건들의 세계이며, 사물들은 이 기본적인 '사건들'의 발생 위에 구축되는 것입니다."

....

"양자역학은 세계를 이런저런 상태를 가진 '사물'로 생각하지 말고 〈과정〉으로 생각하라고 가르칩니다. 과정은 하나의 상호작용에서 또 다른 상호작용으로 이어지는 경과입니다. '사물'의 속성은 오직 상호작용의 순간에만, 즉 과정의 가장자리에서만 입자적인 모습으로 나타나고 그것도 오직 다른 것들과의 관계 속에서만 그러합니다. 그리고 그 속성들은 단 하나로 예측할 수 없으며, 오직 확률적으로만 예측할 수 있습니다. 이것이 보어와 하이젠베르크와 디랙이 사물 본성의 깊은 곳까지 파고 들어가서 밝혀낸 것입니다."[17]

그렇다면 양자역학이 함의하고 있는 철학적 의미, 즉 〈관계〉와 〈과정〉으로서의 사물을 이해함에 있어서도 가장 기초 관점이 되는 철학적 고찰 역시 분명 간과할 수 없는 대목이다. 서양인들은 불과 몇 백 년 전만 하더라도 사물의 개체성은 그 배경이 되는 세계와 독립적인 것으로만 보는 인식이 매우 강했었다. 뉴턴 물리학이 전제한 시간과 공간이라는 배경 역시 그러했다. 균등한 절대 시공간이라는 개념에서의 존재와 세계 이해에 있어서는 개체 사물과 그 사물의 배경을 독립적인 별개의 것으로만 간주하기 십상이었다. 따라서 개체 사물과 그 배경이 되는 시간과 공간을 분리시켜서 사고하는 습관들이 알게 모르게 당연한 기본 생각의 전제로도 자리해온 점이 있었던 것이다.

그런데 오늘날 현대 물리학의 〈양자-장〉quantum-field 이론으로 들어가면 공간 따로 물질 입자 따로 그렇게 보질 않는다. 앞서 말한 〈양자 중력〉을 연구하는 물리학자 카를로 로벨리에 따르면, 현대 과학은 더 이상 시공간 따로 물질 입자 따로 보질 않으며, 시공간 자체를 생성할 수 있는 〈공변 양자장〉covariant quantum fields으로 이 세계가 이루어져 있다고 전한다.18) 화이트헤드 철학 연구자들에게 이런 점은 마치 화이트헤드가 말한 〈연장적 양자〉extensive quantum 또는 〈연장extension의 시공간화〉를 떠올리게 해주는 셈도 있는데, 실제 화이트헤드 철학 연구자들 중에서도 그의 〈현실 존재〉actual entity 개념을 〈설명의 양자〉the quantum of explanation로 일컫고 있다. 이들 화이트헤드 연구자들은, 모든 종류의 지식에 대한 모든 욕망에 공통적으로 적용될 수 있을만한 〈일반화의 길〉에 도전하는 화이트헤드 철학의 대담한 성격을 다음과 같이 전한다.

> "화이트헤드는 다음과 같은 가장 심오한 질문을 던지면서, 자기제한self-limitation에 대한 우리의 규준norm을 확보하는 방법을 찾았었다. 고유unique 사건에서 그 세계로 일반화할 수 있는 단 하나의 방법이 없다는 점을 감안해볼 때, 우리의 상상력imaginations과 추론reasonings으로 접근할 만한, 설명의 기본 단위unit는 없는 것인가? 모든 종류의 지식에 대한 모든 욕망에 환원불가능한 공통점은 없

는 것인가? 화이트헤드는 긍정적으로 답한다. 그 단위가 현실 존재다. 이것이 바로 우리가 <설명의 양자>라고 부르는 의미다."19)

이렇게 볼 때, 이른바 <양자 중력> 이론이 물리학 진영에서는 대통합을 이룬 <만물의 이론>Theory Of Everything으로 간주되곤 했듯이, 마치 화이트헤드의 형이상학 역시 철학적 차원에서의 상상력과 추론을 통해 접근한 <만물에 대한 설명 이론>이라는 느낌마저 준다고 볼 수 있겠다. 사실 <만물의 이론>이란 용어는 오해를 불러일으킬 만한 표현이기도 한데, 여기서는 모든 만물에 적용될 수 있을법한 가장 궁극적인 기초 설명의 이론 정도의 뜻으로 보면 되겠다. 필자는, 화이트헤드가 달성한 <철학적 일반화>의 시도가 과연 확실한 성공적 작업인지에 대해서는 이를 이해한 평가자의 몫으로 남겨두고자 한다. 다만 지금까지의 동서고금의 모든 철학사상을 통틀어서 현대 물리학의 <양자 중력>의 내용과도 양립 가능힐 만큼 모든 경험 사례들에 대한 <철학적 일반화>를 시도한 사례로서는 그래도 이만한 이론적 접근까지—범주 도식과 세부적 분석까지 포함해— 이를 성취한 경우를 찾는다고 할 경우, 현재로선 화이트헤드의 <과정 형이상학>이 가장 독보적인 것으로 본다. 물론 <양자물리학에 대한 철학화>로서 화이트헤드의 체계화 작업을 뛰어넘는 시도가 현재 지구상 어딘가에 있음에도 필자가 아직 과문해서 잘 모르고 있을 수도 있다. 따라서 이 점은 필자의 한계로 남겨놓으며 추후 화이트헤드의 과정 형이상학보다 훨씬 더 구체적이고 훨씬 더 정교한 범주 도식과 치밀한 이론적 성취들이 확보된다면 필자는 얼마든지 화이트헤드 철학마저 떠날 수 있다는 점도 분명하게 덧붙여 두는 바다.

지성의 진화는 언제나 모험을 필요로 한다. "진보는 언제나 자명한 것을 초극함으로써 이루어진다(PR 9/62)." 여기에는 플라톤, 아리스토텔레스, 스피노자, 칸트, 헤겔, 베르그송, 화이트헤드, 비트겐슈타인, 들뢰즈 등 철학들은 물론이고, 모든 동서양의 종교와 과학 사상 등 현재 우리 자신들이 지금 믿고 있는 것들까지 모두 포함해, 기본적으로 〈인류지성의 모험〉에 있어서는 결코 어떤 예외가 없어야 할 것으로 본다.

화이트헤드 철학에서는 결국 〈관계〉와 〈과정〉이 매우 중요한 핵심 이해로 자리한다는 얘기가 되겠군

〈관계〉와 〈과정〉 중심으로 존재 전체의 세계를 구상했다는 건, 참 놀라운 시도야!

〈관계〉와 〈과정〉으로 서양과 동양의 세계관이 새롭게 융합되어야 할 대전환의 21세기

역사적으로 보면 서양과 달리 동양 문화권에서는 일찍부터 천지감응(天地感應)의 관계론적 이해와 변화의 세계관이 거의 주도적으로 자리해 왔었다는 점에서 그것은 오늘날에도 동서양 간의 일상생활과 사고방식의 차이를 보여주는 연유에도 닿아있을 만큼 깊은 뿌리를 내렸었다.[20] 사물을 바라보는 기초 관점의 차이가 우리 삶의 생활방식에도 영향을 끼칠 만큼 매우 중요하지 않을 수 없다.

그렇기 때문에 사물의 본성을 고찰함에 있어 〈과정〉과 〈관계〉의 성격을 중시하는 화이트헤드 철학의 존재와 세계 이해를 보다 구체적으로 접하노라면 어느 정도 동서양의 철학적 사유들이 마치 서로 새로운 국면에서 〈동서융합적 통합〉이 되는 그런 느낌도 없잖아 들었었다. 흥미롭게도 화이트헤드 철학사상이 가장 빠른 속도로 전파되고 있는 곳도 현재는 중국으로 알려져 있는데, 중국의 대학교 내에 많은 과정사상 연구 센터들이 들어서고 있을 뿐만 아니라 특히 과정철학자이자 신학자인 존 캅John B. Cobb과 데이비드 그리핀David Ray Griffin의 저서들은 중국 대학의 학생들에게는 필독서로 자리할 정도라고 한다.21)

다만 한 가지 오해하지 말아야 할 점은, 그렇다고 해서 화이트헤드의 철학이 동양철학과 아무런 차이가 없다는 얘긴 결코 아니라는 점이다. 예컨대, 나중에 보겠지만 화이트헤드 철학의 새로운 생성 개념은 오히려 〈변화〉와 〈불변〉의 도식에도 그리고 〈정지〉와 〈운동〉의 도식에도 넣을 수 없는 새로운 차원의 개념이라는 점에서 흔히 말하는 동양철학의 기(氣) 개념과도 다르다고 본다. 물론 이를 유사한 것으로 보는 일부 학자들도 있긴 하지만 그러한 동양철학의 도식과 비교할 경우에도 차이점 역시 상당하다고 생각된다.

물론 직관적으로만 보면 동양문화권의 철학사상과 좀 더 닮아 보이는 점도 있다. 동양문화권의 경우, 존재를 에너지 또는 그와 유사한 것으로 보는 이해나 관계론적인 연기의 개념들도 일찍부터 나와 있었지만, 오늘날 현대적 관점에서 보면 구체화된 분석의 언어보다는 막연한 직관적 통찰의 언술들이 많아서 결국 여러 갈래의 〈해석들〉로 나아가는 경우가 많고, 때론 고전 텍스트나 경전상의 추상적 언명들을 놓고선 그 〈해석들〉끼리 다투기도 한다. 반면에 "궁극적인 형이상학적 진리는 원자론"으로 봤던 화이트헤드는 현대 물리학의 원자론적이고 양자론적인 개념과 언명들을 자신의 철학적 세계관으로 반영하고자 한 목적을 갖고 있었고, 이를 통해 〈유기체 철학〉이라는 〈과정 형이상학〉을 개진시켰다는 점에서 다른 색조와 양상을 보이는 차이들도 있는 것이다.

여전히 해명되어야 할 미래의 철학 그리고 미개척 지점

이상으로 필자가 말하고자 하는 바는, 적어도 화이트헤드가 마련해놓은 철학적 통찰들이 여전히 지금 이 시대에서도 유효할 뿐만 아니라 이것이 거의 백 년 전이라는 20세기 초반에 나왔다고 해서 그저 과거의 것으로만 치부하기엔 여전히 "해명되어야 할 미래의 철학"으로 평가되는 점도 있음을 말씀드리고자 함에 있다. 실제로 화이트헤드 철학의 연구자 중 한 명인 행크 키튼Hank Keeton은 화이트헤드의 철학이 20세기는 물론 심지어 21세기에도 간과될 수 있으며, 오히려 25세기나 되어서야 날개를 펼칠 수 있을지 모른다는 엄청난 얘길 전하기도 했다.[22] 상상하기도 힘든 25세기라는 건 어쩌면 지나친 과장으로 들릴 수도 있겠지만 그만큼 화이트헤드가 남겨놓은 내용에는 시대를 앞서고 있는 많은 통찰의 광맥들도 있음을 고백한 발언이기도 할 것이다.

뿐만 아니라 화이트헤드 철학이 남겨놓은 미개척 지점들도 여전히 많이 있다고 여겨진다. 예컨대 화이트헤드기 제시해놓은 〈명제〉proposition 이론의 경우, 대체로 아리스토텔레스의 유산을 이어받고 있는 오늘날 논리학 진영의 명제 이해와는 간격이 매우 큰 편인데 이 차이와 간격이 지금까지도 여전히 제대로 반영되고 있진 않은 실정이다. 아마도 너무나 달라서 그런 것일까? 화이트헤드는, 기존의 철학자를 비롯해 대부분의 사상가들이 명제를 논리적 판단의 대상으로만 취급한 점에 대해선 분명한 반기를 들었던 학자였다. 화이트헤드는 놀랍게도 명제를 〈존재〉로 이해하며, 기존의 논리학자들이 명제를 너무 편협하게 본다면서 이를 비판하는 입장을 보였던 것이다(PR 259/509).

일반적으로 〈논리학〉은 명제 간의 함축 관계를 다루는 학문으로 정의되곤 한다.[23] 이때 말하는 〈명제〉의 의미는 참 거짓을 판단하기 위한 언명들로서 오늘날까지도 그와 같은 〈명제〉 이해가 거의 일반화되어 있을 정도다. 이 점에 있어서는 아무래도 저 유명한 논리학서인 『오르가논』Organon의 저자이자 서양 학문의 역사에 본격적인 논리학의 시대를 열었던 아리스토텔레스의 공헌이 매우 결정적이었다고 볼 수 있다. 알다시피 이천 년 넘는 서양 논리학의 역사에서 아리스토텔레스는 <서양 논리학의 아버지>로도 불릴 만큼24) 적어도 아리스토텔레스의 권세가 드센 진영이었다. 그와 같은 기존의 명제 이해에서 보면 현대의 논리학 역시 여전히 아리스토텔레스의 유산을 온전히 극복했다고 보기엔 힘든 점도 없잖아 있는 것이다.

하지만 그와 달리 화이트헤드는 <명제>에 대한 기본적인 이해부터가 현격히 다른 점을 보여주고 있다. 그의 기본적인 <명제> 이해는 일단 참 거짓을 논하는 문장이나 판단 유무를 논하는 논리적 언명 같은 것으로 보질 않았다. 그런 점은 부차적인 것이지 적어도 명제의 기본적인 역할은 아니라고 본 것이다. 놀랍게도 화이트헤드가 보는 명제의 기본적인 기능은 세계 안에서 <느낌을 위한 유혹>lure for feeling 또는 <흥미

를 끈다는 점〉^{interesting}에 있다고 봤었다(PR 25/90, 259/509). 이는 화이트헤드가 명제를 〈존재의 범주〉에 속한 것으로 이해하면서 갖게 된 새로운 입장이라고 볼 수 있다(화이트헤드의 〈명제〉 이해에 대해선 본서의 제8장 참조). 이 같은 그의 입장은 분명 기존의 논리학적 명제 이해와 〈다른 길〉을 열었다고 생각된다. 그럼에도 화이트헤드의 〈명제〉 이해는 아직까지도 거의 잘 알려져 있지 않은 편이다.

또한 당시 화이트헤드는 논리학과 미학 사이의 유사성 또한 철학이 남겨놓은 미개척 논제 가운데 하나라는 점도 언급했었다(MT 60). 일반적으로 보더라도 이천 년 넘는 아리스토텔레스 논리학의 권세에 도전하는 것처럼 여겨지는 화이트헤드의 주장들이 상당히 낯설고 이질적으로 보여질 수도 있으리라 생각된다. 도대체 〈명제〉를 어떻게 〈존재〉로 이해할 수 있을까 싶기도 할 것이다. 그런데 흥미로운 점 하나는, 최근 서서히 대두되고 있는 〈정보물리학〉에서는 정보^{information}를 존재로 보는 점이 있는데 그러면서도 여기서는 〈명제〉를 정보의 최소 단위로 간주하고 있다는 점이다.25) 명제를 포함해 〈정보〉를 과연 존재로 볼 수 있을 것인가?

게다가 화이트헤드가 자신의 철학 체계에서 가장 핵심적인 단위의 원자적 존재로 설정한 〈현실 존재〉$^{actual\ entity}$라는 개념이 있는데 이때 채택한 단어인 〈엔티티〉^{entity}라는 용어 역시 오늘날에는 〈정보의 단위〉를 지칭할 때 쓰는 단어로도 알려져 있다(네이버『두산백과』참조). 그뿐만이 아니다. 화이트헤드 철학에서는 [데이터]$^{data(복수형)\ datum(단수형)}$ 개념도 매우 중요한데 국내 번역에서는 이것이 〈여건〉으로 번역되어 있다. 〈여건〉이란 말뜻 그대로 '주어진 조건'을 뜻한다. 나중에 보겠지만 화이트헤드 철학에서는 이 여건[데이터]이 없다면 현실 존재의 생성도 없다. 물론 오늘날 정보물리학에서 말하는 존재로서의 명제와 화이트헤드의 명제 이해가 과연 어떻게 연결되는지는 좀 더 들여다봐야 하는 점이 있기에 세부적인 연구와 고찰들 역시 함께 필요할 테지만, 분명한 점 하나는 화이트헤드 외에도 오늘날 과학자들 중에서도 정보 혹은 명제를 존재론적으로 보려는 시각 역시 엄연히 논의되고 있다는 사실이다. 상상력 풍부한 많은 창조적 영감들을 주기도 했던 물리학자인 존 아치볼드 휠러John Archibald Wheeler는 "비트[정보]에서 존재로(it from bit)"라는 유명한 말을 남긴 바 있는데, 이 문구는 이미 현대 물리학에 관심하는 사람들 사이에서도 꽤나 알려져 있다. 물론 과학자들의 시각도 일종의 해석이 반영된 시도에 속한다고 볼 수도 있겠지만, 적어도 〈정보〉 혹은 〈명제〉를 〈존재〉로 이해하려는 시각이 학자들 사이에서도 분명하게 거론되고 있는 한, 이에 대해서도 진지하게 숙고해 보는 것도 유익할 것으로 본다. 당연히 철학자들도 이들 정보물리학 연구에 대해서도 계속 관심 있게 주시할 필요도 있지 않은가 생각한다. 명제 또는 정보가 과연 우주의 기본 존재일 수 있는 것인가?

사실 화이트헤드가 자신의 저작에서 밝힌 〈명제〉에 대한 이론 역시 단순하지 않기에 어쩌면 기존의 명제를 취급하는 논리학 진영에선 받아들이기 힘든 성격의 것으로 볼 여지도 없지 않다. 명제의 참 거짓의 진위 여부와 논증 문제를 주로 다루는 기존의 명제 이해는 화이트헤드의 명제 이론에서 보면 그 자신이 제안한 명제 개념의 부차적인 한 측면으로 포섭되고 있다는 점에서 적어도 양 진영 간의 명제 이해의 간극 차이도 있는 것이다. 그럴 경우 우리가 "학설들 간의 충돌을 재난이 아닌 기회"(SMW 185)로 본다면, 과연 어느 쪽의 시각이 훨씬 더 설득력이 있을까?

또 한 가지는, 화이트헤드의 작업이 오늘날엔 mereotopology[메레오토폴로지, 부분전체위상학] 연구의 선구자로 평가받는 점이 있는데,[26)]

이 점 역시 아직까진 많이 알려져 있지 않아서 —심지어 화이트헤드 연구자들 사이에서도 잘 알려져 있지 않을 만큼 매우 드문— 거의 신생에 가깝다[* 참고로 영어의 mereotopology란 mereology(부분과 전체의 관계를 연구하는 학문)과 topology(위상학)이 합쳐진 용어인데, 여기선 필자가 기존 번역어를 찾지 못해 궁여지책으로 〈부분전체-위상학〉으로 이름 붙인 것에 불과함을 말씀드린다]. mereology(메레올로지)가 부분과 전체 사이의 관계를 연구하는 학문이라면, topology(위상학/위상수학/위상기하학)의 경우는 공간의 위상적 성질을 연구하는 기하학의 한 분야로 〈토폴로지〉에서는 〈연결성〉이나 〈연속성〉 등 작은 변환에 의존하지 않는 기하학적 성질들을 다룬다. 이 〈위상수학〉은 수학 전체의 역사에서 보더라도 매우 뒤늦게 발전한 분야에 속한다. 그런데 흥미롭게도 화이트헤드가 『과정과 실재』의 제4부 〈연장의 이론〉theory of extension에서 보여준 작업이 바로 오늘날에는 부분과 전체에 대한 위상 이론으로 평가된다는 점이다.27) 전문적인 응용 수학자로서 출발했던 화이트헤드는 말년의 〈창조적 형이상학〉으로 열매 맺으면서도 지난 여정의 성과들을 자신의 철학 속에 오롯이 반영하고 있었던 것이다.

이처럼 화이트헤드 철학을 깊이 들여다볼 경우 여전히 오늘날에도 새롭게 사유해볼 수 있는 다양한 실험적 논의 및 미개척 진영이나 창조적으로 발견해볼 꺼리들이 많다고 여겨진다. 물론 이 같은 얘기도 단지 몇 안되는 예시들에 불과하다.

종교와 과학 간의 소통을 위한 합리적 대안으로 거론된 화이트헤드

철학의 공헌으로서 또 하나 눈여겨 볼 지점은, 종교와 과학 간의 갈등 대립을 극복하기 위한 양립 가능한 소통과 대안에 관한 것이다. 현재 화이트헤드 연구자들 가운데는 종교와 과학이 소통할 수 있는 최선의 대안으로 화이트헤드 철학을 꼽고 있기도 하다. 토마스 호진스키 Thomas E. Hosinski는 화이트헤드의 철학이 종교와 과학의 화해에 가장 적합한 철학으로도 손꼽고 있다. 또한 종교와 과학의 관계에 지대한 관심과 유익한 저작을 펴냈던 이안 바버Ian G. Barbour 역시 화이트헤드의 과정철학이 종교와 과학 간의 관계가 서로 갈등 충돌하지 않고 화해 통합하는 데에 커다란 도움을 주는 사상으로 평가한다.28)

과정사상가인 데이비드 그리핀은 종교와 과학 진영 간의 갈등, 특히 그동안 종교의 〈초자연주의〉super-naturalism(* 참고로 여기서 말하는 〈초자연주의〉란 자연 세계의 가장 근본적인 인과적 질서를 간헐적이라도 간섭할 수 있음이 가능하다고 믿는 사조를 의미한다. 대표적인 예로는 초자연적 존재인 신이 자연세계의 해와 달을 멈추게 한다거나 당나귀가 말을 한다는 이야기도 결국 초자연적인 원인자에 의해서는 얼마든지 가능하다고 믿는 입장을 들 수 있다)를 믿는 진영의 고질적 폐해와 그리고 과학의 〈유물론〉materialism 문제에 대한 그 대안의 하나로서 화이트헤드 철학을 통한 〈자연주의 종교론〉을 모색하는 가운데 양자의 근본적인 대립과 갈등 구도를 해소할 수 있는 합리적 방안도 있음을 주장했었다. 그렇기에 그리핀은 자연에 개입하는 초자연적인 간섭이나 지나친 목적론적 세계관도 반대하면서도 또 한편으로 감각주의적, 기계론적, 환원주의적, 무신론적 유물론주의에 대해서도 반대한다.29) 전자는 주로 기존 종교 진영에 대한 비판일 것이고 후자는 주로 유물론적 과학주의에 대한 비판점이 될 것이다. 어쩌면 양비론적 입장으로도 보일 순 있겠으나 이는 애초 화이트헤드 철학의 체계화가 지니고 있던 일관된 성격으로부터 나온 것이다. 그러면서도 얼마든지 종교와 과학이 함께 양립 가능한 시너지를 창출할 수 있는, 보다 건설적인 〈자연주의적 종교론〉의 입장을 전개했었다. 이처럼 과학과 종교 간의 건강한 관계를 도모함에 있어 화이트헤드 철학을 통해서도 상당한 도움을 받을 수 있음을 논하고 있는 것이다.

물론 이외에도 화이트헤드 철학의 유용성을 주장하는 사례들은 너무나도 많다. 하지만 그럼에도 불구하고 정작 화이트헤드는 지금까지조차 많이 소외되어 있어 전체 사상사에선 제대로 된 평가를 받고 있지 못한 점도 있어왔기 때문에 바로 그 점에서는 다소 불운했던 게 아닌가 생각한다. 물론 이렇게 된 원인에는 화이트헤드 철학 체계가 지니고 있는 난해함에도 큰 원인이 있을 것이다. 필자는 지금 "화이트헤드 철학만이 최고야"라는 얘길 하는 게 아니라 어디까지나 그의 철학사상에 대한 현대적 의미와 공정한 평가가 있기만을 바라고 있을 뿐이다. 또한 화이트헤드를 비판적으로 넘어서기 위해서라도 분명하고 정확한 이해를 갖는 과정 역시 함께 필요하지 않은가 생각한다.

종교와 과학 간의 대립 갈등 문제에 정말 화이트헤드 철학이 어떤 실마리라도 줄 수 있을까?

글쎄, 화이트헤드라고 해서 무슨 뾰족한 수가 있나 싶지만, 그래도 한 번 알아보는 건 괜찮다고 봐

본격적인 화이트헤드 공부에 앞서 3가지 일러두기

이제 본격적인 화이트헤드 철학 공부에 앞서 당부 드리고 싶은 사항과 미리 말씀드리려는 점이 있다.

1. 이 책의 순서대로 읽어나가는 슬로우 독서를 권해드림 (이유는 개념들의 상호 연관성 때문)

첫째는 부득이하게도 이 책은 순서대로 차근차근 읽어주시기를 권해드린다. 왜냐하면 화이트헤드 철학은 그 자신이 축조한 온갖 개념들이 마구마구 서로 연관되어 있기 때문에 개념 하나를 모르면 연관된 다른 개념들 역시 이해하기가 어렵거나 그 다음 개념을 알기가 매우 까다로운 점 역시 있기 때문이다. 따라서 순서대로 읽고서 습득해가는, 누적적 진행의 학습 이해가 필요한 것이다. 빠른 속독보다 천천히 읽어가는 **슬로우 독서**를 권해드리는 것도 바로 이런 이유에서다.

본서가 다루는 화이트헤드 철학의 주제와 내용들은 하나같이 지나치게 무겁고 진중한 것들이다. 이미 화이트헤드 철학의 문장 한 줄 하나가 얼마나 육중한지는 식자들 사이에서도 꽤나 악명(?)이 높은 편이다. 화이트헤드 철학을 다루는 이상 이를 피할 길은 없어 보인다. 그 점에선 어떤 대중적 재미를 보장하기에도 힘들지 않을까 싶다. 요즘의 속된 말로 진지충들이나 보는 그런 내용들로 치부될 가능성이 큰 것이다. 하지만 이에 대한 지난한 과정을 잘 밟아나간다면 적어도 예전과 다르게 세상이 보이는 새로운 개안의 경험은 갖게 되지 않을까 생각한다. 마치 영화 『매트릭스』처럼, 기존 세상에서 〈실제 매트릭스〉로 들어가는 과정에는 어느 정도 자율적 결단과 함께 진통이 따를 수도 있겠으나, 그 빨간 약을 먹은 이후에는 빨간 약을 먹기 이전의 세상을 보는 경험으로 도로 돌아가기에는 매우 힘들 수 있다는 얘기다. 물론 이 같은 평가는 필자 개인 혼자만의 평가가 아니며 이미 여러 연구자들의 주된 평가이기도 한 것이다.

또 한편, 순서적 진행의 슬로우 독서를 권해드리는 이유에는 개인적으로도 화이트헤드 철학 강좌를 여러 해 진행해봤던 경험에서 비롯된 것이기도 하다. 그때마다 필자가 가장 절실하게 느꼈던 점 중의 하나는, 좀 더 쉬운 우리말로 된 화이트헤드 철학 입문서가 있었으면 좋겠다는 점이었다. 한 가지 말씀드리면 이 책이 나오기 전까지 필자가 화이트헤드 철학 입문 대중강좌를 진행할 때 채택한 주요 교재들은 토마스 호진스키Thomas Hosinski의 『화이트헤드 철학 풀어 읽기』와 도널드 셔번Donald W. Sherburne의 『화이트헤드의 과정과 실재 입문』 책이었다.30) 화이트헤드 철학 공부를 하는 분들에게는 두 책 모두 적극 추천할만한 유용한 책이라고 생각한다.

다만 좀 더 대중적인 기초 입문용 교재로 쓰기에는 여전히 어렵다는 반응들도 있었는데, 적어도 일반 대중의 입장에선 대학원 교재용 정도의 그러한 철학책을 읽기에는 부담스런 반응을 보였던 점이 있었다. 그래서 주로 철학 강좌 때는 이를 풀이해서 들려주는 편이었지만, 게 중에는 강의 때만 이해되다가도 나중에 다시 또 집에 가서 기존 책의 내용들을 읽어보노라면 여전히 쉽지 않고 어렵다는 반응을 보이기도 해서 필자로선 화이트헤드 철학을 좀 더 풀이해서 대중적으로도 소개해 놓은 우리말의 저작도 한 권쯤은 있어야겠다는 생각이 들지 않을 수 없었다. 바로 이 점 때문에 〈화이트헤드 철학 입문용〉이라는 본서의 작업에 착수하게 된 것이다. 안 그래도 난해하다는 화이트헤드 철학사상인데 어떤 지적인 군림을 하고자 함도 아니라면 일부러 더 어렵게만 접근해야 할 이유는 없다고 본다. 가능한 더 많이 접근되고 알려질수록 치밀한 개념들로 축조된 그래서 견고하고 딱딱하게만 여겨졌던 화이트헤드 철학도 오히려 더 잘근잘근 씹힐 수가 있는 것이다.

이는 한편으로 화이트헤드 철학에 대한 그 어떤 활로와 틈새를 새롭게 열어보고자 하는 맥락과도 맞닿아 있는데, 현재로선 그 허술한 틈새가 아직 잘 안보일 만큼 그 자신이 제안한 온갖 정교한 개념들이 상호

간에 촘촘하게 뒤얽혀 있는 실정이다. 그의 체계에선 개념 하나가 나머지에 해당하는 다른 온갖 개념들과도 긴밀한 연결들로 맺어져 있다. 그래서인지 필자가 진행했던 화이트헤드 철학 강좌 때도 경험한 바지만, 수강하신 분들 중엔 가끔 개념 하나라도 빠트린 채로 진도를 나갈 경우, 그 다음 진도 부분에선 더욱 더 힘들어 했을만큼 아무래도 이해에 훨씬 더 시간이 더디게 걸렸던 점도 없잖아 있었다. 이처럼 화이트헤드 철학에 나오는 여러 개념들이 서로 긴밀하게 연관되어 있어 새로운 개념 하나를 익힐 때마다 이전의 개념 이해들에 기반해서 설명해야만 하는 누적적인 습득의 이해와 노력들 역시 함께 요구되는 점도 있음을 분명하게 토로하지 않을 수 없다. 앞부분을 빠트릴 경우 뒤로 갈수록 그만큼 더 많은 이해의 시간과 노력들이 요구되는 어려움들이 있게 되는 것이다. 그 정도로 화이트헤드 철학의 체계는 온갖 개념들이 상호 유기적으로 짜여진 정교한 이론 체계라고 할 수 있겠다. 우리는 다음과 같은 언명을 들어봤을 것이다.

"이것이 있으므로 저것이 있고, 이것이 생기므로 저것이 생긴다."

일반적으로 불교 형이상학의 연기론(緣起論)에서는 이를 상호 관계 속에서 성립되는 사물의 연기적 성격을 말한 것으로 알려져 있다. 그런데 화이트헤드 철학의 개념들도 서로 간에 그 연관성이 복잡하게 얽혀 있다는 점에서 개념 하나를 이해하려면 다른 개념들을 알아야 하고, 그 다른 개념을 알려면 다시 또 이 개념과 연관된 다른 개념들을 알아야만 하는 식으로 서로 마구 연결된 〈그물망 체계〉에 해당한다. 주저인 『과정과 실재』가 전개하는 서술 방식 또한 그래서 그야말로 초심자뿐만 아니라 철학 전공자들도 이를 이해하기엔 여간 까다롭지 않다.

하지만 본서에서는 화이트헤드 철학의 중요한 핵심 개념들을 순서대로 풀이하려는 진행—이는 앞서 소개한 셔번과 호진스키의 책에서도 볼 수 있었던 진행—을 택하면서 이를 전개할 것임을 말씀드린다. 바로 이 점 때문에 가능하면 이 책의 순서대로 보기를 권해드리는 것이다.

2. 사물을 과정과 관계로 보는 상상 습관을 (이유는 사물을 고정된 실체로서 보는 일상의 습관 때문)

두 번째는 우리가 사물을 습관적으로 이해할 때 종종 고정불변한 것으로 이해하는 실체론적 시각이나 정태적 관점의 마인드를 극복하기 위한 점이 필요한데, 이를 위해선 한 장(Chapter)씩 진도를 나갈 때마다 화이트헤드의 관점을 적용해 머릿속에 그려보는 〈회상의 시간〉을 잠시만이라도 가져볼 것을 권해드린다. 만약에 제5장을 끝냈다면 제6장으로 곧바로 들어가기보다는 중간에 숨고르기 시간을 가지는 것처럼 한 템포 쉬면서도 곰곰이 머릿속에 그려보는 회상의 시간도 힘께 가졌으면 한다는 얘기다. 이는 어떤 면에서 화이트헤드 철학 세계의 용어들에 익숙해지는 상상적 사유로서의 시간을 권하는 것이면서, 한편으로 일상 언어의 굴레를 벗어나 새로운 사유 습관의 훈련을 갖는 시도로서 제안드리는 것이기도 하다. 물론 그 핵심은 〈과정〉과 〈관계〉이다.

화이트헤드 철학의 세계는 모든 것들이 과정과 관계들로 충만한 〈유기체적 세계관〉이 추구된다. 우리가 흔히 머릿속에 떠올리는 사물에 대한 고정된 그림은 추상된 것이지 사실로서 실재와 온전히 일치된 것이 아니다. 그 어떤 사물이라도 정태적이거나 고립되어 있다고 보는 것은, 오히려 그동안 고정된 실체론적인 시각과 마인드에 젖어 있던 익숙한 인지적^{cognitive} 습관에서 비롯된 사유의 신화일 뿐이다. 예컨대 내 앞에 놓인 컵을 바라볼 때 흔히 일상에서는 '컵'이라는 고정성의 실체로서 사물을 이해하고 받아들이며 그렇게 살아가는 점도 그 한 실례가 될 수 있겠다.

　우리는 생활 속에서 '컵'이라는 고정된 실체론적 관점과 언어를 통해 서로 통용하며, 사실상 일상적으로는 이것에 대해 별로 큰 불편을 못 느낀다. '컵'이라는 언어는 이미 우리 안에 상징화된 형식으로도 공유되어 있다. 그러나 좀 더 깊이 들어가면 그러한 컵에 대해서도 저마다 지각과 이해가 다를 수 있기에 어쩌면 〈천 개의 컵〉이 있을 만큼 온갖 다양성과 불일치의 측면도 함께 지닌다고 봐야할 것이다. 그럼에도 우리는 컵이라는 사물을 떠올릴 때마다 어떤 정태적인 사물의 그림으로서 사유하는 습관을 지니곤 한다. 하지만 사물의 미시적인 극미 세계로 들어가면, 내 앞의 '컵'은 결코 고정적이지도 않고 주변 사물과도 상호 연관되어 있을 만큼 매순간 그 어떤 흐름의 과정 속에 있을 뿐이라는 점도 짐작해볼 수 있다. 컵을 구성하고 있는 세부적인 요소들은 매순간 시시각각으로 변하고 있는 중에 있다고 봐야 한다. 더구나 장대한 시간의 관점에서 보면 내 앞의 컵 역시 언젠가는 퇴화의 과정도 갖게 되는 그러한 사물이 될 것이다. 따라서 내 앞의 컵은 결코 정지된 사물이라 할 수 없고, 또한 고립된 사물이라고도 할 수 없다. 항상 지속적인 관계에 놓여있고 항상 지속적인 과정에 놓여있을 뿐이다. 그렇다면 관계와 과정으로서의 어떤 사물이 '컵'이라는 언어의 옷을 잠시 빌려 입고 있는 외양을 취하고 있는 것인가 하는 생각도 들 것이다. 이 점에서 필자는 우리가 사물을 온전히 이해해보고자 할 경우 한편으로 〈일상 언어의 굴레〉를 가급적 벗어나려는 노력들도 같이 필요하다고 말씀드리는 것이다. 적어도 궁극적인 실재를 탐사하는 형이상학에 있어서는 언어의 한계를 끌어안고 가면서도 이를 더 나은 방향으로 끊임없이 넘어서고자 하는 모험의 시도도 적극 함께 요구되는 점이 있다.

● 일상 언어의 굴레 벗기 노력
→ 사물을 관계와 과정으로 보려는 상상적 사유 습관을!

물론 철학도 언어를 도구로 사용할 수밖에 없는 작업 영역이기에 일상 언어의 굴레를 완전히 벗어나긴 힘들다. 그럼에도 철학은 유동하는 전체 세계를 언어라는 도구를 갖고서 이를 펼쳐 보이려는 역설적 시도인 점도 없잖아 있는 것이다. 적어도 궁극적인 실재의 층위를 탐사하는 철학에서는 언어가 갖는 한계에 대해서도 민감하게 깨어 있으면서 또 한편으로는 좀 더 최선을 다해 실재의 묘사에 적합한 단어나 개념어들을 부단히 찾아보는 가운데 채택할 수밖에 없다. 물론 이 성공 여부는 그저 신(神)만이 알 뿐이다. 즉, 어느 누구도 장담할 수도 없고 확정적으로 최종 완결될 수도 없다는 얘기다. 단지 이후의 경험 세계가 직면하는 온갖 다양한 맥락 속에서의 적용 및 실행들을 통해 가늠해볼 수밖에. 물론 언어를 신뢰하는 어떤 그룹들은 "언어를 이렇게 쓰면 진리를 성공적으로 반영할 수 있어"라고 주장할 지도 모르겠다. 하지만 화이트헤드는 언어를 근본적으로 불완전한 것으로 보고 있기에 그러한 작업 역시 절대적인 완결로서 확정될 수 없다고 봤었다.

언어가 갖는 한계에 깨어 있으면서도 부득이 언어를 사용해서 전달할 수밖에 없는 철학 작업의 제약된 현실이 있기에 가능하면 고정된 실체로서의 사물 이해가 아니라 〈관계〉와 〈과정〉이라는 시각으로 우리의 주변 사물을 새롭게 바라보는 마인드가 몸에 배이도록 하는 시도와 노력들—적어도 화이트헤드 철학의 개념 용어들이 조금 익숙해질 때까지는 이 같은 일말의 노력들— 역시 수반되었으면 하는 것이다. 물론 단기간에 되긴 힘들다. 무리도 아닌 것이 화이트헤드에 따르면, 철학자들 역시 〈정태적인 물질$^{static\ matter}$이라는 관념〉을 극복하기까지는 사실상 여러 세기의 기나긴 시간이 걸렸다고 언급한 바가 있다(D 213). 그만큼 우리의 사유 습관에 있어 이 문제를 제대로 극복하기 위해서는 분명 쉽지 않은 어려움이 있는 것이다. 따라서 이 두 번째 부탁은 첫 번째 부탁에 비하면 그저 소박한 부탁으로서 말씀드리는 것에 불과할 수 있다.

그리하여 나중에 화이트헤드 철학의 개념들이 어느 정도 잘 이해가 되고 몸에 익었다는 생각이 들면 그때 다시 이 화이트헤드의 체계조차도 의심하고 불신할 때가 도래한 것으로 보면 되겠다. 달리 말하면, 화이트헤드 철학에 대한 비판을 위해서라도 최소한 한 번쯤은 담금질의 노력도 필요하다는 점을 말씀드리는 것뿐이다. 어떤 면에서 우리가 화이트헤드 철학을 공부하려는 목적에는 내가 속한 복잡한 혼돈스런 세계를 보다 반듯한 〈단순 정리〉로 이해보고자 하는, 매우 역설적인 지적 열망도 함께 내포되어 있으리라 생각된다. 하지만 아무리 잘 정리된 반듯한 체계라고 해도 결코 절대화될 수 없고, 그 체계 안에 갇히게 되는 점 역시 우리가 분명하게 경계해야 할 지점이다. 따라서 우리는 가능한의 단순함을 추구하되 한편으로는 그것을 불신할 필요도 있는, 그러한 역설의 긴장 관계에 놓여 있다. 그 점에서 화이트헤드 철학에 대해서도 예외 없이 보다 정확한 이해에 근거한 합리적 비판이라면 당연히 적극적으로 반영되어야 할 것이다. 다만 화이트헤드에 대한 비판이든 반론이든 그 역시 공정해야 할 것이기에 무조건적인 비판 반대 또는 정확한 근거 및 출처에 기반하지 않은 주장 또한 곤란할 것으로 본다.

우리가 최종적으로 호소할 법정은 플라톤도 아니고 화이트헤드도 아니며 더구나 그 자신이 되어서도 안 될 것이다. 어차피 호소해야 할 최종 법정은 〈본질적인 합리성〉$^{intrinsic\ reasonableness}$이기에(PR 39/118) 우리로서는 항상 무지개 너머 저 어딘가를 찾아가야만 하는 불가피한 여정인 짐이 있다. 다만 이 과정이 보다 건설적이고 생산적인 과정이 될 수 있기만을 바랄 뿐이다. 그에 따라 끊임없이 다양한 경험들과 소통하는 합리주의를 추구하기 위해서라도 실험적이고 비판적인 사유의 모험들 또한 부단하게 계속 진행되어야 한다는 점도 분명한 얘기다. 일단은 이 책을 읽으시는 독자 분들께는 적어도 이 두 가지 사항만이라도 부탁드리고 싶었음을 말씀드린다.

---

1. 가능하면 이 책의 순서대로 읽으시길 권해드림
 - 이유는 개념들 간의 얽혀 있는 상호 연관성 때문

2. 사물을 과정과 관계로 보려는 습관을 권해드림
 - 이유는 통상적 언어 사용에 깃든 실체론적 사고 습관 때문

---

3. 본서의 화이트헤드 철학 용어 사용 문제

끝으로 말씀드릴 점은, 화이트헤드 철학 용어에 대한 번역 문제인데, 국내 화이트헤드 연구자들 사이에서도 화이트헤드 철학의 개념 용어가 아직까지도 완전히 통일되어 있진 않은 실정이다. 그럼에도 대체적으로는 화이트헤드 철학의 국내 소개를 위해 앞선 노력들을 보여준 바 있는 오영환 선생의 『과정과 실재』에 나온 국역본 용어들을 주로 사용하는 편이기도 해서, 이 책 역시 그러한 점을 따르고 있음을 말씀드린다. 다만 약간의 미세한 차이는 있을 수 있겠는데, 예를 들어 영어의 'actual world'를 〈현실적 세계〉라고 번역하지 않고 〈현실 세계〉로 번역하듯이, 화이트헤드의 'actual entity'와 'actual occasion' 역시 각각 〈현실 존재〉와 〈현실 계기〉로 언급함이 적어도 일반 대중들한테는 좀 더

나은 어감으로 다가가는 방향이라고 생각되어 ㅡ비록 미세한 차이일 순 있더라도ㅡ 본서에선 이를 반영한 점은 있다. 하지만 기계적으로 적용하듯 모든 용어늘에서 '-적[-的]'³¹⁾이라는 글자를 무조건 뺀 건 아니다. 예컨대 〈인과적 효과성〉$^{causal\ efficacy}$ 같은 경우는 그대로 채택해서 쓴 편이다. 보다 디테일하게 들어가면 아무래도 일관적 적용의 기준 역시 다소 애매해지는 점도 없잖아 있다. 또한 게 중에 소소한 몇 가지 정도만 약간 다른 번역어를 채택한 점도 있긴 하다. 물론 그럴 경우에는 그에 대한 이유도 함께 명시해놓았음을 말씀드린다. 그러나 이러한 필자의 주장도 어차피 하나의 제안에 불과하다는 점 역시 분명하기에 앞으로도 더 나은 설명력 확보로서의 개선을 위한 시도들은 계속적으로 진행되어야 할 것으로 본다.

또한 이 책은 화이트헤드 철학의 입문용 성격을 벗어나지 않는 점도 있기 때문에 이후에는 좀 더 심화된 화이트헤드 철학 공부를 하고자 하는 분들께서는 보다 전문적인 화이트헤드 철학 연구서들을 탐독해주시길 권해드린다. 단지 본서는 바로 거기까지만 안내하고자 하는 책일 뿐이다. 즉 이 책의 한계는 그냥 기초 입문반 수준에 한정지으면 될 것 같고, 이후엔 좀 더 세부적인 내용들을 다루는 중급 이상의 책으로 들어가면 되지 않을까 생각한다. 물론 이 입문서조차도 매우 어렵게 다가오는 분들도 있을 수 있기에 필자의 이 같은 평가는 전혀 달라질 수도 있겠다. 이 점은 필자의 한계에 속한다. 필자로선 본서의 용도를 가급적이면 일반적인 대중 수준에 한정시키고자 나름의 노력을 했다지만, 애초 화이트헤드의 핵심 개념들과 그것의 의미 소개도 함께 끌어들여야만 하는 점도 있고 해서 정말 쉽지 않은 작업이었음을 고백하지 않을 수 없다. 게다가 어떤 면에서 그 일반적인 대중 수준이라는 것도 저마다 달라 애매모호해지거나 결국은 상대적 체감으로 다가올 여지들도 클 것이다. 그럼에도 지금까지 나온 화이트헤드 철학 입문서로서는 가능한 쉽게 쓰고자 노력한 정도일 뿐, 어차피 여기까지가 필자의 한계선이 될 것이며, 이후의 평가는 결국 본서를 꼼꼼히 읽어보신 일반 독자분들의 몫이라고 생각한다.

 필자로선 화이트헤드 철학과 함께 〈생각의 모험〉을 권해보고자 하는 작은 시도에 불과한 것임을 보다 분명하게 말씀드리고 싶다. 이제부터는 화이트헤드 철학의 세계로 슬슬 발을 담궈보도록 하자!

제1장

화이트헤드의 생애와 학문적 여정에 대한 간단 소개

"어느 소설가가 화이트헤드의 생애만큼
그토록 폭발적인 변혁의 시기와
맞물린 생애를 상상이나 할 수 있었겠는가"

- 루시언 프라이스

화이트헤드의 생애 구분[32]

이 장에서는 화이트헤드의 생애와 연관된, 간략한 소개부터 하고자 한다. 이미 화이트헤드 철학을 조금이라도 공부해본 분들이라면 많이 알려져 있는 그러한 내용들에 해당되겠지만, 적어도 화이트헤드 철학을 정말 처음 접하는 분들이라면 거의 잘 모를 수 있기 때문에, 우선은 화이트헤드의 생애와 관련하여 그의 지난한 행보들에 대해 대략적으로나마 언급해보려는 것이다. 여기선 중요하다고 생각되는 점들만 간략히 짚고 넘어가도록 하겠다.

일반적으로 화이트헤드의 생애는 그의 사유의 여정과 관련하여 크게 세 시기로 구분하고 있다. 첫 번째는 수학자로서 활동했던 케임브리지 대학의 시기, 두 번째는 자연과학에 대한 탐구로서의 런던 대학에서의 활동 시기 그리고 마지막 세 번째 시기는 63세의 나이에 미국의 하버드 대학으로 건너가서 생애 말년에 자신의 유기체 철학을 꽃피웠던 형이상학의 시기가 바로 그것이다. 영국에 태어나서 미국에서 생을 마감하기까지 그의 사유는 계속적인 모험을 겪으면서 발전하는데 크게는 이러한 3단계 변화가 가장 두드러진다고 볼 수 있다. 물론 제1기 수학자로 데뷔하기까지 그의 어린 시절과 성장기 때의 영향 역시 결코 도외시되어선 안 될 것이다. 그래서 우리는 다음과 같이 구분해서 간략하게만 살펴보고자 한다.

1. 가정환경과 성장기 (출생 1861-1879)
2. 케임브리지 대학의 수학·논리학의 시기 (1880-1909)
3. 런던 대학의 과학철학의 시기 (1910-1925)
4. 하버드 대학의 형이상학의 시기 (1926-1937)
5. 정년퇴직 이후 (1938-1947 사망)

화이트헤드의 어린 시절 - 가정환경과 성장기

1861년 2월 15일, 화이트헤드는 영국의 아름다운 전원 해안도시인 켄트주 램즈게이트^{Ramsgate}에서 태어났다. 화이트헤드의 아버지는 성공회의 성직자이면서 사립학교의 학교장직도 겸하고 있었는데, 어린 화이트헤드에게 읽기와 쓰기를 집에서 가르쳤다고 한다. 화이트헤드 집안의 종교적이고도 교육적인 가정환경은 그의 일생에도 어떤 영속적인 영향을 주었던 걸로 보인다. 실제로 훗날 화이트헤드의 부인이었던 에블린 웨이드$^{Evelyn\ Wade}$ 여사는 그러한 화이트헤드의 도덕감각과 종교적 감각이 결국 성직자인 아버지로부터 물려받았다고 증언한 바 있다(D 136). 물론 그렇긴 해도 화이트헤드는 그 어떤 종교적 교리를 절대시하거나 그러한 것에 귀속되지도 않았었다.

화이트헤드의 제자이기도 했던 버트란트 러셀에 따르면, 화이트헤드는 늘 종교의 중요성을 깊이 느끼고 있는 사람이면서도 그의 신학적 견해는 기독교 정통에서 벗어나 있다고 볼 만큼 매우 비판적인 입장에 서 있었다고 한다.[33] 실제로 이런 점은 훗날 화이트헤드와의 오랜 대화를 담은 『대화록』에서도 많이 엿볼 수 있다. 심지어 기독교에 대한 화이트헤드의 날선 비판들 중에는, "기독교 신학^{theology}은 인류의 큰 재앙 중의 하나"(D 174)라고까지 언급했을 정도로 거의 불신에 가까운 입장을 보였었다. 그러면서도 그 자신의 종교론을 피력한 『만들어가는 종교』(*Religion in the Making*, 1927)에서는 또 다르게 충분히 감지되듯이 인류사에 있어 종교의 의미나 종교 경험이 갖는 탁월한 중요성만큼은 결코 간과하진 않았다고 봐야 할 것이다.

화이트헤드는 15살이 되던 해에 셔번^{Sherborne} 중학교에 입학한다. 이 학교는 무려 역사가 천 년이 넘는 명문으로 화이트헤드는 이곳에서 그리스어와 라틴어를 배웠고, 낭만주의 시인인 워즈워드$^{William\ Wordsworth}$나

셸리$^{Percy\ Bysshe\ Shelley}$의 시를 즐겨 읽었으며, 많은 역사책을 탐독하면서 성장하였다. 특히 화이트헤드의 역사 지식은 훗날 그의 제자 러셀을 비롯해 종종 주변사람들을 놀라게 할 정도로 상당한 내공의 실력자로 알려지기도 했다.34) 이런 점들은 화이트헤드의 후기 저작들을 직접 읽어보면 알 수 있듯이, 딱딱한 과학과 철학을 논하면서도 한편으로 서구의 고전 문학과 시인의 싯구절들 그리고 서구 문명사의 여러 사건들이 종종 인용되기도 할 만큼 다방면으로도 관심의 폭이 매우 넓은 사람에 속했음을 말해준다.

또한 학창시절의 화이트헤드는 운동선수이기도 했고 학생회장도 맡았을 만큼 매우 활발한 활동을 했었다. 그렇기 때문에 어떤 면에서 화이트헤드의 사상에 나타나는 다양한 학문적 관심과 균형들은 일찍부터 형성된 이러한 교육 환경과 여건 속에서의 성장 역시 어느 정도 밑바탕이 되었다고 볼 수 있을 것이다.

케임브리지 대학의 수학·논리학의 시기 (1880-1909)

20대에 들어서면서 화이트헤드는 그 자신만의 학문적 행보를 서서히 개진하는데, 그 첫 번째가 케임브리지 대학 시절의 수리논리학 시기에 해당한다. 화이트헤드는 자신의 본격적인 학문적 행보를 수학자로서 시작했다. 1880년 가을, 그의 나이 19살에 케임브리지 대학에 입학할 당시만 해도 이미 화이트헤드는 수학실력이 상당한 수준이면서도 그의 관심사는 훨씬 더 폭넓은 것이었다. 당시 화이트헤드를 가르쳤던 수학의 스승은 저 유명한 클라크 맥스웰$^{James\ Clerk\ Maxwell,\ 1831-1879}$의 제자였을 만큼 그야말로 화이트헤드는 동시대의 뛰어난 학자로부터 매우 전문적인 수학을 배웠던 셈이다(D 238). 1885년 24살에는 케임브리지 대학의 트리니티 칼리지의 펠로(특별연구원) 자격으로 수학강의를 담당하게 된다. 화이트헤드의 펠로우쉽 논문 역시, 물리학 역사에서도 정말 유명한 맥스웰의 전자기학electromagnetism 이론에 관한 논문이었는데 그의 수학적 관심의 방향은 확실히 순수 수학보다는 〈응용 수학〉에 대한 관심이 좀 더 컸다고 볼 수 있겠다.35)

케임브리지 대학 시절의 화이트헤드는 친구들과의 자유토론을 통해 상당량의 독서와 맞먹는 많은 것을 배웠다고 술회할 정도로 강렬한 지적 자극을 받은 시기이기도 했었다. 수학을 전문으로 삼았으나 이미 많은 철학 공부도 있었음을 시사했다. 예컨대 이 시기의 청년 화이트헤드는 칸트 철학의 『순수 이성 비판』의 핵심을 알고 있었는데 너무 일찍 흥미가 떨어져 잊어버렸다고도 했었고, 헤겔Georg. W. F. Hegel의 책도 시도를 했었지만 수학에 대한 몇 가지 견해가 완전히 터무니없어서 도저히 읽을 수 없었다면서도, 돌아보면 이는 자신이 바보같이 굴었던 것임을 그의 자전적 고백에 남기기도 했었다.36) 짐작컨대 당시의 청년 화이트헤드는 그와 같은 지적 자극의 교류 시간을 통해서 다양한 사유 실험들의 좌충우돌도 함께 겪어가면서 종교, 철학, 정치, 예술, 문학 등 여러 분야에 대한 폭 넓은 관심과 풍부한 지적 성장에 대한 기반들을 계속 다져갔을 것으로 여겨진다.

그리고 1890년에는 평생의 반려자인 에블린 웨이드Evelyn Wade와 결혼을 맺는다. 그녀는 아일랜드계 군인의 딸로 수녀원 부속학교에서 교육을 받은 다음 영국으로 이주해 온 것인데, 화이트헤드는 그녀의 생생한 삶을 통해서 존재의 목표가 아름다움, 윤리적이고 미학적이라는 점을 알게 되었다고까지 고백할 정도로 두 사람은 평생의 사랑을 키워갔었다. 둘은 1891년에서 1898년 사이에 세 명의 자녀—딸 제시 화이트헤드Jessie Whitehead와 두 아들 토마스 노스 화이트헤드Thomas North Whitehead 그리고 에릭 화이트헤드Eric Whitehead—를 낳았었고, 나중에 세 자녀 모두 1차

세계대전에 복무하기도 했었다. 하지만 안타깝게도 에릭 화이트헤드는 1차 세계 대전 중이었던 1918년 프랑스에서 비행기가 격추당하는 사고로 인해 나이 19세에 전사하고 만다. 또한 신혼 시절의 화이트헤드 부부도 경제적으로는 상당히 어려움을 겪었을 만큼 적어도 케임브리지 시절은 그리 넉넉하진 못했던 것으로 보인다. 나중에 런던 대학으로 이주하기 전까지 화이트헤드는 케임브리지에서 20년 동안―부부로서는 10년―을 살았었다.

마침내 화이트헤드는 1898년 그 자신의 연구 저작으로 결실을 맺은 『보편 대수학과 적용들에 관한 논문』 A Treatise on Universal Algebra: With Applications (1898년)을 발표한다. 이는 화이트헤드의 첫 번째 저작이다. 화이트헤드 연구자에 따르면 이것은 〈응용 수학〉에 대한 철학적 꿈을 실현시키기 위한 화이트헤드의 경력^{career}의 중요한 첫 단계로도 평가되고 있다.37) 일반적으로 〈대수학〉(代數學)이란 수 대신에 문자를 사용하여 방정식의 풀이 방법이나 대수적 구조를 연구하는 수학의 한 분야로 알려져 있는데, 이를 통해 일련의 공리들을 만족하는 수학적 구조들의 일반적인 성질을 연구한다. 화이트헤드가 이 저작에서 검토하고 있는 대수학의 성격은, 수나 양(量)과는 본질적인 관련을 갖지 않는 수학적 과학$^{mathematical\ sciences}$으로 언급되고 있는데 이것은 순수한 양에 대한 전통적 범위를 넘어 대담한 확장이라는 그 특유의 관심을 형성한 것에 해당한다(UA viii). 화이트헤드는 여러 대수학의 성과들을 검토하면서 기초가 될 만한 해석의 균일한^{uniform} 방법을 시도하고자 했었다. 특히 이 책은 해밀턴$^{W.\ R.\ Hamilton}$과 부울$^{G.\ Boole}$ 뿐만 아니라 선형대수학에 기여한 독일의 헤르만 그라스만$^{H.\ G.\ Grassmann}$의 아이디어 역시 높이 평가하고 있다. 사실 그라스만의 수학적 작업은 매우 탁월한 것이었음에도 제대로 인정받지도 이해받지도 못했었음에 비교해 본다면, 그래도 다행히 화이트헤드의 이 첫 번째 저작인 『보편 대수론』은 인정받은 작품으로서 1903년에 영국 왕립협회 회원으로 선출되도록 해주었다. 따라서 적어도 화이트헤드의 공식적인 학문 이력은 분명한 수학자로서 출발했다고 볼 수 있다.

◀ 화이트헤드의 첫 번째 저작
A Treatise on Universal Algebra: With Applications
책 표지

화이트헤드의 이 같은 첫 번째 저작이 비록 매우 전문적인 수학서이긴 해도 우리가 입문 단계에서조차 한 가지 놓쳐선 안 될 점이 있다. 그것은 화이트헤드가 추구한 수학의 목적 또는 사유와 경험을 늘 연결시키고자 하는 그의 학문적 색조와 방향인데, 그가 이 책에서도 표명한 수학의 이상은, 생각이나 외적 경험의 모든 영역과 연결시키는 추론을 용이하게 하는 계산법^{calculus}을 정립하는 것에 있다면서 이를 통해 생각이나 사건들의 연속이 명확하게 확인될 수 있고 정밀하게 정해질 수 있다고 본 점이다(UA viii). 다시 말해 수학을 비롯한 엄밀한 추상적 사유와 그리고 외적 경험 간의 연결성을 살펴보고자 하는 화이트헤드의 이 같은 학문적 시도와 방향은 이미 그의 초기작에서부터도 드러나고 있을 뿐만 아니라 사실상 그의 저작들 전체를 꿰뚫고 있다는 사실이다. 이런 점은 화이트헤드의 학문적 여정의 성격을 탐색함에 있어 앞으로도 결코 간과되어선 안 될 것으로 본다. 그가 〈응용 수학〉에 더 깊은 관심을 가졌던 것에도 이유가 없지 않았던 것이다.

왕립협회 회원으로 선출된 후의 화이트헤드는 그 자신의 수학적 이력을 계속 쌓아가기 시작했는데 마침내 1905년에 왕립협회에서 "물질세계의 수학적 개념들에 관하여(On Mathematical Concepts of the Material World)"라는 논문을 발표하기에도 이른다. 화이트헤드의 이 논문은 그 서문에서도 쓰여 있듯이 물질세계의 본성을 이해하는 다양한 방식들에 대한 수학적 조사를 시작하는 것임을 밝히고 있다.38) 이 글은 화이트헤드 스스로도 최고의 글 중 하나로 평가한 것으로 알려져 있으며 화이트헤드 연구자들도 이 논문을 매우 중요한 것으로 평가하고 있다.39) 화이트헤드의 후기 대표작 『과정과 실재』의 제4부 연장^{extension}의 이론에서는 그 자신의 존재론적 체계를 통한 가장 근원적인 관계적 연결성으로 직선과 평탄한 장소를 정의한 아주 간명한 내용들(그러나 화이트헤드의 수학적 이해와 맥락까지 파악해서 들여다봐야만 하는 매우 까다롭고 어려운 내용들)이 있는데, 화이트헤드의 "물질세계의 수학적 개념들에 관하여"라는 이 논문은 바로 그러한 내용의 발아$^{發芽, germ}$를 담고 있는 것으로 평가된 글이다. 그 당시에는 〈위상학〉^{topology}이라는 명칭도 제대로 정립되어 있지 않던 시절이었음에도 화이트헤드는 현대 위상수학에서도 중시하는 〈연속성〉^{continuity}과 〈연결성〉^{connection}의 개념을 이 글에선 두드러지게 사용하고 있다는 사실도 한편으로 매우 징후적이고도 고무적인 대목으로 볼 수 있을 것 같다.40) 다만 이것이 수학적 기술의 차원만이 아니라 그의 철학적 이해가 깔린 존재론적 맥락까지 함께 연관해서 본다면 그 글의 중요성이 좀 더 분명하게 드러날 것으로 생각된다.

그러다가 수학자로서의 화이트헤드를 볼 때 아마도 전체 수학의 역사에서도 결코 빼놓을 수 없는 작업으로 평가되는 연구로서, 그의 제자 버트란트 러셀Bertrand Russell과의 공동 작업을 함께 하게 된다. 그 작업의 결실이 바로 널리 알려진 —그러나 실제로 이 책을 읽는 사람은 거의 찾기 힘든— 『수학 원리』 1·2·3권(*The Principles of Mathematics*, 1910, 1912, 1913)이다. 이 세 권의 저술은 두 사람이 거의 10년을 꼬박 투자했음에도 나중에는 자신들의 돈을 조금 보태서 출판해야 할 정도로 많은 우여곡절 끝에 겨우 출간한 저작이기도 하다. 그 와중에 화이트헤드가 쓴 "사영 기하학의 공리(Axioms of Projective Geometry)"(1906)와 "화법 기하학의 공리(Axioms of Descriptive Geometry)"(1907) 글은 『수학 원리』의 지난한 작업 중간에 나온 것으로, 분명 화이트헤드는 <공간에 관한 연구로서의 기하학>에 대한 관심을 부단히 멈추지는 않았었다. 어쨌든 러셀과 화이트헤드 이 두 사람이 공저한 『수학 원리』는 엄청난 노력을 투자한 대작이 아닐 수 없었다. 흥미롭게도 이 『수학 원리』라는 책은 수학의 전문가들조차도 어려워할 만큼 매우 난해한 저작이지만, 수학의 전(全)체계를 공리론적으로 재구성하여 무모순적인 확실성의 체계를 구축하려 했던 이들의 야심찬 작업이 결과적으로만 본다면 꼭 성공적이었다는 평가를 받고 있지 않다는 점도 분명하게 덧붙일 필요가 있겠다.

이 책에 나와 있는 '1+1=2'에 대한 증명은 간혹 흥미꺼리처럼 거론되기도 하지만, 이 『수학 원리』는 쿠르트 괴델Kurt Gödel 같은 극소수의 비범한 학자를 제외한다면 필시 난해한 이 책 전체를 제대로 읽어본 사람은 거의 없었으리라고 생각되어진다. 수리논리학의 온갖 악명 높은 기호들로 가득한 이 책은 적어도 기호 논리학을 통해 모든 명제에 형식적 증명을 제공할 수 있다는 입장을 매우 야심만만하게 전개한 저작이었다. 하지만 이 작업이 러셀과 화이트헤드가 기대한 만큼 성공적이었는지는 의문이 아닐 수 없다. 이후 등장한 천재 수학자 괴델은, 당시 무모순적인 공리계의 형식화를 표방했던 수학자 힐베르트$^{D.\ Hilbert}$의 계획에 거의 종언을 내린 괴델의 정리 증명으로도 유명한데(물론 그 뒤에 나온 게르하르트 겐첸$^{G.\ K.\ E.\ Gentzen}$의 작업도 있고 해서 완전종결의 종언인지에 대해선 논쟁도 있긴 한데, 그럼에도 괴델의 작업 자체는 성공적인 것으로 평가된다는 점을 간과해선 안 될 것임), 적어도 그러한 괴델의 작업은 이 『수학 원리』가 추구했던 확실성의 공리 방향과도 어긋나는 것에 속했었다. 오히려 괴델의 작업은, 수학의 체계를 완전하고 모순이 없는 공리계로 마치 영원한 진리처럼 형식화하려는 것은 온전히 불가능하다는 점을 보여준 것이다. 그럼에도 화이트헤드와 러셀이 공저한 『수학 원리』는 수년 동안 상당한 공력을 들인 저작이었기에 두 사람의 이름을 그때 당시 학계에 널리 알리는 데에는 크게 기여했었다. 훗날 러셀도 고백한 바 있듯이, 이 『수학 원리』 저작 이후로는 이보다 더 머리 아픈 수학적 작업을 하진 않았을 만큼 엄청난 역량을 쏟아냈던 힘든 대작인 점은 분명했다. 일설에는 『수학 원리』제4권이 나왔다면 물리과학으로서의 〈기하학〉에 관한 화이트헤드의 생각이 포함되었을 걸로 보기도 한다. 하지만 화이트헤드의 사후, 미출간된 그의 원고들은 모두 파기되었기 때문에 어차피 추정일 뿐이지 정확히는 아무도 알 수 없다.[41]

　『수학 원리』 이후의 화이트헤드는 결국 러셀의 철학적 입장과도 점점 더 멀어지며 절대적 확실성에 대한 회의적인 방향으로 나아간다.

언어의 불완전성을 숙고해서 후기로 갈수록 화이트헤드의 철학적 방향은 당시 러셀 이후 주로 언어 분석에 몰두했던 그러한 분석 철학의 진영과도 거리를 두는 〈사변철학〉speculative philosophy의 입장이라는 점을 더욱 분명히 했었다(MT 173). 반면에 러셀의 경우는 오히려 비트겐슈타인과 더 궁합이 잘 맞았다고 볼 수 있겠다(물론 나중에는 이 두 사람도 입장 차이를 보이지만). 결국 더 이상의 공동 작업을 진행하기가 힘들만큼 화이트헤드와 러셀 간의 학문적 입장은 서로 근본적인 관점에서 큰 차이를 빚고 있었기에 각자 서로 다른 길을 걷게 된다. 화이트헤드는 당시 뉴턴 고전물리학의 퇴장과 새로운 물리학의 등장 및 확실성의 붕괴라는 경험과 관련하여 현대 물리과학의 성과들을 수용하면서도 보다 성찰적인 철학적 사유로 나아가지만, 러셀은 또한 러셀 나름대로 여전히 무모순적인 참인 명제와 확실성의 논리를 추구하는 보다 분명한 〈논리적 원자론〉logical atomism의 방향으로 나아간다. 물론 러셀의 이 같은 입장은 그의 제자인 천재 비트겐슈타인의 영향과도 결코 무관하진 않을 것이다. 참고로 화이트헤드는 그때 당시 러셀의 제자였던 비트겐슈타인과도 서로 대면한 적이 있었는데, 분명 화이트헤드 자신에게도 비트겐슈타인과의 첫 만남이 워낙 인상적이었는지 이를 러셀에게도 들려주었고 러셀은 이 이야기를 자신의 자서전에도 기록해놓았다.[42]

이처럼 화이트헤드 생애에 있어 『수학 원리』를 비롯해 주로 수학 및 논리학의 작업이 가장 큰 중심으로 자리했던 시기가 대체로 화이트헤드가 케임브리지 대학에 몸담고 있었던 시절이기도 해서 흔히 〈케임브리지 대학의 수학·논리학의 시기〉라고 부른다.

이 케임브리지 시절에서 또 한 가지 덧붙일 만한 특기할 사항이 있다. 폭넓은 관심사를 가졌었던 화이트헤드는 이 시기에 8년 정도 기독교 신학 서적들도 함께 탐독하기도 했었는데, 결국은 그동안 수집했던 기독교 신학 서적들을 모두 팔아버리고, 오히려 다른 책들을 구입했었다는 사실이다. 종교적 집안에서 성장했던 화이트헤드가 보기에도 서구 기독교 신학은 더 이상 그 유효기간이 끝났다고 본 것이 아닐까 생각된다. 적어도 주류 전통 기독교의 신^{God} 관념만은 더 이상 유효하지 않다고 본 것 같다. 무엇보다 기독교 신학에 대한 화이트헤드의 대체적인 입장 표명들은 그 비판의 수위가 상당한 정도의 독설에 가까웠다. 그가 볼 때 "기독교인들의 하나님^{God} 관념은 자신한테는 악마의 관념"(D 189)이라고까지 언급했었고, 기독교 신학만큼 비(非)그리스도적인 것을 상상하기 힘들다고 볼 정도였으며, 그리스도조차도 필시 그런 기독교 신학을 이해하지 못했을 것이라고 비난하기까지 했었다(D 30). 나중에 보겠지만, 그랬었던 그가 정작 유신론적인 철학사상을 펼쳤다는 사실은 결과적으로만 놓고 보면 매우 아이러니하게까지 느껴지는 대목이 아닐 수 없다.

런던 대학의 과학철학의 시기 (1910-1925)

두 번째는 케임브리지 대학을 떠나 런던 대학에 몸 담았던 과학철학의 시기에 해당한다. 이후 1910년에는 30년 동안의 케임브리지 대학을 떠나 화이트헤드는 런던 대학의 응용 수학 교수로 자리를 옮긴다. 그리고 런던 대학에서의 화이트헤드는 학장직을 수행할 만큼 행정 활동가로도 유능한 수완을 발휘하기도 한다. 경제적인 안정을 찾게 된 것도 아마 이 즈음부터일 것이다. 또한 그의 자서전에 따르면, 이 14년 동안의 런던 대학의 시기는 그 자신에게 현대 산업문명의 고등교육 문제에 대한 자신의 견해를 변화시켰다는 고백도 한 바 있다.

런던 대학 시절의 화이트헤드의 주된 학문적 행보와 관심은 그때 당시의 자연과학에 대한 이해와 탐구로 옮겨간다. 앞서의 수학자에 이어

이 시기에는 주로 당시 물리과학에 탐닉한 과학철학자로서의 행보를 보였었다. 이 시기의 그는 당시 아인슈타인의 상대성 이론을 비롯해 뉴턴물리학의 세계관을 붕괴시킨 새로운 물리학의 성과와 이론들에도 심취한다. 그리하여 화이트헤드는 그때까지의 현대 과학의 성과들까지 새롭게 탐구함으로써 과학철학의 3부작인 『자연 인식의 원리에 관한 연구』(*An Inquiry Concerning the Principles of Natural Knowledge*, 1919), 『자연의 개념』(*The Concept of Nature*, 1920), 『상대성 원리』(*The Principles of Relativity, with Applications to Physical Science*, 1922) 같은 저작들을 발표하기에도 이른다.

『자연 인식의 원리에 관한 연구』(이하 PNK)는 그때까지의 물리학이 가정하고 있던 기본적인 관념과 그 근본 전제들에 대한 탐구로서, 화이트헤드가 보기에는, 물리과학의 근본적인 토대들에 수학의 본성이 자리한다지만 근본적으로 그 또한 결국은 〈경험〉으로부터 나올 수 있어야 한다고 봤었다. 그렇기에 화이트헤드는 "공간은 어떻게 경험 속에 뿌리내렸는가?$^{\text{How is space rooted in experience?}}$"를 물으며 가설적 전제로부터 연역된 추상으로서의 기하학이 아닌 물리과학으로서의 기하학을 고려해야 한다는 점도 피력하고 있다(PNK v). 이는 일종의 〈경험의 기하학〉이라고 할 수 있을 것이다. 당시 근대 과학을 지배했던 뉴턴의 절대 시간과 절대 공간 개념은 무너지고 있었다. 그는 동시대의 아인슈타인의 공헌을 인지하면서도 그와 다르게 자연과학에 있어 그 기본 토대를 구축하려는 방법들을 모색하고자 했던 것이다. 물론 이때 그가 말하는 자연과학은 물리학뿐만 아니라 생물학도 포함된 범(汎)물리학$^{\text{pan-physics}}$에 가까운 것이었다. 그는 생물학상의 〈유기체〉^{organism} 개념도 그 존재의 본질이라는 〈시공간적 연장과 통일체〉$^{\text{a unity with a spatio-temporal extension}}$로 간주하면서 이 같은 생물학적 개념은 그때 당시의 전통적 관념과는 명백하게 양립 불가능한 것임을 전하고 있다(PNK 3). 그만큼 그는 자연에 대한 혁신적인 이해를 추구하고 있었던 것이다.

이후 나온 『자연의 개념』(이하 CN)은 앞의 PNK 저작을 또 다르게 보완하면서도 과학적 탐구 대상으로서의 〈자연〉이란 무엇을 의미하는 것인지에 대해 논하고 있다. 2015년에 재발행된 『자연의 개념』의 서문을 썼던 마이클 햄페$^{Michael\ Hampe}$의 소개에 따르면, 화이트헤드의 이 책은 칸트 이후와 헤겔 이후 새로운 실재론의 정신 속에서 그리고 뉴턴 이후의 과학적 배경에 반하는 새로운 자연의 개념을 공식화하기 위한 시도라고 얘기한다(CN vii). 화이트헤드가 이 책에서 언급한 〈자연〉이란 〈우리가 여러 감각을 통해 지각 속에서 관찰한 것〉, 바로 그것임을 전한다(CN 2). 하지만 논의의 어려움은 그가 이 책에서도 피력한 〈자연의 이분화〉$^{bifurcation\ of\ nature}$ 문제, 단순히는 객관적인 과학의 대상과 감각을 통한 사적인 주체 경험의 지각이 갖는 괴리 문제가 여기에 자리하고 있기에 이 문제에 대한 극복으로서의 올바른 고찰 역시 함께 요구된다고 봤었다(* 관련 설명들은 어차피 본서 안에서 언급될 것이기에 여기서 굳이 일일이 다 짚어가며 이해하고 넘어가야 할 필요는 없을 것 같다). 중기 시절의 화이트헤드도, 자연은 〈과정〉^{process}임을 분명하게 주장한다(CN 53). 필자가 생각하기로, 그의 학문적 여정에 부단한 관심사로 계속 등장하고 있는, 그래서 CN에서도 나오는 〈연장적 추상화의 방법〉$^{the\ Method\ of\ Extensive\ Abstraction}$이나 그 마지막 장을 장식하고 있는 〈궁극적인 물리 개념들〉$^{the\ Ultimate\ Physical\ Concepts}$에 관한 내용들은 그야말로 〈'자연학'이라는 물리학 너머〉의 메타-물리학[자연학] 고찰의 진수를 보여주는 내용이 아닌가 생각된다. 물론 그렇다 해도 이 관련 작업의 정점이 결국은 〈관계와 과정의 존재론과 우주론〉을 구상한, 후기 형이상학의 대표 저작인 『과정과 실재』라는 점 또한 부인할 수 없다.

그리고 『자연의 개념』 이후에 펴낸 『상대성 원리』(이하 R)에서는 당시 아인슈타인의 상대성 이론에 대한 또 다른 대안적 설명으로서의 과학철학적 시도를 보여준다. 흥미롭게도 화이트헤드는 중력 이론이 하나일 필요는 없다고 봤었고 아인슈타인의 그것과 기본 가정이 다른 데서 출발하고 있다. 하지만 정작 그 자신이 제안했던 중력 이론은 보다 널리 알려진 아인슈타인의 표준 일반 상대성 이론과 동일한 결과적 해결을 제공한 점도 있긴 했었지만 이후엔 심각한 오차 문제로 인해 비판적 논란이 된 점도 없잖아 있었다. 그럼에도 최근에까지 화이트헤드의 중력 이론 역시 확장된 수정 버전으로는 계속 연구되고 있다는 점도 —물론 연구자들 사이에서도 많이 알려져 있진 않지만— 여전히 흥미를 끄는 대목에 속한다.43)

▲ 중기 시절의 화이트헤드가 쓴 과학철학의 3부작

대체로 화이트헤드의 중기 과학철학 시기의 저작들은 그 당시 아인슈타인의 이론을 비롯한 물리과학에 대한 논의들도 함께 고찰하면서도 물리학과 수학을 아우르는 전문가들이나 읽을법한 내용의 글들, 그러면서도 그가 추구하는 철학적 바탕으로 유도되고 있는 그러한 성격의 저작에 속한다. 그렇기에 적어도 중기 시절의 저작들을 온전히 이해하려면 수학과 물리학의 어려운 텐서^{tensor} 수식 및 관련 이론의 습득도 함께 요구되는 점이 있다. 다만 이 시기의 화이트헤드가 피력하고 있는 〈자연철학〉의 입장을 간단히만 살핀다면, 기본 존재로서 설정된 〈사건〉^{event}을 〈시간의 한 주기 동안의 장소〉로 소개하면서도(CN 34), 그러한 사건들의 활동의 장^{field} 또는 그러한 물리적 장을 표현하는 용어로 〈추동력〉^{impetus}이라는 개념을 기본적인 물리 관념으로 도입한 점은 한편으로 신선하게 느껴지는 부분이기도 했다(CN 116). 이 개념은 중력장을 시공간의 곡률로 표현한 아인슈타인과는 다소 다른 차이를 드러내는 요인에 해당한다. 오히려 화이트헤드의 작업은 좀 더 근본적이고 확대된 것으로서 관찰된 사물들에 대한 가장 일반적인 특성들을 공식화하려는 노력과 시도에서 나온 것이었다. 알다시피 아인슈타인의 중력 이론과 현대의 양자물리학은 그로부터 거의 백 년이 지난 오늘날까지도 제대로 된 통합 이론을 갖고 있진 않다. 그런 점에서 화이트헤드의 자연철학적 시도가 어떤 시사점을 줄 수도 있지 않을까 생각된다. 적어도 화이트헤드는 계속해서 관찰된 경험에 대한 겸허한 성찰들 역시 결코 멈추거나 하지 않았다.

또한 그 자신이 전문 수학자였음에도 화이트헤드는 "개념적 모형을 제공받기 위해 수학을 먼저 찾는 물리학은 참된 물리학일 수 없으며, 그런 식의 절차는 오히려 중세 논리학자들의 오류를 반복하는 것"임을 전하고 있다(R 39).[44] 그만큼 그의 사상은 시종일관 경험에 우선적으로 몸을 낮추면서도 그러한 가운데서 가능한 이론의 대담성을 계속적으로 펼쳐나갔던 것으로 볼 수 있겠다.

화이트헤드는 모든 분야에 채택될 만한 과학의 원리들을 공식화하려는 그 자신의 대담한 시도에 대해선 당시에 형이상학이 아닌 〈범(汎)물리학〉pan-physics이라고도 표현했었는데(R 4), 이는 적어도 이후의 화이트헤드가 추구하려는 학문적 방향이 어떤 성격의 방향으로 나아갈지를 어느 정도는 미리 짐작해볼 수 있는 것에도 속했었다. 그러나 또 한편으로 〈형이상학〉으로의 방향은 당시 화이트헤드 자신조차 예상치 못한 모험―그때까지도 그 자신이 미국으로 건너가 철학 교수가 될 거라곤 생각지 못했었기에―일 수 있겠다는 생각도 든다. 특기할만한 점은 중기 시절의 화이트헤드는 〈형이상학〉에 대해선 다소 부정적 의미로 표현한 점들도 더러 있다는 점과(CN 17-20), 정작 그 자신은, 자연의 다양한 요소들이 어떻게 연결되었는지를 분석하는 작업으로서 〈자연철학〉natural philosophy이라는 용어를 좀 더 선호했었다는 점이다(CN 20).

하버드 대학의 형이상학의 시기 (1924-1947)

중기 이후의 화이트헤드는 그 자신의 〈자연철학〉인 과학철학에서 좀 더 나아가 과학뿐만 아니라 종교, 예술 등 여러 경험들까지 포함하는 모든 경험 및 사물에 대한 궁극적 원리를 구상하는 것으로 나아갔다. 즉, 그의 전체 학문적 여정에서 볼 경우, 사물에 대한 가장 궁극적인 일반성에 대한 항해로서 보다 온전한 〈형이상학〉meta-physics의 구현을 더 큰 목표로서 계속적으로 접근해가고 있었다는 점이다. 마침내 화이트헤드의 이 담대한 학문적 목표가 미국으로 건너가서 이루어진 세 번째 〈하버드 대학의 형이상학 시기〉에 이르러서야 비로소 구축되는 결실을 보게 된다.

1924년, 그가 63세 되던 해에―어쩌면 남들은 현업에서 은퇴할 수 있는 나이임에도― 화이트헤드는 모험을 하듯 미국으로 건너가 하버드 대학의 철학과 교수로 취임하여 생의 말년까지 활동하는데, 바로 이 시기를 〈하버드 대학의 형이상학 시기〉라고 부른다. 화이트헤드는 바로 이 시기에 저 웅대한 형이상학으로 평가받는 〈유기체적 세계관〉을 정초한 것이다. 따라서 그의 학문적인 최종 결실로서의 철학은 거의 생애 말년에 형성된 것이라고 볼 수 있다.

생의 말년이라는 이 시기의 화이트헤드의 활동은 어떤 면에서 놀라움과 경이로움을 선사해주는 그러한 느낌도 없잖아 있다. 이 시기의 화이트헤드를 평가한 어느 글에 따르면, 63세 이후에 새로운 나라에서 새로운 일을 해가면서도 참신한 노선의 최고의 퀄리티로서 독창적인 지적 활동을 무려 20년 더 넘게 소비하는 사람은 거의 없으며, 화이트헤드의 마지막 시기의 생산량은 아직 삶의 전성기를 사는 사람에게도 정말 믿기 힘든 일이라고 얘기할 정도였었다.45) 그의 왕성한 활동력은 마치 다시 새로운 삶의 에너지를 뿜어내듯 불꽃처럼 달렸었다.

화이트헤드가 미국으로 간 이듬해에 발표한 첫 작품이 『과학과 근대세계』(*Science and the Modern World*, 1925)이며, 뒤이어 『만들어가는 종교』(*Religion in the Making*, 1926)와 『상징작용: 그 의미와 효과』(*Symbolism: Its Meaning and Effect*, 1927)를 내놓았고, 마침내 그때까지의 저술과 사유를 토대로 하여 후기의 대표 주저인 『과정과 실재』(*Process and Reality*, 1929)를 출간함으로써 화이트헤드는 〈유기체 철학〉philosophy of organism이라는 그 자신의 웅혼한 형이상학 체계를 세상에 내놓게 된다.

『과학과 근대세계』는 미국에 정착한 이후에 내놓은 첫 작품이면서도 당시 그의 저작들 중 가장 많이 읽힌 저작으로도 알려져 있다. 그리고 화이트헤드 철학사상의 가장 큰 봉우리이자 핵심을 담고 있는 『과정과 실재』는 화이트헤드가 1927년과 1928년 학기에 행했던 일련의 〈기포드 강연〉Gifford Lectures을 중심으로 엮은 책이라고 볼 수 있는데, 이 책은 화이트헤드 스스로도 가장 써보고 싶어 했던 저작에 해당할 만큼 그의 중심 사상이 될 만한 형이상학적 세계관이 집약적으로 반영된 저작이 아닐 수 없다. 아마도 그의 전체 인생을 통틀어 놓고 보더라도 가상 절정에 해당하는 대표작으로도 손꼽힐 만큼 놀라운 창조적 결실의 저작이다.

그럼에도 화이트헤드의 철학은 당시 직업적인 전문 철학자들조차도 매우 따라가기 힘겨워했을 정도로 학문의 난이도가 꽤나 컸었다. 앞서 보았듯이 그의 철학에는 수학과 과학에 대한 이력들이 바탕으로 함께 깔려 있다. 실제 그 당시에도 화이트헤드 철학사상의 난이도를 시사해주는 유명한 일화들은 꽤나 있었던 것 같다.

예를 들어 현재로선 화이트헤드의 대표작으로 손꼽는 『과정과 실재』가 당시 기포드 강연을 중심으로 엮은 책이긴 하나 그것이 얼마나 난해한 내용이었던지, 화이트헤드 보다 앞서 기포드 강연을 펼쳤던 아서 에딩턴$^{Arthur\ Eddington}$의 경우엔 무려 600여명의 청중들을 사로잡았을 만큼 매우 큰 인기를 끌었었는데, 이들 청중이 처음엔 똑같이 화이트헤드의 첫 강연을 듣고 나서는 도저히 이해하기가 힘들었는지 결국 나중에는 화이트헤드의 강연을 듣는 청중의 숫자가 고작 6명에 불과했다고 한다. 생각해보건대, 화이트헤드의 그 기포드 강의는 대중적 강연은 고사하고 아마도 그 자신이 창조해낸 난해한 개념어들의 인정사정없는 폭격의 현장이었을 걸로 짐작된다. 1930년에 화이트헤드 책 리뷰를 썼던 헨리 넬슨 와이먼$^{Henry\ Nelson\ Wieman}$(미국의 철학자와 신학자이며 당시로선 매우 드문 화이트헤드 철학 전문가로도 알려졌었음)은 다음과 같이 어떤 예언적 성격의 언급을 한 바가 있다.

"이 세대에서 화이트헤드의 최근 저서를 읽는 사람들은 많지 않을 것이며, 어느 세대에서나 읽는 사람들은 많지 않을 것이다. 하지만 화이트헤드의 영향력은, 그 빛이 어디서 오는지는 알지 못한 채 그 빛 안에서 일반 사람들이 그 빛에 대해 생각하고 작업을 할 때까지는 대중화가 동심원적으로 퍼져 나갈 것이다. 수십 년 간의 토론과 분석 후에야 우리는 그것을 지금보다는 좀 더 쉽게 이해해볼 수 있을 것이다."[46]

어쩌면 이 예언은 거의 적중한 걸로 보인다. 이후로도 지금까지 화이트헤드 철학에 대한 평가에 있어서는 매우 높이 평가되곤 했었지만 그렇다고 해서 실제로 그의 저작을 직접 읽고 이해하며 연구하는 사람들은 전체적으로 본다면 여전히 많지 않았기 때문이다. 그러면서도 화이트헤드가 『과정과 실재』에서 체계화한 그의 <유기체 철학>의 영향력은 현재까지도 계속적으로 퍼져나가고 있다. 그만큼 이 책은 그의 학문적 여정에서도 절정이 될 만한 핵심적인 저작이라고 할 수 있겠다. 게다가 『과정과 실재』 이후의 화이트헤드 저작들도 대체로 이 책에서 마련해놓은 <유기체적 세계관>이라는 그 자신의 형이상학을 토대로 삼아서 이를 다양한 분야들에 적용시켜 언급한 점이 더 컸었다. 그렇기 때문에 적어도 그의 전체 사상에서 『과정과 실재』라는 이 책을 결코 빼놓을 순 없음은 매우 분명해 보인다.

노년에 이르러서도 화이트헤드의 작업은 왕성하게 이어지는데, 계속되는 연구 활동으로 『이성의 기능』(The Function of Reason, 1929), 『교육의 목적』(The Aims of Education, 1929)을 출간하였고, 이후 그는 『관념의 모험』(The Adventures of Ideas, 1933)과 『사유의 방식들』(Modes of Thought, 1938) 역시 발표한다. 여기서 화이트헤드가 쓴 여러 저작들 중에서도 특히 『과학과 근대세계』(1925), 『과정과 실재』(1929), 『관념의 모험』(1933)은 그의 후기 철학사상을 대표하는 <화이트헤드 형이상학의 대표 3부작>으로도 불린다.

그는 먼저 『과학과 근대세계』에서 이전의 서구 근대 세계관이자 기존의 뉴턴 물리과학이 전제한 절대 시공간의 기계론적 세계관이 지닌 오류와 한계 및 비판과 더불어 서구 근대 세계관에 종언을 고하면서도 그때까지의 새로운 물리학의 성과들이 갖는 철학적 사유와 의미들을 제시하고선, 그 다음 작업으로 보다 정교한 존재론과 우주론 구축을 위해 『과정과 실재』에서는 그 자신의 철학적 구도인 〈유기체적 세계관〉으로서의 새로운 형이상학을 매우 체계적으로 집대성하여 기술한다. 화이트헤드의 이 『과정과 실재』는 자신만의 개념 체계들을 보다 더 정교하게 축조해놓은 대표 저작으로 볼 수 있다. 그리고선 이후에 쓴 『관념의 모험』에서는 그 자신의 형이상학 구도를 인간 경험의 문명세계에도 깊숙이 적용시켜 유기체 철학의 적용 지평을 계속 확대해간 것이다. 그렇기에 그의 사상적 성격에는 철학의 합리적 측면과 경험적 측면을 균형적으로 고찰하려는 시도들도 함께 엿볼 수 있다.

▲ 화이트헤드 형이상학의 대표 3부작 책 표지

실로 황혼의 은퇴를 준비할 수도 있는 인생의 말년에 오히려 가장

제1장 화이트헤드의 생애와 학문적 여정에 대한 간단 소개

찬란하게 꽃을 피운 화이트헤드의 〈유기체 철학〉은, 그때까지의 폭넓은 관심사들의 반영과 함께 그 자신의 전(全)생애의 경험과 학문적 성과와 통찰들이 고스란히 녹아 있는 웅혼한 철학사상으로 평가되곤 한다. 그의 육체는 1947년 12월 30일 86세의 나이로 하버드의 교외에서 조용히 일생을 마친다. 하지만 그가 남긴 정신적 유산은 다행히 사라지지 않았고 오히려 21세에 들어서는 본격적인 빛을 더해가는 시점에 이제 막 들어서 있다고 여겨진다.

화이트헤드 사상의 학문적 여정 - 크게 3가지 전환 시기로 구분

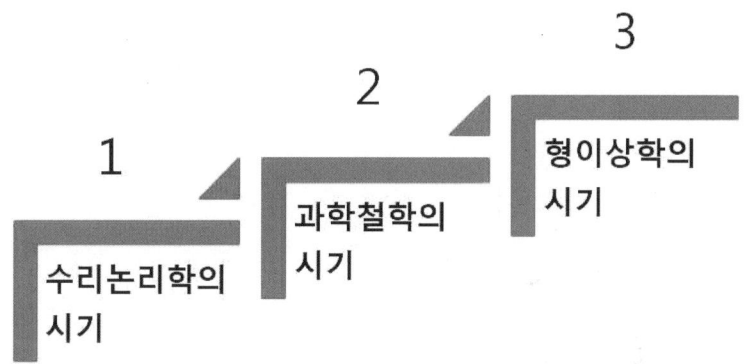

1. 수학 저서들 → 2. 준 수학적 저작과 과학철학 저서들 → 3. 철학 저서와 적용들

이처럼 화이트헤드 사상의 여정을 일반적으로 구분할 경우 (물론 세부적인 사항들로 들어가면 어느 정도 이견은 있을 지라도) 크게는 주로 세 시기별로 구분해서 보는 편이다. 그럼에도 간과하지 말아야 할 점 하나는, 화이트헤드의 사상적 발전을 흔히 3가지 여정의 시기로 구분하는 것은 그 시기에 나타난 뚜렷한 학문적 관심으로서의 색깔을 말한 것이지 그의 학문적 체계와 전개가 전혀 별개로서 분리된 채로 발전된 것

76

은 결코 아니라는 점이다.

앞서 보았듯이 화이트헤드는 일찍부터 폭넓은 관심사를 지닌 채로 성장을 해왔다. 즉, 화이트헤드가 말년에 꽃 피운 후기 철학 사상의 흔적들은 이미 케임브리지 시절에서도 그의 관심사 안에는 포함되어 있었다고 볼 수 있겠고, 그의 수학과 논리학 실력이나 과학에 대한 학문적 성과는 후기 철학의 사상적 기반으로도 계속 영향을 끼쳤다고 봐야 할 것이다. 그만큼 그의 사상에서는 인문적 교양의 색조와 과학적 성과의 반영이 한데 어우러져 있음을 손쉽게 발견할 수 있다. 이처럼 화이트헤드가 과학과 인문학에 대한 유연한 균형을 갖추고 있다는 평가는 필자 개인의 주장이 아니라 이미 오래전부터 나와 있던 평가에 속한다(D 6).

또 한 가지 사례를 들자면, 앞서 소개한 화이트헤드의 저작들 중 서구인들에게 가장 많이 읽힌 것으로 꼽는 책이 바로 서구 근대 세계관의 종언을 알린 『과학과 근대세계』인데, 이 저작은 말년의 화이트헤드가 갑자기 연구방향을 전환해서 나온 저작이 아니라 실은 그때까지 지난 40년 동안 계속 형성해왔던 누적된 사유들을 반영한 저작에 해당한다는 점이다. 바로 그렇기 때문에 화이트헤드는 당시 64세의 나이에도 하버드 대학에서의 정상적인 강의 일정을 모두 소화해내면서도 거의 매주 1장씩 써냈을 수 있었던 것이다. 그는 자신의 '이 같은 생각이 줄곧 지난 40년 동안 계속 이야기해왔던 것들이라고 밝힌 바 있다(D 6).

그렇기에 우리는 화이트헤드의 <유기체 철학>이 꽃피기까지의 학문적 발전 과정을 두고서 그 어떤 단절된 단계적인 발전적 전개로만 볼 것이 아니라 오히려 그때까지의 화이트헤드가 계속 다져나가고 있었던 전체적인 사유로서의 발전적 통일체이자 집적된 연구로서 최종 열매를 맺은 철학으로 보는 것이 좀 더 적절할 것으로 보인다. 이 같은 얘긴 필자 개인의 평가가 아니며 어느 정도 세부적 차이는 있을지라도 큰 틀에서 볼 경우 이미 많은 화이트헤드 연구자들의 대체적인 평가이기도 하다는 점도 덧붙여 말씀드린다.

21세기 현대에서의 화이트헤드의 부흥

20세기 철학의 조류에선 화이트헤드가 거의 주목을 받지 못한 점이 있었으나, 21세기 들어서 아주 최근에 일어나고 있는 놀라운 화이트헤드 철학의 부흥의 분위기에 대해서도 이를 함께 전할 필요 역시 있을 것 같다. 아주 최근의 분위기는 화이트헤드 철학사상이 거의 세계 곳곳에서 각광받거나 주목되고 있는 놀라운 보고들도 들어오고 있어 한편으로는 매우 고무적인 점도 없잖아 있는데, 이에 대해선 필자의 평가보다는 그러한 사정을 이미 요약적으로 보고해주는 전언이 있기에 이를 전달하는 것이 아무래도 좀 더 나을 것이다.

"현대의 부흥The Contemporary Revival

화이트헤드의 사상은 널리 퍼진 부흥을 즐기고 있다. 유럽 대륙 철학의 꽤 많은 전문가들이 존재론에서 질 들뢰즈와 베르그송과 함께 화이트헤드와의 연결에 관한 연구와 저술에 종사하고 있으며, 과학기술 철학과 문화 비평에서의 브뤼노 라투르, 그리고 이들 서클 안에서 부흥의 영혼이 된 이자벨 스탕제Isabelle Stengers는 관심과 재능의 비범한 조합을 갖고서 참여해왔다.

또한 스티븐 샤비로Steven Shaviro와 같은 작가들의 독립적인 우르릉

소리도 있는데, 그의 관점에선 하이데거^{Heidegger}에게 주어진 역할을 대신해서 맡을 자격이 있다고 보는 화이트헤드가 세계를 상상적으로 재구성하고 있다. 또한 이 영역에서는 그레이엄 하만$^{Graham\ Harman}$의 "객체-지향"$^{object-oriented}$ 철학과 "사변적 실재론"$^{speculative\ realism}$도 나오고 있다.

화이트헤드는 성공적으로 블로그권^{blogosphere}과 뉴미디어$^{new\ media}$의 세계에 진입했다. 뿐만 아니라 샤비로와 하만은 화이트헤드와 현대 유럽대륙 사상 간의 관계를 밀어붙이고 있다. 흥미진진한 새로운 작업을 수행하는 전통적인 학술 연구기관의 내부와 외부에서 활동하고 있는 수많은 젊은 학자들도 있다.

마지막으로는 롤랜드 파버$^{Roland\ Faber}$가 클레어몬트의 과정 연구 센터의 공동 책임자로 임명된 것과 그의 다양한 프로젝트(특히 화이트헤드 연구 프로젝트)를 들 수 있으며, 캐서린 켈러$^{Catherine\ Keller}$가 페미니스트 신학과 사회 윤리학에서 주요 목소리로 부상한 점을 들 수 있다. 그들은 화이트헤드 부흥의 초기 (대륙) 방향에 영향을 미치고 강화했다.

또한 여러 화이트헤드 단체들이 독일, 프랑스 그리고 몇몇 중부와 동부 유럽 국가들에 출현했으며, 벨기에서도 항상 관심을 활발하게 지녀왔었고, 중국과 인도 및 일본에서는 30년이 넘는 강렬한 관심을 보유하고 있다. 간단히 말해서, 화이트헤드는 많은 모임들에서 많은 입술들로 교육과 토론 속에서 언급되고 재차 소개되면서 널리 연구되는 중에 있는 것이다. 우리는 이 모든 활동에 고무되어 있다."47)

물론 아직 국내에는 이러한 화이트헤드 철학의 현대적 부흥에 대해선 거의 알려져 있지 않아 공감이 매우 힘들 수도 있겠고, 또한 저들이 주목한다고 해서 우리들도 덩달아서 꼭 그렇게 해야만 한다는 것도 아니다. 여기선 단지 최근 해외 사례로서의 그러한 분위기도 있다는 점만 전해두고자 할 뿐이다. 유럽 대륙을 비롯해 세계 여러 곳곳에서 〈화이트헤드 철학의 현대적 부흥〉이라는 새로운 변화의 바람이 일어나고 있다는 점만은 적어도 화이트헤드 연구자들한테는 고무적으로 다가오는 점도 있기 때문이다.

그러나 아직 화이트헤드 철학을 잘 모르는 일반인으로서는 이에 대해서도 "도대체 화이트헤드 철학이 뭐길래 저리도 관심할까?" 싶은 미심쩍은 반응과 물음도 얼마든지 나올 수 있다고 여겨진다. 과연 화이트헤디안들은 화이트헤드 철학의 어떤 점에 끌리게 된 것일까?

화이트헤드 철학의 현대적 부흥이라니, 믿겨지지도 않지만 정말 놀라운 걸~

20세기에서는 거의 소외되어 있었다가 점차로 그 영향력이 확산되고 있다는 최근 소식인 것 같아

<과정철학>으로 부를 것인가? <유기체 철학>으로 부를 것인가?

화이트헤드는 자신의 철학을 <유기체 철학>$^{Philosophy\ of\ Organism}$이라고 불렀으며(PR xi/41), 오늘날에는 또 다른 표현으로서 <과정철학>$^{Process\ Philosophy}$이라고도 불린다. 일단 화이트헤드 철학에서 <유기체>^{organism}라는 용어는 일반 생물학에서 말하는 그런 유기체 개념이 아니다. 화이트헤드는 그 어떤 유기적인 생물학적 생명체를 지칭하고자 사용한 것이 아니며 오히려 우리가 흔히 물질로서 인식하는 무기물조차도 궁극적으로는 <유기(체)적인 존재>로서 간주한다. 즉, 화이트헤드가 말한 <유기체> 개념은 기본적으로 일종의 형이상학 개념에 해당하는 것이다. 나중에 보겠지만 화이트헤드가 말하는 <유기체>라는 의미에는 <유물론>의 물질도 아닌 그렇다고 <관념론>의 정신[마음]도 아닌 양자의 성격을 모두 반영하려는 다소 중도적 종합의 의미와 느낌도 없잖아 있다. 다시 말해, 화이트헤드가 제안하고 있는 <유기체론>은 물질을 1차적인 존재로 간주하는 <유물론>과 정신의 선차성을 강조하는 <유심론>—또는 관념론— 철학 양자 모두를 거부하는 개념이면서도 동시에 이 둘의 성격을 함께 아우르려는 점도 함께 배여 있다는 얘기다. 그런 점에서 화이트헤드의 <유기체>는 일의적이면서도 양원적 측면도 함께 내포한다고 볼 수 있는 용어인 셈이다.

그리고 화이트헤드의 <유기체 철학>의 또 다른 이름인 <과정철학>이라는 별칭은 훗날 화이트헤드의 철학을 주로 종교철학 측면에서 계승했던 찰스 하츠온$^{Charles\ Hartshorne}$의 종교철학을 이어받아 오늘날 <과정신학>$^{Process\ Theology}$이라는 일군을 형성한 신학자들로부터 얻게 된 주된 이름이다. 존 캅$^{John\ B.\ Cobb}$과 데이비드 그리핀$^{David\ R.\ Griffin}$은 역시 대표적인 과정신학자들로 거론되는 학자들이다. 그런데 화이트헤드 철학의 주저인 『과정과 실재』가 말하고자 하는 핵심이 결국은 '과정이 곧 실재요 실재가 곧 과정'이라는 점을 강조한 것으로 본다면 〈과정철학〉이라는 이름 역시 적절하다고 볼 수 있는 별칭이며, 실제로 오늘날 많은 화이트헤드 연구자들도 그렇게 부르곤 한다.

다만 〈과정철학〉Process Philosophy이라고 표현했을 경우엔 좀 더 외연이 넓게 쓰이는 점도 있다. 예를 들어 과학철학자인 니콜라스 레셔N. Rescher는 〈과정철학〉을 소개할 때, 서구 철학사의 주된 특징이기도 했던 〈실체 철학〉Substance Philosophy과 대비시키면서 화이트헤드를 과정철학 분류에선 중요한 철학자로 거론하면서도 여러 과정사상가들 중의 한 사람으로 넣고 있다.48) 그렇게 볼 경우, 우리에게는 〈화이트헤드의 과정철학〉이 있는가 하면 또 한편으로 과정철학군(群) 가운데 하나로 〈베르그송의 과정철학〉이 있다고도 말할 수 있을 것이다. 실제로 화이트헤드의 과정철학은 프랑스 철학자인 앙리 베르그송의 영향 역시 덧입고 있다. 당시 화이트헤드는 베르그송을 서구 근대 철학의 유물론으로부터 가장 완벽하게 벗어났던 철학자로도 평가했었다(SMW 148). 어쨌든 화이트헤드 철학에서의 이 〈과정〉이라는 개념은 그 주요 특성들을 압축적으로 대변할 만큼 그의 철학에 있어 핵심 개념에 속한다.

그렇기에 〈과정〉을 궁극자로 보는(PR 7/59) 화이트헤드로선 아마도 베르그송을 제외한다면, 이천 년 서구 사상사의 주된 특징을 거의 한마디로 〈과정 망각의 역사〉로 볼 정도였다(MT 81). 흔히 독일철학자인 마르틴 하이데거Martin Heidegger가 서구 형이상학의 역사를 '존재 망각의 역사'로 봤다고 알려져 있는데, ―물론 그 의미와 맥락의 차이는 있겠지만― 화이트헤드의 관점에서 볼 경우엔 서구 사상사의 주된 특징을 〈과정 망각의 역사〉라는 한 큐로서 내다본 점도 있는 것이다. 적어도 화이트헤드에게 〈있음/존재〉being이란 〈됨/생성〉becoming에 의해 구성될 뿐이며 이는 언제나 〈과정〉에 다름 아니다. 아마도 그의 철학에 대한 가장 짧은 단순 요약을 꼽는다면, 〈현실태는 곧 과정〉이 아닐까 생각된다. 게다가 이러한 〈과정〉의 성격은 화이트헤드 철학의 원자적인 생성 이해에 있어서도 〈생성〉과 〈변화〉change는 서로 구분되고 있을 만큼 가장 근본적이면서도 가장 포괄적인 개념으로서 자기 철학의 중심으로 삼고 있다. 흔히 기존 철학에서도 〈생성〉과 〈변화〉를 같은 것으로 취급하기도 하는데, 적어도 화이트헤드의 생성 개념—정확히 얘기하자면 그의 〈합생〉合生, concrescence 개념—은 〈과정〉에 해당하면서도 〈변화〉와 〈불변〉이라는 도식 속에도 포함되지 않는 새로운 개념으로서의 생성 과정을 제시한 것이다. 필자로선 그의 〈과정철학〉에서의 생성 개념 이해는 여전히 새롭게 들여다봐야 할 면면들이 많다고 생각한다.

본서에서는 화이트헤드가 자신의 철학을 스스로 표현한 〈유기체 철학〉이라는 용어를 주로 쓰고자 하며, 〈과정철학〉이라고 표현할 경우엔 가급적 〈화이트헤드의 과정철학〉으로 표기하도록 할 것이다.

서구 사상사의 주된 특징을 굳이 핵심적으로 간략히 표명해본다면, 나는 〈과정 망각의 역사〉라고 봅니다. 반면에 유기체 철학에서는 〈현실태는 곧 과정〉입니다.

제2장

화이트헤드는 왜 하필 <형이상학>의 구축으로 뛰어든 것인가

"지식의 체계화는 선박의 방수격실 같은 곳에서 이루어질 수 없다."

― A. N. 화이트헤드

사치스런 사변놀음? 형이상학에 대한 고정관념 또는 이미지는?

20세기 철학 사조의 대체적인 흐름은 거의 반(反)형이상학적 또는 탈(脫)형이상학적 분위기가 상당히 지배적이었다. 그런데 화이트헤드가 생의 말년에 꽃 피운 유기체 철학은 일종의 〈형이상학〉^{metaphysics}에 해당한다. 우리가 보통 일상생활에서 "형이상학"에 대해 언뜻 갖게 되는 생각은 상당히 비현실적이고 관념적이며 사변적인 성격의 느낌, 그래서 매우 어려운 낱말들의 추상적인 학문 세계를 떠올릴 가능성이 매우 크다. 실제로 철학은—그 중에서도 형이상학은 더더욱— 먹고사는 밥벌이 문제가 걸린 자신의 생업과는 전혀 무관한 것으로 취급되는 경우들이 많다.

하지만 또 한편으로 우리는 살아가면서 절박한 생존의 문제와 함께 여전히 "나는 누구인가?" 또는 "우리는 왜 존재하는가?", "가치란 무엇인가?", "삶의 의미 혹은 존재의 의미는 무엇인가?", "인간은 왜 의미를 추구하며 사는 것인가?" 등등 적어도 우리 모두는 이러한 물음들로부터 온전히 벗어나지도 못한 현실이 있다. 이 같은 물음들은 살아가면서도 마음 한 구석으로부터는 끊임없이 계속 되묻게 되는 근원적인 핵심 질문이기도 하다.

흔히들 철학은 먹고사는 문제와 직접적 연관성이 없다고도 생각하지만, 보다 흥미로운 실제 사례를 들고자 한다면 예컨대 〈인문 치료〉나 〈철학 상담〉 같은 경우를 들 수 있겠다.[49] 여기선 철학을 비롯한 인문학의 역할이 거의 자포자기한 밑바닥 삶을 살고 있는 빈민들에게도 새로운 생의 활력을 불어넣을 만큼 그들 스스로가 자신의 삶을 성찰하도록 이끄는 역할로서의 그런 치유 효과들도 보여주는 점이 있다. 거리의 노숙자들은 물론이고 절망의 밑바닥에서 삶을 포기한 사람들이 뜻밖에 〈철학〉을 접하면서 이들이 다시 새로운 삶의 희망과 활력을 발견하며 자활 의지를 불태울 만큼 〈삶의 놀라운 전환〉이 되기도 하는 것이다. 이들은 다시금 존재의 의미를 각성하며 자신에 대한 자존감 향상 및 가치에 대한 자각과 역량 증대 등 이로 인해 다양한 삶의 결실들을 보여주기까지 한다. 또한 최근에는 심리학 진영에서도 〈철학 상담〉이 본격적으로 도입되면서 항우울제 대신에 철학으로 마음의 감기라는 우울증을 치유하는 사례들 또한 점차로 증가하는 추세다.50) 이렇게 보면 철학은 우리의 삶과 동떨어진 것이라기보다 오히려 삶 속에 매우 깊숙이 잠재되어 있다고도 볼 수 있다. 그것을 흔들어 깨울 때 실질적인 몸삶의 차원도 얼마든지 달라질 수 있었던 것이다.

요컨대 필자가 이 지점에서 말하고자 하는 바는, 철학이 우리의 삶과 얼마나 밀접한 관련성을 지니고 있는가에 대한 문제도 한편으로 우리의 삶에서 철학의 목적과 역할을 어떻게 보느냐의 문제와도 연관되어 있다는 점이다. 특히 철학의 분과들 중에서도 〈형이상학〉은 철학의 꽃에 속한다고 하지만 그것이 구체적인 현실과는 어떤 관련성을 지니느냐 하는 문제도 분명한 의문이 아닐 수 없다. 혹자는 구체적인 삶의 현실이라는 점과 관련하여 말하기를, 우리에게는 〈형이하학〉形而下學이 필요한 것이지 〈형이상학〉形而上學이 필요한 것은 아니라고 말할지도 모르겠다. 그런데 화이트헤드라는 철학자는 구체적인 삶이라는 경험적 현실이 중요하다는 점을 놓질 않으면서도 형이상학의 분명한 필요성을 외쳤던 일군에 속한다. 도대체 왜 그는 그 같은 주장을 했던 것인가? 화이트헤드는 왜 하필 사변적인 형이상학을 옹호하는 입장을 갖게 된 것인가? 일반적으로 볼 때 20세기 철학 사조의 대체적인 성격을 꼽는다면, 반(反)플라톤적이고 탈(脫)형이상학적인 경향들도 없잖아 있었기에, 사실 이 같은 지배적 분위기에서 본다면 우리 시대의 형이상학은 어쩌면 아예 불가능하거나 혹은 이미 사멸된 것으로 보기도 할 것이다. 하지만 화이트헤드는 그러한 조류에 대해선 분명하게 반대하는 입장에 서 있다. 오히려 활기찬 문명의 건설에 있어 형이상학은 필수적인 것으로 내다봤었다. 그렇다면 화이트헤드는 20세기 철학 사조의 지배적 흐름과 달리, 왜 하필 사변적인 형이상학의 구축에 뛰어든 것인가? 이제 우리는 이 물음을 갖고 살펴보고자 한다.

<형이상학>에 대한 일반적 의미

본격적인 내용에 앞서 우선은 <형이상학>에 대한 사전적인 개념 이해부터 잠깐 살펴보자. 널리 알려져 있듯이 형이상학에 대한 일반적인 개념 정의는 대체로 '존재의 근본을 연구하는 학문' 혹은 '세계에 대한 궁극적 이해와 근거를 연구하는 학문'으로 얘기되곤 한다. 또한 '물리적 세계를 초월하는 것을 연구하는 학문(study of what is beyond the physical world)'으로도 언급된다.

일반적으로 <형이상학>metaphysics이라는 용어의 유래 역시 찾아볼 경우, 서양에서 <형이상학>이라는 용어는 아리스토텔레스의 저서 『제1철학』의 '메타피지카(Metaphysica)'라는 용어에 그 유래를 두고 있음을 엿볼 수 있다. 여기서 말하는 <제1철학>first philosophy이란, 존재 혹은 사물에 대한 제1의 모든 원인과 제1의 모든 원리를 취급하는 철학 부문을 일컫는다. 반면에 동양철학에서의 <형이상학>形而上學이라는 용어는 『주역』의 계사(繫辭)에서, '형이상자(形而上者)를 도(道)라 하고, 형이하자(形而下者)를 기(器)라고 한다'는 언급에서 유래한 것으로 보며, 결국 이를 그리스어 'metaphysic(메타피직스)'에 대한 한자어로 옮긴 말로 알려져 있다.[51]

<형이상학>을 의미하는 <메타피직스>meta-physics라는 말뜻 그대로 보면, 이 뜻은 <자연학>이라는 피직스physics의 뒤편 혹은 배후를 탐구하는

분야를 가리킨다. 알다시피 메타(meta-)라는 접두어는 '너머' 혹은 '뒤편'이라는 뜻을 함의한다. 이때 오늘날엔 피지스(physics)가 물리학을 뜻하기도 하지만 단순히 자연과학 진영의 물리학뿐만 아니라 모든 형이하학적 학문들을 포함한 의미로서 본다고 할 경우, 결국 그 같은 〈형이하학 전반의 배후에 놓여 있는 일반 관념들〉을 탐구한다는 의미에서의 〈형이상학〉으로 보면 될 것이다.

[요약] 형이상학이란, 자연학(형이하학)에 대한 궁극적인 배후 탐구를 추구하는 분야로서, 존재하는 사물에 대한 제1원인 및 궁극적인 일반 원리를 규명하는 것을 목표로 한다.

<형이상학>은 결국 존재하는 모든 것들에 대해 가장 궁극적인 일반 원리를 탐구하는 분야라는 점을 알았어

응, 그렇기 때문에 형이상학은 모든 학문들의 가장 기본적인 전제와 토대로도 작동했었지

서구 철학사에서는 아리스토텔레스의 형이상학에 대한 이해와 개념 정의는 널리 받아들여져 있는 편인데, 전통 형이상학에 대한 분석적 탐구를 수행했던 마이클 루Michael Loux 같은 학자 역시 아리스토텔레스의 이해를 받아들여 형이상학을 제1원인에 대한 탐구뿐만이 아니라 '존재

로서의 존재를 탐구하는 학문(science that studies being qua being)'으로 간주하면서 결국 형이상학은 그 어떤 특정 주제를 다루는 분과 학문이 아니라 보편 학문이며, 존재하는 모든 대상에 대한 탐구라고 얘기한다.52)

그럼에도 종종 우리는 철학을 '여러 학문들 중의 하나'로 취급하곤 한다. 특히 오늘날에는 너무나 많고 다양한 분과 학문들이 있기 때문에 은연중에라도 철학을 그렇게 볼 가능성이 크다. 하지만 학문의 역사에서 보면, 오히려 철학에서 많은 분과학문들이 분화되어 나오기도 했다는 점에서 철학이 모든 학문들의 모태라는 점도 간과되어선 안 될 것이다. 이때 우리는 형이상학을 철학에 속하는 한 분과로 간주할 수도 있겠지만, 적어도 <형이상학>이라는 학문 자체는 존재하는 모든 것들에 대한 가장 일반적이고도 보편적인 관념을 추구하는 분야로 보는 것이 좀 더 적절한 시각이 아닐까 생각된다. 그럴 경우 형이상학에서 기본적으로 다루지 않는 것은 거의 없다고 할 수 있겠으며, 오히려 존재하는 모든 것들이 형이상학의 탐구 영역으로 들어온다고도 볼 수 있다. 그러한 가운데 가장 궁극적인 원리로서 일반화할 수 있는 제1의 철학이 곧 <형이상학>인 것이다. 그렇다면 정작 화이트헤드 자신은 형이상학을 어떻게 정의하고 있을까? 그는 다음과 같이 말한다.

"내가 말하는 <형이상학>이란, 발생하는 모든 사물의 분석에 대해 불가피하게 관련된 일반 관념들을 발견해내고자 하는 학문science 을 의미한다." (RM 84)

여기서의 'science'는 그냥 '학(學)'이라고 봐도 무방한데 결국은 발생되고 있는 세계 안의 모든 사건들 혹은 모든 사물들에 대한 분석에 있어 그 전제 혹은 배후에 놓여 있는 가장 궁극적인 일반성에 관한 탐구라고 보면 될 것이다. 화이트헤드 역시 앞서 아리스토텔레스 이후로 표방된 〈형이상학〉의 일반적인 뜻에도 부합되고 있다. 『과학과 근대세계』에서 표명한 바도 "사물의 부분적 특성들에 대한 전문 연구에 선행되어야 할 하나의 입장standpoint, 즉 사물의 본성을 냉정하게 고찰하는 입장에 서고자 하는 것"을 〈형이상학적〉metaphysical이라고 표현했었다 (SMW 157-158). 그런데 화이트헤드는 이 〈형이상학〉을 다른 말로는 〈사변철학〉speculative philosophy이라고도 불렀었다. 〈사변철학〉이라는 이 표현에는 일종의 사변의 역할로서의 〈상상력〉에 대한 강조가 내포되어 있는데, 이 점은 잠시 뒤에 살펴볼 것이다.

형이상학은 온갖 생각들의 뿌리가 되고 있는, 가장 근원적인 사유의 놀이터

전통적으로 형이상학에서 탐구되는 주제들 중에서도 대표적인 하위 분과를 꼽는다면 아무래도 〈존재론〉ontology과 〈우주론〉cosmology을 들 수 있다. 물론 결정론과 자유의지 문제를 다루는 심리철학적 논의들도 있지만, 이는 어떤 면에서 다시 물질과 정신에 관한 존재론 문제와 여전히 연관되는 문제이기도 해서 일단 여기서는 이 두 가지에 대해서만 간략히 언급해보고자 한다.

〈존재론〉은 궁극적인 실재에 대한 근본적인 탐구 혹은 존재하는 모든 것들에 대한 본성을 그 근원적인 일반화의 견지에서 탐구하는 분야라 할 수 있겠다. 그리고 〈우주론〉은 변화하는 이 우주를 비롯해 전체 세계에 대한 가장 근본적인 원인 규명을 탐구하는 분야로 보면 될 것이다. 그렇기에 철학에서의 형이상학은 일종의 〈세계관〉으로도 표출된다. 다만 이때 말하는 철학에서의 〈우주론〉은 현대과학에서 물리적 우주에 대한 구조를 탐사하는, <과학 진영의 우주론>과 혼동해선 곤란하다. 물론 형이상학의 우주론이 물리과학에서 말하는 우주론과도 전혀 관계가 없진 않겠지만 현대과학이 측정하지 못하는 그 너머까지 철학자들은 그 자신의 상상적 사유를 더욱 확대하여 가장 깊은 지평에까지 뿌리내리려는 작업에 해당한다는 점에서 철학과 과학의 성격은 서로 다른 것이다. 역으로 보면, 과학이 관측 한계를 넘어서는 상상력의 모험을 할 경우 철학에 점차로 가까워진다는 점도 짐작해볼 수 있다. 그래서 이론물리학의 최전선을 살펴보면 사실 많은 과학자들도 수학의 온갖 수식들과 함께 거의 SF적인 형이상학적 상상력을 동원하기도 한다는 점에서 어느 정도 서로 맞물려 있기도 한 것이다. 하지만 과학자들은 적어도 측정과 실험 가능한 방향을 지향하고 있는 반면에, 철학에 해당하는 형이상학은 그러한 과학의 측정 한계에 구애받지 않으며, 보다 더 자유로운 상상력의 비행을 통해 그 <궁극적인 일반성에 대한 탐구>를 시도할 따름이다. 그런 점에서도 과학과 철학은 분명히 다른 차이를 갖는다. 물론 그렇다고 해서 철학에서 수행하는 <상상력의 비행>이 아무렇게나 비행하는 철학적 상상력을 말한 것은 결코 아니다. 오히려 가능한 논리적 일관성^{consistency}과 여러 관념들 간의 퍼즐들이 서로 연결적으로 잘 맞물릴 수 있게끔 정합성^{coherence}을 확보하려는 그러한 <상상력의 비행>을 추구하는 것이다. 뒤에서 다시 보겠지만 화이트헤드는 이를 <상상적 일반화>$^{imaginative\ generalization}$로 보고 있다.

  이러한 형이상학의 목표는 세계 안의 온갖 경험들(여기에는 자연과학뿐만 아니라 정치, 경제, 역사, 종교, 예술 등 그야말로 세계 안의 모든 경험들)과 관련시켜 가장 근원적인 설명으로서의 <일반화>^{generalization}를 추구하는 것으로 볼 수 있다[그림 참조]. 물론 이 <일반화>는 온갖 경험들로부터 추상된 관념으로서의 일반화에 해당한다.

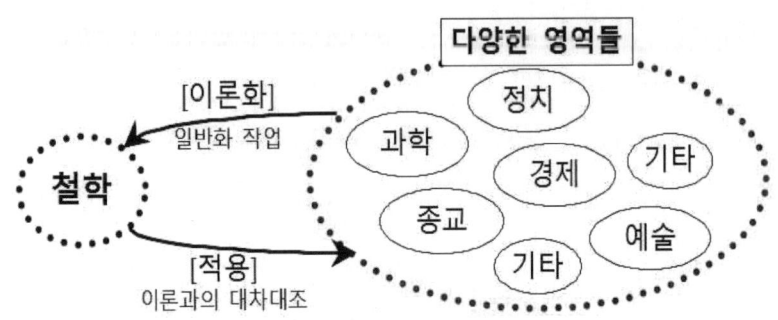

▲ 철학의 작업은 다양한 경험 영역들과 결코 무관할 수 없다!

철학이라는 이론의 수립은 여러 경험 영역들을 궁극적으로 일반화하는 작업을 통해 마련될 수 있으며, 그렇게 해서 수립된 이론을 다시금 여러 경험 영역들에 적용해보면서 상호 대차대조해보는 가운데 끊임없이 형성 중인 과정에 놓여있는 것이다[그림 참조].

지금까지 철학사가 그래왔듯이 세계 안의 온갖 경험 영역들에 적용함에 있어 끊임없는 수정 또는 폐기 혹은 새로운 철학 이론의 출현을 보여줄 정도로 결코 완결된 정립의 학문 역사는 아니었다. 성공적인 완결을 자랑하는 철학일수록 오히려 독단으로 군림하는 경우도 많았다. 철학은 〈궁극적 일반화〉로서의 지위와 쓸모를 노리면서 변모를 겪기도 하는 온갖 관념들의 모험의 역사다. 따라서 철학이 독단적 이성으로 군림될 경우엔 철학의 폐해가 발생되리라는 점도 자명한 것이다.

만일 철학에서 시도한 일반화 작업이 어느 정도라도 성공적일 경우 그것은 다시 다양한 여러 경험들에 적용시켜 볼 수 있다는 점에서 아주 강력한 〈추상 관념〉abstract idea이 될 것이다. 이때 말하는 〈추상 관념〉은 온갖 다양한 구체적 경험의 과정에서 거의 공통적인 패턴으로 추출해낼 법한 최고의 일반 관념을 의도한 셈이다. 그런 점에서 화이트헤드가 보는 철학은 <추상에 대한 설명>으로 간주되며, 그것은 각각의 사실 속에 들어있는 형상(形相)을 탐구하는 것으로 보고 있다.

"진정한 철학적 물음은 <구체적인 사실이 그 자신으로부터 추상되는, 그러면서도 그 자신의 본성상 관여하고 있는 그런 존재들을 어떻게 나타내 보일 수 있는 것인가?>라는 것이다.

철학은 추상abstraction에 대하여 설명하는 것이지 구체concreteness에 대하여 설명하는 것이 아니다. 흔히 독단적 공상과 격세유전적(隔世遺傳的) 신비주의를 연상시킴에도 불구하고 플라톤적 유형의 철학이 지속적인 호소력을 지니는 까닭은, 그것이 이러한 궁극적 진리를 본능적으로 파악했다는 데에 있는 것이다. 그러한 철학은 사실 속에 들어 있는 형상들forms을 탐구한다. 사실은 저마다 그 형상 이상의 것이며, 각 형상은 어느 곳에서나 사실의 세계에 관여하고participate 있다." (PR 20/81-82)

따라서 화이트헤드가 추구하는 철학으로서의 추상 관념은 사실의 세계에 관여되고 있는 형상을 탐구하는 것이며, 이는 궁극적인 일반화로서 제안될 수 있는, 가장 <기초 패러다임>이 될 만한 관념ideas에 해당한다. 이때 이 형상들에 대한 탐구는 사실에 근거하지 않으면 그 정당성을 확보할 수 없다. 이처럼 <형이상학>이라는 관념은 여러 패러다임들 중에서 가장 근원적인 전제로서 자리하게 되는 궁극적 기초 패러다임에 속하고 있다. 그렇기에 실제로 어느 한 시대의 형이상학이 새롭게 정립되어 전파될 경우 그것은 인류 문명사에 새로운 전환을 불러일으키기도 했던 것이다.

대표적인 예로, 이미 많은 사람들 역시 익히 잘 알고 있는 것처럼, 플라톤과 아리스토텔레스의 형이상학은 서구 유럽 문명사에 가장 뿌리 깊은 사상적 근간이 되었다는 점을 들 수 있다. 그것은 분명 서구 문명사에 지대한 영향을 끼쳤던 추상 관념에 해당한다. 동양의 경우도 마찬가지다. 동아시아 문화권에서 대두된 기(氣)와 리(理)를 주장하는 유교 형이상학이 끼친 영향 역시 매우 지대한 것이었다. 그것은 우리의 일상적 언어 속에까지 들어와 종종 무의식적인 습관상의 전제로도 작동할 만큼 매우 뿌리 깊은 것에 해당한다. 또한 불교의 형이상학도 세계 안에 불교 문명을 형성함에 있어 사유의 기초적인 토대로서 자리매김 했었고 그것은 커다란 영향을 끼쳤었다.

이렇게 보면 형이상학은 그야말로 온갖 생각들의 놀이터를 그 가장 깊은 곳에서 터놓으려는, 일종의 사유의 근본적인 틀을 형성한다는 점에서 생각을 틀 짓는 〈사유의 기초 공사 작업〉에 속한다고 볼 수 있다. 그것은 온갖 생각들의 기초 토대가 되고 있다는 점에서 문명사적 정신의 기본 틀을 결정짓고 있는 셈이다. 역사적으로 서구의 많은 사람들은 플라톤과 아리스토텔레스가 제공해 준 생각의 놀이터에 달라붙어서 '진리'니 '신'이니 '존재'니 하는 생각들과 주장들을 펼치곤 했었다. 아우구스티누스의 신학과 아퀴나스의 사상에서도 볼 수 있듯이 서구 기독교 문화에는 이 영향력이 매우 뿌리 깊게 배여 있음을 알 수 있다. 신 존재를 논하기 위해 플라톤이니 아리스토텔레스니 신플라톤주의니 하는 철학들을 괜히 끌어다 쓴 게 아니었다. 중세 교부들은 자신들의 신앙과 신^{God} 존재를 정당화하고자 플라톤이나 아리스토텔레스 형이상학의 도움을 받아서 그 정당성을 갖추기도 했던 것이다. 또한 유교 형이상학에도 불교 형이상학에도 여전히 많은 사람들이 지속적으로 이 추상 관념들에 달라붙어서 그 생각의 틀을 이어가며 저마다의 문화를 형성해갔었다. 물론 오늘날의 우리도 결코 예외일 순 없겠고, 우리 안에도 부지불식간에 온갖 생각들의 기본 전제로서 작동하는 더 뿌리 깊은 〈생각의 틀〉이 있을 수 있다. 그것은 우리 삶의 많은 점들을 정당화하기 위해 저도 모르게 끌어들이기도 하는, 가장 근원적인 의미의 해석학적 토대이자 설명으로서의 기초 관념이기도 했던 것이다. 물론 그런 틀은 오히려 위험해서 아예 필요 없다거나 그런 건 환상일 뿐으로 보기도 한다. 철학사에는 이러한 입장들 간의 논쟁들도 있어왔다. 어쨌든 그 역시 하나의 입장일 수 있다. 다만 인간이 〈안정화〉와 〈예측〉을 추구하는 과정에 있어 세계 안의 다양한 경험들에 대한 〈설명 욕구〉가 현존하고 있는 한, 지금까지의 문명사를 보더라도 이를 추구했던 〈형이상학〉의 영향들을 결코 무시할 순 없을 것이다.

요컨대 〈형이상학〉이란 그 어떤 존재(혹은 존재한다는 것) 또는 세계를 설명함에 있어 그러한 설명 이론의 기초 뼈대가 될 만한 결정판에 해당한다고 볼 수 있다. 그것은 보다 많은 것들에 대한 궁극적인 정당화들을 제공해주려 했다는 점에서 매우 강력한 영향을 끼쳤었다. 알다시피 **철학의 등장 이전에는 〈신화〉**^{myth}**가 그 역할을 담당했다고 볼 수 있다.** 우주의 기원을 담고 있는 상상적 이야기로서의 신화는 어떤 의미에서 철학의 등장 이전에 궁극적인 설명력을 갖는 나름의 형이상학적 역할을 한 셈이다. 오늘날에도 이러한 신화의 힘이 행사하는 영향력은 매우 상당한 것이다. 신화 또한 우리의 인생에 깊은 의미를 부여해주고 있을 만큼 힘 있는 작동을 한다.[53] 이처럼 신화와 형이상학은 서로 유사한 점이 있지만, 철학자들이 주장하는 형이상학의 경우는 신화와 달리 힘센 영웅이나 초월적인 신들이 관여되는 〈이야기〉 방식의 서술이 아니라 〈로고스〉^{logos}라는 논리를 갖고서 좀 더 정합적이고 체계화된 설명 방식의 이론을 지향한다는 점에서 차이를 갖는다. 이른바 인류사에 철학의 시대가 열리게 된, 〈뮈토스Mythos에서 로고스Logos로〉의 이행이 있게 된 것이다. 그럼에도 신학두 철학두 여전히 우리의 몸삶 가운데 작동하고 있는 매우 강력한 관념이라는 점 역시 간과되어선 안 될 것으로 본다.

〈사변철학〉으로서의 형이상학은 〈상상적 일반화〉를 추구한다!

앞서 잠시 언급했지만, 화이트헤드는 자신의 저작에서 〈형이상학〉이라는 용어뿐만 아니라 〈사변철학〉speculative philosophy이라는 용어도 같이 쓰고 있는데 같은 의미로 봐도 무방하다. 언뜻 보기에는 〈사변〉思辨이라는 용어가 그리 좋은 느낌으로만 다가오지 않을 수도 있다. 왜냐하면 〈형이상학〉이란 학문은 사변적인 성격을 갖는 것인데, 20세기 현대 철학사를 살펴보면 상당히 형이상학에 대해 불신적이거나 부정적인 태도가 거의 주된 흐름이었던 점도 있기 때문이다. 물론 화이트헤드 역시 형이상학이 갖는 한계를 말하기도 했었다. 하지만 그럼에도 그는 형이상학이 무용하다거나 반대하는 쪽에 있질 않았고 오히려 학문 탐구에서 형이상학이 갖는 유용한 필요성을 언급했던 철학자에 해당한다. 그런 점에서 화이트헤드는 20세기 철학사의 주된 흐름에는 속하지 않는다고 볼 수 있다.

형이상학이라는 것은 일종의 상상적 사유의 도식이기에 화이트헤드가 말한 사변철학에서의 〈사변〉 역시 일종의 〈상상력〉이 발휘된다는 의미에서의 사변으로 보면 되겠다. 이는 마치 예술가가 상상력을 발휘해 그 어떤 작품을 만들어내는 것과 같은 그러한 상상적 작업을 요구한다는 의미가 내포되어 있다. 실제로 화이트헤드는, 철학이 고도의 추상 경험이라는 점에서 철학을 〈상상적인 예술〉imaginative art과 유사한 것으로 봤었다(MT 117).

고도의 추상 경험이라는 것은 현재로선 인간만이 수행하는 고등 경험에 속한다. 침팬지가 제아무리 똑똑해도 '진리란 무엇인가'로 골몰하진 않는다. 달리 말하면 철학은 인간 생물 종에서만 볼 수 있는 특징에 해당한다는 것이다. 아직까진 인간만이 고도의 상상력을 발휘하는 추상 경험을 수행할 줄 안다. 그것도 단순한 상상력의 발휘가 아니라 가능한 논리성의 요건에 맞도록 시도하는 그러한 정교한 상상력의 발휘다. 화이트헤드는 이러한 사변철학의 작업 방법을 〈상상적 합리화의 방법〉 혹은 〈상상력에 의한 구성〉 혹은 〈상상적 일반화〉라는 용어로 표현한 것이다(PR 5/55). 우리는 정교한 상상력의 발휘를 통해 이전에 없던 새로운 설명으로서의 철학적 개념들과 이론의 신조어들을 창작해낸다. 그런 한에서 철학은 이러한 관념들에 대한 짜깁기[assemblage] 예술이기도 한 셈이다.

> ● 화이트헤드가 표명한 철학의 작업 방법
> - 상상적 합리화의 방법(method of imaginative rationalization)
> - 상상적 구성(imaginative construction)
> - 상상적 일반화(imaginative generalization)

대체로 모두 비슷한 표현들이다. 여기서는 일단 화이트헤드가 말한 철학의 작업 방법에선 〈상상력의 비행〉이 매우 중요하다는 점을 강조한 것으로 이해하면 될 것이다. 그만큼 〈상상적 일반화〉라는 이 용어는 화이트헤드가 말하는 철학적 작업의 성격을 이해함에 있어 매우 중요한 표현에 해당한다. 그 밖에 유사한 표현으로 〈기술적 일반화〉[descriptive generalization]라는 용어도 있다(PR 10/64). 이 역시 철학의 주요 방법을 애기한 것이다. 분명한 점은, 적어도 화이트헤드가 보는 철학의 작업에는 필연적으로 <상상력>이 요구된다는 점이며, 그에 따라 <사변철학>에서의 '사변(思辨)'이라는 점도 궁극적인 일반화를 위해 동원되는 <상상력의 작용>이라는 의미를 내포하는 것으로 보면 될 것이다.

[사변철학] 가장 근본적인 관념들에 대한 일반화로서의 이론 창작을 위해 사변이라는 상상력을 동원한다는 의미가 내포되어 있음

<유기체 철학>은 화이트헤드의 사변철학 곧 그 자신이 축조한 형이상학을 일컫는 명칭에 해당하지만, 오늘날 현대 철학에서는 형이상학이기의 천박 신세가 되어 있다. 현대 철학사조에서 보는 형이상학은 거의 끝장났다고 보는 시각이 지배적이었다. 이 주된 흐름에서 볼 때, 형이상학의 필요성을 외쳤던 화이트헤드의 철학적 작업은 그야말로 반동적이거나 전체 철학 진영에서도 거의 왕따가 될 만한 작업으로 간주되기 십상이었던 것이다. 그렇다면 도대체 화이트헤드는 왜 형이상학이 절실

제2장 화이트헤드는 왜 하필 <형이상학>의 구축으로 뛰어든 것인가

히 필요하다고 본 것일까? 그는 왜 사변철학을 열렬히 옹호했던 것일까? 그리하여 화이트헤드는 왜 새로운 형이상학의 구축 작업으로 뛰어들어야만 했던 것일까? 실로 이 이유는 매우 중요하다. 아이러니하게도 이것은 언어의 부정확성에서 비롯되는 여러 문제점들과도 관련한다.

언어의 부정확성 문제와 그리고 사실로 간주되는 가장 간단한 진술에서 비롯되는 매우 심각한 문제들

화이트헤드는 언어의 부정확성이나 명제의 불충분한 진술이 갖는 문제를 늘 염두에 두고 있는 철학자에 속한다. 그의 저작들 곳곳에는 이런 문제의식이 종종 표명되곤 했었다. 여기서는 어려운 전문적인 개념들로 표현하기보다는 좀 더 편한 일상적인 대화체로 기록된 그의 『대화록』에서 밝힌 바 있는 화이트헤드의 입장을 한 번 들어보자.

"당신은 언어의 부정확성^{imprecision}을 인정할 것임에 틀림없다. 그것은 내가 너무나 강조하지 않을 수 없는 핵심이다. 나는 거듭해서 그 점으로 돌아온다. 사상^{thought}이 완벽할 수 있다거나 심지어 언어 상징들로 적절하게 표현될 수 있다는 생각은 어리석은 것이다. 그리고 그런 가정^{supposition}이야말로 철학을 헤아릴 수 없을만큼 손상시켜 왔다.

사실에 대한 가장 단순한 진술로서, <우리 셋은 이 방에 앉아 있다>라고 해보자. 여기에 거의 모든 중요한 것들은 생략되었다. <이 방>은 하나의 건물, 캠브리지, 대학, 그리고 우리가 일부로서 속해 있는 우리를 둘러싼 세계, 우리 세계의 별의 체계들, 우리가 도달해 온 무한한 과거, 그리고 우리를 관통해서 우리 앞에 흐르는, 끝없이 펼쳐진 미래를 전제로 하고 있다.

그것은 우리의 분리된 개체들을 전제로 한다. 각각마다도, 우리가 아는, 우리가 되는, 우리가 해본 적이 있는, 모든 것들이 저마다 서로 다르다. 우리가 여기에 앉아 있다는, 그러한 말로서의 표현은 거의 아무것도 아니게 된다. 그렇지만 훨씬 더 심각한 주제와 훨씬 더 야심찬 규모에서는, 우리가 끊임없이 역사적 사실의 진술들과 그리고 그 정확성이나 정확한 진실과는 관련성이 더 결여된 철학적 사변들speculations마저 수용하고 있다는 점이다.

생략된 전제들을 제공받지 못한 사람들한테 지나치게 단순화된 그런 관념들로서 전달되었을 경우, 그것들은 아무것도 아닌 게 되거나, 이해되지도 않으며, 훨씬 더 받아들여지지도 않게 된다."
(D 329, 밑줄과 단락 구분은 필자의 표시)

여기서 화이트헤드는 우리의 일상적 진술들이 얼마나 지나치게 생략된 단순 관념에 불과한 것인지를 매우 적나라하게 토로하고 있다. 〈우리 셋은 이 방에 앉아 있다〉는 아주 간단한 언명은 사실로 간주되더라도 생활에 거의 불편이 없을 만큼 아무런 문제가 없는 것처럼 보인다. 하지만 조금만 더 깊이 들여다보면, 그것이 얼마나 불명확하고 불완전한 진술에 불과한 것인지를 새삼 알 수 있다. 정확한 진술인 것처럼 통용되곤 하지만, 가장 단순한 이 진술에는 그것이 자리한 전체 세계와의 복잡 다양한 관련성들은 거의 생략해놓은 채로 수용되고 있을 뿐이다. 이렇게 되면 가장 단순한 진술조차도 그것이 갖는 의미에 대해선 제대로 된 철학적 고찰을 해보지도 못한 채로 암암리에 수용되게 된다. 하지만 그럴 경우 실제상으로는 정말 아무 것도 이해되는 것 없이 무의미한 덧없는 진술이 되고 말 것이다. 그런데 화이트헤드는 바로 여기에 철학의 중대한 임무가 있다고 봤었다. 어떻게? 상상력의 도전으로!

군맹무상(群盲撫象) - 눈먼 이들의 코끼리 만지기 비유를 통해 알아보는 형이상학의 필요성

우리 모두는 제각각의 분야들에서 여러 다양한 경험들을 겪으며 살아가고 있다. 농부는 농사를 짓고, 자동차 공장에서는 자동차를 만든다. 또한 어떤 과학자는 생물의 세포를 탐색하지만, 어떤 학자는 인간의 언어를 연구한다. 뿐만 아니라 음악을 하는 뮤지션도 있고, 그림을 그리는 예술가도 있고, 춤을 추는 예술가도 있으며, 영화를 만드는 예술가도 있다. 이처럼 우리 모두는 각자 다양한 분야에서 그 자신의 구체적 경험들을 익혀 나간다. 그럴 경우 각자가 그려보는 〈세계상〉世界像은 결코 똑같지는 않을 것이다.

만일 이들이 한 자리에 만나서 "생명이란 무엇인가?"를 토론한다고 가정해보자. 그럴 경우 생명에 대한 개념 정의나 이해들도 저마다 달라질 것으로 본다. 왜냐하면 각자 경험하는 세상이 현실세계라는 공통된 기반에 서 있긴 해도 저마다의 다양한 경험들에 의해 다른 세계로서 체득되고 있기 때문이다. 물론 일정 부분 유사성 정도도 있겠으나 그럼에도 저마다 사용하는 언어들이 놓여지는 삶의 장(場)이 다르다는 점에서 보더라도 어쩌면 이것은 당연한 귀결이기도 할 것이다.

그런데 생각해보면, 다름[차이]의 시각들이 다양하게 많다는 건 한편으로 좋은 것이기도 하다. 어느 하나의 단일한 시각으로 획일화되는 것보다는 다양한 맥락의 시각적 접근이 오히려 나을 테니까. 하지만 또 한편으로 다시 곱씹어보면, 만일 그 다름들─차이들─이 서로 충돌하고 있을 경우엔 오히려 서로 불통스런 피곤한 현실이 되거나 매우 소모적인 상호 갈등 및 파괴를 조장하거나 평행선이 되거나 해서 파편화된 조각들로만 남아있을 수도 있다. 그러한 피로에 소진되는 현실의 경험들은 퇴행의 징후이며 그럴 경우 진정한 이해와 소통과도 멀어지는 요원한 것이 될 것이다.

여기서는 이를 좀 더 쉽게 이해해보기 위해 우리가 흔히 예를 들곤 하는 〈군맹무상〉群盲撫象이라는 '눈먼 이들의 코끼리 만지기'비유를 통해 설명해보고자 한다[그림 참조].

▲ 우리 모두는 내가 속한 전체 세계의 최종 상(象)이 어떤 건지는 모른 채 저마다의 다양한 제약된 경험 사례들로 암암리에 세계를 해석한다.

이와 같은 비유에서 각각의 전문 분야들을 탐구하는 개별자들을 A, B, C, D, E 라고 해보자. 이들은 저마다 국소적인 부위에 몰두하고 있는 개별자들인 셈이다. 이들 A, B, C, D, E 개별자들은 전체 세계를 온전히 경험할 수도 없고 관조할 수도 없는 한계를 갖고 있다. 아마도 모든 인간의 경험들이 이 같은 한계를 갖고 있을 것이다. 그런 점에서 우리 모두는 전체를 못 보는 분명한 〈제약된 경험자〉로 봐야 한다. 우리 모두는 기본적으로 눈먼 이들에 속한다. [그림]에서 보듯이 각각의 개별자들 모두다 저마다 한정된 경험들에 놓여 있는 〈제약된 경험자〉에 해당하기 때문에 이들 각자의 주장들은 온전히 들어맞기가 매우 힘들다. 이들은 다양하면서도 서로 충돌하기도 한다. 그런 상황에서 서로 간의 진정한 소통은 한낱 부질없는 요원한 일이 될 것이다. 예를 들면 각각의 개별자들은 다음과 같이 주장할 수 있다.

A는 이 세계가 짧고 가는 것이라고 주장한다. (꼬리 부분)
B는 이 세계가 평평한 것이라고 주장한다. (등 부분)
C는 이 세계는 굵은 막대기라고 주장한다. (다리 부분)
D는 이 세계가 얇고 평평한 막 같은 것이라고 주장한다. (귀 부분)
E는 이 세계가 끝이 뾰족하고 딱딱한 뿔이라고 주장한다. (상아-이빨 부분)

결국 이들 A, B, C, D, E의 대화들은 서로가 매우 소통되기 힘든 현실로 남는다. 구체적으로 경험되는 현실들은 저마다 다양하기에 각자의 주장들이 제각각 옳다고만 여겨질 수도 있을 것이다. 이때 또 다른 눈먼 사람인 F가 등장하여 A, B, C, D, E의 경험들을 유심히 취합해보고서는 우리가 경험하는 것들의 전체 세계 모습을 "그건 코끼리야(That's Elephant!)"라는 점을 제시하면서 각자의 제한된 국소적인 경험들과 그 연관성까지 온전히 설명을 해보인다면 이는 가장 큰 설득력을 얻을 수 있다. 왜냐하면 그 전까지는 전혀 설명되지 않아 불통스럽게 서로 어긋나거나 충돌하고 있던 현실에서 이제는 각자 경험한 바의 조각들이 한데 맞춰지고 연결되는 "코끼리"라는 전체 상(象)을 제시함으로써 그동안 곤란을 겪었던 불통스러웠던 경험들이 좀 더 소통적으로 해명되고 그럼으로써 그동안 자신의 경험들도 좀 더 분명한 느낌으로 이해될 수가 있기 때문이다.

이 비유에선 단지 쉬운 설명을 위해 "코끼리"라는 점을 언급하긴 했지만, 근본적으로 우리 스스로는 우리 자신이 속한 전체 세계가 정말 '코끼리' 인지 아닌지 혹은 어떤 형태인지는 사실상 결코 확증할 수가 없다. 왜냐하면 단지 '코끼리' 라고 제안했던 F도 어찌되었든 간에 현실에선 다른 눈먼 이들과 다를 바 없는 제약된 경험 하에서 상상적으로 제안해 본 것이기 때문이다. F의 주장도 제약된 경험의 현실 속에서 나온 〈상상적인 가설〉이지만, 그럼에도 F 나름대로는 다른 A, B, C, D, E의 주장들까지 함께 취합해보면서 '코끼리'라는 상(象)을 제안해 본 것이기에 좀 더 설득력을 높일 여지도 확보한다고 볼 수 있다. 만일 F가 주장한 가설에 의해 나머지 A, B, C, D, E 개별자들의 파편화된 경험 조각들이 서로 연관성을 지니면서 온전히 이해되고 설명되어진다면, 그럴 경우 F의 상상적 가설은 좀 더 〈신뢰도〉가 올라가면서 서로 간의 대화를 더욱 풍요롭게 하고 이롭게 만드는 상당한 소통력과 유용성을 발휘할 것이다.

그리고 F에 의해 제안된 그 상상적 가설은 그때까지 미처 발견하지 못했던 나머지 깜깜 속에 있는 것들, 즉 아직 주장되지도 않았고 전혀 경험해보지도 못했던 또 다른 미지의 경험들에 대해서도 매우 유용한 전망을 던져줄 수 있다. 왜냐하면 만일 전체 모습이 코끼리 상(象)이라는 점을 가정해본다면 나머지 경험해보지 못했던 몸통과 여러 다른 부위들에 대한 미지의 경험에 대해서도 어느 정도 예측을 시도해볼 만한 가능한의 예견들과 방향 또한 설정해 줄 수 있기 때문이다. 바로 그 점에서 상상적으로 제안된 F의 "코끼리" 가설은 매우 유용한 전망을 제공해주게 된다. 물론 이 경우에도 경험된 여러 구체적 사례들과 일관되게 일치되는 전망과 예견이어야만 할 것이다. 그러면서 미지의 경험에 대해서도 조심스레 한 걸음씩 내딛어 볼 만한 디딤돌 전망을 점차로 마련해가는 것으로 볼 수 있겠다. 하지만 그 반대로 다양한 경험들과 전혀 일치하지 않는 점들이 발견된다면 이는 다시 재검토되어야 할 것이고 재수정 또는 폐기한 후 또 다른 대안으로서의 새로운 제안을 시도해야만 할 것으로 본다.

- "코끼리"라는 상상적 가설이 다양한 개별경험들을 잘 설명할 경우
1. 그동안 불통했던 여러 다양한 경험들이 서로 해소되고 이해됨
2. (앞의 1에 의해) 아직 발견하지 못한 미지의 경험들에 대해서도 가능한의 예견과 유용한 전망 제공

- "코끼리"라는 상상적 가설이 다양한 개별경험들과 일치하지 않을 경우
- 재검토 및 수정 또는 새로운 상상적 가설로서의 시도가 요구됨

화이트헤드가 보는 철학의 형이상학이 갖는 역할과 기능도 바로 이와 유사한 것이다. 그것은 저마다의 다양한 구체적 개별 경험과 주장들을 재료로 삼아서 전체 세계상^{世界像}이라는 상상적 가설을 제안해보는 작업인 것이다. 만일 이 〈상상적 일반화〉로서의 작업이 어느 정도 성공적이라면 저마다 파편적으로 겪고 있는 다양한 경험들을 온전히 큰 틀

에서 볼 수 있는 유용한 시각 및 전제 그림을 확보하게 되는 셈이다. 즉, 제약된 개별 경험의 한계를 극복하는 예견의 실마리를 마련한 것으로 이는 불확실한 미래 전망 앞에서 그나마 가능할 수 있는 기초 전망인 것이다.

참고로 여기서 "코끼리고 뭐고 간에 그런 전체 그림 따위란 아예 존재하지 않아! 그런 걸 논하는 것도 무의미할뿐더러 결국은 폭로와 해체의 대상일 뿐이야!"라고 주장하는 입장이 있다면 이는 철학에서 거의 극단적인 해체주의나 〈반(反)실재론〉의 입장에 가깝다고 볼 수 있다. 따라서 이 입장에서는 거대 담론의 폐해를 폭로하거나 또는 거시적인 전체 그림 따위에 관심일랑 두지 말고 그저 각자가 속한 미시적·일시적 담론과 자신의 전문 영역들에만 충실하자는 방향이 될 여지가 큰 것이다. 물론 지배적인 현실에서 볼 때, 모든 인간들은 각자의 경험 한계 속에 놓여 있기에 화이트헤드가 표현한대로 "인간은 어리석은 기획과 불합리한 희망을 간직하고 있는 우주의 유아"(MT 30)라는 점이 있다. 이미 우리 모두는 그 점에서 예외 없이 장애를 지닌 제약된 경험자들이다. 단지 이 비유에서 보듯이 A, B, C, D, E, F 각각의 주장들 중에서도 그나마 다양한 관점들도 포함하면서 설명력 확보가 가장 높은 주장이 유용한 소통력을 발휘할 여지가 크다. 반면에 다양한 현실 경험들에 대한 설명력을 확보하지 못한 채 그저 자기 주관 경험에만 자족하는 주장이라면 그것은 분명한 수정 및 폐기, 재구성이 필요할 것이다.

〈무의식의 형이상학〉은 우리 안의 가장 근본적인 숨은 전제로 작동

형이상학에 대한 고찰이 필요할 수밖에 없는 또 한 가지 이유는, 모든 이론들 및 주장들 속에는 암암리에 숨어 있는 근본 전제들이 깔려 있다는 점에 있다. 우리 안에는 알게 모르게 의심 없이 지극히 당연한 것으로 간주하는 것들이 꽤 많이 있을 것이다. 우리는 이것들을 일일이 다 명료하게 자각하고 있지도 못하다. 그런데 우리가 주장하는 모든 진술이나 명제들은 사실상 그 어떤 삶의 배경 속에 놓여 있기 때문에 그와 관련되는 실제적 배경과 무관한 것 마냥 별개로 떼놓는다면 결국 그 진술과 명제들도 더욱 모호해지고 불완전해질 수밖에 없다고 본 것이다. 화이트헤드는 이 한계를 분명하게 지적한다.

"우리가 습관적으로 돌, 행성, 동물에 대해 말할 때, 마치 각 개별적 사물이 지나가는 한순간조차도 그 자체의 본성상 필수적 요건인 환경과 분리되어 존재할 수 있는 것처럼 말한다. 그러한 추상은 사고의 불가결한 요소이며, 체계적인 환경의 필수적 배경을 전제로 한다. 그건 사실이다. 하지만 그렇게 되면 <u>사물의 최종 본성에 대한 얼마간의 이해의 부재와 그래서 그 추상적 진술에 전제된 배경에 대한 이해가 부재하게 되면, 모든 학문science은 서로 모순된 배경을 암암리에 전제하는 다양한 명제들을 결부시킬 수 있는 결함을 겪게 된다. 어떠한 학문도 그것이 암암리에 전제하고 있는 무의식적unconscious 형이상학보다 더 확고할 수는 없다.</u> 개별적인 사물도 필연적으로는 그 환경의 한 변형이며, 그것과 분리시켜 이해될 수 없다. 어떤 형이상학에 대한 언급이 없는 모든 추론은 불합리한vicious 것이다." (AI 154)

여기서 화이트헤드가 어떤 형이상학에 대한 언급이 없는 모든 추론을 불합리한 것으로 본 이유는 그 추론의 근거와 배경이 될 만한 사고의 전체 그림을 분명하게 해두지 않은 점에 있다. 마치 근본적인 정체를 드러내지 않은 채로 피상적인 겉모습만 다루는 것과 같은 격이다.

그런데 우리 모두는 현실 세계의 광범위한 영향권에 놓여 있고, 이 제약된 현실에서 결코 자유로울 수 없으며, 진화하는 이 세계 안에 속해 있다. 우리의 신체라는 것도 각별히 친밀한 세계의 한 부분일 뿐이다 (PR 81/195). 여기서 화이트헤드는 모든 개체는 전체 환경에 대한 어떤 한 변형이며, 그것과 분리시켜 이해될 수 없는 점을 강조한다. 적어도 전체 환경과 분리된 개체 사물이란 결코 가능하지 않다고 본 것이다. 따라서 모든 개별자들은 <전체의 변용태로서의 개체>라고 볼 수 있다.54)

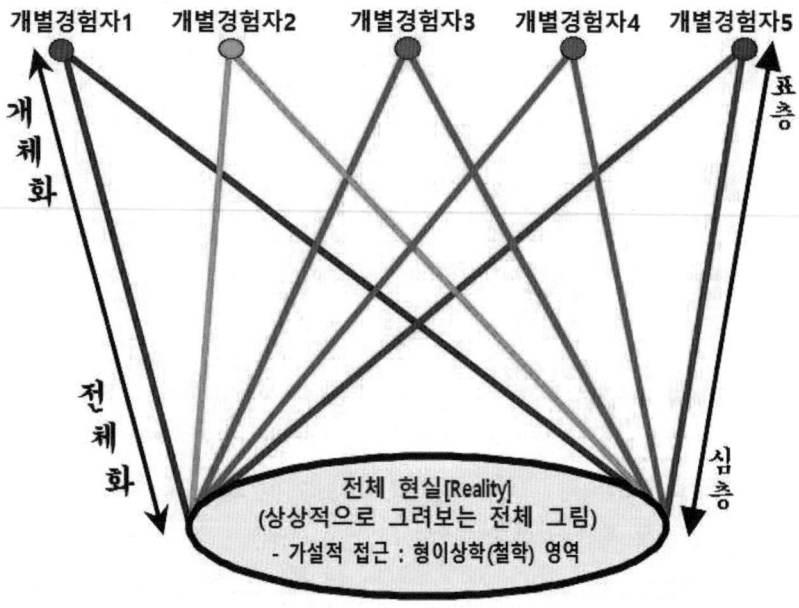

[그림] 개체와 분리되지 않은 전체 그림으로서의 형이상학 十상

그렇기 때문에 전체와 분리된 이해로서의 개체가 아닌 <전체 그림>의 맥락에서 가늠해보는 개체에 대한 이해가 필요할 것인데, 화이트헤

드가 말하는 〈형이상학〉이란 것은 바로 이 궁극적 맥락이 되고 있는 전체 그림을 상상적으로 그려보는 작업에 해당된다[그림 참조]. 개체로서의 모든 개별경험자들은 이미 분리되어 있지 않은 전체 현실과의 관련성 속에서 〈개체화〉 중에 있을 뿐이다. 물론 우리는 전체 현실에 대한 전체 그림을 확정할 수 없다. 그것은 개별자에게도 〈무의식적인 전제〉로도 작동되고 있다는 점에서 온전히 파악될 수 없는 그러한 성격의 것이다. 아마도 이 전체 그림을 온전히 그려보고자 시도한다면 가능한 모든 개별자들의 경험들을 재료로 취합하는 가운데 가능한 많은 경험 요소들을 담아내기 위해서라도 궁극적인 전체 그림에 대해서만큼은 상상적으로만 접근할 수밖에 없는 한계 역시 지니게 될 것이다.

화이트헤드는 형이상학적 작업이 갖는 한계가 있더라도 그것의 시도가 있어야 한다고 봤었다. 모든 개체들은 전체 세계의 현실에 기반하면서도 그것이 개체화되고 있는 형성 경로들은 저마다 다르다. 다양한 개별경험자들의 지각과 인식 경로들도 제각기 다르기에 결국 천차만별의 경험들이 현존하고 있는 셈이다. 따라서 이들이 갖는 세계 이해 역시 다를 수밖에 없다. 우리는 종종 자신들이 보는 세계 이해와 관점에 기반해서 사물을 이해하고 설명한다. 이때 암암리에 설정하고 있는 저마다의 세계 이해들은 각각의 분야들에서 구체적 사물과 대상을 분석하고 논할 경우 암묵적인 전제로서 작동할 수 있다. 그 점에서 우리는 각자의 주장들 밑변에 깔려 있는 이 기초 전제들에 대한 근본적인 검토 역시 필요하다. 이 전제란 일종의 〈숨은 가정들〉$^{hidden\ assumptions}$이다. 화이트헤드가 말하는 〈무의식의 형이상학〉 역시 이러한 숨은 가정들로 자리한다는 것이다.

따라서 어느 한 시대의 철학사상이 지극히 자명한 것처럼 당연한 것으로 간주되는 위험성도 적잖이 있다. 이천 년 동안 서구 역사를 통해

볼 수 있듯이 플라톤, 아리스토텔레스, 데카르트 등 이들의 서구 형이상학이 서구 문명사에 뿌리 깊은 전제로서 작동해왔었다는 점은 지극히 말할 나위 없는 일이다. 그런 점에서 화이트헤드는 다음과 같은 주의를 당부하고 있다.

"우리가 한 시대의 철학을 비판할 때에, 그 철학의 해설자들이 명시적으로 옹호해야 할 필요를 느끼는 그들의 지적인 입장에만 중점적으로 주의를 향해서는 안 된다. 그 시대에 속하는 다양한 온갖 학설의 지지자들 모두가 무의식적으로 상정하고 있는 근본적인 전제들이 몇 가지 있을 것이다. 그러한 전제는 지극히 자명한 것으로 보이는데, 사람들은 그것들을 떠올릴 만한 다른 방도도 없기 때문에 그들 자신이 무엇을 전제하고 있는지조차도 모르고 있다." (SMW 49/92)

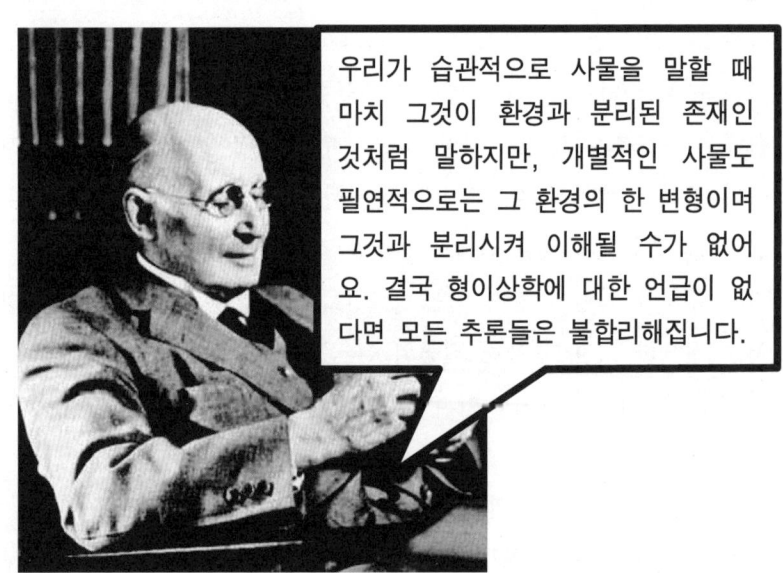

우리가 습관적으로 사물을 말할 때 마치 그것이 환경과 분리된 존재인 것처럼 말하지만, 개별적인 사물도 필연적으로는 그 환경의 한 변형이며 그것과 분리시켜 이해될 수가 없어요. 결국 형이상학에 대한 언급이 없다면 모든 추론들은 불합리해집니다.

심층에서의 전제가 달라지면 표층에서의 대화는 겉돌거나 충돌하기 쉽다!

우리는 저도 모르게 이 같은 숨은 가정들을 지극히 당연한 전제로서 간주하는 경우들이 많은데, 만일 서로 간의 전제가 달라지면 저마다의 개념 정의들도 달라지고 서로의 사유와 대화들도 겉돌거나 충돌할 수 있다. 국내 화이트헤드 연구자로도 잘 알려진 문창옥 교수는 다음과 같이 이를 잘 설명한 바가 있어 그대로 인용해본다.

> "인간이 다양한 주제 영역에서 펼치는 사유와 언어의 유희는 어떤 '형이상학적' 전제들을 동반한다. 이들 전제는 실재에 대한 묵시적인 해석이다. 시, 종교, 과학, 기술, 일상적인 상식 등은 이와 같은 나름의 실재 해석을 배경으로 한다. 그리고 이런 사정은 이들 영역간의 사유와 언어가 흔히 서로 겉돌거나 때로 격하게 충돌하는 이유가 된다. 이들 간의 궁극적인 화해는 이 충돌하는 표피적 사태 밑에 있는 심층적 전제들 사이의 갈등이 해소될 때 가능할 것이다. <u>화이트헤드는 이 심층적 전제들을 찾아내어 그 여러 함축을 검토하는 가운데 명료화하고, 필요하다면 정정하거나 개선하여 정합적인 실재 해석 체계를 제공함으로써 인류의 안목을 확대 심화시키는 데 사변철학이 적극적인 역할을 하지 않으면 안 된다고 보았다.</u> 그리고 여기에 또한 문명의 창조적 전진을 가능케 한다는 철학의 궁극적 목표가 있는 것이라고 생각하였다."[55]

실제로도 우리는 서로 전제하는 심층적 이해와 해석들이 다를 뿐만 아니라 그럼으로써 정작 일상에서의 언어들 역시 서로 겉도는 충돌들을 아주 많이 경험하기도 한다. 서로가 같은 말과 같은 단어를 쓰는 데도 서로 전제하는 개념 정의가 달라지면 전혀 대화가 안 되는 불통의 상황들에도 종종 직면하곤 한다. 즉, 같은 용어라도 서로 간의 개념 이해들이 어긋나면 거의 소통이 힘들만큼 대화가 안 되는 것이다. 혹시 잘 이해가 안 될 수도 있을까봐 사례를 하나 들어보겠다.

예컨대, 같은 기독교인이라고 하더라도 신(神)과 인간(人間)을 어떻게 이해하느냐에 따라 동일한 경전인 성경을 놓고서도 전혀 소통이 안 되는 상황들이 발생하는 점이 있다. 같은 성서 구절이라고 해도 그 뜻이 천양지차로 달라질 뿐만 아니라 서로 충돌하기까지 한다. 이를테면 같은 감리교인인 이현주 목사와 금란교회의 김홍도 목사는 모두 같은 개신교인으로 분류된다. 하지만 이 두 목사가 이해하는 신에 대한 이해와 인간관 그리고 성경 해석은 너무나 판이하게 다르다. 반면에 정토회의 법륜 승려는 이현주 목사와는 종교가 전혀 다른 불교인이다. 그런데도 두 사람이 말하는 존재와 세계를 내다보는 심층적 이해에서는 매우 가깝고도 친숙함을 엿볼 수 있다. 적어도 이현주 목사의 경우 같은 개신교 목사인 김홍도 목사보다는 오히려 종교가 다르지만 법륜 승려 쪽이 훨씬 더 친밀하고 가까운 소통 관계라고 여겨진다. 이때 말하는 심층적 이해에서의 친숙함이라는 게 결국은 서로가 이해하는 세계관으로서의 〈형이상학 간의 유사 소통〉을 의미한다고 볼 수 있겠다. 물론 이 심층적인 〈형이상학적 소통〉의 차원은 보다 세밀한 분석 역시 필요할 수 있겠지만, 때로는 당사자들 스스로도 명석 판명한 체계로서의 형이상학을 뚜렷하게는 잘 인지하지 못할 수도 있는 것이다. 오늘날 다종교 사회에서 종교 간의 대화 혹은 진정한 소통을 추구하려면 그 자신이 전제하고 있는 암묵적인 근본 전제로서의 형이상학에 대한 비교 검토가 함께 수행될 때 보다 명료해질 수 있다고 본다. 적어도 화이트헤드는 표층에서 겉돌거나 충돌하는 사안들도 심층에서의 소통이라는 형이상

제2장 화이트헤드는 왜 하필 〈형이상학〉의 구축으로 뛰어든 것인가

학에 대한 이해도 함께 필요하다고 본 것이다.

심층에 해당하는 형이상학적 소통에서 상호 유사한 것으로 느껴진다면 서로 문화가 다른 배경에서 성장하더라도 어느 정도 소통이 가능할 수 있다. 동서양의 고등 종교 사상들을 통합적으로 내다봤던 켄 윌버 Ken Wilber는 1977년 자신의 첫 저작인 『의식의 스펙트럼』(원제: *The Spectrum of Consciousness*)에서 표층적으로 드러난 통속적exoteric 종교의 모습을 볼 게 아니라 모든 고등 종교들의 심층에 자리하고 있는 심원한esoteric 요소를 볼 수 있어야 한다고 했었다.56) 이와 유사하게도 종교학자인 오강남 선생도 〈심층 종교〉의 중요성을 강조한 바 있다. 그런데 그러한 주장들이 함의하는 바도 결국엔 그 핵심 골자가 〈형이상학적 세계관의 유사성 정도〉에 기인한다고 생각된다. 즉, 〈형이상학적 소통〉이야말로 〈심층 소통〉의 핵심 골자라는 것이다.

또 한 가지 사례로서 필자는 동양철학자들이 화이트헤드가 구축한 서양철학에 대해선 좀 더 친숙함을 보이는 이유에도 이러한 형이상학적 유사성의 느낌을 갖는 연유가 얼마간은 작동한다고 본다. 물론 이 얘긴 서로 간의 철학이 똑같다거나 꼭 같아야만 한다는 의미가 아니라 서로 다른 시공간에서 형성된 사상이라 하더라도 존재와 세계를 이해하는 깊은 형이상학적 시선에서 다소 유사한 느낌 정도는 형성될 수 있다는 것이며, 적어도 그 점에선 서로 표현된 언어나 용어들이 전혀 다를지라도 소통적인 느낌의 체험 역시 맛볼 수 있다고 생각한다는 얘기다. 즉, 완전히 똑같진 않더라도 친숙한 가족적 느낌의 유사성 정도일 수 있다. 화이트헤드 스스로도 일면 자신의 철학사상이 당시의 서구 유럽 사상보다는 인도나 중국 사상의 기조에 좀 더 가까운 것으로 보기도 했었다(PR 7/59).

일상적 명제에 대한 분석을 위해서도 전체 그림의 형이상학이 필요

화이트헤드는 개체와 분리되지 않는 전체 그림에 해당하는 형이상학이 비록 어떤 것인지는 가설적으로만 접근될 수밖에 없다는 점에서 최종 확정될 수 있는 건 아니라고 보는 입장이다. 하지만 그럼에도 이것은 실재하는 전체 세계로부터 연유되고 있는 것이기에 ―누군가가 형이상학을 싫어하든 좋아하든 상관없이― 우리 안에 유유히 작동하는 것으로 내다본다. 즉, 실재하는 전체 세계와의 관계적 연결 자체는 피할 수 없다고 본 것이다. 단지 명료한 의식상에선 이 세계와 차단된 고립된 자기만의 실존적인 생각의 목록들을 떠올려 볼 순 있겠으나 그러한 의식 이전에 이미 우리의 삶[생명] 자체부터가 진화하는 전체 세계의 현실과 피할 수 없이 얽혀 있는 것으로 보고 있다.

그렇기에 어떤 식으로든 그 자신이 속한 세계로부터 형성된 무의식적인 관념의 개입들이 암암리에 자기 안에서 작동된다고 보는 것이다. 결국엔 무수한 현실 존재들이 서로 뒤얽혀 있는 전체 세계에 대한 밑그림을 비판적으로 그려보는 형이상학적 작업 역시 요구된다고 봤었다. 비록 가설적으로만 접근할 수밖에 없을지라도 그러한 작업에 도전하는 시도 자체는 유용한 것이며 계속적으로 시도될 필요 역시 있다고 본 것이다.

화이트헤드는 형이상학에 대한 작업이 일상적 명제에 대한 분석을 위해서도 필요하다고 내다봤었다. 이 역시 개체와 전체가 결코 분리되어 있지 않은 관계적 현실이라는 사태에 연유한다. 아주 간단한 문장이라고 할지라도 그 일상적 명제가 갖는 진위 여부를 온전히 파악하고자 하는 경우라면 그러한 명제가 자리하고 있는 전체 세계에 대한 일반적 성격도 함께 파악될 수 있어야 한다고 보는 것이다. 모든 개체적 현실에는 전체 세계를 지배하고 있는 특성들도 함께 스며들어 있기에 개체에 대한 온당한 분석이 있으려면 결국 전체에 대한 이해 역시 필연적으로 수반될 수밖에 없다는 것이다.

"형이상학의 제1원리들은 예증되지 않는 법이 없다. 우리는 현실 세계가 그러한 원리의 지배로부터 벗어나 있는 것을 간파하지 못한다."(PR 4/54).

"문제의 핵심은 모든 명제가, 일반적이며 체계적인 형이상학적 성격을 갖는 우주와 관계된다는 데에 있다. 이러한 배경을 떠난다면 명제를 이루는 개별적인 존재들과 전체로서의 명제는 결정적인 성격을 결여한 것이 된다. 이런 경우에는 아무것도 확정된 것이 없다. 왜냐하면 모든 확정적 존재는 자신의 필수적인 지위를 충족시키기 위해 어떤 체계적인 우주를 필요로 하기 때문이다.

따라서 사실을 제시하는 모든 명제는 그 완전한 분석에 있어, 그 사실이 필요로 하는 우주의 일반적인 성격을 보여주어야 한다. 무(無, 비실재) 속에 떠다니는 자기충족적인 사실 같은 것은 없다(There are no self-sustained facts, floating in nonentity)."(PR 11/65-66)

여기서 화이트헤드는 일반적이며 체계적인 형이상학적 성격을 갖는 우주에 대한 제시가 명제에 대한 완전한 분석에 있어 자신의 지위를 충족시키기 위해선 필히 요구될 수밖에 없음을 언급한다. 그렇지 않을 경우 그것의 의미는 더욱 불분명해진다는 것이다.

'장미가 피었다'에 대한 진위 판단은 그것이 놓인 전체 맥락도 함께 살필 수 있어야

예킨대 '장미가 피었다.'라는 문장을 한 번 살펴보자. 이 문장만을 봤을 때 우리는 일반적으로 예쁘게 꽃 핀 빨간 장미 식물만을 곧잘 머리 속에 떠올리는 경우가 많을 것이다. 하지만 그러한 장미가 제대로 실제적인 장미가 되기 위해서는 장미로서 성립되기 위한 여러 제반적인 요소들 역시 함께 갖추고 있지 않으면 안 된다. 장미가 제대로 사실로서 성립하려면 태양과 물과 대지와 공기 등 여러 생태적 환경들 역시 함께 가능한 배경의 성립도 요구되고 있다. 사실로서의 그 장미는 결코 정태적이지도 않으며, 전체 세계로부터 필요한 에너지 공급과 발산의 과정 중에 있을 뿐이다. 즉, 사실로서의 장미는 주변 환경과 분리된 고정된 실체로서의 장미가 아니라 어디까지나 관계 중에 있고 과정 중에 있는 장미인 것이다.

그런데 '장미가 피었다'는 이 언어적 문장만 놓고 보면 그러한 역동적인 활동과 배경들은 거의 드러나지 않는 셈이다. 오히려 제반적인 환경과 따로 분리시켜 이해되도록 안내되고 있다. 그렇기에 '장미가 피었다'는 문장은 여전히 불완전할 뿐이다. 그것은 과연 장미일까? 즉, 여기에는 단지 생물학적 요소와 맥락의 문제들만 있는 것이 아니라는 얘기다. 어쩌면 그 장미는 식물이 아닐지도 모른다. 장미는 어떤 사교적인 클럽의 이름이나 어떤 정치적 함의를 띤 사회적 단체일 수도 있는 것이다. 실제로 오늘날 북유럽 선진 복지국가의 역사에서도 보듯이 〈사회민주주의〉social democracy를 표방하는 정치 단체는 장미를 상징으로서 쓴다. 그렇다면 '장미가 피었다'는 것의 사실성은 일종의 정치적 사건을 가리킨 것일 수도 있잖은가. 그것이 어떤 맥락인지 알 수 없을 때 그것의 진위 판단은 그야말로 모호할 수밖에 없다.

제2장 화이트헤드는 왜 하필 〈형이상학〉의 구축으로 뛰어든 것인가

이런 점들 때문에 만약에 우리가 그 어떤 문장의 진위 여부를 제대로 파악하려면, 그만큼 여러 다양한 사회적 맥락들까지도 고려하지 않으면 안 되는 것이다. 그 점에서 언어라는 것은 후기 비트겐슈타인 역시 통찰한 바가 있듯이 그것이 놓여 있는 여러 다양한 〈삶[생명]의 형식들〉forms of life과 근본적으로 결부된 것으로 볼 수 있다. 게다가 이러한 삶의 맥락들도 사실상 그 어떤 부분에만 한정될 수 없고 오히려 전체 우주에까지 확장된 궁극적 맥락의 지평의 그림에서 살펴볼 때 보다 온전한 그림이라 할 수 있겠다. 왜냐하면 부분은 언제나 전체와 관계된 과정 중의 부분일 수밖에 없기 때문이다. 그럴 경우 전체 그림이 무엇이냐에 따라 그 속에 자리한 부분의 의미도 달라질 것은 자명하다.

따라서 '장미가 피었다'라는 이 한 문장의 언어는 그 밑변에 진화하는 전체 우주의 제반적인 여러 다양한 활동사항들을 감추고서 표현된 것이라 할 수 있다. 즉, 이 문장 여부의 타당성을 궁극적인 지평에까지 이끌고 간다면 결국은 전체 우주라는 할 수 있는 한 최종적인 밑그림까지 요구하지 않을 수 없는 것이다. 이 문장이 가능케 되는 배경에는 여러 다양한 요소들과도 연계된 궁극적 맥락의 그림이 자리하고 있으며, 우리는 이를 고려해야만 이 문장이 담고 있는 명제의 정확한 의미에도 좀 더 가깝게 분석 접근할 수 있을 것이다. 그 점에서 화이트헤드는 명제에 대한 정확한 분석이 형이상학의 목표 중 하나라고 말한다.

> "형이상학의 실제적인 목표 가운데 하나는 명제의 정확한 분석이다. 그것은 단지 형이상학적 명제뿐만 아니라, 〈오늘 저녁의 식사에는 쇠고기가 있다〉라든지 〈소크라테스는 죽는다〉와 같이 전적으로 일상적인 명제에 대한 분석이기도 하다.

어떤 특정 학문의 영역을 구성하고 있는 사실들의 한 유$^{類, genus}$는 그 우주에 대한 어떤 공통의 형이상학적 전제^{presupposition}를 필요로 한다. 언어적 표현을 명제의 충분한 언명으로 본다면 이는 전적으로 경솔한 처사이다." (PR 11/66).

여기서 특정 과학[학문]의 영역은 저마다의 전문 영역들에 해당할 것이다. 하지만 이 전문 영역들도 결국은 전체 우주로부터 저마다 추상되어진 삶[생명]의 가지들일 뿐이다. 그럴 경우 그 어떤 공통의 전제를 필요로 한다고 볼 수 있다. 화이트헤드에 따르면 일상적인 명제에도 바로 이 같은 공통의 전제가 암암리에 깔려있다는 것이다. 그렇다면 일상적인 명제에 숨어 있는 공통의 형이상학적 전제에 대한 비판적 고찰과 분석 역시 요구되지 않을 수 없다.

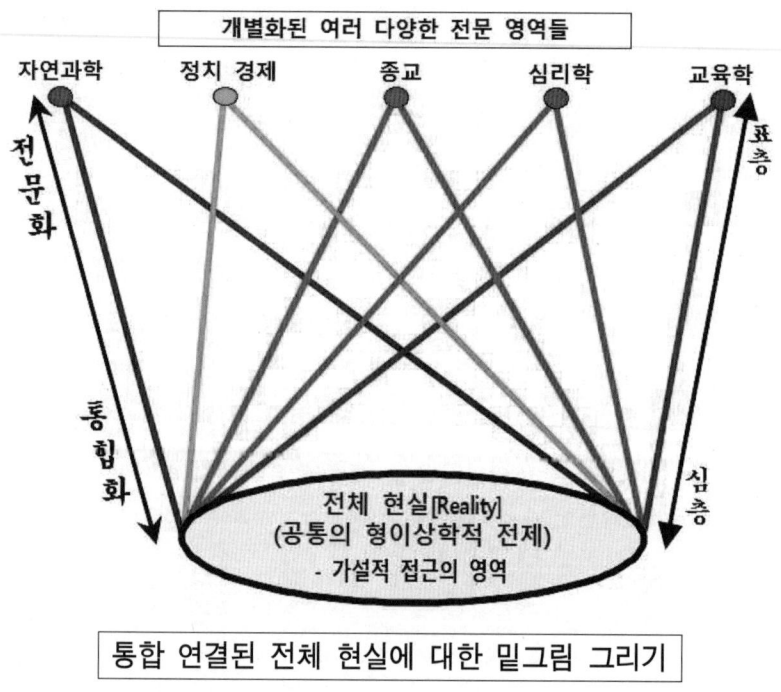

통합 연결된 전체 현실에 대한 밑그림 그리기

제2장 화이트헤드는 왜 하필 〈형이상학〉의 구축으로 뛰어든 것인가

오늘날 세계 안에는 다양한 전문 분야들이 있다. 자연과학 진영만 보더라도 그 안에도 물리학, 지질학, 화학, 생물학 등 여러 탐구 분야들이 있다. 심지어 물리학 안에서도 입자물리학, 통계물리학, 천체물리학 등 여러 분과들로 나누어진다. 마찬가지로 생물학 안에도 고생물학, 분자생물학, 식물학, 동물학, 유전학, 신경과학, 생태학 등 여러 다양하게 나누어진다. 이는 다른 분야의 학문들도 마찬가지로 계속적으로 하위 분과들로 나누어질 것이다. 이처럼 제각각으로 분리된 전문 분야들이 저마다 자기들만의 고립된 우주 속에 살면서 별개로 독립된 자기 우주 세계만을 탐구하고 있는 것은 결코 아닐 것이다. 그럴 경우 어느 한 분야의 전문가가 다른 전문 분야와 서로 상충할 여지도 있게 된다. 우리는 이 충돌들을 그저 숙명처럼 방치해 둘 것인가? 어떤 면에서 다양한 전문 분야들 각각의 발전적 성과들은 분명 권장할만한 점이지만 그러한 다양성들 간의 충돌까지 권장될 순 없을 것이다. 각 분야들 간의 대화와 소통을 차단시켜서 단절된 벽과 자족적인 그룹들로만 남겨둘 수도 없는 노릇이다.

결국 화이트헤드는 "어떤 형이상학에 대한 언급이 없다면 모든 추론들은 불완전하다"고 봤던 거였어!

응, 그래서 형이상학은 각 전문성들 간의 근본 소통을 또 가늠해 볼 수 있지

화이트헤드가 서구 근대 과학을 통해 느꼈던 한계와 철학적 성찰

화이트헤드는 우리가 추구하는 "지식의 체계화가 선박의 방수격실 같은 곳에서 이루어질 수 없다(The systematization of knowledge cannot be conducted in watertight compartments)."고 했었다(PR 10/64). 바로 이 점에서 전체 맥락의 그림을 조망해보는 철학의 작업이 요구된다는 것이다.

"뉴턴 물리학의 운명이 우리에게 경고해 주는 바는, 과학의 제1원리에도 발전이 있다는 것, 그리고 이 제1원리의 원형$^{original\ forms}$은 오직 의미의 해석과 그 적용 영역의 제한—성공리에 사용되던 초기에는 의문시되지 않았던 해석과 제한—에 의해서만 보존될 수 있다는 것이다. 문화사의 한 장(章)은 일반성^{generalities}의 성장과 관계되어 있다. 그런 장에서 낡은 일반성은 오래된 언덕처럼 마멸되어 그 높이가 낮아지다가 급기야 새로운 경쟁자에 의해 대치되고 있음을 보게 된다.

따라서 철학의 목적 가운데 하나는 과학의 제1원리를 구성하고 있는 <반쪽 진리>$^{half-truths}$에 도전하는 일이다. 지식의 체계화는 선박의 방수격실 같은 곳에서 이루어질 수 없다. 모든 일반적 진리들은 상호간에 제약하고 있어서, 그 적용 범위는 보다 광범위한 일반성을 토대로 하는 그들 상호간의 관계를 떠나서는 적절히 규정될 수 없다. 원리에 대한 비판은 다양한 과학의 기초 개념들이, 상호간에 연관되어 있는 그들의 지위와 관련해서 고찰되는 경우, 주로 그 기초 개념에 배정되어야 할 적절한 의미를 확정하는 형식을 취해야 한다. 이러한 지위의 확정은 어느 특정한 주제 문제마저 초월하는 일반성^{generality}을 필요로 한다." (PR 10/64)

제2장 화이트헤드는 왜 하필 〈형이상학〉의 구축으로 뛰어든 것인가

화이트헤드는 당시 서구 근대 세계를 지배했던 고전 물리학에 대한 성찰적 이해와 그리고 20세기 초에 등장한 아인슈타인의 이론과 양자물리학의 새로운 성과와 발견을 통해 결국 개별 과학 분야를 넘어선 그 어떤 포괄적인 일반성으로서의 새로운 철학 체계가 필요하다는 점을 간파했었다. 즉, 그때까지의 서구 근대 세계관을 대체할 만한 새로운 대안 세계관으로서의 철학을 구상했던 것이다. 그는 자신의 이러한 철학적 작업을 "〈유물론〉materialism에서 〈유기적 실재론〉organic realism으로의 전환"이라고 명명했었다(PR 309/594).

화이트헤드가 추구한 〈유기체론〉organism은 곧 〈유기적 실재론〉을 말한다. 이는 〈정태적인 물질〉static stuff 개념에서 〈유동적인 에너지〉fluent energy 개념으로의 전환과 맞물려 있다. 그런데 당시 서구 근대 세계관에는 정태적인 물질 개념이 마치 궁극적인 존재로서 전제되어 있다고 본 것이다. 뉴턴 역학에서도 드러났듯이 고전 물리학의 경우 시간과 공간의 균등한 좌표 속에 동일성을 유지하는 사물이 〈단순 위치〉된다는 가정을 갖고 있었다. 쉽게 말해 우주 어느 곳이나 동일하게 균등한 절대 시간과 절대 공간의 좌표를 사물의 운동 배경으로서 전제한 것이다. 화이트헤드는 이를 〈단순 위치의 오류〉fallacy of simple location라고 불렀다(SMW 50/92, 58-59/106-107). 이 가정 자체는 서구 근대 과학을 잠식한 암묵적 전제에 속했었다. 그러다보니 과학의 물질 입자 관념에 그릇된 추상 관념이 들어선 것이다. 시간과 공간에 단순 위치되고 있는 물질 개념은 화이트헤드가 〈과학적 유물론〉scientific materialism이라고 불렀던 사상의 핵심적인 가정에 속했었고 결국 이것은 줄곧 왜곡을 불러일으켰던 점이 있었다(SMW 18/43, 92/163).

여기서 화이트헤드가 비판하는 〈과학적 유물론〉의 물질 개념이란, 물질 그 자체는 아무런 감각도, 가치도, 목적도 지니지 않은 채로 그저 외적인 관계에 의해 부과된 일정한 궤도를 따라 운동할 뿐인 그러한 물질 입자 개념을 말한다(SMW 18/42-43). 이러다보니 17세기 이래 <기계론적 자연관>mechanistic theory of nature이 물리과학의 정통 신조로 자리할 정도로 그 최고의 지배권을 형성했던 것이다(SMW 51/94-95). 근대 물리과학에서의 물질 입자 개념은 시공간에 단순 위치되고 있는 존속적인 물질 개념이었다. 하지만 자신의 국소적 위치에 자족적인 것으로 존재하는 독립적인 물질 입자라는 관념은 추상에 불과할 뿐이다(MT 138). 그럼에도 여전히 이 같은 물질 입자 관념을 지극히 당연한 것인 냥 전제하는 경우들도 많았던 것이다. 하지만 화이트헤드는 이러한 정태적 물질 개념으로서의 유물론적 가정을 단호히 거부한다. 그가 볼 때 당시까지 프랑스 철학자 앙리 베르그송H. Bergson을 제외하면 서구 사상은 이 한계를 온전히 벗어나지 못한 걸로 봤었다(SMW 52/95, 148/245).

● 서구 근대의 <과학적 유물론>의 물질 입자 개념

- 물질 그 자체는 아무런 감각도, 가치도, 목적도 지니지 않은 채로 그저 외적인 관계에 의해 부과된 일정한 궤도를 따라 운동할 뿐인 그러한 물질 입자

☞ 물론 이에 대한 화이트헤드의 응답은, "나는 반댈세!"

적어도 근대 세계관이 설정해놓은 사물에 대한 이해나 이 심층 전제만큼은 서구 근대인들에게 지극히 당연한 것으로 받아들여지기도 했다는 점에서 이것은 일종의 기초 관점으로 볼 만한 <패러다임>paradigm으로도 암암리에 작동되곤 했었다. 이는 시간과 공간의 좌표 속에 단순히 위치할 뿐인 그러한 물질 개념을 궁극적인 존재로 간주하는 근대 <과

학적 유물론〉이라는 패러다임에 해당한다. 또한 이와 관련해 〈뉴턴 패러다임〉 안에서는 〈절대 시공간〉이라는 배경은 의심되지 않은 채로 당연한 모델로 간주되어진다. 이는 당시 과학적 탐구 속에도 놓여 있었던 근본 가정이기도 했었다. 이 근본 가정은 거의 300년 정도 서구 근대 과학 세계관을 깊숙이 지배했었다. 그러다가 20세기 초 아인슈타인과 양자물리학이 이러한 고전적인 시공간 이해와 단순 위치의 물질 개념에 대해 일대 수정을 가했을 때, 화이트헤드는 당시 새로운 과학적 성과와 발견들이 함의하고 있는 철학적 세계관으로서의 근본적인 변혁적 성찰을 숙고했던 것이다.

앞서 소개한 화이트헤드의 언급 가운데, 문화사의 한 장이 일반성의 성장과 관계되어 있고 낡은 일반성은 이를 뛰어넘는 새로운 경쟁자에 의해 대치된다는 언급을 읽노라면, 마치 훗날 과학철학자 토마스 쿤 Thomas Kuhn의 언급을 떠올리게 할 만큼 〈낡은 패러다임〉에서 〈새로운 패러다임〉으로 전환되는 도식으로 읽히기도 할 것이다.

토마스 쿤의 『과학혁명의 구조』(1962)를 통해 널리 알려진 바 있는 이 〈패러다임〉이라는 개념은 '어떤 한 시대 사람들의 견해나 사고를 근본적으로 규정하고 있는 테두리로서의 인식의 체계 또는 사물에 대한 이론적인 틀이나 체계'로서 종종 언급되곤 한다. 예컨대 과거 천동설이 진리로 받아들여지던 시기에는 다른 모든 천문 현상들도 천동설의 테두리 내에서 설명되곤 했었다. 신이 우주를 창조했다는 〈신 중심의 우주관〉을 갖고 있는 사람들은 여전히 그 〈틀〉 안에서 이 세계를 설명할 것이다. 그러나 만일 이러한 기존 틀로도 설명되지 않는 새로운 변수들이 발견될 경우에는 발견된 새로운 증거들은 종종 무시되거나 배제되기도 한다. 그렇기 때문에 이러한 방식으로 작동하는 세계관의 〈틀〉은 우리가 수행하는 여러 관찰들 속에 취사선택 속에 암암리에 개입하고 있는 것으로 볼 수 있다.

 토마스 쿤이 『과학혁명의 구조』에서 패러다임을 말하기 이전에 과학철학 진영에서는 노우드 러셀 핸슨Norwood Russell Hanson이 〈관찰의 이론 의존성〉theory-laden observation—또는 관찰에 대한 이론의 탑재성—이라는 유명한 문제를 제기한 바 있다. 과학철학자인 노우드 러셀 핸슨은 『과학적 발견의 패턴』(1958)57)에서 '관찰은 언제나 이론의 등에 업혀 있다'고 봤었다. 즉, 우리가 흔히 사실을 기록한다고 여겨지는 관찰적인 정보에도 항상 이론에 해당하는 해석 역시 개입되어진다는 얘기다. 화이트헤드는 이러한 점을 일찍부터 간파하고 있었다.

> "사상의 역사는 관찰된 사실에 대한 잘못된 해석이 그 관찰 기록 속에 끼어든다는 것을 보여주고 있다. 따라서 이론과, 사실에 관하여 받아들인 개념들은 모두 의심스럽게 된다." (PR 9/62)

> "우리는 직접 경험을 뚜렷하게 하는 여러 세부적인 것들에 의한 직접 경험의 명쾌하고 완전한 분석을 의식하고 있는 것은 아니다. 우리는 습관적으로 〈다름[차이]의 방법〉method of difference에 의해서 관찰한다. 우리는 코끼리를 보고 있을 때도 있고 또 보지 않을 때도 있다. 그 결과 코끼리가 눈앞에 있을 때 우리는 코끼리에 주목하게 된다. 관찰의 편의성Facility of observation은, 관찰된 대상이 현존하고 있을 때에 그 대상이 중요하다는 사실, 그리고 때로는 그것이 부재한다는 사실에 의존하고 있다. (PR 4/54)

 결국 관찰이라는 행위부터가 어떤 면에서 중요하다고 여겨지는 대상을 선별적으로 주목하고 있는 일종의 편향된 행태일 수 있다는 것이다.

제2장 화이트헤드는 왜 하필 〈형이상학〉의 구축으로 뛰어든 것인가

그렇다면 알게 모르게 작동되는 우리 안의 편향된 숨은 전제나 해석에 의해 수행되는 관찰일 여지도 있기에 결국 깨어 있지 않으면 안 된다. 우리는 정말 〈사실 그 자체〉를 재현하고 있는 것인가? 사물에 대한 우리의 인식과 해석들은 과연 정당한 것인가? 우리 스스로가 알게 모르게 받아들이고 있거나 지극히 당연한 사실로서 이미 간주해버린 〈숨은 가정들〉hidden assumptions은 없는 것인가? 이 역시 살펴볼 일이다.

특정 학문의 영역을 구성하는 사실들의 한 유(類, genus)는 그 우주에 대한 어떤 공통의 형이상학적 전제를 필요로 합니다. 결국 언어적 표현을 명제의 충분한 진술로 보는 것은 경솔한 처사로 생각됩니다.

철학의 임무, 추상관념들에 대한 비판자

우리에게는 과학을 비롯해 특정 분야의 모든 학문들의 배후에 놓인 궁극적인 일반 전제 혹은 근본 가정들을 지극히 당연한 것으로 받아들이지 말고 보다 신중을 기하고자 할 경우 여전히 의심스럽게 그리고 비판적으로 물어야만 하는 점도 있는 것이다. 그 점에서 화이트헤드는 철학의 역할이란 우리가 암암리에 지니게 되는 온갖 〈추상관념들에 대한 비판〉the critic of abstractions을 담당하는 것으로 봤었다.

"나는 철학이란 여러 추상관념의 비판자라고 생각한다(I hold that philosophy is the critic of abstractions). 그 기능은 이중적이다.

첫째는 추상관념들에다 추상관념으로서의 적절한 상대적 지위를 부여함으로써 그것들을 조화시키는 일이며, 둘째는 그것들을 우주에 대한 보다 구체적인 직관과 직접 비교함으로써 그것들을 완전하게 하고, 그렇게 함으로써 보다 완전한 사상의 도식을 형성할 수 있도록 하는 일이다." (SMW 88/158)

알다시피 〈추상관념〉이란 말 그대로 사물이나 온갖 경험들로부터 저마다 개념적으로 추출한 우리 머릿속의 관념들을 말한다. 모든 학문의 체계화에는 바로 이 추상관념들이 깃들어 있다. 왜냐하면 그러한 추상관념들은 구체적인 사물과 특정한 개념들과의 연관 속에서 그리고 공통의 패턴이나 특성으로서 뽑아낸 것들이기 때문이다. 그 추상관념들은 의식될 수 있지만 저도 모르게 당연한 것 마냥 무의식적으로 수용될 수도 있다. 이 추상관념들은 결코 완결된 체계가 아니며, 완전한 것으로 만족될 수 없는, 불완전한 관념들에 해당한다. 이때 철학의 역할에는 여러 학문 분야들에서 보여지는 이 추상관념들을 전체적으로 살펴보도록 이끌면서 이들 추상관념들을 서로 조화시키며 보다 온전한 도식들로 축조하도록 돕는 특수한 목적의 역할이 있다는 것이다. 화이트헤드는 이를 철학이 맡고 있는 역할적인 기능으로 봤었다. 철학은 추상관념에 대한 비판자로서의 역할에 복무할 필요가 있다고 본 것이며, 동시에 철학은 추상관념의 불완전성 때문에 자기비판에 있어서도 결코 예외일 수 없다고 본 것이다.

제2장 화이트헤드는 왜 하필 〈형이상학〉의 구축으로 뛰어든 것인가

"철학은, 저마다 추상관념들의 소규모 도식을 가지고 있으면서 그 것의 완성과 개선에 힘쓰는 여러 학문들sciences 가운데 하나가 아닌 것이다. 철학은 여러 학문들에 대한 개관(槪觀)으로서 그것들을 조화시키고 완전하게 한다는 특수한 목적을 지니고 있는 것이다.

철학은 이러한 임무를 수행하기 위해서 개별 학문들이 제시하는 증거뿐 아니라 구체적인 경험에 호소하여 얻어지는 그 나름의 증거를 끌어들인다. 철학은 여러 학문들과 구체적인 사실을 마주세워 놓는다." (SMW 88/158)

철학이 여러 학문들에 대한 〈개관〉survey이라는 점은, 철학의 역할에는 여러 학문들을 총괄적으로 바라보도록 해준다는 점을 담고 있다. 철학은 특정 학문의 내용에 직접적으로 관여하기보다는 오히려 각각의 전문성을 확보하고 있는 여러 특정 학문들이 전체 그림의 맥락에서 어디에 어떻게 놓여지게 되는지 그러한 자리의 배정을 안내할 뿐이다. 화이트헤드는 우리가 만일 〈전문화〉에만 안주할 경우 그로 인해 전문가적 지식이 오히려 〈판에 박힌 정신〉minds in a groove을 낳을 수 있다는 점도 경고하고 있다(SMW 196/316).

"현대의 전문화란 정신을 훈련시켜 학문의 방법에 순응하도록 하는 것을 말한다." (SMW 200/322)

"각 전문 분야는 진보해가지만, 이는 그 자신의 판groove에 박힌 진보일 뿐이다. 그런데 정신적으로 판[틀]에 박힌다는 것은 어떤 일정한 한 조의 추상관념들abstractions을 숙고하면서 사는 것을 말한다. 판[틀]은 폭넓은 정신적 산책에 저해 요소가 되며, 추상abstraction은 사전에 우리의 주목을 끌지 않는 것들을 축출해버린다. 그러나 인생을 이해하는 데에 충분한 추상관념의 판[틀]이란 있을 수 없다." (SMW 196/316-317)

"사회가, 전문적인 여러 분야에 있어서는 **훌륭**하게 기능하고 더욱 진보해가지만, 전체가 나아가야 할 비전vision을 가지고 있진 못한 것이다. 세부적인 것에만 편중된 진보는 조정의 미약함(feebleness of coordination)에서 산출되는 위험을 증가시킬 뿐이다." (SMW 197/317)

〈전문가〉란 전체 세계에서의 어떤 국소적인 영역을 다시 또 더욱 세부적으로 펼쳐놓을 줄 아는 능력자들을 일컫는다고 볼 경우, 어떤 한 분야의 전문가는 다른 분야에 대해선 문외한이 되기 십상이다. 하지만 그럼에도 〈전체 숲을 가늠해보면서 내 앞의 나무를 살펴보는 작업〉 역시 분명하게 필요하지 않을 수 없을 것이다. 이때 철학의 작업이란 바로 전체 숲을 내다보게끔 이끄는 그러한 점을 돕는 시도에 가깝다. 따라서 철학은 디테일한 국소적 영역들에 처해 이는 전문가들의 상상력을 더 확대시키도록 해준다. 물론 어느 한 특정 분야의 전문가가 다른 전문 분야들까지 죄다 섭렵해야만 하는 것도 아니다. 단지 전체 그림을 내다보게 하는 철학을 통해서 다른 분야와의 연관된 소통 작업들도 창의적으로 마련할 수 있게끔 그러한 상상적 안목을 제공해줄 수 있다는 점에서의 얘기인 것이다.

또한 여러 특정 학문들의 입장에서 이룩한 성과들은 철학이 축조하는 전체 밑그림 작업에도 기여될 필요가 있다. 철학은 아무렇게나 상상하는 작업이 아니라 적어도 소란스럽고 복잡 다양한 현실 세계의 여러 분야의 경험들을 소재로 삼아 이를 전체 그림판에 짜넣는 작업이기 때문이다. 만일 철학이 여러 전문 분야의 성과들 혹은 다양한 경험의 지평들과 마주 세웠을 때 서로 어긋나거나 이를 전혀 반영하지도 못하는 경우라면 그러한 철학적 관념들의 축조도식도 공염불로만 그칠 수 있기에 근본적으로 재검토되어야만 한다는 점도 분명하다. 그 같은 <무기력한 관념>의 철학들은 기껏해야 자족적인 지적 유희만 제공하는 그 의미 이상을 넘진 않을 것이다. 현실 세계의 경험 지평에 어떠한 참신한 연관성이나 설명력도 지니지 못하는 공허한 철학사상이라면 어떤 의미로 해체되는 것이 더 나을 것이다. 적어도 화이트헤드가 추구하는 바는, 진화하는 문명세계에 활력을 불어넣을 수 있는, 보다 건설적인 철학에 대한 시도와 모험에 있다.

> "철학의 유용한 기능은 문명화된 사상의 가장 일반적인 체계화를 촉진하는 일이다. 전문 지식과 상식 사이에는 늘 반작용이 있을 수 있게 마련이다. 상식을 수정하는 일은 특정 학문들의 책임이다. 철학은 상상력과 상식을 결합시킴으로써 전문가를 제약하고, 또 전문가의 상상력을 확대시킨다." (PR 17/75-76)

우리는 바로 이 점에서 화이트헤드가 말하는 철학이 어떻게 각각의 개별적인 전문 분야들에 기여할 수 있는지를 엿볼 수 있다. 그것은 해당 분야의 전문가가 보다 더 넓은 미지의 항해를 하기 위해서라도 필요한 상상적 안목들을 먼저 제공해줄 수 있다는 사실이다. 전체 그림을 가늠해보는 철학의 상상적 도식들은 해당 전문 분야의 협소한 범위를 넘어서 세계 안의 다양한 경험 요소들을 이미 통합적으로 연결시켜 놓은 것이기 때문이다. 그럼에도 이러한 철학은 언제나 〈건설〉과 〈해체〉라는 이 두 국면의 역사를 지녀왔던 그러한 학문에 해당한다.

> "만일 철학의 기능에 대한 나의 견해가 옳다면, 철학은 모든 지적 탐구들 중에서도 가장 효과적인 탐구일 것이다. 그것은 석공이 한 개의 돌을 운반하기도 전에 대성당을 건립해내는가 하면 비바람이 그 아치를 훼손시키기도 전에 그것을 무너뜨리기도 하는, 정신적 전당의 건축자일 뿐 아니라 해체자이기도 한 것이다." (SMW viii-ix/10).

형이상학의 필연적 운명 - 그 어떠한 철학도 절대적인 완결성을 갖지 않는다!

이렇게 보면, 화이트헤드가 보는 〈형이상학〉이라는 작업가설 working hypothesis 은 세계 안의 다양한 분야의 내용들을 고려하면서 이를 온전한 도식으로 축조함에 있어서는 일종의 상상적인 사유 체계라 할 수 있다. 과학에도 사고 실험이란 것이 있지만 그것은 철학과 달리 특수과학을 구성하는 주제나 특정 사안에 집중된 사고 실험에 주로 해당한다. 그에 반해 여기서 화이트헤드가 말하는 철학(형이상학)은 그 자체가 일종의 거대한 사유 실험 체계로서 관념들의 도식에 해당한다. 플라톤과 아리스토텔레스의 형이상학을 비롯해 칸트의 형이상학도 헤겔의 형이상학도 화이트헤드의 입장에선 어디까지나 상상적인 사고가 반영된 작업가설로 간주될 뿐이다. 따라서 그 어떤 철학 이론도 결코 절대시되어선 곤란한 것으로 보고 있다.

> "형이상학적 범주란 어떤 자명한 것에 대한 독단적 진술이 아니라 어디까지나 궁극적인 일반성ultimate generalities에 대한 <시험적인 정식화>tentative formulations인 것이다." (PR 8/61)

화이트헤드가 보는 형이상학의 운명은, 필연적으로 완결된 독단적 진술이 아니며 어디까지나 시험적이고 잠정적일 수밖에 없는 범주적 한계를 지닌다. 형이상학은 그러한 범주적 한계 내에서 다양한 사고 실험적인 제안들로 시도될 뿐이다. 따라서 철학(형이상학)의 세계에선 결코 완결된 정답의 세계가 나올 수 없으며, 근본적으로는 항상 실험적 지위와 가설적 범주를 넘어서지 않는다고 볼 수 있겠다. 적어도 자연과학에서는 '가설에서 이론으로'의 승격이 있을 수 있겠지만, 철학은 근본적으로 가설적인 한계를 갖는다고 보는 것이다. 어찌 보면 이는 철학의 운명 같은 것이기도 하다. "어떤 철학도 차례가 되면 뒷전으로 물러나게 마련"이며(PR 7/59), 적어도 철학에서의 "적절한 테스트는 최종적인 것에 대한 테스트가 아니라, 진행 과정에 대한 테스트인 것"으로 볼 뿐이다(PR 14/71). 그렇기 때문에 화이트헤드는 어떠한 형이상학도 완결된 최종 형태의 것이 될 수 없다고 보았었다.

"어떠한 형이상학적 체계도 이런 실제적인 테스트를 전적으로 만족시켜 주지는 못한다. 잘해야 형이상학적 체계는 탐구되고 있는 일반적 진리의 근사치에 머물고 있을 뿐이다. 특별히 출발점으로 삼아야 할, 엄밀히 진술된 <공리적 확실성> 같은 것은 존재하지 않는다." (PR 13/69)

당연히 여기에는 그 자신이 구축한 사변철학 또한 예외로 두지 않았으며 그저 <시험적 정식화>를 위한 유보적인 가설로서 우리에게 제안하고 있을 뿐이다. 하지만 화이트헤드는 바로 이 상상력의 비행 자체가 갖는 유용성과 불가피한 필연성에도 함께 주목할 수 있어야 한다는 점에서 현대 학문에서 형이상학이 갖게 되는 나름의 의의가 있다고 보았었다.

정리 : <상상적 일반화>로서의 예술 작업인 창조적 형이상학에 대한 옹호

화이트헤드가 살았던 20세기 초는, 아인슈타인의 상대성 이론과 양자 물리학의 등장으로 뉴턴의 고전 물리학적 세계관이 붕괴되면서 점차로 새로운 세계관이 필요할 수밖에 없었던 <이행의 시기>이기도 했다. 적어도 절대 시간과 절대 공간이라는 개념이 확고한 기본 배경 토대로서 작동했던 서구 근대 세계관만큼은 끝장이 났다고 본 것이다. 따라서 화이트헤드는 그때 당시에 새롭게 떠올랐던 최신의 물리학 성과들과도 양립 가능하면서 그러한 과학 영역뿐만 아니라 종교와 예술 등 여러 다양한 전문 영역들이 서로 간에도 공통 전제로 삼을만한 전체 그림에 대한 밑그림의 시도가 필요하다고 봤었다.

낡은 세계관으로서의 철학은 근대 과학과 함께 퇴장하고 새로운 현대 과학을 비롯한 여러 특정 학문들의 성과들에 발맞추어 철학의 이론 역시 새롭게 마련되어야 한다고 본 것이다. 화이트헤드가 보기에 그때까지의 서구 철학은 새 시대의 새로운 성과들을 제대로 반영하지 못한 채로 그 효력을 자꾸만 상실하는 것으로 내다봤었다. 이는 한편으로 <낡은 세계관에서 새로운 세계관으로의 전환>을 촉구한 것이기도 하다. 새로운 형이상학이 필요한 이유 역시 바로 이 점에 있었다.

화이트헤드가 보기에, 전체 그림이 되고 있는 형이상학은 우리가 쓰는 일상적 언명들 속에도 언제나 깔려 있을 만큼 <숨은 전제> 혹은 <기본적인 배경>이 되고 있다. 모든 개체 사물들은 어차피 전체 우주와도 항상 관계되어 있다는 점에서 이를 온전히 이해하려면 결국 형이상학의 지원이 필요하다는 것이다. 형이상학을 통해 우리는 일상적 언명들 속에 자리한 숨은 가정과 근본적인 맥락들을 비판적으로 고찰하거나 필요하다면 이를 교정하면서, 다시금 새로운 시각과 관점으로 우리 안의 일상적 언명에 대한 분석뿐만 아니라 온갖 다양한 경험 영역들을 새롭게 바라보도록 할 필요도 있다는 것이다.

절대 시공간의 좌표 속에 놓여있는 존재 혹은 사물이라는 건, 결코 구체적인 사실이 아님에도 마치 구체적인 사실인 것처럼 이해될 수 있다. 그럴 경우 우리의 생각 속에는 은연중에라도 고정된 정태적 사물 이해에 기반된 낡은 세계관이 그 기본 배경으로서 강화되거나 자리하게 될 것이다. 하지만 이제는 사물에 대한 다른 이해와 다른 세계관의 구축이 필요할 수도 있다는 점에서 유동하는 과정과 관계로서의 〈유기체적 세계관〉으로 내다보는 사물 혹은 존재 이해를 새롭게 제안해본 것이라 할 수 있다. 그럼으로써 앞서 말한 낡은 근대 세계관과는 전혀 다른 시각과 의미를 확보할 수 있도록 안내하려는 것이다.

그럼에도 이러한 철학적 세계관이라는 도식 역시 완결된 그림일 수 없고, 여러 특정 분야들에서의 성과나 경험되는 사실들과 언제나 마주 세워 비판적으로 계속 다듬어갈 영역에 불과할 뿐이다. 간단히 말하면 형이상학이란 상상적 가설로서의 한계를 지니면서도 또 한편으로는 불가피하게 필요할 수밖에 없다고 본 것이다. 왜냐하면 문명의 전진에는 상상력의 활용 역시 필수적으로 요구된다고 봤기 때문이다. 이를 통해 우리는 충분한 일반성과 광범위한 개념들에 대한 온갖 사유의 실험들을 시도해보게 된다. 그러한 철학을 즐겨하는 정신의 습관이야말로 문명화의 본질로 자리한다는 점을 화이헤드는 분명하게 얘기한다.

"철학은 충분한 일반성과 광범위한 개념들에 대한 오락^{entertainment}이다. 그러한 정신의 습관이야말로 바로 문명화의 본질이다. 그것이 문명이다." (MT 3)

제2장 화이트헤드는 왜 하필 〈형이상학〉의 구축으로 뛰어든 것인가

"세부사항을 제외하고 또 체계와는 별도로, 하나의 철학적 전망은 사고의 기초이면서 삶의 기초가 된다. 우리가 주목하는 일련의 관념들과 하찮은 배경 속으로 밀어 넣은 일련의 관념들도 우리의 희망과 우리의 두려움과 우리의 행동 조절을 지배한다. 우리는 생각하고 있을 때 우리는 살아 있다. 이는 왜 철학적 관념들에 대한 아상블라주[assemblage, 수집, 배치, 짜깁기]58) 작업이 어떤 전문가적 연구 이상이 되는지에 대한 이유이다. <u>철학적 관념들에 대한 아상블라주 작업이야말로 우리 문명의 유형을 틀 짓고 있는 것이다.</u>" (MT 63)

철학적 관념들에 대한 〈아상블라주〉 작업은, 마치 버려진 폐품들을 수집 활용하는 창조적인 예술의 작업처럼 기존의 온갖 관념들에 대한 짜깁기나 새로운 편집을 통해 이를 구축하는 재창조 작업이기도 한 것이다. 중요한 점은, 철학의 이 같은 작업이야말로 어떤 특정한 부문의 전문가적 연구를 넘어서 우리 문명의 유형을 〈틀〉 짓는데 관여할 만큼 심오한 중대성을 갖는다는 점이다.

철학적 관념들에 대한
〈아상블라주〉 작업
- 문명의 유형 주조

화이트헤드에 따르면, 하나의 철학적 전망은 우리 삶에 있어 사고의 기초가 되는 점과 함께 그것은 우리 문명의 유형을 틀 짓는 것이기에 우리가 이 같은 철학적 전망을 갖고 있는 한 살아있다고 말한다. 그만큼 철학[형이상학]이란 것은 제각각의 전문가적 연구 이상으로 우리가 속한 전체 문명의 유형을 결정짓는 점과도 관련될 정도의 매우 중대한 것임을 표명한 것으로 볼 수 있겠다. 여기서도 우리는 앞서 언급한 바 있듯이, 플라톤과 아리스토텔레스의 형이상학과 서구 문명과의 관계를 그리고 주자의 형이상학과 유교 문명과의 관계를 그리고 불교 형이상학과 불교 문명 간의 깊숙한 관계 등 이러한 사례들의 중요성을 다시 한 번 더 새삼 떠올려볼 수 있을 것이다. 이처럼 화이트헤드가 보는 형이상학 작업은 제약된 한계가 있음에도 너무나 중요하고 필수불가결한 것에 해당한다. 결국 이에 대한 간단 정리는 다음과 같다.

[형이상학이 필요한 이유]
- 여러 전문 영역들을 포함해 궁극적인 전체 그림에 관한 상상적 시도로서! (삶에 있어 사고[생각]의 기초 및 우리 문명의 유형을 결정하는 데에 깊숙이 관여)

[형이상학의 범주적 한계]
- 통찰의 허약성과 언어의 한계로 인해 결코 완결될 수 없는 <시험적 정식화>라는 한계! (절대화될 수 없기 때문에 계속 테스트와 개선을 해가야만 하는 모험의 운명)

제2장 화이트헤드는 왜 하필 <형이상학>의 구축으로 뛰어든 것인가

형이상학이 문화사의 일반성으로 자리할 수 있다는 점은 곱씹어볼수록 정말 엄청난 얘기인 것 같아. 철학이 문명의 유형을 틀 짓는데 관여하고 있었다니, 놀라운 걸!

실제로 플라톤과 아리스토텔레스의 철학과 서구 문명의 관계가 그랬었고, 동양의 불교와 유교의 형이상학 역시 그랬었지!

　자 그렇다면 형이상학에 대한 이러한 문제의식을 갖고 있던 화이트헤드는 정작 그 자신의 사변체계에 해당하는 형이상학에 대해선 도대체 어떠한 방법으로 구축하고 있는지에 대해서도 함께 살펴보지 않을 수 없다. 그는 형이상학[철학]의 범주적 한계를 거의 운명처럼 받아들이면서도 과연 어떤 방식으로 그 자신의 형이상학을 구축하려 했던 것일까?

제 3 장

화이트헤드는 <어떤 방법>으로 자신의 형이상학을 구축한 것인가

"사변의 대담성은 논리 앞에서, 그리고 사실 앞에서 철저하게 겸허해짐으로써 균형을 유지하지 않으면 안 된다. 그것이 대담하지도 겸허하지도 않으면서, 단지 유별난 개성에서 나온 기질상의 전제를 반영하고 있을 뿐인 경우에는 철학의 병폐가 되고 만다."

— A. N. 화이트헤드

제3장 화이트헤드는 <어떤 방법>으로 자신의 형이상학을 구축한 것인가

언어는 철학의 필수 도구이며, 계속 고쳐나가는 <재디자인>이 중요

철학 혹은 종교사상을 펴는 분들 중에서도 우리가 진리를 온전히 이해하려면 언어나 개념을 초월해야 한다면서 진정한 도(道)는 말로 표현될 수 없기에 언어는 불필요하다는 입장으로 기울어지는 분들 역시 종종 볼 때가 있다. 흔히 우리 주변에 보면 자신이 뭔가를 득도한 것처럼 말하는 이들이 있는데, 도(道)를 닦았다는 분들이나 뭔가를 깨달았다는 분들이 자신이 터득한 도(道) 혹은 진리(眞理)를 어떻게 말이나 문자로 전달할 수 있겠느냐 하면서 진정한 도(道)나 깨달은 진리(眞理)는 말로나 문자로는 결코 전달할 수가 없기 때문에 <직접 체험해봐야만 안다>는 식으로 나오기도 한다. 어떻게 보면 꼭 틀린 얘긴 아닌 듯싶다. 하지만 과연 그러한가?

우리는 분명 언어나 개념의 한계에 갇히지 말아야 한다는 얘기도 정말 많이 들었을 것이다. 하지만 언어나 개념을 사용하지 않고 전혀 왜곡되지 않게 전달 가능한 직접적 커뮤니케이션을 갖는 소통 차원이란 것이 어떻게 현실적으로 가능한 것인가 하는 질문도 안할 수 없다. 혹자는 몸으로 터득한 진리나 종교의 깨달음을 어찌 언어, 개념, 지식으로 표현할 수 있느냐면서 선문답 같은 몇 마디로 이 문제를 간단히 초월해버리기도 한다. 그래서인지 언어와 개념을 탈피하라는 주장자들은 <자기들만의 체험>을 특별히 강조하곤 한다. 오히려 언어화, 개념화, 지식의 체계화로 나아가면 필시 왜곡될 것이기 때문에 멀리해야 한다는 것이다. 어떤 높은 경지의 특별 체험들―이를테면 깨달음/진리/선정 등―은 언어나 개념으로 표현하기 힘들기 때문에 <직접 겪어봐야 안다>는 식으로 나오는 것이다. 이들은 언어 사용을 방편으로도 치부하지만 우리의 현실은 이러한 방편들 간의 소통 차원 역시 중요하지 않을 수 없다. 그렇기에 이러한 얘기들은 알고 보면 거의 현실 소통의 차원을

무시하는 일방적 언급에 불과할 수 있다. 예를 들어 어떤 기독교인들은 기독교의 진리를 제대로 알려면 교회에 와서 〈성령 체험〉을 하지 않는 한 결코 모를 것이라는 얘기도 한다. 물론 그런 점도 없잖아 있을 것이다. 그런데 이 패턴은 꼭 기독교뿐만이 아니라 〈직접적인 특별 체험〉을 강조하는 여느 종교의 경우도 마찬가지라고 생각된다. 물론 직접적인 특별 체험을 강조하는 것을 꼭 부정적으로만 볼 필요는 없다. 하지만 만약에 〈직접 체험만〉을 강조하고 그와 맞물려서는 언어와 개념 사용 및 지식의 체계화 작업에 대한 무용론(無用論)의 입장으로 기울어진다면 그에 따른 위험성과 폐단도 분명하게 지적될 필요가 있는 것이다. 언어화·개념화 작업을 비롯해 지식의 체계화 자체가 과연 부질없는 것일까? 진리란 언어와 개념을 초월하는 곳에 있다? 글쎄.

　화이트헤드는 언어의 근본적인 한계도 지적하지만, 그렇다고 해서 언어와 개념 사용 그리고 지식의 체계화 작업에 대한 무용론의 입장도 전혀 아니다. 직접 체험의 가능성과 그 차원을 무시하는 것은 아니지만 적어도 화이트헤드는 언어와 개념으로서 소통될 수밖에 없는 불가피한 현실 커뮤니케이션의 측면 역시 결코 도외시할 수 없다고 본 것이다. 따라서 언어화, 개념화, 체계화 시도를 결코 봉쇄시켜선 안 된다고 봤었다. 이미 그 스스로가 언어와 개념을 고쳐 쓰며 더 나은 체계화를 위한 시도를 감행했었다. 결국 화이트헤드는 언어가 철학의 필수 도구라는 점을 받아들이는 입장에 있는 것이다. 물론 화이트헤드는 언어를 근본적으로 불완전한 것으로 간주한다. 바로 그렇기 때문에 철학의 작업은 계속 고쳐 쓰는 〈재디자인〉redesign이 필요한 것이리라. 그렇다면 불완전한 언어를 도구로 사용해서 철학이라는 집을 짓는다면 그러한 철학이 어찌 온전할 수 있을까 하는 의문이 나올 것이다. 우선 화이트헤드는 다음과 같이 자신의 입장을 밝히고 있다.

"모든 학문은 저마다 자신의 도구를 고안하지 않으면 안 된다. 철학의 필수적인 도구는 언어이다. 그렇기 때문에 철학은 물질 과학에서 기존의 장치를 고쳐 설계하는 것과 마찬가지로 언어를 재디자인redesign 한다.

사실에 호소하는 작업이 얼마나 어려운가는 바로 이 점에서 분명해진다. 사실에 호소한다는 것은 단지 일상적인 말로 진술되는 사실의 표현에 호소하는 것에 그치는 것이 아니다. 그러한 문장의 <충분성> 여부가 바로 중요한 문제점이 된다.

경험된 사실에 관한 인류의 일반적인 의견 일치가 언어에서 가장 잘 표현된다는 것은 사실이다. 그러나 문헌상의 언어는 보다 넓은 일반성generalities을 명확한 형태로 표현하려는 과제 앞에서는 여지없이 실패하고 만다. 바로 그 일반성이야말로 형이상학이 표현하려고 하는 것이다." (PR 11/65).

여기서 말하는 보다 넓은 일반성을 명확한 형태로 표현하려는 과제라는 것은 가장 광범위하게 일반화할 수 있는 관념을 축조하려는 작업에 해당한다. 형이상학은 바로 이 과업을 떠맡고 있는 분야라는 것이다. 그런데 형이상학이 떠맡고 있는 이 과업은 실패를 운명처럼 받아들이면서 시도하는 작업에 해당한다. 화이트헤드가 보는 형이상학[철학]이라는 작업은 결코 완결될 수 없는 불완전한 작업이다. 그런데도 왜 기어이 불완전한 작업을 하겠다는 것인가? 나중에도 보겠지만, 화이트헤드는 근본적으로 철학의 작업이란 결국 더 나은 이상적 목표를 향한 끊임없는 실험적 시도로서의 모험 과정 그 자체에 의의를 두는 점이 있다. 즉, 화이트헤드가 말하는 형이상학 작업은 실패할 것을 각오할 뿐만 아니라 실패와 함께 가는 부단한 시도에 해당되지만 그럼에도 이전보다 더 나은 과정이 되게끔 그러한 부분적 성공도 중요시하는 작업에 해당한다. 마치 유명 극작가 베케트^{Samuel Beckett}의 "더 낫게 실패하라"는 말을 떠올리게 해주는 것처럼. 철학의 도구로서 불완전한 언어를 사용하더라도 더 나은 철학을 향한 새로운 개념화의 작업 역시 피할 수 없다고 봤던 것이다. 그는 언어의 불완전성과 통찰의 한계를 거의 운명처럼 받아들인다. 따라서 화이트헤드의 철학에는 묘하게도 두 가지 상반된 역설이 존재하고 있다. 언어와 개념으로서 축조할 수밖에 없다고 보는 구성적 측면과 언어를 근본적으로 불신하고 있는 해체적 측면의 두 긴장이 언제나 함께 녹아 있는 것이다. 결코 완결될 수 없는, 단지 가능한의 최선을 향한 부단한 시도들이 있을 뿐이다.

도(道)를 도(道)라고 얘기하면 그것은 늘 그러한 도(道)가 아니라고 얘기하잖아. 그럼에도 화이트헤드는 언어를 도구로 해서 계속 철학해야 한다고 본 것이네

오히려 철학에 필수 도구로서의 언어를 계속 다듬어가야 한다는 점을 더 중요하게 본 것 같아!

동서양의 사상사에는 언어와 개념에 갇히지 말고 이를 아예 탈피하려는 일부 사조도 있겠지만, 화이트헤드는 그와 달리 우리 스스로의 근본적인 불완전함을 수용하더라도 결국 인간으로선 언어와 개념을 사용해서 소통할 수밖에 없는 불가피한 측면도 있기 때문에 나름대로 최선의 축조를 시도하는 것이 더 필요하다고 판단했던 것이다. 화이트헤드는 철학의 작업을, 이상(理想)적인 정식화를 위해 언어에 대한 〈재디자인〉redesign을 부단히 시도하는 작업으로서 받아들이고 있다. 이는 마치 철학의 작업을 예술가들의 실험적 작업처럼 본 점도 없잖아 있는 것이다. 이때 철학에 대해 화이트헤드가 생각하는 이상적인 정식화란 그의 대표작 『과정과 실재』의 첫 서막을 여는 제1부 제1장 제1절에서 명시적으로 〈사변철학에 대한 이상〉을 언급하면서 그 자신의 철학적 구축 작업을 개시한다. 여기서 그는 "중요한 지식을 가능케 하는 생산적 방법으로서의 사변철학"에 대한 시도를 적극 옹호하고 있다(PR 3/51).

화이트헤드가 추구하는 이상적인 사변철학[형이상학]이란?

화이트헤드는 자신의 대표작인 『과정과 실재』(이하 PR로 표기) 제1부 제1장 제1절에서 자신이 추구하는 사변철학[형이상학]에 대한 정의와 이상을 명시적으로 밝히면서 논의를 시작한다. 이것은 매우 중요한 내용이다.

> "이 연속 강의는 사변철학思辨哲學, speculative philosophy을 위한 하나의 시론으로 꾸며진 것이다. 그 첫 과제는 무엇보다도 〈사변철학〉이라는 말의 뜻을 분명히 밝히고, 나아가서는 중요한 지식을 가능케 하는 생산적productive 방법으로서의 사변철학을 옹호하는 것이어야 한다.

사변철학이란 우리의 경험의 모든 요소를 해석해 낼 수 있는, 일반적 관념들의 정합적이고 논리적이며 필연적인 체계를 축조하려는 시도이다.

여기서 내가 말하는 <해석>^{interpretation}이라는 개념은, 우리가 향유하고 지각하고 의지(意志)하고 생각할 때 의식되는 모든 것이 일반적 도식의 특수한 사례라는 성격을 갖게 되리라는 것을 의미한다.

따라서 이러한 철학적 도식은 정합적이고도 논리적이어야 하며, 그 해석은 <적용 가능하고 충분한 것>applicable and adequate이어야 한다. 여기에서 말하는 <적용 가능>이란 경험의 여러 사항들이 그 도식에 의해 해석될 수 있다는 것, 그리고 <충분>이란 그 도식에 의해 해석이 불가능한 사항은 하나도 없다는 것을 말한다." (PR 3/51-52)

우선 화이트헤드는 자신이 추구하는 <사변철학>에 대한 정의를 밝히고 있는데, 그에 따르면 우리의 경험의 모든 요소를 해석해 낼 수 있는, 일반적 관념들의 정합적이고 논리적이며 필연적인 체계를 축조하려는 시도로 정의된다. 여기서 화이트헤드는 <우리의 경험의 모든 요소>를 내포할 것을 말하고 있다는 점에서 일종의 통합적인 전체 그림을 추구한다는 점을 짐작해볼 수 있다. 화이트헤드는 사변철학의 작업에 있어 일단은 우리 경험의 어떤 요소도 빠트릴 수 없다고 봤었다.

"술 취한 경험과 술이 깬 경험, 잠자는 경험과 깨어 있는 경험, 졸리는 경험과 완전히 잠이 깬 경험, 자기의식의 경험과 자기망각의 경험, 지성적 경험과 물리적 경험, 종교적 경험과 회의적 경험, 걱정 어린 경험과 걱정 없는 경험, 예측적인 경험과 회고하는 경험, 행복한 경험과 슬퍼하는 경험, 감정에 지배된 경험과 자기 억제에 있는 경험, 빛 가운데서의 경험과 어둠 속에서의 경험, 정상적인 경험과 비정상적인 경험 어떠한 경험도 빠트려선 안 된다." (AI 226)

적어도 지금까지의 모든 경험들을 하나라도 빠트리지 않고 가능한 모두 아우르겠다는 것인데, 이는 어떤 면에서 매우 놀랍고도 대범한 발상이 아닐 수 없다. 간단히 말해서, 세계 안의 온갖 다양한 모든 경험들에도 적용될 만한 〈범(汎)경험적인 일반화 작업〉이 요구된다는 얘기다. 바로 이 점에서 우리는 화이트헤드의 철학적 작업이 갖는 특징 중 하나로 〈사변의 대담성〉을 엿볼 수 있다. 화이트헤드는, 우리가 무한히 다양한 경험의 구성 요소를 분류할 수 있는 주요 범주를 발견하려면 계기^{occasion}의 모든 다양성과 관계되는 증거들에도 호소해야만 한다고 봤었다(AI 226). 즉, 〈사변의 대담성〉과 〈다양한 경험적 증거〉에 호소해야 함이 서로 함께 맞물려 있어야 한다고 봤던 것이다. 이것은 지극히 이상적인 발상이 아닐 수 없다. 바로 그 〈이상〉理想, ideal이 화이트헤드가 추구하는 사변철학의 목표가 되고 있는 것이다. 그렇기 때문에 화이트헤드는 이상적인 사변철학의 도식을 마련하기 위해서는 크게 4가지 요소가 지속적으로 추구되어야 할 것임을 제안하고 있다. 그 4가지 요소란 다음과 같다.

● 이상적인 사변철학[형이상학]이 지니는 4가지 요소	
합리적 측면	1. 정합성(coherence)
	2. 논리적 일관성(logical consistency)
경험적 측면	3. 적용가능성(applicability)
	4. 충분성(adequacy)

여기서 1-2번은 사변철학이 추구해야 할 〈합리적 측면〉으로 볼 수 있고, 3-4번은 사변철학이 달성해야 할 〈경험적 측면〉으로 볼 수 있다. 달리 말하면 전자를 이론적 측면으로, 후자를 실천적 측면으로 봐도 좋을 것이다. 화이트헤드가 추구하는 형이상학 체계는 이러한 면면들이 적절한 균형으로 안배되어 있다.

"사변철학의 이러한 이상은 합리적 측면과 경험적 측면을 함께 가지고 있다는 것도 알게 될 것이다. 합리적 측면은 〈정합적〉 및 〈논리적〉이라는 용어로 표현된다. 경험적 측면은 〈적용 가능〉및 〈충분〉이라는 용어로 표현된다." (PR 3/52)

여기서 보듯이 화이트헤드가 이상적으로 추구하는 사변철학(형이상학)은 크게 합리적 측면과 경험적 측면을 모두 내포하고 있다는 점과 그리고 좀 더 세부적으로는 ①논리성, ②정합성, ③적용가능성, ④충분성 이 네 가지의 확보를 주요 골자로 한다는 점이다.

제3장 화이트헤드는 <어떤 방법>으로 자신의 형이상학을 구축한 것인가

<이상적인 사변철학>이 되려면, 합리적 측면은 <논리성>과 <정합성>을, 경험적 측면은 <적용가능성>과 <충분성>을 갖출 수 있도록 해야 할 것입니다!

① 논리성, ② 정합성, ③ 적용가능성, ④ 충분성

그렇다면 화이트헤드가 말한 각각의 이 4가지 요소란 과연 어떤 것인가? 화이트헤드는 각각의 4가지 요소에 대해선 다음과 같이 설명한다.

"여기에서 사용되고 있는 <정합성>coherence이란, 그러한 도식을 전개시키고 있는 근본적인 관념들은 상호간에 전제되고 있으며, 따라서 그것들이 고립될 경우 무의미해진다는 것을 말한다. 이러한 요건은 그 관념들이 상호간의 견지에서 정의될 수 있다는 것을 의미하는 것이 아니고, 어느 한 관념에 있어 정의될 수 없는 것은 다른 관념들과의 연관으로부터도 추상될 수 없다는 것을 의미한다. 그러한 기초적 관념들은 상호간에 분리 불가능한 것임을 보여주려는 것이 사변철학의 이상(理想)이다.

148

다시 말하면, 어떠한 존재^{entity}도 우주의 체계로부터 완전히 분리되어서는 고찰될 수 없다는 것, 그리고 사변철학의 임무는 바로 이러한 진리를 밝히는 일이라는 것이 전제되어 있다. 이러한 특성이 사변철학의 정합성이다.

<논리적>^{logical}이라는 말은 통상적인 의미를 가진다. 즉 <논리적> 일관성, 무모순성, 논리적 용어에 의한 구문의 정의, 특수한 사례에 있어서의 일반적인 논리적 관념의 예증, 그리고 추론의 원리를 포함한다. 논리적 관념은 그 자신의 위치를 철학적 관념의 도식 속에서 찾지 않으면 안 된다는 것을 알게 될 것이다."(PR 3/51)

우선 <논리적>이라는 말뜻은 우리가 흔히 생각하는 일반적이고 통상적인 의미로서의 논리성을 뜻한다고 보면 되기에 크게 어려운 뜻은 아니라고 본다. 여기서 굳이 <논리>란 무엇인가를 놓고 예컨대 기존 형식논리학의 규준들을 일일이 끌어들여 설명하는 식으로 나가는 건, 입문서를 추구하는 본서의 의도에 비춰볼 때도 과한 것이라 여겨진다. 어차피 화이트헤드 자신도, 여기서 말하는 <논리적>이라는 말은 그냥 통상적인 의미를 가질 뿐이라고 했었다. 그렇기에 단지 여기서는 어떤 제안된 이론이 갖는 <일관성> 혹은 <무모순성> 정도로 봐도 좋을 것 같다. 즉, 어떤 이론 안에 서로 그 뜻이 모순적으로 충돌하는 진술들이 들어있다면 그것은 전혀 논리적이지 못한 것이 되겠다. 이러한 논리적 성격은 흔히 수학적 명제들에서 많이 볼 수 있다. 다만 한 가지, 일반 대중의 입장에서 혼동하기 쉬운 점 하나를 든다면, <논리적>이라는 개념과

〈과학적〉이라는 개념은 엄밀히 다른 뜻을 갖는 것이기에 〈논리적〉이라고 해서 〈과학적〉인 것으로 오해해서도 곤란하다는 점도 말씀드린다. 논리적인 언술 체계들은 그 틀 안에서는 꽤나 무모순적인 논리성을 띨 수 있지만 그렇다고 해서 그 모든 논리적 이론들이 과학적인 것으로 증명되거나 밝혀지게 되는 것도 아니기 때문에 이를 〈과학적〉이라고 보는 건 곤란할 수 있다. 가령 특정한 종교의 내용도 제한된 어떤 틀 안에서는 〈논리적〉일 수 있지만 그렇다고 이를 〈과학적〉이라고 표현하는 것은 다른 차원의 문제인 것이다. 제아무리 무모순적인 수학적 명제들이 〈논리적〉이라고 할지라도 우리는 그것을 〈과학적〉이라고 하진 않는다. 수학의 사례에서 보듯이 자연과학에선 순전한 이론 영역의 한계도 넘어서야만 하는 점이 있다. 아무리 빈틈이 안 보이는 훌륭한 논리적 이론도 과학에선 관측 및 실험을 통해서도 엄정하게 확정되어야만 하는 과정을 꼭 거쳐야 한다. 따라서 〈논리적〉이라는 것과 〈과학적〉이라는 것은 엄밀히 다르기에 어느 정도 구분할 필요가 있겠다.

그런데 화이트헤드가 좀 더 신경을 쓰며 전달하고 있는 용어는 〈정합성〉整合性이라는 개념이다. 앞의 〈논리적〉이라는 표현은 우리가 흔히 통상적으로 쓰는 의미와도 잘 부합되기도 해서 그리 어렵게 다가오지 않을 수 있지만, 정작 이해하기가 조금 까다롭게 다가오는 용어는 〈정합성〉이라고 생각된다. 〈정합성〉이라는 용어는 일반 사람들한테도 매우 낯설게 들릴 만한 개념일 수 있다. 실제로 필자는 화이트헤드가 말한 이 〈정합성〉이 도대체 무슨 뜻이냐는 질문을 꽤 많이 받기도 했었다. 영어의 'coherence'는 국역에서 '정합성'이라는 단어로 번역되어 있는데, 더러는 무모순성이나 일관성에 해당하는 영어의 'consistency' 또한 때로는 '정합성'으로 번역되기도 한다.[59]

> 첫 번째인 <논리성>이 통상적 의미의 뜻이라면 어느 정도 이해가 어렵진 않은데, 두 번째인 <정합성>이란 용어는 조금 어려운 개념인 것 같아

> 정합성이란 용어가 낯설긴 해. 그런데 화이트헤드 사변철학에 있어선 중요한 요소이지

우선 <정합성>을 한문 뜻으로 보면, 整(가지런할 정)과 合(합할 합)이니만큼 '가지런하게 합쳐지다'라고 볼 수 있다. 이때 화이트헤드가 보는 사변철학에서의 <정합성>의 의미는 여러 관념들ideas이 상호 간에 전제되면서도 어느 하나 분리됨 없이 연결되어야 함을 강조한 데에 있다. 이것은 마치 크고 작은 각종 톱니바퀴의 아귀들 모두가 서로 간에 맞물려 합쳐지면서 전체 시스템이 일관되게 돌아가는 것과도 유사하다. 또는 조각난 퍼즐들이 빈틈없이 서로 합쳐지면서 어떤 일관된 전체를 드러내고 있는, 그러한 그림을 떠올려도 좋을 것이다. 적어도 화이트헤드가 PR에서 강조하는 바는, 여러 아이디어들[관념들]이 전혀 별개로 분리되지 않고 서로 잘 맞아떨어지는 연결의 성격을 내포한다. 굳이 간단히 말한다면, 일종의 <서로 맞물려 합쳐짐>이라고도 표현할 수 있을 것 같다. 즉 <서로 연결되는 알맞음성> 같은 것이다.

반면에 <정합성>의 반대인 <부정합성>不整合性, incoherence의 뜻도 함께

제3장 화이트헤드는 <어떤 방법>으로 자신의 형이상학을 구축한 것인가

알아본다면 화이트헤드가 말한 <정합성>의 의미가 훨씬 더 분명해질 것이다. <부정합성>에 대해선 화이트헤드가 다음과 같이 써놓고 있다.

"<부정합성>이란 주요 원리들이 임의로 단절되어 있음을 말한다."
(PR 6/57)

그렇다면 이제 우리는 화이트헤드가 PR에서 강조하고자 했던 <정합성>coherence의 의미에 한층 더 충분히 짐작해볼 수 있겠다. 화이트헤드가 추구하는 사변철학은 여러 관념들 간의 분리 불가능한 연결을 지향한다. 여기에 무모순적인 논리적 일관성도 함께 지녀야 한다고 본 것이다. 적어도 사변철학이 합리적 이론이 되려면 <정합적이고 논리적이어야 함>을 피력해놓은 것이다. 화이트헤드가 보는 이 "<정합성>이라는 요건은 합리주의적 건전성을 위한 강력한 예방약"에 속한다(PR 6/56).

● 화이트헤드가 말하는 사변철학의 <정합성>이란?
- 단순하게는 '가지런하게 합쳐지다'라는 뜻이지만, 화이트헤드가 말하는 사변철학과 관련해서 볼 경우, **어떠한 관념들(생각들)도 체계를 떠나서는 무의미할 뿐이며 서로 분리가 불가능할 정도로 연관되어야 함을 의미한다**고 볼 수 있다.

그리고서 경험적 측면에 있어서는 그러한 이론이 "적용가능하고 충분한"applicable and adequate 것이어야 한다고 말한다(PR 3/51-52). 즉, 앞서 말한 이론적 측면에서의 <정합성>과 <논리성>과 함께 이제는 경험적·실천적 측면에서 <적용가능성>과 <충분성>을 강조한 것으로 볼 수 있

152

겠다. 이때 화이트헤드가 말하는 〈적용가능성〉은 경험의 여러 사항들이 그 철학적 도식에 의해 해석될 수 있어야 함을, 그리고 〈충분성〉은 그러한 철학적 도식에 의해 해석이 불가능한 사항은 하나도 없어야 함을 뜻한다(PR 3/51-52). 이를 정리해보면 다음과 같다.

● 사변철학[형이상학]의 이상으로서 갖추고자 하는 4가지 요소

1. 정합성
- 여러 관념들이 분리 불가능하게 연결되는 알맞음성

2. 논리적 일관성
- 모순이 없는 일관된 상태

3. 적용가능성
- (이론과 비추어) 경험의 여러 사항들에 대한 해석 여부

4. 충분성
- (이론에 비추어) 해석이 불가능한 경우가 하나도 없는 상태

당연히 이런 4가지 요소를 모두 만족시키는 철학사상은 지금까지의 사상사에서 보듯이 찾기도 힘들 뿐만 아니라 아마 앞으로도 거의 불가능하지 않을까 생각한다. 그래서 화이트헤드는 이를 〈사변철학의 이상(理想)〉이라고 표현한 것이다. 이를테면 〈충분성〉의 요소만 하더라도 이를 만족시키는 철학이라는 건 그야말로 불가능할 것이다. 왜냐하면 이 충분성은 그 어떤 철학적 도식의 예증이 부분적인 경험 사항에 대한 충족만이 아니라 결국은 관련된 모든 경험 사항들에 대해서도 그 철학

적 도식의 예증이 반드시 있어야 한다는 점을 화이트헤드는 언급하고 있기 때문이다. 다만 의사소통communication을 할 수 없는 것은 알 수가 없으며 알 수 없는 것은 미지의 것이라는 점에서 적어도 서로 간의 〈커뮤니케이션〉에 의해 한정되고 있는 보편성 정도는 그래도 충분한 것일 수 있다고 말한다(PR 4/53). 이때 커뮤니케이션에 한정되는 보편성은 어떤 의미에서 화이트헤드가 보는 충분성의 현실적 한계선으로 여겨진다. 왜냐하면 커뮤니케이션의 바깥에 있는 그러한 것들은 어차피 미지의 것이고 미지의 것은 정확히 알 수가 없기 때문이다. 따라서 이것은 고정된 의미의 정태적 성격의 보편성 획득을 추구하는 것으로 볼 수 없다. 오히려 그 어떤 철학적 이론의 해석이 〈적용가능성〉과 〈충분성〉을 띤다는 것은 한편으로 소통을 갖는 보편성을 계속적으로 강화하며 확장하려는 과정 중에 있는 것으로 볼 수 있겠다. 이러한 철학적 도식은 그때까지의 커뮤니케이션에 한정된다고 하더라도 그 도식 안에는 모든 경험과 통하는 보편성의 근거도 함께 내포하고 있다는 점에서 필연성을 지닌 것이다. 즉, 화이트헤드는 관련된 모든 경험의 구조가 반드시 그 철학적 도식을 예증시키는 그러한 성격의 것이어야 한다고 내다봤었다(PR 3/51).

결국 화이트헤드가 말하는 사변철학의 성격은 우리 경험의 모든 요소들을 해석해낼 수 있는 〈일반적 도식〉이어야 한다는 점에서 그것은 여러 특수한 요소들을 꿰어내는 일종의 〈해석학적 성격〉을 갖는 것이기도 하다. 적어도 그가 말하는 〈해석〉의 의미는, 각 요소가 일반적 도식의 특수한 사례로서의 성격을 갖게 되리라는 점에 있다(PR 3/53 ; AI 222). 하지만 앞서 말했듯이 이러한 성격을 모두 만족시킨다는 건 결국 철학의 이상(理想)일 뿐이다. 따라서 철학의 이러한 시도 작업들은 근본적으로 가설적 작업의 한계를 벗어날 수 없다. 화이트헤드는 PR 제1부에서 사변철학에 대한 정의를 밝히면서도 이후 『관념의 모험』(1933년)에서도 다음과 같이 언급하고 있다.

"사변철학은 <작업가설>working hypothesis의 방법을 구체화한다. 철학에 대한 이 작업가설의 목적은, 조화를 해명하고 불일치를 드러내는 여러 특수 학문들의 원리들 속에서, 행동들 속에서, 공동의 담화 속에서, 사회 제도 속에서 통용되는 인간 경험의 표현들을 조정하는 것이다. 그 특수한 논제에 적응된, 어떤 충분한 일반적 작업가설 외에는 체계적 사고의 진행을 마련할 수 없다. 그러한 가설은 관찰의 방향을 지시하고, 다양한 유형의 증거들 간의 상호 관련성을 결정한다. 요컨대, 그것은 방법을 규정한다. 그런 명확한 이론 없이 생산적 사유에 대한 모험을 감행한다는 것은 할아버지대로부터 유래한 학설에 내맡기고 자신을 포기하는 것이다." (AI 222)

여기서 화이트헤드는, 사변철학이 <작업가설>의 방법을 갖는다고 말하는데, 알다시피 <작업가설>이란, 연구나 실험을 전개하고자 동원되는 가설을 뜻한다. 즉, 화이트헤드가 보는 사변철학의 작업도 상상적 사유를 통해 이를 마련해보고자 시도한다는 점에선 크게 다르지 않다. 결국 모든 특수성에 적용되는 충분한 일반성으로서의 작업가설을 추구해야 한다는 것이며, 그럼으로써 특수성에 해당하는 것들을 해명하거나 조정할 수 있어야 한다고 보는 것이다. 이는 어떤 면에서 이론과 실천 간의 끊임없는 상호 연관 및 상호 조정적인 전개라는 도식을 보여준다고 할 수 있다. 즉, 통합적인 보편성을 추구하는 이론이 지니는 근본적인 한계는 다양하고도 특수한 실천들을 통해서, 마찬가지로 다양하고도 특수한 실천들이 지니는 근본적인 한계는 통합적인 보편성을 추구하는 이론을 통해서, 전개될 수 있다는 것이다. 이런 식으로 서로 상호 자극을 가하며 보완하는 상호 수정적인 전개 양상을 띠는 것으로 볼 수 있다.

[그림] 이론과 실천 간의 부단한 상호 의존 관계

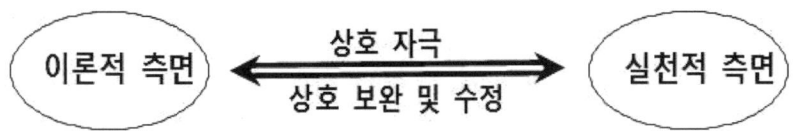

야심적인 사변철학[형이상학]이 지닐 수 있는 독단의 병폐에는 유의해야!

앞서 화이트헤드가 설정한 〈작업가설〉이라는 한계 설정은, 어떤 사변철학(형이상학)이든 간에 그것이 갖는 범주적 한계 즉, 제아무리 뛰어나고 비범한 형이상학 이론이라고 하더라도 그것은 어디까지나 궁극적 일반성에 대한 〈시험적 정식화〉$^{\text{tentative formulations}}$라는 범주를 넘어서지 않는다는 점을 밝힌 것이다(PR 8/61). 어떤 면에서 범주적 한계란 일종의 태생적 한계를 의미한다고도 볼 수 있다. 화이트헤드에 따르면, 철학적 작업의 성공 여부는, 그야말로 보장할 수 없는 근본적 한계를 지닌다는 점을 분명하게 설정한 채로, 그러한 제한된 사고가 얼마만큼 오류를 모면하고 있느냐에 따라 평가될 뿐이다(PR 8/60). 적어도 그 어떤 형이상학도 제아무리 날고 설쳐봐야 어디까지나 가설적 범주를 넘어서지 않는다는 점만은 명시적으로 못박고 있다.

"궁극적인 일반성을 정확히 표현한다는 것은 논의의 목표이지 그 출발점이 아니다." (PR 8/60)

"철학자들이 이러한 형이상학의 제1원리를 최종적인 형태로 정식화할 수 있으리라고 기대하는 것은 전적으로 허망한 일이다. 통찰력의 허약성과 언어의 결함이 무정하게 그 길을 가로막고 있는 것이다." (PR 4/51)

"언어가 갖는 난점은 제쳐놓고라도 상상력으로 꿰뚫어보는 안목에서의 결함은 원리들의 도식에 일종의 <점근선적 접근>asymptotic approach이라는 형태의 진보 이외에 다른 어떤 형태의 진보도 허용하지 않는다." (PR 4/51)

이러한 화이트헤드의 주장은, 그때까지의 서구 철학(형이상학)이 <보편적 사유>라는 지위를 차지하기 위해 일삼았던 형이상학의 병폐 혹은 철학적 사유가 갖는 횡포와 폭력을 나름대로 차단시키고 있음도 엿볼 수 있다. 적어도 궁극적인 일반성을 확보하려는 그러한 철학[형이상학]의 병폐는 일종의 <연역주의>가 갖는 폐단을 말한 것이기도 하다. 왜냐하면 그러한 성격의 형이상학은 그 학문적 지위에서 볼 때, 세계 안의 온갖 경험 사례들에 대해서는 거의 무차별적으로 적용되도록 강제하는, 일종의 <해석학적 전제>로서 강요되고 있기 때문이다. 해당 형이상학[철학]이 경험 사례에 맞지 않을 경우엔, 억지로라도 끼워 맞추려하거나 혹은 아예 무시하거나 그러한 행보를 보인 독단적 사례가 많았던 것이다.

이처럼 형이상학은 우리 안에 암암리에 독단적 사유로서 자리매김 될 위험성 역시 매우 크다고 볼 수 있다. 형이상학은 거의 의심 받지 않는 채로 숨어 있는 기본 가정이자 면책 특권의 사유로도 자리했었던 그러한 성격의 것인 경우가 많았었다. 이러한 연역주의로 인해 비롯된 폐단은 매우 컸다고 볼 수 있다. 돌이켜보면 20세기 철학사의 주요 흐름들은 오히려 이러한 형이상학의 병폐들에 대한 비판과 반동을 보이기도 했었는데, 이런 분위기는 이미 화이트헤드 당시에도 있었던 걸로 보인다.

"사변철학은 그것이 지나치게 야심적이라 하여 지금까지 비난을 받아 왔다. 합리주의가 특수 과학의 한계 안에서 전진을 이루게 하는 방법이라는 데에는 의문의 여지가 없다. 그러나 이 제한된 성공이, 사물의 보편적인 본성을 표현하기 위한 야심적인 도식을 구성하려는 시도를 고취해서는 안 된다고 여겨져 왔다.

이러한 비판의 정당화는 그런 시도의 실패를 예시함으로써 이루어지고 있다. 즉 유럽의 사상은 화해되지 않는 버려진 여러 형이상학의 체계로 어수선하게 어지럽혀 있는 것으로 묘사되고 있는 것이다.

이러한 주장은 암암리에 진부한 독단적 테스트를 철학에 적용하고 있다. 이와 동일한 비판의 기준은 과학에도 실패를 뒤집어씌울 것이다. <u>우리는 이미 17세기의 데카르트 철학을 그대로 유지하고 있지 않은 것과 마찬가지로, 17세기의 물리학도 그대로 유지하고 있지 않다. 그럼에도 불구하고 이 두 체계는 일정한 한도 내에서는 중요한 진리를 표현한다. 그리고 우리는 그것들이 올바르게 적용될 수 있는 한계를 결정해주는, 보다 넓은 범주를 이해하기 시작하고 있다.</u>" (PR 14/70-71)

여기서 사변철학이 지나치게 〈야심적〉overambitious이라는 얘기는 독단적 연역적 형이상학이 갖는 병폐를 지적한 것이기도 하다. 하지만 그렇다고 해서 형이상학의 체계화 작업 자체를 반대하거나 비난한다면 그것은 또 다른 독단적 혐의를 씌우는 공정치 못한 태도일 수 있다고 보는 것이다. 즉, 형이상학을 구축하는 체계화 작업 자체는 여전히 필요하다고 본 것이지만 단지 그 어떤 체계화도 결코 최종 완결로서의 체계화로 보질 않았을 뿐이다. 앞서 언급했듯이 체계화 작업에 대한 "적절한 테스트는 최종적인 것에 대한 테스트가 아니라, 진행 과정에 대한 테스트"(PR 14/71)라고 말한 점도 이런 맥락에 놓여 있다.

궁극적인 일반성을 정확히 표현한다는 것은 논의의 목표이지 출발점이 아닙니다. 현실적으로 우리는 통찰의 허약성과 언어의 결함이 있기 때문에 형이상학을 최종적인 형태로 정식화할 수 있다고 보진 않습니다.

화이트헤드가 보는 형이상학의 체계화 작업은 언제나 과정상의 작업에 지나지 않는다. 화이트헤드는 체계화된 사상이 지닐 수 있는 독단의 위험성도 분명하게 언급한다. 이미 사상의 역사가 그러하다고 볼 정도로 그는 완결된 지식의 확실성과 독단을 경계하고 있다.

"사상thought의 역사는 활발한 공표와 무더지는 종결의 비극적 혼합으로 이루어져 있다. 완결된 지식이라는 확실성 속에서는 통찰의 감각을 상실한다. 이 독단주의야말로 배움에 있어 최고의 적(敵)이다(This dogmatism is the antichrist of learning)." (MT 58)

화이트헤드는 서구 철학사에 이러한 독단의 폐해가 있어왔음을 분명하게 지적하면서도 한편으로는 형이상학을 구축하는 작업의 필요성도 함께 주장한다. 적어도 작업가설로서의 이 형이상학은 실천의 영역에서도 부단한 검증을 받아야 한다고 봤었다.

"<실천>practice속에서 발견되는 것은 무엇이든지 형이상학적 기술description의 범위 안에 있어야 한다. 형이상학적 기술이 <실천>을 포섭하지 못할 때 그 형이상학은 불충분한 것이고 수정을 요하는 것이 된다.

우리들이 자기의 형이상학적 학설에 계속 만족하고 있는 한, 형이상학을 보완하기 위해서 실천에 호소하는 일은 있을 수 없게 된다. 형이상학은 실천의 모든 세부사항들에 적용하는 일반성에 대한 기술에 불과할 뿐이다." (PR 13/68-69).

요컨대, 화이트헤드가 추구하는 형이상학은 이론과 실천이라는 양자의 균형이 함께 맞물려야 한다는 것이며, 만일 실천을 포섭하지 못하는 불충분한 형이상학이라면 그 이론은 수정되어야 한다고 보는 것이다.

그 점에서 이론과 실천은 상호 의존적인 것으로 볼 수 있다. 즉, 이론은 실천에 의해 그리고 실천은 이론에 의해 그 정당성과 유용성을 점차로 확보해나갈 수 있다는 얘기다. 그렇다면 화이트헤드 자신은 과연 어떤 방법으로 그 자신의 형이상학을 구축하겠다는 것일까?

화이트헤드 자신의 사변철학[형이상학] 구축 방법 – 오늘날의 <가추법>을 참조할 것!

앞서 보았듯이 화이트헤드가 그 자신의 형이상학을 구축하기 위한 방법은 일종의 <작업가설의 방법>에 해당한다. 화이트헤드는 영국철학의 주된 흐름이었던 경험주의empiricism 전통에 서 있다. 하지만 흔히 말하는 베이컨주의자는 아니다. 근대 자연과학 연구에 방법적 토대를 마련해주었던 프랜시스 베이컨Francis Bacon, 1561-1626은 경험과 관찰을 중시하면서 귀납적 연구 방법의 주장으로도 잘 알려져 있다. 화이트헤드 역시 경험과 관찰을 중시한다. 그러면서도 화이트헤드는 베이컨적인 귀납법의 한계도 지적하면서 여기에다 <정합성>과 <논리>라는 요건에 따르는 자유로운 <상상력의 비행>을 거론한 것이다.

> "자연과학에서 이러한 경직된 방법이 베이컨적 귀납법인데, 그 방법을 시종 일관되게 따를 경우, 그것은 과학을 찾아낸 지점에 과학을 그대로 남겨 두게 될 것이다. 베이컨이 등한시했던 점은 정합성과 논리라는 요건에 의해 통제되는 자유로운 상상력의 작용이었다." (PR 5/54)

그렇기에 화이트헤드가 사변철학을 구축하는 방식은 연역적 방식도 아니며 그렇다고 귀납적 방식도 아니다. 어쩌면 이 둘을 종합화한 방식이라고 할 수 있을 것이다. 그래서 화이트헤드 이후에야 나오는 얘기지만, 이 둘의 종합적인 논증 형태로서 일종의 〈가추법〉abduction—혹은 〈귀추법〉retroduction으로도 불림—과 매우 유사한 것으로도 언급된다.60) 물론 화이트헤드 자신은 PR에서 사변철학의 구축 방법으로 이 가추법[귀추법]을 거론하진 않았었다. 그러나 그의 철학적 체계화 방법과 가추법의 방식이 서로 닮아 있다는 점은 오늘날 이를 연구한 몇몇 화이트헤드안들도 지적한 바 있듯이 분명한 거라 생각된다. 적어도 그가 추구하고자 했던 바는 연역법과 귀납법 어느 하나에 치우쳐 있지 않고 오히려 둘의 종합적 형태의 논리를 말한 것으로 보인다. 그는 다음과 같이 말한다.

"발견의 논리는 귀납법이고 발견된 것의 논리는 연역법이다." (AE 51-52)

"보다 중요한 질문은 관찰에 근거한 귀납법이 연역적 논리에 대해 갖는 관계성의 문제이다. 귀납법의 옹호자들과 연역법의 예찬자들 사이에 반목이 있어 왔다. 그러나 내가 보기에 한 마리의 벌레가 두 가지의 목표를 가지고 씨름하는 것이 더욱 의미 있다. 관찰과 연역은 어떤 지식을 위해서도 양자 모두 필요하다."61)

즉, 화이트헤드의 종합적 입장에선 〈귀납법〉과 〈연역법〉 양자 모두가 지식의 생산과 기술에 일정 부분 필요하다고 본 것이다. 이때 귀납법의 경우, 다양한 개별 경험의 영역인 바닥에서부터 전체를 묶을 수 있는 위로 나아가는 것이라면, 연역법의 경우는 위에서 전체를 일반화한 것을 바닥의 다양한 개별 영역들에 적용한 것으로 볼 수 있겠다. 화이트헤드는 이 두 가지 모두가 함께 필요하다고 본 것인데, 그는 PR에서 자신의 사변철학 구축 방법을 유명한 <비행기의 비행>에 비유했었다.

"진정한 발견의 방법은 마치 비행기의 비행과 흡사하다. 그것은 개별적인 관찰이라는 대지에서 출발한다. 그리고 상상력에 의한 일반화라는 희박한 대기권을 비행한다. 그러고 나서 합리적 해석 으로 예민해지고 새로워진 관찰을 위해서 착륙한다." (PR 5/54-55)

이 <비행기의 비유>는 화이트헤드 연구자들 사이에서도 널리 알려져 있을 만큼 매우 중요한 내용에 속한다. 필자는 이를 어줍잖은 그림 도식으로 표현해보았다.

● 화이트헤드가 말한 <비행기의 비행> 비유에 대한 도표 그림

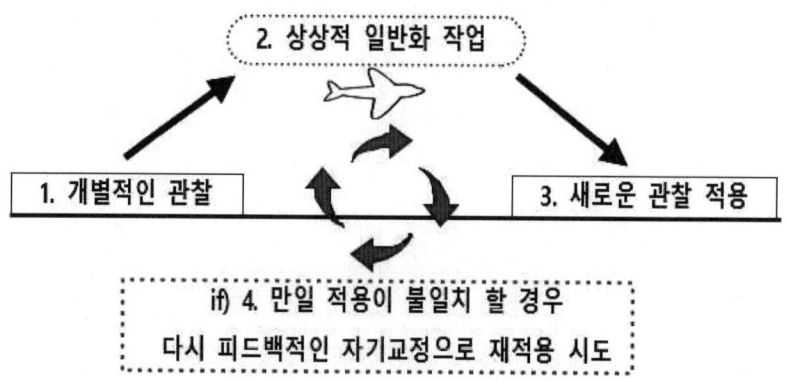

여기서 두 번째 단계에 해당하는 <상상력에 의한 일반화>를 시도하는 작업이 바로 형이상학이라는 작업가설을 구축하는 단계라고 할 수 있다. 이렇게 해서 마련된 작업가설은 다시 구체적인 경험의 삶의 지평

으로 내려와 적용 가능한 해석학적 설명이 될 수 있어야만 하는 것이다. 왜냐하면 그렇지 않다면 결코 성공적인 일반화로 볼 수 없기 때문이다. 지상에는 무수한 개별경험자들의 여러 구체적인 사례들이 있기 때문에 <상상적 일반화>의 작업은 무수한 개별경험자들의 다양한 실제 사례들과 마주 세울 수 있어야 하고 이에 대한 적용 여부들을 끊임없이 검토해야만 하는 것이다.

이때 만일 2단계에서 상상적으로 구상된 작업가설이 지상에 착륙하는 3단계인 적용에 이르러선 개별경험자들의 사례에 들어맞지도 않거나 다른 여러 경험사례들 또한 제대로 설명하지도 못하고 있다면 그것은 분명하게 다시 전면적으로 <재검토>되어야 할 것이라 점은 자명하다. 그럴 경우 필요에 따라선 수정 또는 폐기하여 보다 더 나은 작업가설의 구축으로 새롭게 업그레이드가 될 수 있도록 함이 요구된다. 만일 상상적으로 축조된 형이상학(철학)이 구체적인 현실에 대한 설명력을 잃어버린다면 이는 형이상학(철학)의 무용성이자 병폐만을 예증시킬 뿐이다. 따라서 이것은 다음과 같이 간단히 정리해볼 수 있다.

● 철학적 도식을 구축하는 작업의 단계

1. [땅] 개별 관찰 – 출발이 되는 개별적인 사례
2. [하늘] 상상적 일반화 – 전체 사례들에 적용될 법한 일반화 이론 구상
3. [다시 땅] 적용 및 충분성 – 실제적인 새로운 사례들에 계속적인 적용
4. if (만약에)
   ○ → 계속 일치하는 유효성을 확보할 경우, <이론의 신뢰도> 증대
   × → 불일치성을 보일 경우, 전면 재검토 후 새로운 작업가설 시도

흥미로운 점은, 화이트헤드가 말한 이 비행기의 비유에서 보는 단계들은 오늘날 자연과학에서 수행하는 개별 관찰 → 가설 구상 → 실험 검증이라는 단계 과정과도 매우 유사하다는 사실이다. 이는 다음과 같이 정리해 볼 수 있다.

● **자연과학의 가설 정립 3 단계**

1. **개별 관찰** - 개별적인 사례에서 얻은 실마리 획득
2. **가설 구상** - 사례를 설명해 줄 만한 일반화로서의 가설을 구상
3. **실험 검증** - 구체적인 새로운 사례들에도 계속적인 적용
4. **if**
   ○ → 구체적인 적용 사례들의 확장과 증대 (커질수록 신뢰 상승)
   × → 재검토 및 새로운 가설적 이론 구상 (계속적인 시도와 검증)

이 지점에서 또 다른 화이트헤디안인 토마스 호진스키[Thomas E. Hosinski]에 따르면 "관찰에서 가설로의 이동은 귀납적이고, 가설에서 실험으로의 이동은 연역적이다"라고 언급한다.62) 즉, 특정한 관찰 사례에서 출발하여 이를 일반화하기 위한 가설적 작업이 필요하고, 그러고 나서 마련된 작업가설을 통해 다시 충분한 적용이 있어야 한다는 것이다. 화이트헤드는 이러한 성공 요건을 위해 다음의 두 가지를 분명하게 언급하고 있다.

"<상상력에 의한 구성>[imaginative construction]이 성공하기 위한 조건들은 엄격히 지켜져야 한다.

첫째로 이 구성은 인간이 관심을 갖는 특정의 주제에서, 예를 들면 물리학, 생리학, 심리학, 미학, 윤리적 신념, 사회학, 또는 인간 경험의 보고(寶庫)로 여겨지는 언어에서 인정되는 특정한 요소들에 대한 일반화에 그 기원을 두어야 한다는 것이다." (PR 5/55)

"상상력에 의한 구성이 성공하기 위한 둘째의 조건은 두 합리주의적 이상, 즉 정합성과 논리적 완전성을 단호하게 추구하는 일이다." (PR 6/56)

여기서 상상적 일반화로서의 작업가설이 성공하기 위한 첫 번째 요건은 온갖 개별적인 경험 영역들, 그러니까 인간의 다양한 관심 주제들에 그 출처와 근거들을 둘 수 있어야 한다는 점을 말한 것이며, 두 번째 요건은 그렇게 해서 구축된 가설적 이론 자체가 지녀야만 하는 합리주의적 요건을 구비해야 한다고 본 것이다. 그럴 경우 전자는 〈경험주의〉에 후자는 〈합리주의〉에도 각각 상응된다고도 볼 수 있다.

화이트헤드의 형이상학 작업은 바로 이 두 가지가 함께 맞물려 있는 그러한 형이상학을 추구한다. 따라서 화이트헤드는 〈경험론자〉이면서도 합리주의에 대한 이상을 간직하고 있는 〈합리주의자〉에 해당하며, 그 점에서 화이트헤드를 〈합리주의적 경험론자〉 혹은 〈경험론적 합리주의자〉라고도 볼 수 있을 것이다. 그러나 이때 말하는 합리주의는 자기완결적인 합리주의가 아니다. 그는 기존 합리주의와 자신이 추구하는 합리주의와는 구분 지으며 선을 긋는다.

화이트헤드의 사변철학 구축 방법은 <귀납적 방법>과 <연역적 방법>이 함께 종합된 것이었군!

응. 화이트헤드는 온갖 다양한 경험들을 도외시하지 않으면서 합리주의적 이상을 추구하려 한 것 같아!

자족하는 합리주의는 사실상 <반(反)합리주의>

이 <합리주의>에 대한 이해에 있어 분명하게 강조할 점이 있다면, 바로 화이트헤드가 추구하고자 했던 <합리주의>의 핵심 의미다. 그가 말한 합리주의는 완결된 것으로서의 합리주의가 아니다. 진정한 합리주의는 자족적인 완결마저 계속적으로 넘어서고자 하는 <모험>adventure의 여정 속에 있는 과정으로서의 합리주의다. 화이트헤드가 볼 때 오히려 <자족하는 합리주의>야말로 <반합리주의>anti-rationalism로 평가된다.

"진정한 합리주의란 영감을 찾아 구체적인 것으로 되돌아감으로써 언제나 자기를 초월하는 것이지 않으면 안 된다. 자족하는 합리주의란 사실상 일종의 <반(反)합리주의>인 것이다. 그것은 특정한 추상관념들의 체계에 자의적으로 머물고 있음을 뜻한다." (SMW 201/322)

자기완결적이어서 <자족하는 합리주의>는 결국 <닫힌 합리주의>인 것이며 이는 곧 <반(反)합리주의>라는 것이다. 반면에 화이트헤드가 추구하는 합리주의는 끊임없이 자기초월을 감행하는 모험을 결코 마다하지 않는다는 점에서 일종의 <열린 합리주의>를 의미한다. 그것은 <모험 중에 있는 합리주의>로 볼 수 있다. 즉, 언제나 이상과 희망으로서 현존하는 가운데 자기초월의 모험을 마다하지 않는, 그러한 성격의 합리주의인 것이다. 따라서 여기에는 일정부분 결코 합리화될 수 없는 비(非)합리주의적 요소들도 항시 남아있을 수밖에 없다. 이는 합리적 해명을 벗어나 있는 신비주의적 요소라고 봐도 좋을 것 같다. 이 <비합리주의>가 곧 <반합리주의>는 아닌 것이다. 그렇기에 화이트헤드 철학에서 보면, 비합리로서의 신비주의적 요소가 있음에도 정합적인 설명력을 부단히 확보하려는 합리주의적 요소가 함께 추구된다고 볼 수 있겠다. 여기서 화이트헤드가 말한 <합리주의>란 모든 학문적 탐구의 동기가 되고 있는 신념에 해당한다. 화이트헤드는 우리가 이러한 신념과 이상을 지니고 있다면 적어도 합리주의자로 간주할 수 있다고 말한다.

"합리주의란, 설명을 끝까지 밀고 나감으로써만 명석성이 달성될 수 있다는 신념이다." (PR 153/321)

"본질적으로 일반 이론을 예증하고 있는 사례로서 나타낼 수 없는 요소란 경험 가운데 하나도 없다는 것이 합리주의의 희망이다. 이러한 희망은 형이상학적 전제가 아니다. 그것은 형이상학을 포함하여 모든 학문적 연구 활동의 동기를 이루고 있는 신념이다. … (중략) … 그러나 그 신념 자체가 이론이 출발하는 전제가 되지는 않는다. 그것은 그 실현을 추구하고 있는 이상(理想)인 것이다. 우리가 이러한 학설을 믿는 한, 우리는 합리주의자가 된다."
(PR 42/123)

화이트헤드가 추구한 <실험 합리주의>
- 이상을 향한 모험 중에 있는 합리주의

이렇게 보면 합리주의에 대한 화이트헤드의 철학적 입장은 일종의 <실험 합리주의>experimental rationalism에 가깝다고 볼 수 있다. 물론 화이트헤드가 <실험 합리주의>라는 용어 표현을 명시적으로 쓴 것은 아니지만 적어도 그는 합리주의가 실험적 모험에 놓여 있다는 점은 명시적으로 밝히고 있다. 바로 그 점에서 화이트헤드가 말하는 합리주의는 기존의 서구 근대 합리주의와는 또 다른 의미를 갖는다는 것이며, 필자는 이를 <실험 합리주의>로 명명해 본 것이다. 적어도 화이트헤드가 추구하는 합리주의는 실험적 모험이라는 성격을 분명하게 지니고 있다.

"합리주의는 실험적 모험이라는 자신의 지위를 결코 포기하지 않는다. … (중략) … 합리주의는 사상을 명석하게 하려는 하나의 모험이며, 끊임없이 전진할 뿐 결코 멈추는 법이 없는 하나의 모험이다. 그러나 이 모험은 부분적인 성공도 중요시하는 모험이다." (PR 9/62)

● 화이트헤드가 말하는 <합리주의>란?
☞ 학문 연구 활동의 동기를 이루는 신념으로서의 합리주의
☞ 이상과 희망으로서 현존하는 합리주의
☞ 실험적 모험을 추구하는 열린 합리주의를 의미

※ 반면에 <자족하는 합리주의>란 곧 <반(反)합리주의>를 의미

제3장 화이트헤드는 〈어떤 방법〉으로 자신의 형이상학을 구축한 것인가

이러한 성격의 합리주의를 화이트헤드 이전에 주장한 철학자가 어딘가에도 있었는지는 모르겠지만, 대체로 그때까지의 서구 합리주의의 특징이 대체로 자족적인 완결의 성격을 지녀왔었다는 점에서 아무래도 〈반(反)합리주의〉로 평가될 여지만큼은 크다고 할 것이다(SMW 201/322). 오히려 완결된 지식의 확실성에서는 통찰의 느낌이 사라지고 더 이상의 발전도 가능하지 않다. 화이트헤드에 따르면, "이해한다는 것은 정신의 완결된 정적인 상태가 결코 아니라는 것, 그것은 불완전하고 부분적인 통찰^{penetration}의 과정이라는 특성을 지닌다는 것"이다(MT 43). 따라서 그의 입장에선 완결된 도식을 내세우는 〈자족적 성격의 합리주의〉가 아닌 어디까지나 실험적 모험의 과정에 있는 〈실험 합리주의〉를 주창하는 것이 그 자신의 이론적 방향에서 볼 때도 지극히 자연스러운 행보였던 것이다. 우리는 여기서 서구 근대 합리주의와 화이트헤드가 추구한 합리주의를 보다 분명하게 구분해서 볼 필요가 있다.

화이트헤드가 자신의 〈유기체 철학〉이라는 새로운 형이상학을 구축하게 된 배경에는 서구 근대 합리주의가 갖는 독단적 성격을 극복하고 보다 더 나은 새로운 합리주의에 대한 신념을 피력한 것이라 할 수 있다. 자신의 유기체 철학도 사변철학의 이상을 향한 하나의 모험이자 도전으로서 간주하고 있는 것이다. 동시에 이 모험과 도전은 언제나 논리 앞에서 사실 앞에서 증거 앞에서 철저히 겸허해져야 한다는 점 또한 화이트헤드는 분명하게 천명하고 있다. 만일 철학이 이러한 점을 외면한다면 그것은 오히려 반(反)합리주의에 해당될 것이며, 또한 그것은 철학이 갖는 고질적 병폐로도 드러날 것이다.

"증거의 어떤 자료라도 거절하는 것은 항상 과학과 철학을 동일하게 촉진시키는 궁극적 합리주의에 대한 반역이 된다." (FR 61)

170

"철학의 유용성이 손상을 입게 되는 것은 철학이 교묘히 둘러대는 재기 넘치는 재주 부리기에 탐닉하는 경우이다. 이때에 철학은 부적당한 장비를 가지고 특정 과학[학문]의 영역을 침범하는 것이 된다. 사변의 대담성은 논리 앞에서, 그리고 사실 앞에서 철저하게 겸허해짐으로써 균형을 유지하지 않으면 안 된다. 그것이 대담하지도 겸허하지도 않으면서, 단지 유별난 개성에서 나온 기질상의 전제를 반영하고 있을 뿐인 경우에는 철학의 병폐가 되고 만다." (PR 17/75)

"철학적 논의에서는 어떤 진술을 궁극적인 것으로 보려는 독단적인 확실성을 암시하는 것만으로도 어리석음의 징표가 된다." (PR xiv/47).

철학은 바로 그 자신의 독단과 병폐에 대해선 더욱 주의하지 않으면 안 된다. 흔히 형이상학[사변철학]의 특징으로 〈토대주의〉foundationalism—또는 '정초주의'로도 번역됨—를 갖는다고 비판하기도 한다. 쉽게 말하면, 자기 인식의 정당화를 위해선 필요한 기초 토대가 있어야 한다고 보는 입장인 것이다. 하지만 화이트헤드의 철학은 그러한 독단적 성격의 토대주의에 대해선 반대하며 오히려 상호 수정적인 열린 성격을 갖고 있다. 비록 근본적인 정당화를 위해 체계화된 형이상학의 정당성 역시 기본 토대로서 동원되는 점은 있으나 그 토대로서 자리한 형이상학 역시 얼마든지 수정 가능할 수 있어야 한다는 점도 함께 밝히고 있는 것이다. 즉, 화이트헤드가 말하는 형이상학도 그 어떤 기본 성격의 토대를 갖긴 하지만 그 토대는 완결된 도식으로서의 토대가 아니라 어디까지나 실험적이고 가설적이어서 해체가능성도 품고 있는 토대에 불과하다는 사실이다. 그것은 항상 논리 앞에서 사실 앞에서 증거 앞에서 철저히 대차대조해보는 가운데 개선되기도 하는, 그런 열린 성격의 것이며, 그 점에서 기존의 토대주의와도 또 다른 성격의 것에 해당하는 것이다.

철학을 황폐화시키는 <완벽한 사전이라는 오류>

그렇기 때문에 화이트헤드의 입장은 경험에 적용될 수 있는 관념들을 인간의 언어로 명료하게 표현할 수 있다고 보질 않았었다.

> "언어는, 모든 사건이 일정한 체계적인 유형의 환경을 전제로 하고 있다는 사실 때문에 전적으로 불확정적인 것이다." (PR 12/67)

> "모든 언어는 생략된 형태의 것일 수밖에 없으며, 직접 경험과 연관시켜서 그 의미를 이해하려면 상상력의 비약이 요구되는 것이다. 어떠한 언어 진술도 명제의 충분한 표현이 아니라는 것을 명심하지 않는다면, 문화의 발전 과정에서 형이상학이 차지하는 위치는 이해하지 못하게 된다." (PR 13/69)

여기서 화이트헤드는 문화의 발전 과정에서 형이상학이 차지하는 위치라는 것이 결국은 불완전한 언어의 사용과 함께 직접 경험과 연관시켜 그 의미를 이해하고자 하는 상상력의 비약으로 인해 마련되는 것으로 보고 있다. 즉, 명제의 불충분한 표현일 수밖에 없는, 불완전한 언어 진술의 현실에서 이를 경험과 연관시켜 그 의미를 이해하려면 형이상학에 대한 부단한 상상적 시도의 모험을 감행하지 않을 수 없다고 본 것이다. 달리 말하면 화이트헤드가 보는 형이상학의 쓰임새는 언어에 대한 신뢰로부터 나온 것이 결코 아니었다. 오히려 화이트헤드는, 인간의 언어로 경험에 적용될 수 있는 관념들을 명료하게 표현할 수 있다고 보는 믿음이야말로 철학적 사고를 황폐화시키는 끈질긴 주범 중의 하나로 봤었고, 이를 〈완벽한 사전의 오류〉the Fallacy of the Perfect Dictionary 라고 불렀다(MT 173). 예컨대 화이트헤드가 볼 때 당시 버트란트 러셀의 경우가 그러했던 걸로 봤다. 러셀은 적어도 말과 언어가 그의 표현욕을 충족시켜주는 걸로 간주한 바가 있었다(D 182). 알다시피 러셀이 주창한 〈논리적 원자론〉에서는 하나의 이상적 언어가 가능하다고 믿고 있지만 화이트헤드는 그러한 철학적 작업과는 거리를 둔 점이 있었다. 화이트헤드에 따르면 이 〈완벽한 사전의 오류〉는 철학자들을 크게 두 학파로 갈라놓았다고 말한다.

"〈완벽한 사전의 오류〉는 철학자들을 두 학파, 즉 사변철학을 거부하는 〈비판 학파〉Critical School와 사변철학을 옹호하는 〈사변 학파〉Speculative School로 갈라놓는다. 비판 학파는 사전의 한계 내에서 언어를 분석하는 데에만 전념한다. <u>사변 학파는 직접적인 통찰에 호소하며, 더 나아가 그러한 특별한 통찰을 증진시키는 상황에 호소함으로써 그 통찰의 의미를 드러내는데 주력한다. 그리고서 그 사전을 확장시킨다. 이 두 학파 간의 불일치는 안정과 모험 간의 반목이다.</u>" (MT 173)

말할 나위 없이 화이트헤드의 입장은 모험을 추구하는 〈사변 학파〉에 속한다. 반면에 여기서 말하는 〈비판 학파〉는 당시 러셀이 자신의 논리적 원자론을 통해 촉발시킨 분석철학 진영, 적어도 형이상학[사변철학]을 반대했던 논리실증주의 학파를 지칭하는 것으로 추정된다. 물론 〈분석철학〉analytic philosophy이라는 용어의 의미는 좀 더 광범위한 것으로 볼 수도 있겠지만, 이를 테면 〈사변적〉speculative이라는 형이상학을 거부하고 언어 분석에 전념하는 철학적 입장(적어도 논리실증주의 입장)이 여기에 해당한다고 보면 될 것이다. 비트겐슈타인은 『논리철학논고』에서 "철학의 모든 것은 언어비판(言語批判)이다"라고 선언한 바 있다. 비록 철학자 비트겐슈타인을 논리실증주의자로 볼 순 없다고 하더라도 그의 철학이 당시 논리실증주의자들에게 매우 중요한 거름이 된 점만은 분명했다. 그러나 오늘날에 반(反)형이상학을 내세웠던 논리실증주의 입장63)을 전적으로 대변하려는 이는 거의 없을 듯싶다. 화이트헤드는 언어에 대한 한계를 인지하고 있음에도 직접적인 통찰과 그러한 통찰을 증진시키는 상황에도 호소하면서 그 통찰의 의미를 드러내고자, 사변이 갖는 상상력의 유효성과 중요성을 주장했던 터라 오히려 언어 분석에만 전념했던 당시의 주된 철학 진영과도 어느 정도 거리를 둔 것이라 하겠다. 즉, 완벽한 사전 내에서 명제와 언어 분석에 골몰하는 안정적인 철학이 있는가 하면 오히려 사변이 갖는 상상력을 통해 〈사전 밖〉에까지 구해보고자 하는 확장적 모험의 철학도 가능할 수 있다고 본 것이다. 그 당시의 화이트헤드는 자신의 철학적 입장이 바로 후자에 속한다고 봤었다.

이렇게 보면 화이트헤드는 20세기 철학사에서 매우 중요한 전환들 중의 하나로 손꼽는 〈언어적 전환/전회〉linguistic turn에 대해서도 일찍부터 비판적인 입장을 견지했던 걸로 보인다. 화이트헤드는 〈사변 학파〉에 해당하며 그러한 입장에서 추구되는 형이상학은 〈완벽한 사전〉이 아니라 오히려 언어의 불완전성을 끌어안으면서도 끊임없이 이를 〈재디자인〉redesign하며 관념을 개선해나가는 〈모험〉을 추구한다. 그가 설파하는 형이상학은 〈관념의 모험〉adventures of ideas을 결코 마다하지 않는 열린 철학의 입장에 서 있다.

나의 입장은 〈사변 학파〉에 속한다는 점에서 언어와 명제 분석으로 넘어간 〈비판 학파〉와는 서로 철학적 입장이 갈라진다고 볼 수 있어요!

〈무기력한 관념〉에 대한 경계

화이트헤드가 〈관념의 모험〉을 추구하는 사변 학파에 속한다고 하지만 또 한편으로 〈무기력한 관념〉inert ideas에 대한 경계 역시 잊지 않고 있다. 여기서 화이트헤드가 말하는 〈무기력한 관념〉이란 활용되지도 않는 관념이자, 검증되지도 않는 관념이며, 어떤 참신한 연관성도 맺지 못한 채 그저 머릿속에만 주입되어진 관념을 말한다(AE 2). 화이트헤드에 따르면, 이러한 관념은 쓸모도 없을 뿐만 아니라 심지어 해롭기까지 하다고 얘기한다(AE 2). 우리식으로 이것을 조금 손쉬운 말로 표현하자면 〈백해무익(百害無益)한 관념〉이라고 할 수 있겠다.

따라서 화이트헤드가 〈상상적 일반화〉로서의 사변철학에 대한 열렬한 지지와 옹호를 밝히고 있긴 하지만 이러한 〈무기력한 관념〉 혹은 〈백해무익한 관념〉에 대해서만큼 매우 비판적인 입장을 드러낸다. 그 자신의 철학적 방식에서 보면 이는 분명 논리성, 정합성, 적용가능성, 충분성이라는 성격을 명명백백하게 상실하고 있는 그러한 성격의 관념일 것이다. 철학이 맡고 있는 추상관념의 비판자로서의 역할은 여전히 필요하다. 바로 그렇기 때문에 화이트헤드로선 사변철학의 이상에 계속 근접될 수 있도록 보다 더 나은 끊임없는 개선을 지향하는 모험을 지속적으로 감행해야 한다고 본 것이다. 그럼으로써 철학은 문명사에 나름의 기여를 할 수 있는 것으로 내다봤었다.

결국 화이트헤드가 보는 철학의 유용한 기능은, 문명화된 사상의 가장 일반적인 체계화를 촉진하는 일이면서, 그것은 여러 전문 분야들에도 적합한 보편적인 개념의 공급을 끊임없이 시도함으로써 자연의 모태 속에서 실현되지 않은 채로 있는, 무한히 다양한 특수 사례들을 보다 손쉽게 고찰해볼 수 있도록 노력함에 있다고 말한다(PR 17/75-76).

"철학은 종교나 과학-자연과학이든 사회과학이든 간에-과 긴밀한 관계를 맺을 때에 무기력하다는 오명에서 벗어날 수 있다. 철학은 이 양자, 즉 종교와 과학을 하나의 합리적인 사고의 도식 속에 융합시킴으로써 그 최고의 중요성을 획득한다." (PR 15/73)

이렇게 보면 화이트헤드가 의도하는 철학의 근본적인 목적에는 진화 중에 있는 인류 문명에 참신한 활력을 불어넣고자 하는 목적에 맞춰져 있다고 볼 수 있다. 세부적이고 다양한 분야의 특정 사례들을 연결적으로 포함시킨 전체 그림을 구상하려는 형이상학에 대한 시도 역시 유의미한 상상력의 활용인 셈이다. 그리고 이 점에서 그는 정식화된 진리보다 미적 추구로서의 창조적인 예술 경험을 훨씬 더 강조하는 면이 많다. 더 나은 미래를 위한 다양한 창조적 실험들은 항상 요구되고 있다.

어떤 면에서 철학 공부라는 것이 너무 어렵거나 복잡한 내용을 추가하는 것으로 볼 수도 있겠지만, 사실 철학을 공부하는 이유에는 오히려 복잡한 전체 세상에 대한 그림을 좀 더 반듯하게 정리된 내용으로 이해하고자 하는 점도 있기 때문에 한편으로는 역설적이라는 생각도 든다. 만일 전체 세계를 내다볼만한 큰 맥락적인 비전조차도 없이 우리 앞에 다양한 특수 사례들만 즐비하게 나열되어 있다면 그것은 지엽적일뿐더러 오히려 더 큰 근본적 혼란이 되기도 할 것이다. 보다 건설적인 철학이라면 문명의 전진에 있어 통전적인 예측 시스템을 보다 예리하게 계발하도록 이끌 것으로 본다. 종교도, 과학도, 윤리도, 예술도 모두 끌어들여 보다 최적화된 합의와 공감을 이끌어내는 방향으로 갈 수 있도록 말이다. 따라서 여러 분야로 파편화된 다양한 특수 사례들을 일관된 전체 그림 속에서 연관시켜 내다볼 수 있게끔 하는 작업이 철학이라면 우리는 복잡하고 혼란스런 것들을 좀 더 손쉽게 파악할 수 있는 이점을 확보하기 위한 시도를 하는 것으로도 볼 수 있다.

화이트헤드의 마음을 오래도록 지배했던 4가지 강렬한 인상

끝으로 화이트헤드는 그의 주저인 『과정과 실재』(이하 PR)의 서문에서 여러 해 동안 그 자신의 마음을 지배하고 있었던 4가지의 강렬한 인상에 대해 말씀드리고자 한다. 일단 순서대로 세 가지를 먼저 말씀드리면 다음과 같다.

"첫째는 지난 2세기 동안을 전반적으로 지배해 왔던 고립된 문제들에 대한 역사적, 철학적 비판 운동은 이제 그 역할이 끝났으며, 따라서 그것은 건설적인 사상의 보다 부단한 노력으로 보완될 필요가 있다는 점이다.

둘째로 철학적 구성의 참된 방법은, 가능한 한 최선을 다해 관념들의 도식을 축조하고, 그 도식에 의거하여 과감하게 경험을 해석해나가는 것이라는 점이다.

셋째로 학문적 관심의 대상이 되는 여러 특수한 논제에 관여하는 모든 건설적 사고는, 승인되지는 않지만 상상력을 이끌어가는 데 있어 적잖은 영향력을 행사하고 있는 이와 같은 어떤 도식에 의해 좌우되고 있다는 점이다. 그리고 철학의 중요성은 그러한 도식을 명확히 하고, 또 그렇게 함으로써 그것을 비판하고 개선할 수 있도록 하려는 끊임없는 노력에 있는 것이다." (PR xiv/47)

이를 차례대로 언급해보자면, 첫째는 화이트헤드가 볼 때 서구 근대 철학적 세계관의 종언을 고한 것이면서도 이를 위해선 보다 <건설적인 대안 세계관>이 필요하다고 본 것이라 하겠다. 둘째는 그 새로운 대안

이 될 만한 보다 〈건설적인 철학의 구축 방법〉으로서, 관념들의 도식을 축조하고 그 축조된 도식에 의거하여 여러 경험들을 과감히 해석해나가야 한다고 본 것이다.

셋째는 학문적 관심의 대상이 되는 여러 특수 주제들에 대해서도 결국 상상력이 관여될 수밖에 없다고 보고 있으며, 그런 한에서 철학이라는 상상적 도식을 뚜렷하게 드러낼 수 있도록 보다 명확히 하고 그럼으로써 비판 개선하는 노력에 바로 철학의 중요성이 있음을 주장한 것이다. 그러면서도 최종적으로 네 번째에선 다음과 같이 말한다.

"그리고 마지막으로 남는 반성은 사물의 본성의 깊이를 타진하려는 노력이 참으로 천박하고 미약하며 불완전한 것일 수밖에 없다는 것이다. 철학적 논의에서는 어떤 진술을 궁극적인 것으로 보려는 독단적인 확실성을 암시하는 것만으로도 어리석음의 징표가 된다." (PR xiv/47)

즉, 앞서 말한 비판 개선의 철학적 시도와 노력이 매우 중요함에도 불구하고 어떤 철학사상이든 간에 결코 궁극적인 완결이 될 수 없다는 점을 얘기하였고, 철학은 그 점에서 언제나 〈독단적 확실성〉을 철저히 경계해야 한다는 점을 밝힌 것이라 하겠다. 화이트헤드가 보기에, 서구 근대 세계관이 종언을 고하고 있듯이 그 어떤 새로운 철학으로 대안 세계관이 설령 마련된다고 하더라도 그 역시 결국은 과정에 놓여 있는 운명이라는 점은 피할 수 없다고 본 것이다. 나중에 보겠지만 화이트헤드에게는 끊임없이 새로움을 산출하는 〈창조성〉creativity이야말로 가장 궁극적인 일반성에 속하는 것으로 본다. 절대 이론의 완결이란 없으며, 심지어 〈자연의 법칙〉조차도 영원불변한 것이 아니라 진화하는 자연의 일시적이고 잠정적인 습관으로 볼 뿐이다. "과정은 우주에 깃든 냉혹한 하나의 사실"(MT 53)인 것이다. 따라서 사상의 절대적인 완결이란 것도 있을 수 없다. 그 점에서 우리는 "다시 시도하라! 또 실패하라! 더 낫게 실패하라!"는 베케트로부터 빌린 경구를 더 나은 형이상학에 대한 구성의 도전에 있어서도 예외 없이 치러야 할 것으로 보인다. 결국 화이트헤드가 보는 "철학이란 한계를 지닌 언어를 갖고서 우주의 무한함을 표현하려는 시도"(ESP 14)인 것이다.

● 정리 - 화이트헤드가 PR 서문에서 밝힌 4가지 강렬한 인상
  1. 기존 철학의 한계 극복과 보다 건설적인 대안 마련
  2. 철학 구성의 방법 - 관념의 구축과 그에 따른 경험 해석
  3. 여러 학문 분야에 적합한 철학적 상상력의 제공 노력
  4. 완결될 수 없는 철학의 모험 - 독단적 확실성 경계

이처럼 화이트헤드 철학에는 사변이 갖는 〈대담성〉과 〈겸허함〉이 함께 배여 있다. 〈사변의 대담성〉은 다양한 경험 사례들에 대한 철학적 일반화로서 여러 학문 분야에도 기여할 만한 건설적인 대안을 추구하려 한 점에서 그러하고, 〈사변의 겸허함〉은 그럼에도 이를 절대화할 수 없고 언제나 독단적 확실성을 경계해야 하며, 증거 앞에선 무조건 겸허해야 한다고 본 점에서 그러하다. 사변으로서의 형이상학은 언제나 실험적인 모험을 결코 마다하지 않아야 한다는 것이다. 추상적인 상상과 구체적인 경험들은 언제나 상호 영향을 주고받게끔 늘 마주 세워질 수 있도록 해야 한다. 진정한 합리주의란 결코 자족적일 수 없기 때문이

다.

[※ 화이트헤드의 이러한 철학적 태도를 통해 필자가 한 가지 배운 바는, <확정형 사고>가 아닌 <형성형 사고>를 추구함이 필요하다는 점이었다. <확정형 사고>란, '나의 견해는 <절대 확정>되었고, 변함없는 절대적 진리로 간주하는 사고 유형'에 해당한다면, <형성형 사고>란, '나의 견해는 <형성 중>이며, 더 나은 견해를 접하면 얼마든지 자기 수정을 열어놓는 사고 유형'을 뜻한다.

따지고 보면, <형성형 사고>의 필요성은 철학뿐만 아니라 종교도 포함해 대안적 진리를 찾는 모든 시도들이 이 <형성형 사고>를 기본 성격으로 갖춘다면 일방적인 독단이나 극심한 충돌들을 좀 더 완화하면서 보다 생산적인 방향으로 나아갈 수도 있지 않은가 생각된다. 반면에 <확정형 사고>는 오히려 사고의 퇴행에 속한다고 볼 수 있다. 그러한 <확정형 사고>에서는 더 이상의 발전적 통찰은 불가능하고 오히려 독단, 지시, 명령, 일방적 훈계, 자명한 진리 등 이러한 <일방 관계들>만이 자리할 것으로 본다. 이 같은 <일방 관계>의 군림은 <폭력>의 다른 이름이기도 한 것이다.

화이트헤드는 <전적으로 완전한 진리> 같은 건 없다고 봤으며, 모든 진리들은 <반쪽짜리 진리>에 불과한 것으로 간주한다. 우리의 시야가 얼마나 제한적이고 협소하다는 점을 수용한다면, <완전한 진리>를 주장하는 것이 얼마나 좋지 않은 일임을 그는 누차 경고했었다.]

"<완전 진리>whole truths는 존재하지 않는다. 모든 진리는 <반쪽 진리>half-truths이다. 그것을 마치 완전 진리인 것처럼 취급하는 것이 야말로 악마devil로 만드는 원인이다." (D 16)

제3장 화이트헤드는 <어떤 방법>으로 자신의 형이상학을 구축한 것인가

이제부터는 화이트헤드의 형이상학 세계 속으로 한 걸음 더 들어갈 것이다. 즉, 본격적으로 화이트헤드가 고안한 생경한 개념 용어들을 역시 접하게 될 터인데 어느 정도는 화이트헤드 철학의 핵심이 될 만한 기본 내용들에 한에선 숙지가 필요한 점도 있다. 비록 본서가 입문용을 추구한다지만 그럼에도 몇 가지 화이트헤드 과정철학의 핵심 개념들에 대한 이해는 피할 수 없는 과정이라고 하겠다.

제 4 장

범주 도식, 화이트헤드 철학의 주요 개념들에 대한 기본 도안

"만족할 만한 형이상학의 체계가 될 수 있는, 존재에 관해서 명확히 정의된 <범주 도식>이 없을 경우 철학적 논의의 전제는 모두 의심을 받게 된다."

— A. N. 화이트헤드

<범주>란 무슨 뜻인가?

화이트헤드의 『과정과 실재』(이하 PR로 약칭)에는 <범주>category라는 용어가 매우 빈번하게 등장한다. 따라서 우리가 이 개념을 아예 그냥 지나쳐버리고 넘어갈 순 없을 것 같다. 무엇보다 화이트헤드는 그 자신의 철학을 구축함에 있어 그가 제시한 4가지 범주 도식에 관한 언급을 중심으로 PR 전반을 체계화하고 있기 때문에 이에 대한 아무런 언급도 없이 그의 유기체 철학을 소개할 순 없다고 여겨진다. 하지만 철학 초심자라면 굳이 처음부터 이 같은 내용들까지 꼭 알고 넘어가야 할 필요는 없지 않나 하는 생각도 든다. 적어도 본장에선 화이트헤드가 제안한 <범주 도식>의 가장 기본적인 큰 그림만 간략히 살펴볼 것이다. 그러나 조금이라도 어렵게 느끼시는 분들은 그냥 다음 장으로 바로 넘어가도 될 것으로 본다.

이 <범주>라는 이 단어는 수학자나 철학 전공자들에게는 어느 정도 익숙한 용어일 수도 있겠지만, 이를 잘 모르는 일반인들에게는 상당히 생소하고 어렵게 들릴 수 있는 표현이기도 할 것이다. <범주>에 대한 아주 간명한 이해로서는 다음과 같이 얘기된다. <범주>란, 우리말로는 <있다>고 말해지는 다양한 사물을 정리, 분류한 기본 <틀>이나 <축>, <테두리>로 이해해볼 수 있다는 점이다.64) 우선은 이 같은 간략한 언급의 이해를 먼저 권하면서 <범주>에 대해 조금씩 소개보고자 한다.

일반적으로 <범주>라고 불리는 카테고리(category)라는 단어의 의미는 '지시(指示)'를 뜻하는 그리스어 카테고리아(kategoria) 그리고 '서술하다'는 뜻을 갖는 '카테고레인(kategorein)'에서 유래한 용어로 알려져 있다. 그렇기에 범주란 무엇에 대하여 말해질 수 있는 '술어'로 볼 수 있겠다.65) 원래는 법률 용어에 속했다가 나중에 철학적인 용어로 전문화된 것으로 알려져 있다.66) 철학에서는 '사물의 개념을 분류할 때 그 이상 일반화할 수 없는 가장 보편적이고 기본적인 최고의 유(類) 개념'으로도 말해진다[위키백과]. 특히 서양철학의 역사에선 아리스토텔레스나 칸트의 철학을 통해 그 자신의 형이상학 체계에 범주 작업을 도입하게 되면서 매우 중요한 것으로 널리 알려지게 된 개념이기도 하다. 동양철학의 경우, 매우 많이 알려져 있는 〈음양오행〉(陰陽五行) 이론도 일종의 범주 체계라고 여겨진다. 이 범주화로 인해 우리 생각의 〈기본 틀〉은 체계화되면서도 한편으로 그러한 범주에 따른 제한을 받는다. 이처럼 생각을 제한하고 있는 가장 근원적인 사유 틀이 되는 〈범주〉라는 것이 있다. 적어도 그 자신의 철학을 보다 엄밀하게 조직화·체계화한다고 할 경우, 이 같은 범주화 작업이 요청될 수 있는 것이다.

우선은 아주 쉬운 예부터 들어보자. 우리는 〈돼지〉를 〈동물〉로 분류한다. 즉, 구체적인 동물로서의 돼지는 〈동물〉이라는 더 큰 범주(카테고리) 안에 포함되는 것이다. 반면에 돼지가 모든 동물을 대변하거나 포함하는 것은 아니기에 적어도 돼지가 동물보다 더 큰 범주로 취급될 순 없다. 구체적인 동물로서의 돼지는 동물이라는 일반적인 범주에 속할 뿐이다. 또한 동물이라는 범주보다 〈생명체〉라는 범주는 좀 더 광범위한 근본적인 범주로 볼 수 있다. 생명체는 적어도 살아있다고 보는 생물을 뜻한다. 그렇다면 〈살아있다〉는 술어는 과연 무엇을 뜻하는 것인가? 이 역시 서술이 필요하다. 즉, 그러한 생명체에 대한 개념 이해가 있어야만 하는 것이다. 그러나 이에 대한 개념 이해는 다시금 어떤 개념의 틀로서 보느냐에 따라 그 의미가 또 달라질 수 있다. 이처럼 결국은 가장 근본적인 분류로서의 〈기본 테두리〉를 정하는 문제가 매우 중요하게 대두되는 것이다.

돼지 → 동물 → 생명체 → 존재 … 등 [이처럼 갈수록 더 일반적

제4장 범주 도식, 화이트헤드 철학의 주요 개념들에 대한 기본 도안

이고 보다 추상적인 성격의 기본 개념들로 나아갈 수 있는데, 이 때 '무엇은 무엇이다'의 서술에 있어 '돼지는 동물이다'로 서술될 수는 있지만 '동물은 돼지다'로 언급되진 않는다.]

<범주>라는 뜻에는 '서술하다'는 의미가 있듯이, 어떤 사물이나 대상이 '무엇이냐'라고 물었을 때 '무엇이다'라고 말해지는 것들의 술어는 해당 주어를 서술한다. 따라서 1) 돼지란 '무엇이다'와 2) 동물이란 '무엇이다' 그리고 3) 생명체란 '무엇이다'가 있다고 했을 때, 3)의 생명체는 앞의 1)과 2)보다 더 포괄적인 일반성을 갖는다. 그렇기 때문에 만일 3)의 생명체 범주를 어떻게 설정하느냐에 따라 앞의 1)돼지와 2)동물에 대한 술어 내용도 덩달아 함께 달라질 수 있다. 여기서 우리는 구체적인 사례에 해당하는 개념들에서 시작해 이를 일반화할 수 있는 추상적인 개념으로 접근해 본 것인데, 물론 이는 하나의 예시에 불과할 뿐이다.

<범주화> 작업이란, 사물을 이해하는 데에 매우 중요한 서술에 들어가는 기본적인 틀을 정하는 거였었군!

그런 식으로 구체적인 사물들을 계속 더 일반적인 개념들로 분류하여 가장 기본적인 앎의 틀로 접근해 들어가지

186

우리가 보다 중요하게 생각해야 할 점은, 온갖 구체적인 사물들을 묶어서 분류할 만한 가장 근본적인 범주를 정해보고자 함에 있다. 그 점에서 〈범주〉란 것은, 모든 종류의 개념들을 살펴보는 가운데 여러 개를 한꺼번에 묶어서 최고의 일반화로 분류될만한 〈기본적인 테두리〉 같은 것이다. 이는 가장 근본적인 관념의 틀을 설정할 때 필요한 분류 작업에 해당한다. 이를 〈범주화〉라고도 표현하며 이는 일종의 앎의 분류 정리를 위한 〈기본적인 틀 짓기〉를 일컫는다고 볼 수 있겠다.

이처럼 우리가 흔히 사물을 지칭할 때 그 어떤 개념에 따라 분류하는데, 여기에는 여러 종류의 개념들이 있을 것이다. 예컨대 단순 개념, 복합 개념, 집합 개념 등등 여러 유형의 개념들이 있을 수 있다는 얘기며, 여기서 이러한 개념들 상호 간에도 일치 관계나 종속 관계가 있을 수 있다는 점을 내포하고 있다. 앞서 말한 〈돼지〉와 〈동물〉이라는 개념의 관계도 그러하다. 이때 동물을 서술하는 개념 정의가 달라지면 돼지에 대한 이해도 당연히 달라질 것이다. 그런데 이러한 개념들도 철학의 지위에서 보면 여전히 구체적인 사례들에 해당하고 있다. 하지만 진정한 철학 고유의 작업은 이러한 구체적 수준보다 좀 더 추상적인 수준에서 이루어지는 작업이라는 점을 우리는 간과해선 안 된다. 화이트헤드에 따르면,

"철학은 추상^{abstraction}에 대하여 설명하는 것이지 구체^{concreteness}에 대하여 설명하는 것이 아니다" (PR 20/82).

범주를 구축하는 철학의 작업은 더 널리 일반화될 수 있는 〈추상에 대한 설명〉을 시도하는 작업에 해당한다. 그러나 또 한편으로 우리에게 드는 의문 하나는, 도대체 철학자들은 왜 이런 〈범주〉라는 것을 도입하

제4장 범주 도식, 화이트헤드 철학의 주요 개념들에 대한 기본 도안

고 있는 것인가? 하는 점일 게다.

앞서 말한 고대 철학자 아리스토텔레스는 존재를 분류하는 형식으로서 10가지 범주[테두리치기]를 내세운바 있다. 그에 따르면, 실체, 양, 성질, 관계, 장소, 시간, 상태, 소유, 능동, 수동 이렇게 10가지 형식에 입각한 논의만이 유효한 의미를 갖는다고 봤었다. 물론 그것이 왜 하필 꼭 10가지여야만 하는지에 대한 절대적이고 필연적인 이유는 어디에도 없다. 그럼에도 우리는 아리스토텔레스가 지녔던 〈기본 생각(앎)의 틀〉이 바로 이 10가지 범주[테두리]로서 구획지어진다는 점을 서구 철학사에서 엿볼 수 있는 것이다. 반면 18세기 독일 관념론의 철학자 칸트는 아리스토텔레스의 범주론을 비판하면서 그것과 또 다르게 모두 12개의 범주로 설정했었다. 이들 범주는 이들이 구상하는 생각들의 기본적인 〈전제 틀〉로 자리한다.

이처럼 만일 자신의 복잡한 생각들을 정리 정돈하듯이 명료하게 체계화해서 밝혀본다고 생각해보자. 그럴 경우 자신의 생각들에 가장 기본적이고 반복적인 패턴으로 곧잘 자리하는 〈개념적인 틀〉 혹은 〈유형화된 사고 체계〉라는 것이 있을 것이다. 그것은 적어도 그 자신이 지니고 있는 생각의 〈기본 틀〉이자 일종의 〈도식적인 해석 원리〉에 해당하고 있다. 이때 〈도식〉^{scheme}이라는 용어도 그냥 간단히만 언급할 경우 개념에 대한 도해(圖解) 혹은 생각의 기본 설계안 같은 의미다. 따라서 〈범주 도식〉$^{categoreal\ scheme}$이라는 건 자신의 생각 체계를 드러낸 개념의 도해 혹은 설계안 같은 의미로 받아들이면 될 것이다. 바로 그렇기 때문에 자신이 지니고 있는 복잡 다양한 생각들에서 이를 도식적으로 일반화시킬 수 있는 개념적인 틀이 그 사람에게는 일종의 〈범주 도식〉이 된다고 볼 수 있다. 그것은 마치 PC의 윈도우 OS(Operation System)처럼 온갖 개념들에 관한 일종의 〈운영 체체〉 역할을 담당하고 있는 것이다.

188

[범주 도식] 생각들을 일반화하고자 밝혀놓는 개념들의 운영 체계

그렇기에 철학의 〈범주 도식〉이라는 용어를 처음 접하는 분들도 너무 어렵게만 생각하진 않길 바란다. 단지 〈잡다한 여러 생각들을 분류 가능하도록 담아낼 수 있는 가장 기본적인 생각의 얼개〉 정도로 보면 될 것이다. 어쩌면 이러한 〈범주 도식〉도 저마다 정도의 차이는 있되 많은 이들이 지니며 살아가고 있을 수 있다. 꼭 전문적으로 체계화된 도식이나 진술이 아니더라도 세계를 이해할 때 나름대로 분류해놓은 사고의 방식들을 염두에 두면서 살아갈 순 있다는 얘기다. 그것이 우리의 교육을 통해 형성되든 혹은 스스로의 학습을 통해 터득하든 간에, 우리는 저마다 어떤 식으로든 자신들이 사용하고 있는 개념들과 이를 분류해놓은 개념의 틀^{frame} 같은 것을 형성하며 살고 있는 것이다. 물론 그 과정에서 이를 자각할 수도 있고 혹은 무의식적인 작동으로 여전히 둔감한 채로 살아갈 수도 있다. 어찌되었든 우리는 이 같은 분류 방식을 통해 내가 속한 세상과 사물을 해석하는 경우들이 많다. 그러한 개념의 틀은 자신의 생각들을 하나하나 표현할 때도 그 어떤 해석적 이해가 동반되는 분류의 틀이 될 것이다. 그처럼 〈범주의 도식〉이라는 것은 사유의 일반화를 구축하기 위한 개념적 분류 틀에 해당한다.

그리고 〈범주화〉^{kategorein}라고 표현할 경우엔, 이 일반화를 위해 여러 개념들 간의 분류나 범위를 결정하는 작업을 일컫는다고 보면 될 것이다. 철학자들도 저마다 자신들이 생각하는 이론을 펼칠 때 자기가 생각하는 여러 개념들을 언어로 밝히면서도 이를 좀 더 포괄적으로 담아내고자 가장 기본적인 원리로 볼 만한 개념 틀로서의 설정 작업을 펼친다. 그렇게 설정해놓은 〈범주 도식〉은 그 자신에게 있어서도 가장 일반화로 내세울 만한 〈기본 테두리치기〉가 된다. 그것은 해당 철학자가 의

제4장 범주 도식, 화이트헤드 철학의 주요 개념들에 대한 기본 도안

도하는 생각의 한계와 범위를 설정해놓은 것이기도 하다. 그렇기에 철학에서 이 기본적인 범주 도식을 설정하는 작업은 참으로 중요하지 않을 수 없다. 화이트헤드는 다음과 같이 말한다.

"만족할 만한 형이상학의 체계가 될 수 있는, 존재에 관해서 명확히 정의된 〈범주 도식〉categoreal scheme이 없을 경우에 철학적 논의의 전제는 모두 의심을 받게 된다.

범주의 도식—그것은 진전의 각 단계에서 명확히 진술되는 것이지만—을 점진적으로 보다 정교하게 구축해가는 것이 철학 본래의 목표로 인정되기 전에는, 철학이 자신의 고유한 지위를 되찾지 못할 것이다." (PR 8/61)

화이트헤드가 보기에도 만족할 만한 형이상학의 체계가 되려면 적어도 존재의 관해 명확히 진술될 수 있는 〈범주 도식〉이 필요하고, 철학이 고유한 지위를 되찾으려면 그러한 범주 도식을 보다 정교하게 구축해가는 것이 필요하다고 본 것이다. 그렇게 본 이유는 간단하다. 점진적이든 어떻든 간에 가장 궁극적으로 일반화할 수 있는 개념적인 틀을 구축함으로써 철학에서는 자신의 범주 도식을 밝히며 이를 정교하게 구축해가는 것이 자신의 철학사상을 보다 모호하지 않게 그리고 좀 더 명료하게 해두는 체계화 작업이 되기 때문이다. 이것은 보다 만족할 만한 형이상학 작업을 위해선 필요한 것이며, 추상에 대한 설명으로서 시도된 궁극적 일반화라는 가설 작업이야말로 철학 고유의 작업에 해당된다고 봤었다. 화이트헤드는 〈철학적 범주의 도식〉을 달리 〈모체〉matrix라고도 불렀었는데, 이는 그로부터 특정의 환경에 적용 가능한 〈참인 명제들〉true propositions을 이끌어낼 모체[매트릭스]라는 것이다(PR 8/61).

보다 만족스런 형이상학이 되기 위해선 범주 도식이 필요합니다. 범주 도식을 정교하게 구축해가는 점이 있어야해서 나의 철학에선 크게 <세 가지 범주>와 <범주적 제약>을 설정하고 있습니다.

적어도 화이트헤드는, 철학자가 자신의 범주 체계를 밝힘으로서 해당 철학이 갖는 전제와 한계들을 좀 더 모호하지 않게끔 보다 명료하게 드러낼 수 있어야 한다고 본 것이다. 우리는 그러한 범주 도식을 통해 해당 철학이 갖는 근본적인 전제와 그 생각의 한계까지도 좀 더 모호하지 않게 엿볼 수 있는 셈이다. 그렇다면 정작 화이트헤드 자신의 철학이 밝힌 범주 도식은 어떠한가?

화이트헤드의 유기체 철학이 설정한 네 가지 범주

화이트헤드는 자신의 PR에서 크게 네 가지 범주를 언급한다. 물론 정확히는 세 가지 유형의 범주와 네 번째인 범주적 제약을 포함해서 말한 것이다. 그 네 가지 범주란, 궁극자의 범주, 현존의 범주, 설명의 범주, 범주적 제약이 그것이다. 이를 도표로서 간략히 나타낸다면 다음과 같다. 참고로 여기선 이들 네 가지 범주가 이렇다는 점만 짚을 뿐이기에 제시된 도표 안의 범주 내용들을 일일이 알아둘 필요까진 없음을

제4장 범주 도식, 화이트헤드 철학의 주요 개념들에 대한 기본 도안

말씀드린다. 현재로선 이해되지 않더라도 그냥 한 번 쓰윽 읽고만 넘어가도 무방하다.

● 화이트헤드가 밝힌 유기체 철학의 범주 도식 (PR 20-28/82-95 참조)

1. 궁극자의 범주 (The Category of the Ultimate)	1) 창조성(creativity), 2) 다(多, many), 3) 일(一, one)
2. 현존의 범주들 (Categories of Existence)	1) 현실 존재 Actual Entities 2) 포착 Prehensions 3) 결합체 Nexus 4) 주체적 형식 Subjective Forms 5) 영원한 객체 Eternal objects 6) 명제 Propositions 7) 다수성 Multiplicities 8) 대비 Contrasts
3. 설명의 범주들 (Categories of Explanation)	설명에는 **스물일곱 개**의 범주가 있다. (※ 분량상 상세 내용은 PR 22-26/85-92 참조)
4. 범주적 제약들 (Categoreal Obligations)	1) 주체적 통일성 Subjective Unity 의 범주 2) 객체적 동일성 Objective Identity 의 범주 3) 객체적 상이성 Objective Diversity 의 범주 4) 개념적 가치화 Conceptual Valuation[67] 의 범주 5) 개념적 역전 Conceptual Reversion 의 범주 6) 변환 Transmutation 의 범주 7) 주체적 조화 Subjective Harmony 의 범주 8) 주체적 강도 Subjective Intensity 의 범주 9) 자유와 결정성 Freedom and Determination 의 범주

(※ 혹시 전문이 궁금하신 분들은 PR에 나온 내용을 직접 참조해보시길 권함)

화이트헤드의 『과정과 실재』는 바로 이 네 가지 범주들의 의미와 그 적용가능성 및 충분성을 분명하게 밝히려는 것을 목표로 한다(PR 20/82-83). 바로 이 네 가지 범주들에 의거해 『과정과 실재』가 기술하는 온 우주가 꿰뚫어질 수 있다는 점을 제안해 본 것이다. 하지만 앞서 말했듯이, "궁극적인 일반성을 정확히 표현한다는 것은 논의의 목표이지 그 출발점은 아니다"(PR 8/60). 본서에선 이 범주의 내용들 하나하나에 대해 일일이 모두 설명할 순 없고—물론 이것은 입문적 성격을 넘어선 것이기도 하지만— 다만 게 중에 논의의 진척과 관련해서 필요하다고 볼 만한 몇 가지 사항들에 대해서만은 이를 소개할 것이다. 물론 〈궁극자의 범주〉와 같은 중요한 범주들뿐만 아니라 9가지 범주적 제약들 중에서도 필요한 부분들은 논의하는 가운데서 소개될 것으로 본다. 일단 여기서는 화이트헤드가 자신의 철학 체계에 이 같은 범주 도식들을 도대체 왜 끌어들인 것인지부터 먼저 이해해봄이 필요할 것으로 생각된다. 화이트헤드가 직접 밝힌 이들 범주 도식에 대한 개요적인 언급은 다음과 같다.

> "모든 존재^{entity}는 현존^{existence}의 어느 한 범주의 특수 사례이어야 하고, 모든 설명은 설명의 범주의 특수 사례이어야 하며, 모든 제약은 범주적 제약의 특수 사례이어야 한다. <u>궁극자의 범주는 이 세 개의 보다 특수한 범주들에서 전제된 일반적 원리를 표현하고 있다.</u>" (PR 20-21/83)

그래서 화이트헤드의 이 같은 언급을 다음의 도표 그림으로 표현해 보았다.

제4장 범주 도식, 화이트헤드 철학의 주요 개념들에 대한 기본 도안

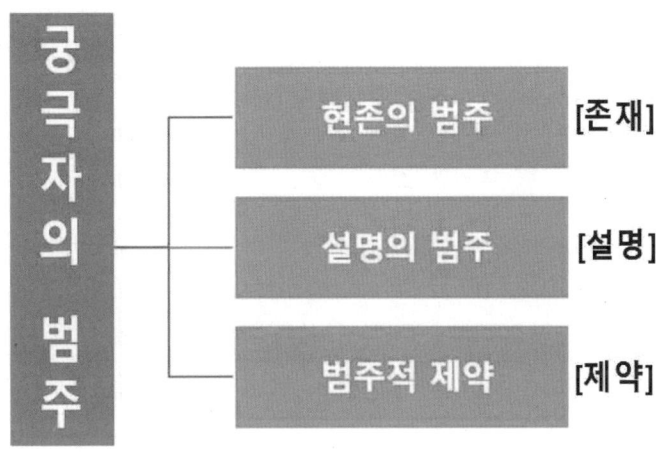

여기서 모든 존재가 현존의 어느 한 범주의 특수 사례라는 얘기는 결국 〈현존의 범주〉로 분류해놓은 것들은 곧 〈존재〉로 볼 수 있는 목록들에 해당한다는 의미이기도 하다. 달리 말해본다면, 〈존재〉라고 할 수 있는 목록에는 〈무엇〉what이 있을 수 있는가를 분류해놓은 것으로 볼 수 있겠다. 이러한 점을 감안하더라도 우리는 〈현존의 범주〉를 〈존재의 범주〉라고 읽어도 무방할 것으로 본다. 그리고 〈설명의 범주〉는 앞서 언급한 현존의 범주에 속하는 존재들이 〈어떻게〉how 기능하고 운용되는가에 대한 기본 설명들을 언급해놓은 것으로 보면 되겠고, 〈범주적 제약〉은 새로움으로의 창조적 전진에 있어 이를 조건 짓고 있는 가장 근본적인 유형의 제약들을 언급해놓은 것으로 보면 될 것이다. 이 〈범주적 제약〉에는 아홉 개의 범주적 제약들이 적용되고 있다.

그리고 〈궁극자의 범주〉는 앞서 말한 범주들에서도 가장 근원적으로 전제되는 〈최고의 일반 원리〉를 언급한 것으로 이것은 보다 특수한 모든 범주들의 전제로 자리한다(PR 21/83). 어떤 의미로 궁극자의 범주는, 존재가 〈왜〉why 있게 되는 것인지 혹은 우리의 우주는 왜 끊임없이 새

194

로움으로 창조적 전진을 드러내는가에 대한 최종 원리로서 제공된 궁극적인 일반성으로서의 답변이기도 하다. 화이트헤드는 "이 궁극적인 것의 범주는 아리스토텔레스의 〈제1실체〉$^{primary\ substance}$라는 범주를 대체한다"고까지 했었다(PR 21/84). 물론 화이트헤드의 이 언급은, 기존 아리스토텔레스의 철학을 이미 잘 알고 있는 분들한테는 대체로서의 유사 대응의 의미로서 한 얘기일 것이다. 나중에 뒤에서 보겠지만, 화이트헤드는 아리스토텔레스의 〈제1실체〉 개념을 극렬히 거부하는 입장이어서 아무래도 그에 대한 〈대체〉가 절실히 필요했을 걸로 보인다. 참고로 아리스토텔레스의 〈제1실체〉 개념은 〈개별자〉를 의미하면서 그것은 실체의 정도(독립성의 정도)가 가장 높은 〈으뜸 실체〉에 해당하는데, 아리스토텔레스 철학의 체계화에 있어서는 이 〈제일[으뜸] 실체〉가 없으면 나머지 것들은 있을 수가 없다고 얘기될 정도다.[68] 따라서 이것은 아리스토텔레스 철학의 도식에선 매우 중요한 기본적인 핵심 전제가 되고 있다. 그런데 화이트헤드 철학의 범주 도식에서도 이 〈궁극자의 범주〉는 다른 세 개의 범주들에 대한 가장 기본적인 전제가 되고 있다는 점에서 서로 그 역할이 맡고 있는 유사점도 없잖아 있는 것이다. 그럼에도 화이트헤드의 범주 도식에서는 〈궁극자〉가 〈과정〉으로 대체되고 있는 점이 가장 근본적으로 다른 성격을 띠게 되는 점에 속한다(PR 7/59). 어찌되었든 화이트헤드 철학에서의 〈궁극자의 범주〉는 그 자신의 철학이 설정해놓은 일종의 〈한계로서의 사유 틀〉이라고도 여겨진다. 즉, 화이트헤드는 형이상학 체계화에 있어 이 〈궁극자의 범주〉보다 그 이상으로 일반화할 수 있는 최종 원리는 더 이상 가능하지 않은 것으로 설정해놓았다고 볼 수 있겠다. 적어도 현존하는 모든 것들은 결국 이 〈궁극자의 범주〉를 예증해주고 있는 사례들에 해당한다고 본 것이다.

제4장 범주 도식, 화이트헤드 철학의 주요 개념들에 대한 기본 도안

이 〈궁극자의 범주〉는 화이트헤드 철학의 전체 도식에서 볼 때, 가장 궁극적인 일반화로서의 기초 개념들—창조성^{creativity}, 다^{many}, 일^{one}—로 구성된 형이상학적 원리이기에 〈현존의 범주〉에 속하는 존재들도 이 〈궁극자의 범주〉와 관련해서는 이를 예증해주고 있는 보다 특수한 사례들로 간주될 수 있다. 역으로 말해서, 이 〈궁극자의 범주〉가 만에 하나라도 현실의 사례들에 조금이라도 근거되지 않는다면 마땅히 수정 또는 폐기되어야 할 형이상학적 원리라는 점도 분명하다는 얘기인 것이다. 어쨌거나 화이트헤드가 말한 이 〈궁극자의 범주〉는 매우 중요한 내용이기 때문에 나중에 〈창조성〉 개념을 소개할 때 다시 이를 거론할 것이다. 우선은, 화이트헤드가 제안한 이 범주 도식과 관련해 우리가 좀 더 눈여겨봐야 할, 한 가지 특기할 만한 사항이 있다.

화이트헤드의 〈유기체 철학〉에서 특기할 만한 네 개의 개념

화이트헤드는 PR에서 그 자신의 범주 도식을 밝히면서도 특히 〈현실 존재〉$^{actual\ entity}$, 〈포착〉^{prehension}, 〈결합체〉^{nexus}, 〈존재론적 원리〉$^{ontological\ principle}$라는 이 네 개의 개념을 매우 특별한 것으로 기술하고 있는데, 그 이유는 이 개념들이 특히 종래의 철학적 사고로부터 다소 벗어나는 특성을 내포하고 있다는 점 때문이다(PR 18/77). 그렇기에 이러한 개념들을 중심으로 화이트헤드 철학을 살펴보는 것이 아무래도 그의 철학이 갖는 보다 독창적인 참신성의 지점을 좀 더 좇아가보는 과정이 되지 않을까 생각한다.

현실 존재, 포착(파악), 결합체, 존재론적 원리.. 도대체 이러한 것들이 과연 뭔 얘기인가? 용어부터 정말 생소하지 않을 수 없다. 여기서는 먼저 화이트헤드의 과정철학에서도 정말 중요한—어쩌면 화이트헤드 철학 전체 내용들 중에서도 가장 중요한— 개념이라 할 수 있는 〈현실

존재〉actual entity라는 개념부터 살펴보고자 한다. 이 〈현실 존재〉는 화이트헤드 철학 전체를 놓고 볼 때도 너무너무 중요한 기본 개념으로서, 분명 그의 유기체 철학을 이해함에 있어 가장 기본적인 사항에 속할 만큼 큰 비중을 차지하는 핵심 개념에 해당한다. 그의 대표작인 『과정과 실재』 전체가 바로 이 개념에 대한 분석에 집중적으로 치중되어 있다고 봐도 거의 과언이 아니다. 이제 그가 제안한 〈현실 존재〉라는 것부터 본격적으로 만나러 가보자!

유기체 철학에서는 ①현실 존재, ②포착, ③결합체, ④존재론적 원리 이 네 개의 개념들은 기존 철학의 성격과 다른 점도 있기 때문에 좀 더 유념해서 봐주셨으면 합니다!

제 5 장

화이트헤드 철학의 핵심 개념, <현실 존재> 이해하기

"만물은 더 이상 쪼갤 수 없는 원자로 이루어져 있다"

- 리처드 파인먼 (물리학자)

"궁극적인 형이상학적 진리는 원자론이다."

- A. N. 화이트헤드

제5장 화이트헤드 철학의 핵심 개념, <현실 존재> 이해하기

<현실 존재>, 세계를 구성하는 궁극적인 실재적 사물

과학철학을 수행하던 중기 시절의 화이트헤드는 자연의 존재를 <사건>event으로서 이해한다. 이 사건 개념은 자연을 이해함에 있어 핵심 개념이었다. 당시 이 사건 개념은 '시간의 한 주기 동안의 장소(a place through a period of time)'로 정의된 바 있다(CN 52). 그런데 이후 보다 정교한 체계화를 시도한 후기 형이상학의 대표작인 『과정과 실재』에 이르면, 자연의 존재로서의 이 사건 개념은 훨씬 더 세밀한 정교화 작업을 해놓았는데, 그것이 바로 화이트헤드 과정철학의 핵심 개념에 속하는 <현실 존재>actual entity라는 개념이다. 만일 화이트헤드의 형이상학 체계에서 <현실 존재>라는 개념을 잘 모른다면 그의 철학의 거의 절반 이상을 모른다고 봐도 과언이 아닐 만큼 거듭 말씀드리지만 이것은 매우 중요한 핵심사항에 해당한다. 따라서 화이트헤드 철학을 이해하고자 한다면 반드시 이 개념만은 필히 알아둬야 할 것으로 보인다.

참고로 영어의 'entity[엔티티]'를 국역에선 주로 <존재>로 번역하긴 했지만 그 의미는 그냥 '-것/사물(thing)'로 봐도 좋을 것 같다. 즉, <현실 존재>란 <현실적인 것>, <실제적인 것> 또는 <현실적인 사물>이라는 의미이다. 뿐만 아니라 오늘날엔 'entity'가 정보의 단위로 간주된다는 점도 또 한편으로 흥미로운 대목이 아닐 수 없다. 이외에도 몇 가지 번역들이 제안되어 있긴 하지만 여기서는 가급적 기존의 번역어를 따르되 영어의 'actual world'를 일반적으로 <현실 세계>로 번역하듯이 본서에서도 'actual entity'를 <현실 존재>로만 썼음을 말씀드린다.

☞ 현실 존재 : 현실적인 것, 실제적인 것, 현실적인 사물 등

화이트헤드는 이 <현실 존재>를 "이 세계를 구성하는 궁극적 사물"

로 봤었으며, 다른 말로는 〈현실 계기〉$^{actual\ occasion}$라고도 불렀었다[※ 참고로 영어의 'occasion'에 대한 뜻은 때, 기회, 경우, 특별한 사건 등 이러한 의미로 번역되는데, 이는 적어도 어떤 시간적 성격의 함의를 담고 있다. 혹자는 계기(契機) 대신 생기(生起)라고도 읽는다]. 물론 화이트헤드가 말하는 현실 존재[계기] 개념은 기본적으로 그 자신이 고안한 철학적 개념이다. 이를 좀 더 쉽게 표현해본다면, 현실 존재[계기]란 화이트헤드 자신이 창안한 일종의 〈원자〉^{atom} 개념이라고 볼 수 있을 것 같다. 물론 이것은 〈철학적 상상력 차원의 원자〉 개념이다. 알다시피 그리스어였던 atomos(원자)에는 '더 이상 쪼갤 수 없음'이라는 뜻을 담고 있다. 이때 〈원자〉라는 용어를 필연적으로 미시적 차원으로만 이해해놓는다면 어쩌면 이 점에선 이 말이 오해가 될 지도 모르겠다. 화이트헤드의 〈원자〉 개념은, 우리가 흔히 알고 있는 고대 유물론 철학자인 데모크리토스의 〈원자〉 개념처럼 전적으로 미시적 차원의 성격만을 갖는 것은 아니기 때문이다. 화이트헤드식의 〈원자〉는 매순간 〈전체의 개체화〉라는 점에서 거시와 미시가 〈과정〉으로서 맞물려있는데다 그러한 〈과정으로서의 생성 원자〉 하나 자체도 〈환원 불가능한 고유성〉을 갖는다. 따라서 기존의 데모크리토스의 〈원자〉 개념과도 여러 다른 차이점도 있기 때문에 이에 대한 설명은 여전히 필요할 것으로 보인다.

지금은 너무나도 널리 알려진 일화지만, 노벨물리학상을 수상한 바 있는 유명 과학자인 리처드 파인먼$^{Richard\ P.\ Feynman}$은 모든 지식이 파괴된 인류에게 단 한 문장만 전할 수 있다면 무엇을 전하겠냐는 질문에 '세상의 모든 만물은 더 이상 쪼갤 수 없는 원자로 이루어져 있다'는 문장을 남기겠다는 답변을 한 적이 있었다. 마찬가지로 화이트헤드식의 원자 개념인 현실 존재도 그만큼의 커다란 중요성을 갖고 있는데, 일단은 앞서 파인먼이 답변한 문장에다 똑같이 〈현실 존재〉만 바꿔 넣어주

제5장 화이트헤드 철학의 핵심 개념, 〈현실 존재〉 이해하기

면 된다. 즉, 화이트헤드 식으로 언급해본다면, "세상의 모든 만물은 더 이상 쪼갤 수 없는 현실 존재[계기]들로 이루어져 있다."라고 표현할 수 있는 것이다.

"〈현실 존재〉—〈현실 계기〉라고도 불린다—는 세계를 구성하는 궁극적인 실재적 사물이다('Actual entities'—also termed 'actual occasions'—are the final real things of which the world is made up). 보다 더 실재적인 어떤 것을 발견하기 위해 현실 존재의 배후로 나아갈 수 없다." (PR 18/78).

화이트헤드가 제시하고 있는 현실 존재[계기] 개념은 이 세계를 구성함에 있어 더 이상 나누어질 수 없는 기본 단위로서의 존재 같은 것이다. 물론 이러한 현실 존재[계기]는 화이트헤드의 상상적 사유를 통해 제안된 것이기에 그 자신의 〈철학적인 원자 개념〉에 해당한다. 그런데 화이트헤드가 말한 〈현실 존재〉라는 궁극적 실재적 사물은, 순간에 생성되는 〈전체에 대한 개체화의 과정〉이라는 점에서 그 자체가 〈환원 불가능한 고유성〉의 의미도 확보하고 있는 가운데 세계를 구성하고 있는, 최종 실재로서의 사물을 말한 것이다. 세상 만물은 온통 이러한 〈현실 존재들〉로 이루어져 있다는 것이다. 이것은 똑같은 현실 존재란 있을 수 없는 〈차이들〉의 존재다.

"현실 존재들 간에는 차이가 있다. 신도 하나의 현실 존재이며, 아득히 멀리 떨어져 있는 텅 빈 공간에서의 지극히 하찮은 한 가닥의 현존도 현실 존재이다. 그런데 비록 그 중요성에서 등급이 있고 그 기능에서 차이가 있기는 하지만, 현실태가 예증하는 여러

원리에서 볼 때 모든 현실 존재들은 동일한 지평에 있는 것이다. 궁극적 사실은 이들이 하나같이 모두 현실 존재라는 것이다."
(PR 18/78)

화이트헤드 철학의 세계는 모든 것들이 예외 없이 이 현실 존재들로 이루어져 있다는 사실이다. 심지어 신^{God}조차도 〈현실 존재〉로 간주된다(*화이트헤드가 말한 신^{God} 개념에 대해선 제2권에서 본격적으로 논의될 것이다). 따라서 현실 세계 전체는 온통 현실 존재들로 이루어져 있다. 그러면서도 하나같이 다 똑같지 않고, 저마다 〈차이〉를 갖는다는 것이다.

● 현실 존재[계기] - 화이트헤드 철학에서 설정된 기본 사물로서의 〈원자〉 개념을 의미

그리하여 화이트헤드가 말한 현실 존재[계기]가 그 자신이 고안한 원자 개념이라고 한다면, 결국 고대 유물론 철학자인 데모크리토스의 원

자 개념에 대해서도 화이트헤드는 그에 대체될 만한 원자 개념으로서 제공한 것으로 보면 되겠다. 화이트헤드는 마치 우리에게 '이제 더 이상 데모크리토스의 유물론적 원자 개념은 잊어라!'고 외치는 듯한데, 도대체 데모크리토스의 〈원자〉와는 어떤 차이가 있는가 라는 질문에 아주 간단히만 답변을 해본다면, 그것은 전체와 부분이 함께 맞물려 생성되는 〈과정〉과 〈관계〉의 성격을 지닌다는 점이 될 것이다.

☞ 데모크리토스의 유물론적 원자 → 화이트헤드의 〈유기체적 원자〉
[* 어쩌면 우리는 <'원자'에 대한 판에 박힌 우리의 인식>을 바꾸는 데 거의 수백 년이 걸릴 수도 있다고 본다.]

과정의 원리 : "존재는 〈생성〉으로 구성된다!"

우선 화이트헤드는 데모크리토스의 유물론적 원자 개념과 달리 그 자신이 제안한 원자적 존재를 〈과정〉^{process}으로서 제시하고 있다. 화이트헤드의 원자 개념은 〈차이〉로서의 원자라는 점이 있는데, 데모크리토스의 원자 이해와는 다르게 해당 사물에 대한 고정불변의 동일성^{identity}의 원자적 존재가 아니며, 오히려 매순간마다 생성 소멸하는 〈과정으로서의 원자〉 개념에 해당한다. 즉, 각각의 현실 존재[계기]들은 저마다 〈최소 기본 단위로서의 생성과정〉인 셈이다. 그리고 이 생성과정의 완결이 곧 〈소멸〉이다. 그렇기 때문에 만약에 이를 불교식으로 단순 표현해본다면, 매순간마다 찰나생(刹那生) · 찰나멸(刹那滅) 하는 그러한 원자 개념이라고도 볼 수 있겠다. 화이트헤드는 이를 궁극적인 실재^{reality}로 간주하면서 바로 이 실재를 〈과정〉^{process}으로 본 것이다. 화이트헤드 철학에서 〈과정〉이라는 것은 현실태(actuality, 현실성)가 갖는 근본적인 성격에 속한다. 〈현실태는 곧 과정〉으로 얘기된다.

● 화이트헤드 철학이 제안하는 원자 개념
 - 생성 소멸하는 〈과정〉으로서의 원자 개념
 - 세계를 구성하는 궁극적인 실재적 사물

그런데 우리는 일상에서 사물을 머릿속에 떠올릴 때마다 이 〈과정〉이라는 사실을 곧잘 망각하는 경우가 많다. 우리의 언어 속에 포착된 사물에 관한 사유들은 마치 꽁꽁 얼린 사물의 단면들을 떠올리거나 주변 환경과의 유기적 관계들까지 제거시켜 결국 그 배경에서 따로 떼어내 해당 사물만 독립적으로 생각하곤 하는 것이다. 그런데 화이트헤드가 이해하는 현실 세계는 기본적으로 〈과정〉이라는 성격이 근본적으로 작동하는, 유동하는 현실 세계다. 우리의 현실 세계는 온통 이 같은 과정들로 이루어진 세계라는 것이다. 화이트헤드는 이 점을 〈설명의 범주〉 바로 첫 번째 글에서 피력할 만큼 매우 중요한 사항으로 기론힌다.

"현실 세계$^{actual\ world}$는 과정^{process}이라는 것,
그리고 과정은 현실 존재의 생성^{becoming}이라는 것.
따라서 현실 존재는 피조물이며, 〈현실 계기〉라고도 불린다."
(PR 22/86)

"그것의 탄생은 곧 그것의 종결이다." (PR 80/193)

"유기체 철학에 있어 현실 존재는 완결될 때 소멸한다." (PR 81-82/196)

제5장 화이트헤드 철학의 핵심 개념, <현실 존재> 이해하기

따라서 화이트헤드가 보는 현실 세계는 어떤 고정불변의 실체들로 이루어진 그러한 세계가 아니라 언제나 유동하는 과정으로서의 현실 세계가 된다. 쉽게 말해 물, 불, 바람, 바위, 동식물, 인간 등 이 우주를 구성하는 모든 것들은 바로 생성 소멸하는 **현실 존재[계기]**라는 과정적 사건을 통해 마련되어진다는 것이다. 이때 단위적인 하나의 과정은 곧 현실 존재의 생성^{becoming}을 의미한다. 그 점에서 화이트헤드가 보는 <실재>^{reality}란 결코 고정된 <실체>^{substance}가 아닌 것이다. 철학에서 보는 일반적인 이해로서의 <실체> 개념은 '없어지지 않고 언제나 자립해 있음'이라는 의미를 담고 있다. 고대 그리스 철학에서 <우시아>^{ousia}에 해당하는 이 <실체> 개념은 아리스토텔레스 철학에서도 엿볼 수 있다.[69] 물론 아리스토텔레스의 <실체> 개념은 화이트헤드의 현실 존재로서의 <실재> 개념과는 차이점을 갖기 때문에 서로 혼동되어선 안 될 것이다. 우리말로도 <실체>와 <실재>라는 이 두 단어는 자칫 유사하게 여겨질 수 있어 아무래도 이를 잘 구분해서 들여다 볼 필요가 있겠다.

● **현실적인 사물을 가리킬 때 <실체>와 <실재> 간의 개념 구분**

☞ **실체**(substance) : 자립적으로 늘 변함없이 있음 (아리스토텔레스)

☞ **실재**(reality) : 생성 소멸하는 <과정>으로서 있음 (화이트헤드)

철학에서는 적어도 <생성>^{becoming}과 <존재>^{being}의 문제가 중요하게 고찰되는데, 이들 각각은 <되어감/됨>^{becoming}과 <있음/임>^{being}으로 국역되기도 한다. 그동안의 서구 철학은 대체적으로 <생성>^{becoming}에 대한 <존재>^{being}의 우위를 드러내는 경우가 많았었다. 왜냐하면 변화하는 것들은 덧없는 것들이기에 부차적인 것으로 보거나 가치 등급이 더 낮은

것으로 취급해왔던 점이 있었기 때문이다. 그래서 변화하지 않는 불변의 존재나 진리를 중심으로 해서 이를 추구하는 일을 오히려 철학의 주요 과업으로 봤던 점이 있었다. 그럼으로써 변치 않는 진리에 대한 추구와 열정은 철학에 대한 헌신을 크게 불러일으키기도 했던 것이다. 그런데 화이트헤드는 존재에 대한 이 같은 실체론적 이해를 거부하고 오히려 <있음>being에 대한 생성becoming의 우위>를 선언한다. 현실 세계의 다양한 경험들을 돌이켜 볼 때, 적어도 유동하는 <과정>이 1차적이며, 여기서는 오로지 생성[-됨] 밖에 없으며 존재[-임]라는 것도 결국 생성[-됨]에 의해 구성되는 것으로 본 것이다. 화이트헤드는 이것을 <과정의 원리>principle of process로서 소개한다.

> "현실 존재가 어떻게 생성되고 있는가 하는 것이 그 현실 존재가 어떤 것인가를 결정한다는 것. 따라서 현실 존재에 대한 두 가지 기술은 서로 독립해 있는 것이 아니다. 현실 존재의 <존재/있음>being은 그 <생성/됨>becoming에 의해 구성된다. 이것이 <과정의 원리>이다." (PR 23/87)

영어의 'being'은 '존재' 혹은 '있음'으로 번역되기도 하는데, 이때 그 존재가 <어떤 존재인가> 하는 것은 결국 그 존재가 <어떻게 생성되고 있는가> 하는 점에 의해 결정된다는 것이다. 적어도 화이트헤드 철학에서는 <생성>의 과정이 기본으로 자리한다. 1차적인 것은 <생성>이지 <존재>가 아니다. <생성>으로 인해 <있음>이라는 존재가 있는 것이지, <있음>이 먼저 있고서 거기에서 생성이 발생되는 것이 아니라는 점이다. 있음[존재]도 결국은 생성에 의해 구성될 뿐이다. 이것이 곧 화이트헤드가 표방하는 <과정의 원리>이다.

제5장 화이트헤드 철학의 핵심 개념, <현실 존재> 이해하기

그런데 이런 언급들이 실제 삶에서 도대체 어떤 의미인가 하고 아직도 도통 감이 안 올 수도 있을 것이다. 좀 더 쉽게 예를 들어본다면, <빨간 옷>이 있다고 해보자. 참고로 일상적 사물을 예로 들기 위해선 부득이 거시적인 사물을 들 수밖에 없음을 양해 바란다. 만일 어떤 옷의 색깔이 대체로 빨간 색일 경우, 우리의 일상에서는 "빨간 옷"이라는 언어적 표현을 사용해도 우리는 전혀 불편을 느끼지 않는다. 하지만 이 빨간 옷은 <고정불변한 성질>을 갖는 빨간 옷이 아니라 보다 세부적으로 들어가면 매순간 <유동하는 과정>으로서 있기에 결국은 빨간 옷이라는 성질을 일정 기간 동안만 실현할 뿐이다.

따라서 <빨간 옷>이라는 건 한시적으로 어떤 특정한 성격을 한정짓고 있는 <한정된 특성>에 불과하다. 보다 근본적인 사실로서의 사태는 유동적인 흐름을 갖는 <과정>이라는 현실태[현실성]이다. 즉, 화이트헤드식의 철학적 원자 개념으로 언급하자면, 생성 소멸하는 과정의 원자들이 1차적인 궁극적 사실로 자리하면서도 그러한 과정에서 보다 거시

208

적인 빨간 옷이라는 〈한정된 성질〉을 한시적으로만 실현하고 있는 것 뿐이다. 기본적으로 모든 사물은 진화과정에 놓여 있기에 언젠가는 그 빨간 옷도 또 다른 색깔 혹은 또 다른 성질로 변화할 것이다.

여기서 우리는 빨간 옷을 구성하는 고정불변한 성질을 갖는 그런 실체로서의 원자란 근본적으로 보면, 현실적인 사태가 아니란 점을 짐작할 수 있다. 〈고정불변한 실체로서의 원자〉는 〈생성 소멸하는 과정으로서의 원자〉와 다른 것이다. 이 둘을 구분함이 필요하다. 진화하는 현실 세계에서는 생성 소멸하는 과정으로서의 원자가 근본적인 존재로서의 형이상학적 사건이며, 현실 세계는 바로 이러한 〈'과정'이라는 원자들〉로 구성되어 있다고 제안한 것이다.

우리가 만일 '철수는 어떤 존재냐?'라고 묻는다면 이 물음은 결국 '철수는 어떻게 살아왔느냐?'를 통해서 얘기될 수밖에 없을 것이다. 게다가 그러한 철수의 〈정체성〉^{identity}은 고정된 것이 아니며 아직 삶이 끝나지 않고 남아 있는 한 계속 열려 있는 과정 중에 있을 뿐이다. 여전히 철수의 〈정체성〉은 형성 과정에 놓여 있다. 물론 철수라는 사람의 경우는 너무나 거시적인 사례에 해당하기에 현실 존재라는 원자와 직접적으로 동일시될 순 없다. 그러나 그러한 철수도 생성 소멸의 온갖 **현실 존재[계기]**들로 이루어진 거시적인 구성체─나중에 보겠지만 하나 이상의 복수적인 현실 존재들로 이루어진 구성체를 화이트헤드는 〈결합체〉^{nexus}라고 불렀었다─에 해당한다. 철수의 정체성도 고정불변한 것이 아니라 그 역시 〈과정〉에 놓여 있다는 점은 분명하다. 즉, 삶을 만들어가는 과정 자체가 해당 인물의 정체성을 만들어가고 있음을 의미해준다는 점이다.

따라서 필자가 말하고자 하는 바는, 어떤 사물 A가 존재한다고 했을 경우 그 A가 무엇이냐 혹은 A는 어떤 존재냐 라는 물음은 실상 그 A

가 어떻게 살아왔는지 혹은 A는 어떤 경험을 했는지를 통해 답변될 수 있다는 얘기다. A라는 존재는 결국 A가 경험한 과정들로 구성될 뿐이다. 이 과정 자체가 존재를 말해주는 것이지 어떤 고정불변의 존재가 먼저 있고나서 경험 과정을 갖는 것은 아닌 것이다. 따라서 〈과정〉이란 현실 존재의 본성이지 부차적인 성격의 것이 아니다.

〈관계성〉이 〈성질〉보다 우위를 차지한다!

또한 화이트헤드식의 원자 개념인 현실 존재는 관계성이 성질보다 우위에 놓여 있다는 점에서도 앞서 말한 데모크리토스의 원자 개념과 차이를 갖는다. 알다시피 화이트헤드의 철학은 〈관계론적 패러다임〉에 속한다. 그는 이미 〈사건〉event을 이해할 때도, 각각의 〈관계〉relationship는 그 사건의 본질essence에 들어가는 것으로 봤었고, 그래서 그 관계를 떠난 사건은 그 사건 자체일 수 없다고 봤었다(SMW 125). 앞서 화이트헤드가 〈존재에 대한 생성의 우위〉를 언급한 것처럼 그는 〈관계성〉이 〈성질〉보다 더 우위에 있는 것으로 설정하고 있다. 즉, 존재는 생성으로 구성된다고 봤듯이 화이트헤드는 〈관계성〉을 오히려 〈성질〉보다 더 근본적인 것으로 간주한 것이다.

"이 강의에서는 〈성질〉quality보다 〈관계성〉relatedness이 우위를 차지하고 있다. 모든 관계성은 그 기초를 현실태의 관계성에 두고 있다.

이러한 관계성은 산 자가 죽은 자를 자기화자기化, appropriation하는 것, 다시 말하면 〈객체적 불멸성〉objective immortality과 전적으로 관계된다. 이 불멸성에 의하여, 자기 자신의 살아 있는 직접성을 잃어버린 존재자는 다른 생성의 살아 있는 직접성에 있어서의 실재적인real 구성 요소가 된다."(PR xiii/46, *여기서 밑줄의 <자기화>란, '자기를 구성하는 요소가 된다'는 의미)

앞서 언급한 것처럼 화이트헤드가 구상한 현실 존재는 생성 소멸한다. 이때 현실 존재가 소멸될 때 생성 자체는 마감되는 것이기에 <주체로서의 직접성>은 상실된다. 더 이상 주체로서 작동할 수 없다. 해당 현실 존재는 그 현실성을 잃고 마는 것이다. 하지만 객체적으로는 불멸하며 그것은 다른 생성을 위한 구성 요소가 된다. <객체적>이라 함은 관계 가능한 '대상적인 것'이 된다는 의미다. 적어도 대상적으로는 끊임없이 영향을 끼치는 그 구성 요소로 자리한다는 것이다. 화이트헤드는 이를 <객체적 불멸성>이라고 일컬었다[※주의: '주체적 불멸성'이 아님].

조금 거칠게 비유하자면, 이순신은 죽었으나 그의 일생의 경험들은 완전히 사라지는 것이 아니라 이후의 남은 후속자들에게, 더 나아가 이후의 전체 역사에도 끊임없이 영향을 끼치는 대상적 의미로서 불멸하는 것과도 비슷하다. 물론 한 사람의 <일생>을 한 순간의 <생성>과 동일시할 순 없겠지만 후행하는 우주에 <여건>으로 주어지는 점은 다르지 않다. 현실 존재는 생성을 마감하고 소멸하는 순간 그 자신을 여건으로서 다른 생성 과정에 끊임없이 내어주는 객체(object, 대상)가 되고 있기에 결국 <관계를 맺게 되는 사태>는 사물의 필연적인 성격으로 볼 수 있겠다. 우리는 여기서 경험의 사태가 순간 생성하여 소멸되더라도 이것이 없어지지 않고 <대상화>되면서 다른 주체의 경험들에 대한 실재적인 구성 요소가 되고 있다는 점을 필히 잊지 않기를 당부 드린다. 즉, 모든 현실 존재의 형성에는 이 같은 타자와의 관계들이 필연적으로 내재된다는 것이다. 그리고 이 점에서 화이트헤드는 "실체는 다른 주체에 내재하지 않는다(A substance is not present in a subject)."는 고대 그리스의 형이상학자 아리스토텔레스의 언명을 정면에서 파기한다고 말한다(PR 50/140).

"<있음(존재)>being의 본성에는 모든 <생성>becoming을 위한 가능적인 것potential이 속해 있다는 것. 이것은 <상대성 원리>principle of relativity이다." (PR 22/86)

"보편적인 상대성의 원리는, <실체는 다른 주체에 내재하지 않는다>는 아리스토텔레스의 언명을 정면에서 파기한다. 그와는 반대로 이 원리에 따르면 현실 존재는 다른 현실 존재에 내재한다. 사실 우리가 다양한 정도의 관련성 및 무시할 수 있는 관련성을 참작한다면 모든 현실 존재는 다른 모든 현실 존재에 내재한다고 보아야 한다. <u>유기체 철학은 <다른 존재에 내재한다>는 관념을 명확하게 밝히려는 작업에 주력하고 있다.</u>" (PR 50/140)

나의 철학적 입장을 말씀드리면, '실체는 다른 주체에 내재하지 않는다'고 본 아리스토텔레스의 주장을 정면으로 반대한다고 볼 수 있어요.

화이트헤드는 임의의 한 현실 존재의 구조 속에는 우주의 온갖 사항 item들이 구성 요소로 들어 있는 것으로 본다(PR 148/312). 하나의 생성이 실현되기 위해서는 우주 내의 모든 항목들이 현실 존재의 생성을 위한 재료가 될 수 있으며, 이것은 모든 현실 존재의 생성에서 드러나고 있는 보편적 사태로 간주된다. 물론 여기서 말한 〈상대성 원리〉는 형이상학적 지평에서 언급한 것으로 기본적으로 존재의 본성에는 모든 생성을 위한 가능적인 것이 속해 있다고 본 것이다. 적어도 하나의 현실 존재가 생성되는 과정에는 전체 우주의 항목들의 참여 가능성들이 기본적으로는 상대적으로 자리한다고 봤었다. 그러한 가운데 저마다의 새로움들 역시 창출되고 있다는 것이다.

그렇기 때문에 아무래도 화이트헤드의 현실 존재들은 "복잡하고도 상호 의존적인"(PR 18/78) 그러한 양상을 띠는 점이 있다. 따라서 우리가 흔히 떠올리는 유물론적 원자 개념이나 서구 전통 철학의 실체 개념을 떠올려서도 곤란할 것이다. 오히려 화이트헤드 철학이 그려내고 있는 〈유기(체)적 세계〉는 유기적인 현실 존재의 완전한 상호 의존적 사건 내지 과정의 조직체로 평가되며(PR 역 744), 화이트헤드의 〈주체〉subject 개념은 적어도 '실체는 다른 주체 안에 속하지 않는다'는 아리스토텔레스적 견해와도 다른 방향으로 나아가는 면모를 보여준다. 우주 안에 발현된 경험들은 결코 사라지지 않으며 다른 존재의 경험들에 구성 요소로 자리한다는 사실 때문에 화이트헤드는 〈주체〉를 한편으로 〈초주체〉superject 혹은 〈주체-초주체〉subject-superject라고도 불렀었다(PR 29/97-98). 알다시피 영어의 'super-'는 -위에, -넘는, -초월하는 뜻을 갖고 있는데 여기선 이러한 의미를 담고 있는 '초(超)'라는 간략한 표기로서만 채택했었다. 이것은 전통적인 주체 개념과도 다른 양상으로 적어도 변화하지 않는 불변의 주체 개념에 해당되지 않는다. 화이트헤드 철학에서는 오히려 그런 불변적 주체로서의 개념은 폐기된다.

> "유기체 철학의 형이상학적 학설에 있어 근본적인 점은 변화의 불변적 주체로서의 현실 존재라는 개념이 완전히 폐기된다는 데에 있다. 현실 존재는 경험하고 있는 주체이며 동시에 그 경험의 초주체superject이기도 하다. 그것은 주체-초주체subject-superject이며, 이 두 측면에 대한 서술은 어느 한 순간도 간과될 수 없다. <주체>라는 용어는 현실 존재가 그 자신의 실재적인 내적 구조와 관련하여 고찰되는 경우에 주로 사용된다. 그러나 <주체>는 항상 <주체-초주체>의 생략형으로 해석되어야 한다.
>
> <아무도 같은 강물을 두 번 다시 건너지 못한다>는 고대의 가르침이 확장된다. 어떤 사상가도 두 번 다시 사고하지 않는다. 이를 보다 일반화시켜 말한다면, 어떤 주체도 두 번 다시 경험하지 않는다." (PR 29/97-98)

그것의 <탄생>은 곧 <종결>이듯이 생성·소멸이라는 항상 두 측면이 있는데, 화이트헤드가 보는 <주체> 개념도 그렇다는 것이다. <주체>는 언제나 <주체-초주체>의 생략형으로서 이 두 측면을 항상 갖는다. <주체-초주체>는 어느 한 순간도 따로 떼어낼 수가 없다고 보는 것이다. 이것은 현실 존재를 철저히 생성·소멸의 원자로 본 점에 기인한 것이며, 여기서는 <변화의 불변적 주체>가 결코 나올 수 없다. 오히려 생성의 과정을 관장하는 <주체적 직접성>은 소멸되고 대상적으로만 불멸하는 <객체적 불멸성>이 될 뿐이다. 이처럼 화이트헤드식의 원자 개념은 <변화하지 않는 불변의 주체>라는 원자 개념이 아니다. 화이트헤드는 자신의 철학적 젖줄이 '아무도 같은 강물을 두 번 다시 건널 수 없다'는 고대 철학자 헤라클레이토스의 전통을 따르고 있음을 밝히고 있다. 이 현실 존재의 생성 소멸은 가장 근본적인 존재론적 사태다. 나중에 보겠지만 이 생성 소멸하는 현실 존재들은 그 결합된 성격에 따라 기존 철학의 〈실체〉substance 개념까지도 설명해내기도 한다. 그럼에도 어쨌든 보다 근본적인 수준에서는 현실 존재의 생성 소멸이 가장 근원적인 사태임을 못박고 있는 것이다. 이것은 모든 현실 존재가 갖는 기본적 성격에 속한다. 이로써 화이트헤드식의 원자 개념인 현실 존재는 기존의 데모크리토스의 유물론적인 원자 개념과는 판이한 색조를 띤다고 볼 수 있다. 그야말로 이것은 일종의 〈유기(체)적 원자〉 개념인 셈이다.

유기체 철학의 우주론은 오직 <한 가지 류(類)의 현실 존재들>만 있다!

화이트헤드는 이러한 유기체적 성격의 원자를 〈현실 존재〉 혹은 〈현실 계기〉actual occasion라고 불렀던 것이다. 일단은 두 용어를 같은 결로 봐도 무방하다. 또 한편으로 〈현실태〉actuality라고도 일컫는데, 화이트헤드가 보는 "〈현실태〉는 고질적이라고 할 만큼 원자적"이라고도 말한다 (PR 61/160). 여기서 화이트헤드가 말하는 〈현실 계기〉라는 용어를 살펴볼 때, 이 〈계기〉occasion라는 뜻에는 때, 기회, 경우, 행사, 특별한 사건 등 이러한 의미들을 담고 있는데 이는 시간적인 세계 속에서 매순간마다 '때'를 갖는 〈사건의 발생〉이라는 점을 함의하고 있다. 그리고 이 계기는 〈잇따르는〉successive 성격을 갖는대[참고로 PR국역판에선 "계기(繼起)하는 계기(契機)들"(p.194)이라고 번역된 부분이 있는데 바로 이 점을 표현한 것이다]. 이 생성 소멸하는 과정으로서의 원자 개념은 한편으로 〈과정의 미시적 단위〉라는 의미도 담고 있으며 그로 인해 우리는 〈변화>change라는 것을 경험하게 된다. 다만 화이트헤드 철학에선 <변화>가 곧 <생성>은 아님에 유의할 필요가 있는데, 어디까지나 <생성>이 1차적이고 <변화>는 적어도 <생성>이 잇따르면서 파생되는 2차적 사태에 해당한다. 이는 뒤에서 다시 또 설명할 것이다. 어쨌든 <현실 계기>라는 용어는 '<때>를 갖는다'는 시간적 세계에서의 어떤 발생이라는 의미를 담고 있다. 그리고 이러한 점에서 볼 경우 적어도 **똑같은 <현실 계기>란 결코 가능할 수 없다**는 점 역시 함께 짐작해볼 수 있을 것이다.

[● 미리 일러두기] 여기서 화이트헤드가 말하는 <u><현실 존재></u>와 <u><현실 계기></u>는 단 한 가지 차이점만을 제외하고는 교체 가능한 개념에 해당한다. 나중에 보겠지만, 화이트헤드에게서 신God은 현실 존재이지만 시간성을 갖지 않는다는 점에서 <비시간적인non-temporal 현실 존재>로 간주되기에 시공간적 위치를 함의하고 있는 현실 계기라는 말은 적용되지 않는다(PR 32/105, 46/131, 88/207). 그렇기에 바로 이 점만 제외하면 <현실 계기>와 <현실 존재>는 거의 같은 개념이기에 현재로선 <현실 존재>와 <현실 계기>를 함께 혼용해서 쓰더라도 무방할 것으로 본다.

화이트헤드는 현실 존재[계기]를 세계를 구성하는 궁극적인 현실적 사물로 보고 있지만, 앞서 언급한 바 있듯이 이러한 현실 존재들 간에도 서로 차이들이 있다고 말한다. 하지만 아득히 먼 공간의 하찮은 우주 먼지에서부터 지구의 인간 생명까지 그리고 심지어 신God까지도 모두 한 가지 유형의 <현실 존재>만이 있을 뿐이라고도 말한다.

"궁극적 사실은 이들이 하나같이 모두 현실 존재라는 것이다."

(PR 18/78).

"오직 한 가지 류類, genus의 현실 존재들이 있을 뿐이라는 가정은 유기체 철학이 따르려는 우주론의 이상에 속한다." (PR 110/245)

따라서 진화하는 현실 세계의 우주에는 오직 "한 가지 유형의 현실 존재들(one type of actual entities)"만 있을 뿐이며(PR 19/80), 현실 세계의 모든 것은 이로부터 형성된 합종연횡의 사건들에 해당한다고 볼 수 있다. 아득히 먼 우주의 하찮은 한 가닥 현존에서부터 무기물, 유기물, 식물, 동물, 인간은 물론이고 심지어 신^{God}까지도 일단은 모두 〈현실 존재〉라는 것이다. 이처럼 화이트헤드의 형이상학은 현실적인 존재에 있어서는 오직 한 가지 류(類)의 현실 존재들만을 상정하고 있다. 물론 현실 존재들 간에도 중요성과 기능에 따라 등급의 차이는 있다. 하지만 다른 류(類)적인 차이는 없다는 것이다. 여기서 화이트헤드가 말한 〈현실 세계〉$^{actual\ world}$라는 표현은 항상 이러한 〈현실 존재들의 공동체〉를 의미한다. 여기에는 신^{God}도 포함된다. 화이트헤드가 말한 신 개념은 전통적인 신 개념이 아니어서 어차피 뒤에서 따로 언급할 것이다.

"현실 세계는 언제나 모든 현실 존재의 공동체를, 즉 '신^{God}'으로 불리는 원초적인 현실 존재와 시간적인 현실 존재를 다같이 포함하는 공동체를 의미하는 것이어야 한다." (PR 65/167)

현실 세계 = 시간적인 현실 존재들 + 비시간적인 현실 존재
  (= 현실 계기들을 말함)   (= 신God을 말함)

현실 세계는 현실 존재들의 공동체이면서 현실 존재들로 이루어진 하나의 〈결합체〉nexus로도 간주된다(PR 28/96). 이처럼 화이트헤드가 말하는 현실 세계는 현실 존재들의 세계인 것이다. 따라서 화이트헤드 철학에선 아득히 먼 공간의 하찮게 보일 수 있는 우주 먼지에서부터 각종 무기물들, 단세포, 식물, 동물 그리고 현재의 인간과 심지어 신 존재까지도 이들은 모두 하나같이 같은 원리의 지배를 받는다. 현실 세계의 모든 사건들은 현실 존재[계기]의 생성 소멸이 연출하고 있는 진화적 사건에 해당한다. 그리고 화이트헤드는 이러한 현실 존재[계기]라는 철학적 원자 개념을 통해 무기물의 작용과 세포를 갖는 생물체의 작용 그리고 보다 진화된 고등 동물에서 보여지는 의식consciousness 현상도 포함해서 모두 이 현실 존재[계기]를 통해 기술하는 시도를 보여주고 있다. 즉, 화이트헤드는 정합성과 논리의 요건에 따르는 상상력의 비행을 통해 궁극적 실재로서 자리할 만한 그 어떤 〈형이상학적 원자론〉을 우리에게 제안해보이고 있는 것이다. 적어도 화이트헤드가 보는 "궁극적인 형이상학적 진리는 원자론"이다(PR 35/111).

이 점에서 현실 존재[계기]는 화이트헤드가 말하는 〈진정한 사물〉res vera라고도 볼 수 있다. 이 〈진정한 사물〉res vera라는 건 라틴어 표현인데, 여기서 'res'가 사물에 해당하고 'vera'가 '진정한' 혹은 '진실된'이라는 뜻을 갖고 있다. 한때 광고에도 나왔던 '알로에 베라(aloe vera 진짜 알로에)'라는 이름을 상기해봐도 좋을 것이다. 화이트헤드가 제안하고 있는 이 〈진정한 사물〉은 그 자체로 경험의 행위자이기도 하다. 화이트헤드에게서 "현실 존재 하나하나는 그 여건data에서 생겨나는 경험의 행위로 간주된다."(PR 40/120). 그렇기 때문에 화이트헤드는 다른 곳에선 이와 비슷한 용어인 〈경험의 계기〉occasion of experience라는 표현을 종종 쓰기도 했었다(MT 121, 151, 163). 이렇게 보면 화이트헤드 철학에선 경험이 곧 진짜[진정한] 사물로서의 존재인 셈이다.

"그리고 이 현실 존재들은 복잡하고도 상호 의존적인 <경험의 방울들>drops of experience이다." (PR 18/78)

그런데 여기서도 이와 같은 것으로 취급되는 용어가 한 가지 더 있는데, 바로 <획기적(劃期的) 계기>epochal occasion가 그것이다. 화이트헤드는 "현실 세계를 획기적 계기들의 공동체"라고도 했었다(RM 91). 그렇기 때문에 화이트헤드 철학에서 **현실 존재, 현실태, 현실 계기, 경험의 계기, 진정한 사물, 획기적 계기** 등 모두 비슷한 용어들로 봐도 무방할 것 같다. 그렇다면 이 <획기적 계기>라는 것은 또 어떤 의미를 담고 있는가?

● 화이트헤드가 말한 <진정한 사물>res vera의 명칭들
- 현실 존재 / 현실 계기 / 현실태 / 경험의 계기 / 획기적 계기
(※ 미세한 차이는 있더라도 모두 유사한 개념들로 통용되곤 한다.)

하나의 원자적 생성은 <전체가 일거에 발생>하는 획기적 사건

필자는 앞서 화이트헤드가 말하는 현실 존재란 매순간마다 생성·소멸한다고 표현했었다. 그런데 이것은 현대 물리학의 관측 한계까지도 넘어서 부득이 상상적으로만 유추할 수밖에 없는, 극도로 아주 짧은 순간의 단위까지 나아가야 한다. 우선 화이트헤드가 말하는 생성 소멸로

서의 원자적인 현실 존재는, 더 이상 분할할 수 없는 원자적 존재라는 점에서 총체적으로 〈일거에〉$^{all\ at\ once}$ 생성되는 그러한 것에 해당한다. 화이트헤드는 PR에서 윌리엄 제임스$^{William\ James}$의 다음 글을 소개하면서 자신의 사상이 그의 영향으로부터 빚진 것임을 밝히고 있다.

"우리의 경험은 내용도 변화도 없는 것이든가, 아니면 지각될 수 있는 양의 내용이나 변화를 지니고 있는 것이든가 둘 중의 하나이다. 실재에 관한 우리의 인식은 문자 그대로 지각의 싹이나 지각의 방울$^{drops\ of\ perception}$과 같은 것들에 의해서 확대된다. 지성적으로는 그리고 반성하는 견지에서 보면 이러한 싹이나 방울이 여러 구성 요소로 분할될 수 있지만, 직접 주어진 것으로 놓고 볼 때는, 하나의 전체로서 생기든가 아니면 전혀 생기지 않든가 그 어느 한쪽이다." (PR 68/172에 인용된 철학자 윌리엄 제임스의 글)

앞서 말했듯이, 현실 존재보다 보다 더 실재적인 어떤 것을 발견하기 위해 현실 존재의 배후로 나아갈 수 없다.(PR 18/78). 이것은 하나의 원자 전체가 한꺼번에 생성하든지 아니면 아예 생성이 없든지 둘 중 하나라는 것이다. 이 원자적인 현실 존재보다 더 분할할 수 있는 궁극적인 원자 개념은 상정되고 있지 않다. 만일 계속적인 분할이 가능하다고 할 경우엔 이는 〈무한 분할〉을 상정하는 셈이 되고 마는데, 이는 〈제논의 역설〉$^{Zenon's\ paradox}$이 갖는 함정에 빠질 뿐이다. 하지만 화이트헤드의 입장은 원자의 생성이 무한 분할이 가능하다고 보는 〈제논의 역설〉이 갖는 난점을 피해간다.

화이트헤드의 제논 비판, "무한 분할이 가능하다고 볼 만한 근거는 없다"

알다시피 〈제논의 역설〉이란 예컨대, '발이 빠른 아킬레스는 발이 느린 거북이를 결코 따라잡을 수 없다'고 주장하는 바로 그 역설이다. 왜냐하면 아킬레스가 1초에 1미터를 간다고 했을 때 앞서 출발한 거북이는 여전히 0.1미터 앞서 있기 때문이다. 그리고 거북이를 따라잡아야 하는 아킬레스는 거북이가 갔던 0.1미터를 가면 거북이도 그동안 0.01미터를 앞서 있을 것이다. 이런 식으로 아킬레스는 아주 미세한 거리만큼 뒤처지게 되며 아무리 가까워져도 거북이를 따라잡는 건 불가능하다는 식의 논박이다. 즉, 시간과 거리를 무한히 분할할 수 있다고 할 경우 아킬레스는 거북이를 결코 따라잡을 수 없다고 보는 〈제논의 역설〉이 갖는 난점이 있을 수 있다. 하지만 여기서 화이트헤드가 볼 때, 제논은 부당하게도 무한 분할이 가능한 것으로 이미 간주하고 있는데 그런 식으로 상정할 필연적인 근거나 이유는 없다고 말한다.

"제논은 부당하게도 이 생성 활동의 무한 계열이 끝맺음될 수 없다고 상정하였다. 그러나 최초의 활동을 수반한 생성 활동의 무한 계열이, 또 직접 뒤따르는 것을 수반한 각 활동이 생성의 과정에서 완전히 끝맺음될 수 없다고 상정할 필요는 없다. 간단한 산술은 지금 지적한 계열이 1초 동안에 완전히 끝맺음된다는 것을 분명하게 보여준다. 여기서 그 계열 전체의 바깥에 있는 새로운 생성 활동이 개입해 올 수 있는 통로가 열린다. 따라서 이 제논의 역설은 수학적 오류에 기인하고 있는 것이다." (PR 69/173-174)

제5장 화이트헤드 철학의 핵심 개념, <현실 존재> 이해하기

사실상 <제논의 역설>이 갖는 오류는, 실질적인 경험적 차원 뿐만 아니라 오늘날 중고등학교 수학 시간에 배운 <무한등비급수>를 통해서도 반박될 수 있는 그러한 수학적 오류라는 점이 있다. 적어도 0보다 큰 유한 값으로 무한히 더한다고 했을 경우에도 그 값은 무한이 아니라 유한이 되기 때문에 화이트헤드가 언급한 것처럼 1로도 얼마든지 수렴되는 것이다. 따라서 생성의 과정이 무한 분할될 수 있다고 볼만할 필연적 이유는 없다. 화이트헤드는 제논의 이 같은 역설을 피해 하나의 **현실 존재[계기]**는 더 이상 분할이 불가능할 뿐더러 총체적으로 일거에 all at once 생성하는 <획기적 계기>epochal occasion 로서 설정해놓은 것이다.

<에포크>epoch라는 용어의 의미

바로 이 점에서 화이트헤드는 <에포크>epoch라는 개념을 도입하고 있다. <에포크>란 그리스어 $\varepsilon\pi o\chi\eta$에서 파생된 말로 본래 <중지> 혹은 <정지>를 뜻하면서도 특수한 사건에 의해 표시되는 시간의 조각, 즉 <획기성>, <신기원>이란 뜻도 함께 지닌다(SMW 127-128/214-215). 그리고 이것은 <주기>period라는 확대된 의미도 갖고 있는데 물리학적 의미의 '진동 주기' 역시 내포하고 있다.[70)] 그런데 화이트헤드의 <현실 존재> 자체는 운동하지 않는다(PR 73/181). 바로 그 점에선 <중지> 혹은 <정지>의 의미도 있겠으나 이것이 우주의 정태적 성격을 드러내고 있진 않다. 왜냐하면 현실 존재[계기] 자체는 <생성becoming의 과정>에 있기 때문이다. 바로 이 같은 <생성의 과정>을 화이트헤드는 다른 말로 <합생>(合生, concrescence)이라고 불렀으며 그 뜻은 <함께 자라다>라는 의미를 지니기에 <정태적 의미>의 개념만으로도 볼 수 없다(* 합생 개념에 대해선 뒤에서 다시 소개할 것이다). 적어도 화이트헤드에 따르면, 우리의 우주는 <'획기적 생성'이라는 과정들>로 이루어진 우주인 셈이다.

결국 이 〈에포크〉^{epoch}에는 〈일거에 생성하는 새로움〉으로서의 〈획기성〉劃期性과 〈주기〉의 의미가 함께 내포된 것으로 볼 수 있다. 화이트헤드가 내다본 현실 존재라는 원자의 생성은 〈전체가 온전히 생성〉하는 사건이며 그것은 이전에 없는 〈새로움〉^{novelty}의 발생이라는 획기적인 신기원이면서 궁극적인 단위로서의 주기를 갖는 그러한 성격의 것이라 하겠다. 따라서 만약에 이 주기에 속한 어느 한 부분이라도 깨어진다면 현실 존재[계기]의 생성 자체도 없다. 현실 존재[계기]의 생성은 〈일거에〉 생성되어야 한다고 보는 것이다. 즉, 화이트헤드가 말하는 현실 존재[계기]라는 원자의 생성은 그 어떤 원자의 전반부가 먼저 창출되고 원자의 후반부가 출현하는 식의 생성이 아닌 것이다. 이는 "하나의 전체로서 생기든가 아니면 전혀 생기지 않든가 그 어느 한쪽이다"라고 말한 윌리엄 제임스의 앞선 통찰과도 연관된 그러한 의미의 생성이다(PR 68/172). 화이트헤드는 〈하나의 전체로서 발생한다〉는 점을 〈획기성〉으로도 표현한 것이다. 이것이 곧 그가 말한 현실 존재[계기]라는 원자의 생성 사건이며 궁극적 사물로서의 실재인 것이다.

제논의 역설을 따르지 않아도 되듯이, 생성의 원자가 무한히 분할될 수 있다고 볼만한 이유 역시 없는 거였네!

그래서 현실 존재의 생성을 결국 전체가 일거에 출현하는 획기적 생성으로 설정했었군!

화이트헤드가 말하는 〈획기〉^{epoch}라는 용어를 우리가 괜히 어렵게만 생각할 필요도 없는 것이, 흔히 일상에서 "획기적인 전환" 혹은 "획기적인 성과" 등 이러한 표현을 쓰곤 하는데 바로 이 같은 의미를 떠올려도 좋을 것이다. 짐작하는 것처럼 〈획기적〉이라는 이 표현의 함축에는 이전에 없던 〈새로움^{novelty}의 발생〉이라는 의미도 함께 담고 있다. 화이트헤드가 말하는 원자의 생성은 결코 예전과 똑같은 동일한 원자의 반복적인 생성이 아니다. 화이트헤드가 말하는 〈생성〉은 새로움을 향한 창조적 전진이다(PR 28/96). 또한 그 점에서 화이트헤드는 "모든 사물은 흐른다(all things flow)"고 주장했던 저 유명한 고대 철학자 헤라클레이토스의 격언을 따른다고 볼 수 있겠다(PR 208/419-420).

시공간의 발생보다 우선하는 현실 존재[계기]의 획기적 생성

이때 궁극적인 실재로서의 생성 사건은 심지어 시간과 공간의 발생보다도 훨씬 더 근원적인 존재론적 사건에 해당한다. 쉽게 말해서 시간과 공간의 발생도 현실 존재의 생성보다 더 우선하지 않는다는 얘기다. 즉, 〈현실 존재〉의 생성 과정이 존재론적으로 먼저 우선하는 것이며 그럼으로써 이 우주의 시간과 공간의 발생도 있게 된다는 것이다. 달리 말하면, 생성 · 소멸하는 현실 존재[계기]들의 잇따름^{succession}으로 인해 〈시간화〉^{temporalization}와 〈공간화〉^{spatialization}가 있게 된다고 볼 수 있다. 화이트헤드는 시간과 공간에 관련한 〈원자화〉에 대해서 다음과 같이 얘기한다.

> "시간과 관련시켜 말한다면, 이 원자화^{atomization}는 〈시간의 획기성 이론〉$^{epochal\ theory\ of\ time}$이라는 특수한 형태를 취한다."

공간과 관련시켜 말하자면, 이 원자화^{atomization}는 시간적 세계의 모든 현실 존재가 그 전망적 입각점$^{perspective\ standpoint}$을 위한 <공간적 체적>$^{spatial\ volume}$을 갖는 것으로 보아야 한다는 의미를 지닌다." (PR 68/171-172)

이처럼 <원자화>에 의해 <시간화>와 <공간화>가 마련된다고 본 것이다. 따라서 생성된 하나의 현실 계기는 더 이상 분할할 수 없는 하나의 시공간적 두께^{thickness}와 폭^{spread}을 갖는 셈이며, 이 같은 현실 계기들의 잇따름^{succession}으로 인해 <시간화>와 <공간화>에 대한 경험이 가능한 것이라고 볼 수 있겠다.

> ☞ 현실 존재[계기]의 생성 소멸은
> 시간과 공간의 발생 변화보다 존재론적으로 우선하며
> 가장 궁극적인 실재적 사물로서의 기본 사태다!

여기서 우리는 흔히 어떤 사물의 위치를 시간과 공간을 배경으로 어떤 시점과 장소에 놓여진 것으로 착각하기 쉬운데, 놀랍게도 화이트헤드는 궁극적인 실재의 관점에서 보면 결코 그렇지 않다고 말하고 있는 것이다. 알다시피 뉴턴의 고전 물리학에서도 어떤 특정의 시간과 장소에 특정한 사물이 놓여 있는 것으로 보았고, 사물의 배경이 되는 시간과 공간은 어떤 사물에 대해서도 불변하는 균등한 배경으로 설정되어 있다. 물론 우리의 의식적인 일상적 감각에서도 보면 흔히 그렇게 간주하며 살아가고 있기도 하다. 하지만 화이트헤드가 볼 때 근원적인 실재의 양상에서 본다면 결코 그렇지 않다는 것이다. 현실적인 사물들은 단순히 그 어떤 시공간의 좌표를 배경으로 해서 놓여 있는 게 아니다. 만일 사물이 시공간을 배경으로 단순히 자리해 있는 것으로 본다면 이는 화이트헤드가 말한 〈단순 위치의 오류〉fallacy of simple location에 해당된다. 이 오류는, 말 그대로 사물이 시공간 속에 〈단순히 위치를 점거하고 있다〉는 뜻이다(SMW 50/92). 하지만 화이트헤드는 현실 존재[계기]의 생성이 시간과 공간의 발생보다도 존재론적으로 더 우선할뿐더러 그 〈원자화〉로 인해 〈시간화〉와 〈공간화〉가 일어나는 것으로 보았다. 따라서 시간화와 공간화의 경험들은 현실 존재[계기]의 생성에 있어서는 부차적이고 파생적인 것으로 볼 수 있다.

● **단순 위치의 오류**
 - 사물이 시공간이라는 배경 속에 단순 위치한다고 보는 오류, 뉴턴 물리학의 우주론이 갖는 사물 이해에서 엿볼 수 있음

이때 생성된 하나의 계기는 이전에 없던 새로움으로서의 하나 곧 일자$^{-\frac{a}{4}, one}$에 해당한다. 다자$^{多者, many}$는 일자^{one}가 되며 그래서 다자^{many}는 하나씩 증가된다(PR 21/84). 그리고 증가되는 만큼 우리의 우주는 계속적으로 팽창하고 있다는 것이다. 화이트헤드는 "현실적인 것들과 관련한 〈우주의 팽창〉$^{the\ expansion\ of\ the\ universe}$이 〈과정〉^{process}의 일차적인 의미가 된다."(PR 215/431)고 봤었다.

여기서 생성의 현실 존재[계기]를 A라고 했을 때, 이들 모두가 한 가지 류(類)의 현실 존재이긴 하지만 A1, A2, A3, A4, A5 … 등 모든 **현실 존재[계기]**들은 저마다 결코 똑같지 않으며 차이를 갖는다. 결국 일종의 〈차이화〉^{differentiations}가 있게 되는 것이다. 변화와 결부된 시간 경험도 결국은 〈차이화〉에서 비롯되는 경험일 뿐이다. 그렇기에 진화하는 과정상의 이 우주는 그때까지의 과거세계에 기반하면서도 이전에 없던

새로움을 끊임없이 창출한다고 볼 수 있겠고, 우리의 우주는 그에 따라 계속 팽창하고 있다고 볼 수 있겠다. 따라서 우리는 언제나 이전에 없던 새로운 우주를 매순간 경험하는 가운데 있는 것이다. 한 가지 오해해선 안 될 지점은, 현실 존재는 생성하지만 소멸도 하기 때문에 공간은 또 줄어드는 게 아니냐고 혹시 생각할 지도 모르겠다. 그러나 앞서 말했듯이 소멸되는 것은 순간의 주체적 직접성 밖에 없으며 완전히 없어진다기보다 오히려 대상적으로는 불멸로 자리한다. 즉, 그것은 없어지지 않고 후속하는 우주에게 끊임없이 재료가 되고 있는 것이다. 이는 일종의 가능성들의 증대로서 적어도 후속하는 현실 존재의 생성에 대해서는 〈여건〉^{data}으로 다시 자리하기 때문에 그로부터 가능한 생성의 가짓수들은 훨씬 더 팽창적으로 증대된다는 사실이다. 이를 쉽게 떠올리고자 한다면 오늘날 〈정보량의 누적적 증대〉를 떠올려 봄직하다. 화이트헤드가 말한 〈현실 존재〉$^{actual\ entity}$는 그 어떤 정보를 갖는 일종의 엔티티^{entity}에 해당한다. 또한 이 정보적 존재로서의 〈엔티티〉는 계속적으로 데이터화[여건화]되는 것이기도 하다. 따라서 〈현실 존재〉를 떠나서 공간이라는 것이 따로 있는 게 아니며 그것은 한편으로 정보의 장(場)으로도 볼 수 있겠고, 시간이라는 것도 실현되는 정보들 간의 차이화의 경험으로 인해 빚어진다고도 볼 수 있다. 그 점에서 우주 팽창 및 진화의 성격은 전반적으로 볼 때 〈복잡 다양성의 증대〉인 것이며, 진화하는 이 우주는 매순간 새로움의 시공간을 창출시킨다는 점에서 〈창발하는 우주〉이기도 한 것이다. 그런데 화이트헤드가 주장하는 이 **현실 존재[계기]**의 생성은 시공간의 발생보다 존재론적으로 우선한다는 점에서 현재의 관측기술로는 불가능한 극대 세계뿐만 아니라 극미 세계의 미시 규모^{scale}에까지 관여되고 있는, 궁극적 실재로서의 단위 사건이다.

흥미로운 사례로 오늘날 현대 물리학의 경우 〈플랑크 규모〉$^{Plank\ scale}$

제5장 화이트헤드 철학의 핵심 개념, 〈현실 존재〉 이해하기

에까지 이르는 〈양자-중력〉quantum-gravity의 세계에서는 시공간의 붕괴 가능성을 언급하고 있는 실정이다[미시 스케일 그림 참조].71)

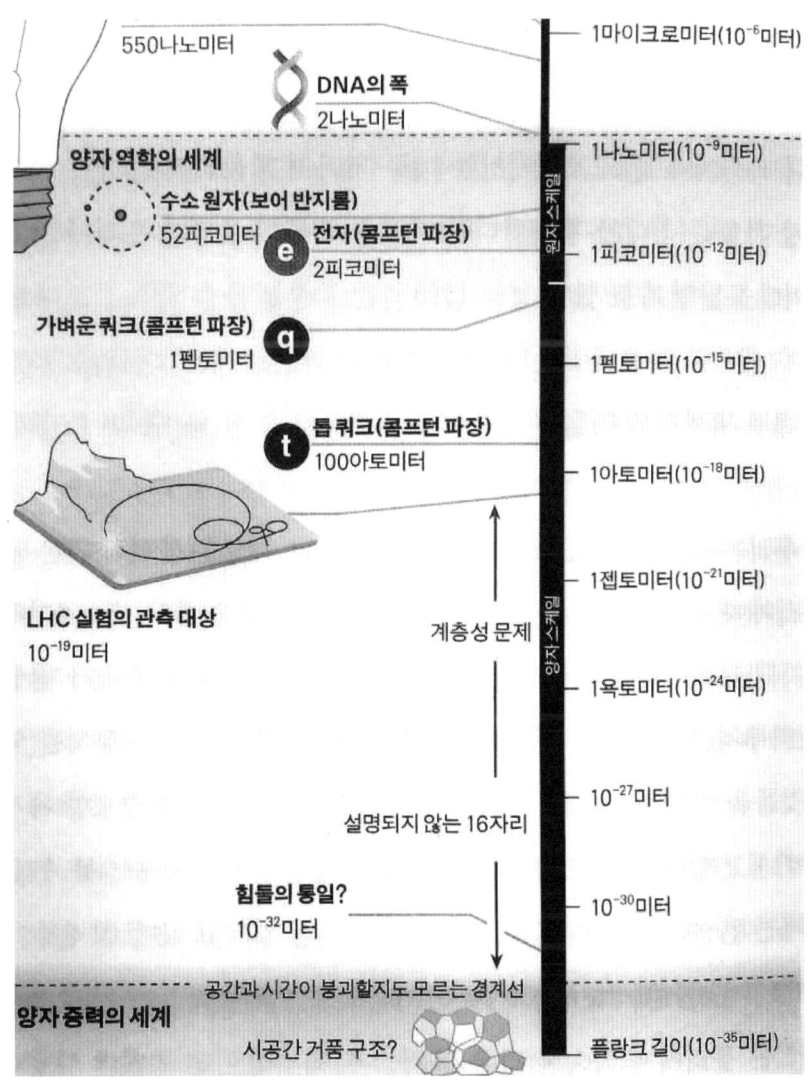

▲ 현대 물리학의 양자중력 세계에선 시공간이 붕괴될 수 있다고 말한다.

만일 플랑크 규모의 수준에서 바라본다면 이 세계는 어떻게 보일까?

    오늘날 현대 물리과학에서도 관측 한계를 넘어서는 매우 극미한 〈플랑크 규모〉$^{Plank\ scale}$로 내려가면 우리가 생각하는 매끄러운 시공간 세계도 붕괴될 수 있다고 말한다. 일반적으로 플랑크 길이는 10^{-35}미터라고 하며, 플랑크 시간은 대략 10^{-43}초라고 하는데 참으로 상상하기 어려운 세계가 아닐 수 없다.[72] 이러한 플랑크 길이에서의 시공간은 거품^{foam} 구조 형태를 이루어서 무수히 생성되고 소멸하며 시공간의 기하학적 양태의 요동을 제공하는 것으로 언급되고 있다.

    현대 물리학에서 말하는 〈양자 중력 이론〉은 중력을 설명하는 상대성 이론과 그리고 양자 사건을 설명하는 양자물리학을 온전히 통일하려는 과학자들의 필사적인 연구 작업을 말하며, 이는 과학 진영 안에서 거의 만물의 이론 또는 궁극의 이론으로 탐구되고 있다. 오늘날 이 〈양자 중력 이론〉의 대표적인 후보로는 〈초끈 이론〉$^{theory\ of\ super\text{-}string}$과 〈고리^{loop} 양자 중력 이론〉이 주로 알려져 있으며, 이러한 〈양자 중력 세계〉에 이르면 과학자들 역시 이를 설명하는 기술적 어려움에도 봉착하곤 한다. 여기서 필자는 현대 물리학의 난제 중 하나인 양자 중력 이론이라는 복잡한 과학 얘길 꺼내고자 언급한 것이 아니며, 단지 플랑크 규모와 같은 미소 규모에서의 시공간이라는 것이 우리가 일반적으로 인식하는 매끄러운 시공간의 개념이 아니라는 점을 과학 이론을 통한 하나의 예시로서 언급하고자 함에 있을 뿐이다. 이는 화이트헤드 철학의 원자적 실재론 이해를 위한 하나의 방편적 시도로도 볼 수 있다. 그 점에서 필자는 우주 내의 모든 사물 및 사건들을 극미한 플랑크 규모에까지 이르는 상상적 시선으로도 한 번 들여다보는 것은 어떨까 싶은 것이다. 물론 이는 관찰의 한계상 상상적일 수밖에 없겠고, 또한 앞서 말한 현실 존재[계기]의 생성 과정이 〈전체에 대한 개체화 과정〉이라는

제5장 화이트헤드 철학의 핵심 개념, 〈현실 존재〉 이해하기

점을 고려한다면 극대와 극미 역시 함께 들여다봐야 할 테지만 여기선 이해의 편의를 위해 제안해본 것임을 말씀드린다. 우리는 일상적 언어 사용에선 다음의 선분을 전혀 끊어짐이 없는 직선으로 간주한다. 그리고 이것은 틀림없는 사실fact로 우리 안에 수용되고 있다. 과연 그럴까?

▬▬▬▬▬▬▬▬▬▬▬▬▬▬▬▬

"이 선분은 과연 끊어짐이 없는 직선인가?"

그러나 이 직선을 플랑크 규모의 수준에서 바라본다면 어떻게 평가될 수 있을까? 이것은 전혀 끊어짐이 없는 직선인가? 그렇진 않을 것이다. 그렇다면 결국 우리가 일상에서 〈사실〉fact이라고 간주하는 많은 것들은 사실 자체라기보다는 어쩌면 인간의 편의적인 인식과 인지적 관점에 거의 맞춰져 있다고 볼 수 있겠다. 산에 있는 저 바위는 어떤가? "아무 꿈쩍도 하지 않는 바위"라는 건 〈사실〉에 속하는가? 물론 우리는 일상에서 "꿈적도 하지 않는 바위"라는 표현을 별 문제 없이 쓰고 있으며, 이를 〈사실〉로서 채택한다. 하지만 플랑크 규모의 세계에서 이 바위는 엄청나게 요동하며 들끓고 있는 세계에 해당할 것이다. 이처럼 인간 중심의 관점이 아닌 플랑크 규모의 레벨에서 이 세계를 다시 이해해본다면 우리의 일상 언어와 명제들은 전혀 달리 이해되는 점도 있게 된다. 끊어짐이 없는 직선이 사실 자체는 아닌 것이며, 저 바위 역시 아무런 미동도 꿈쩍도 하지 않는 그런 사물이 아니라 오히려 진동하는 계system에 해당할 것이다. 이미 현대 물리학에서도 이 우주는 〈진동하는 사물들의 세계〉로 이해되고 있다. 화이트헤드의 형이상학은 바로 이와 같은 현대적 관점에도 부합된다. 여기서 말하는 현대의 관점이란, 물질을 유동하는 에너지로 보는 관점으로 즉, 에너지energy,

활동^{activity}, 시공간에 대한 〈진동적 차이화〉$^{vibratory\ differentiations}$로 표현되며, 그 점에서 그 어떤 국소적인 동요라도 그것은 우주 전제를 뒤흔든다고 화이트헤드는 명시적으로 언급하고 있다(MT 138).

생성 소멸하는 원자들이 잇따르면서 결국 시간화와 공간화가 형성되는 것으로 본 점은 매우 놀라운 걸!

시간과 공간을 사물과 무관하게 자리잡은 독립된 배경으로 보질 않는 셈이지!

〈생성〉과 〈변화〉를 구분하기 - 〈생성〉이 〈변화〉보다 더 근본적!

여기서 우리가 더 주의해서 고찰할 점이 있다. 현실 존재[계기]가 〈변화〉^{change}와 〈운동〉^{motion}을 한다는 얘기는 맞질 않는다는 점이다. 화이트헤드의 〈현실 존재〉는 변화하지도 운동하지도 않는다. 그렇다고 현실 존재가 〈불변〉^{unchange}한다고 보는 것도 잘못된 시각이다. 이 현실 존재는 〈변화〉와 〈불변〉이라는 그러한 도식에 집어넣을 수 없다. 단지 과정으로서의 생성^{becoming}이 있을 뿐이며, 그것으로서 존재할 따름이다.

"현실 존재는 소멸하지만 변화하지 않는다. 그것들은 그것들일 뿐이다(they are what they are)." (PR 35/110)

"현실 존재는 결코 운동하지 않는다. 그것은 있는 곳에 있으며

제5장 화이트헤드 철학의 핵심 개념, 〈현실 존재〉 이해하기

where it is 지금의 그것일 *what it is* 뿐이다."(PR 73/181)

간혹 세간에는 화이트헤드의 현실 존재[계기] 개념을 동양철학의 기(氣) 개념과 유사하다고 보는 경우도 있긴 한데 이런 점에서 보면 화이트헤드 철학에 대한 정확한 이해는 아닌 것 같다. 적어도 동양 형이상학의 기(氣) 개념이 흩어지고 모이는 취산(聚散) 운동을 하는 거라면, 화이트헤드가 말한 진정한 사물로서의 〈현실 존재〉 개념과는 차이가 있다. 현실 존재[계기]는 동양철학의 기(氣)와 달리 흩어지거나 모이거나 하지 않는다. 화이트헤드의 원자 개념인 현실 존재[계기] 자체는 결코 운동하지 않으며, 그저 생성 소멸할 뿐이다. 그가 주장하듯이 "그것의 탄생은 곧 그것의 종결이다"(PR 80/193). 따라서 화이트헤드 철학에선 〈생성〉이 〈변화〉보다 훨씬 더 근본적이다[※ 물론 이때 화이트헤드가 말하는 〈생성〉 개념은 뒤에서 언급하게 될 〈합생〉合生, concrescence을 의미한다. 엄밀히 말해 화이트헤드의 〈합생〉 개념은 기존의 〈변화〉와 〈불변〉이라는 도식 자체에 넣을 수 없는 새로운 생성 개념이다. 필자가 아직 과문해서인지 생성과 변화를 구분하여 생성이 변화보다 더 근본적이라는 점을 표명한 철학이 있었는지는 아직 잘 알지 못한다. 어쩌면 동양철학의 역(易) 개념도 〈변화〉change를 뜻하는 것에 불과하다면 이 역시 화이트헤드의 도식에선 파생적 의미가 될 듯싶다. 이 점에선 화이트헤드의 현실 존재[계기]의 생성은 〈변화〉와 〈불변〉이라는 이분법적 도식의 범주에 넣을 수 없는 새로운 생성—정확히는 합생—으로 보기 때문에 여전히 주목할 만한 것이라고 생각된다].

게다가 화이트헤드의 원자적 〈생성〉 개념은 〈운동〉과 〈정지〉라는 도식에도 넣을 수 없다. 이 현실 존재[계기]의 생성 소멸 작용을 생각해 본다면 이것은 일종의 깜빡깜빡 같은 점멸을 연상케 하는 점이 있다.

그렇다면 〈운동〉motion은 어떻게 가능한가? 〈움직임〉이라는 운동은 바로 깜빡깜빡하는 점멸하는 순간들의 잇따르는 〈차이화〉로 인한 것이다. 다소 비유적인 예를 들어볼 경우, 이는 마치 모니터의 픽셀pixel에 비유될 수 있겠는데, 우리가 보는 모니터 상에는 움직임이 그려지고 있지만 실제로는 픽셀 하나하나의 깜빡임들에서 파생된 〈순간들의 위치(장소) 차이〉를 우리는 〈운동〉으로 받아들인다는 점이다. 물론 〈차이화〉는 앞서 말한 〈원자화〉와 결부되어 있다. 바로 이 〈원자화〉로 인해 〈시간화〉와 〈공간화〉가 있게 된다는 것이다. 〈변화〉change라는 사건은 바로 이 〈시간화〉와 〈공간화〉라는 계열에서의 〈차이화〉를 지칭한 표현이다.

우주 안에 일어나는 이 〈변화〉에 있어 〈운동〉의 경우는 근본적으로 〈공간화〉와 관련되어 있다. 화이트헤드는 "물체의 정지와 운동은 현실 존재들의 〈공간화〉에 기초를 둔 것"이라고 말한다(PR 321/614). 따라서 〈운동〉은 〈장소의 변화〉local change와 관련되는데(PR 73/181), 이 역시 화이트헤드가 주장한 〈변화〉change라는 개념의 근본적 의미에 따른 것이다.

"〈변화〉라는 개념의 근본적인 의미는 〈결정된 어떤 사건 속에 포함되어 있는 현실 계기들 사이의 차이〉이다." (PR 73/182)

"가장 일반적 의미에서의 변화는 〈한 사건 내의 현실 계기들 간의 차이〉를 말한다." (PR 80/194)

따라서 화이트헤드의 철학에서 〈변화〉를 말하려면 적어도 하나의 현실 존재[계기]로선 그 의미를 결코 확보할 수 없음을 밝히고 있는 셈이다. 〈변화〉는 〈시간〉과도 결부되어 있는 개념이다(PR 136/292). 그 점에서 차이를 갖는 현실 계기들의 일련의 잇따름^{succession}이 있어야만 비로소 '변화한다'라고 말할 수 있는 것이다. 그러므로 화이트헤드에게서는 생성이 훨씬 더 근본적이며, 생성 소멸의 계기들이 일련으로 일어날 때 우리는 바로 그 〈차이화〉를 통해 〈변화〉라는 개념을 마련해 볼 수 있게 된다. 결국 〈변화〉라는 것은, 적어도 둘 이상의 현실 계기들이 잇따르는 사건이 있어야만 성립되는 개념인 것이다. 이는 〈장소적 변화〉$^{\text{local change}}$의 역사를 갖는 〈운동〉하는 물체에 경우 이를 테면 분자^{molecule}에서도 이것은 결코 하나의 〈현실 계기〉를 지칭한 것이 아니라고 한 점에서도 엿볼 수 있다(PR 73/181). 화이트헤드는 자신의 "유기체 이론은 운동이 현실 계기에 귀속될 수 없다"(PR 77/187)고 분명하게 못 박고 있다. 〈운동〉은 앞서 말한 변화와 마찬가지로 하나의 획기적 생성을 넘어 적어도 일련의 현실 계기들이 잇따르는 역사적 경로들을 통해 마련될 뿐이다. 오늘날 물리학에서도 운동은 시간에 따른 물체의 〈위치 변화〉로도 보는데, 화이트헤드가 말하는 〈생성〉 개념은 그러한 〈운동〉보다도 존재론적으로 우선하는 궁극적 실재로서 놓여 있다. 앞서 말했듯, 화이트헤드의 〈현실 존재〉는 〈변화〉나 〈불변〉의 도식에도 넣을 수 없을 뿐만 아니라 〈운동〉과 〈정지〉라는 이분법적 도식에도 넣을 수 없는, 가장 근원적이고 궁극적인 실재적 사물로서의 생성 개념인 것이다.

그런데 화이트헤드는, 하나의 〈현실 계기〉를 극단적 유형의 한 사건이라고 언급하면서도 이 〈사건〉이라는 용어를 PR에서는 일반적인 의미로 사용하겠다고 말한다(PR 80/194). 즉, 관측 한계를 넘어서 있는 궁극적 실재로서의 〈현실 계기〉에 비하면 자연과학의 관측에 포착되는 〈분자〉^{molecule}의 경우는 매우 큰 거시적 규모의 사건에 해당한다고 볼 수 있다.

"예컨대 분자는 현실 계기들의 역사적 경로$^{historic\ route}$이며, 이러한 경로가 곧 하나의 <사건>^{event}이다. 그런데 분자의 운동은 그 분자의 생활사$^{life-history}$의 잇따르는 계기들이 생겨나는 연장적 양자$^{extensive\ quanta}$와 관련한, 계기들 간의 차이 이외의 것이 아니다. 그리고 분자에서의 변화들^{changes}은 그 현실 계기들에 있어서의 <결과적 차이들>$^{consequential\ differences}$이다." (PR 80/194)

결국 일반적 의미로서의 <사건>이나 <운동>은 보다 많은 수의 현실 존재들 간의 관계 양상에 따른 것이다. 화이트헤드가 중기 때의 과학철학 시절에는 <사건>을 존재로서 봤었다면 말년에 꽃 피운 형이상학 시기의 PR에서 보는 이해는, <사건>이라는 존재 개념을 형이상학적인 일반적 의미로 확장할 뿐만 아니라 훨씬 더 구체화된 치밀한 분석적인 존재 개념인 <현실 계기>라는 것으로 업그레이드를 해놓았다. 이로써 화이트헤드는 중기 과학철학의 시기에서 존재 이해의 핵심으로 삼고 있었던 <사건> 개념을 후기 형이상학의 시기에선 <현실 계기>라는 개념을 통해 더욱 정교화하여 양자를 구분하고 있음을 엿볼 수 있다. 그럼에도 하나의 현실 계기의 생성 역시 극단적 유형의 사건이라고 언급하고 있기에 어쨌든 존재를 사건으로서 보는 관점 자체는 일관되고 있다. 이때 모든 사건들은 바로 이 원자적 생성에 기반된 것이다.

이처럼 우리는 화이트헤드 철학에서 <생성>^{becoming}이 보다 근원적인 존재론적 사태에 속한다는 점과 함께 화이트헤드가 기술하는 <생성> 개념은 <변화>와 서로 구분되어야 할 개념이라는 점도 분명하게 엿볼 수 있다. 앞서 생성 소멸하는 현실 계기들의 잇따름에 의해 시간화·공간화가 일어난다고 했듯이, 변화 역시 이러한 현실 계기들 간의 <차이들의 잇따름>에 기인하는 것이다. 하나의 현실 계기 자체는 그저 생성할 뿐이며 "그것의 탄생은 곧 그것의 종결"인 것이다(PR 80/193).

"언제나 생성 소멸하며, 결코 존재하는 법이 없다!"는 후기 플라톤 통찰의 계승

그리고 그것의 탄생이 그것의 종결이라는 것은, 곧 현실 존재는 완결될 때 소멸한다는 점을 의미한다고 볼 수 있는데, 이 부분에서 화이트헤드는, <시간은 끊임없이 소멸한다>고 봤던 근대 철학자인 존 로크$^{John\ Locke}$의 시간관을 추켜세웠으며, 더 나아가 플라톤이 『티마이오스』 *Timaeus*에서 말한 <언제나 생성 소멸의 과정에 있고, 결코 존재하는 법이 없다>에 연유되어 있음도 밝히고 있다(PR 81-82/196).

> "로크의 시간관은 보다 정곡을 잘 찌르고 있다. 즉 시간은 <끊임없이 소멸한다>perpetually perishing는 것이다. 유기체 철학에 있어 현실 존재는 완결될 때 <소멸한다>. 그 정태적인 생존을 구성하는 현실 존재의 실용적인 용도는 미래에 있다. <u>피조물은 사라지지만 또한 불멸한다. 이 피조물 다음에 오는 현실 존재들은 <그것[이 피조물]은 나의 것이다>라고 말할 수 있다. 그러나 그것의 소유는 그것에의 순응^{conformation}을 요구한다.</u>
>
> 유동하는 세계 내의 현실 존재라는 이와 같은 착상은, 『티마이오스』에 들어 있는 다음의 문장을 확장시킨 것과 거의 다를 바가 없다. <그러나 이성을 결여하고 감각의 도움을 받는 억견(臆見, opinion)에 의해 고찰되는 것은 언제나 생성과 소멸의 과정에 있고, 결코 참으로 존재하는 법이 없다.>[73)"] (PR 81-82/196)

화이트헤드는 그 스스로가 자신의 유기체 철학을 먼저 앞질러 표명한 이가 존 로크 특히 후반부의 존 로크의 통찰에서 발견할 수 있다고 고백한 바 있으며(PR xi/41), 또한 플라톤의 『티마이오스』를 비롯해 플라톤 저작들 곳곳에 —비록 플라톤의 그것들은 체계화되지 못한 채로 남아있음에도— 도처에 산재해 있는 전대미문의 천재의 통찰을 현대에 이르러선 비판적으로 계승하고자 한 시도라는 점 역시 숨기지 않았다. 앞서 후반부의 존 로크를 강조한 것과 유사하게 화이트헤드는 플라톤에 대해서도 주로 〈후기 플라톤〉의 저작들에 좀 더 많은 주목을 한 편이었다. 특히 그 자신이 좀 더 구체적으로 밝힌 바는, 플라톤의 『테아이테토스』 같은 후기 작품 쪽에 더 많은 흥미를 갖는다는 표명과 함께 "거듭 반복해서 곱씹어보는 플라톤의 작품은 『국가』편 이후"라고 했다(D 217). 아마도 그가 보기에 플라톤 철학의 유산들이 이후로는 정당한 계승과 평가들이 무려 이천 년 동안 거의 제대로 마련되진 않았다고 본 것 같다.

플라톤에 대한 비판적 계승은 아리스토텔레스로 가면 안 돼~!

[* 이렇게 보면 필자가 생각하기에 화이트헤드는 이천 년의 간극을 넘어 플라톤을 비판적으로 그리고 제대로 계승한 현대 철학자가 아닐까 하는 생각도 들었다. 물론 그의 철학에도 플라톤에 대한 비판이 아예 없는 것도 아니지만, 그는 플라톤이 하지 못했던 〈체계화〉 작업을 구축하면서도 이천 년 철학사에서 거의 망각된 〈과정〉process이라는 개념을 되살려 그리한 전망 하에서 다시금 플라톤의 풍부한 유산들을 새롭게 계승하려는 것으로도 볼 수 있다는 얘기다. 플라톤은 그의 마지막 저작으로 알려진 『법률』에 이르기까지 많은 대화편들 속에서 그 자신의 사유의 실험들을 끝까지 멈추지 않았을 만큼

풍부한 사색의 흔적들을 남겨놓았었다. 그러나 아쉽게도 플라톤은 〈체계화〉를 이루진 못했었다.

> "확실히 플라톤은 체계화systematization를 시도하는 데는 항상 실패했었고, 형이상학적 직관intuition의 깊이를 보여주는 데는 항상 성공했었던, 가장 위대한 형이상학자이면서 가장 빈약한 체계적 사상가였다." (AI 166)

그런데 플라톤이 이루지 못했던 〈체계화〉의 꿈은 아리스토텔레스에서 그 실현이 일어났다. 하지만 화이트헤드는 그의 저작 곳곳에서 아리스토텔레스의 철학에 대해선 〈실패한 체계화〉로서 매우 각박한 평가를 내리는 점이 많다. 심지어 아리스토텔레스는 과학을 고안하긴 했지만 이후 철학을 오염시키고 파괴했다고까지 말할 정도로 비판적이었다(AI 276 ; D 168). 물론 아리스토텔레스의 유산 중에는 괜찮은 것도 있긴 하지만 결과적으로는 유럽 철학의 정신을 망치는 데 기여했다고 본 것이며, 아리스토텔레스의 스승인 플라톤과 비교해서도 플라톤이 더 낫다는 식의 다소 편향적(?) 느낌의 시각을 드러내기도 했었다(D 217). 더 놀라운 점은 화이트헤드의 이런 시각과 평가가 이미 오래전 중기 과학철학 시절에서도 엿보였다는 점이다. 그가 보기에, 플라톤의 사고 형식이 아리스토텔레스보다 더 유동적이어서 감히 생각하기로는 좀 더 가치 있는 것으로 내다봤었다(CN 11).

그러나 화이트헤드가 아리스토텔레스를 항상 깎아내리기만 한 것은 분명코 아니었다. 예컨대 철학에서의 신God의 도입 문제와 관련해서는, 체계화의 완결로서 〈제1운동자〉Prime Mover 개념을 불러들인 아리스토텔레스가 적어도 형이상학의 문제를 냉정하게 고찰했던 점에 있어선 "가장 위대한 형이상학자"라며 다시 또 좋은 평가를 내린 바도 있었으며(SMW 173), 근대 과학이 출현하기 이전에 있어, 여러 특수학문의 기원을 이룰 만한 분류와 분석력에 있어서는 오히려 아리스토텔레스의 뛰어난 작업을 더 낮게 평가하기도 했던 것이다(AI 143-144).

"확실히 우리는 거의 모든 전문 학문들, 즉 자연과학과 인류 정신 활동의 관한 모든 것들을 아리스토텔레스에게서 찾아내볼 수 있다. 그는 제각기 주어진 상황들에 대한 정확한 분석을 지향한 노력의 시작이며, 그 끝에서는 근대 유럽 과학을 창조했었다. 우리는 그의 일생의 수고에서 철학적 직관이 과학적 방법으로 옮겨간 분명한 첫 사례를 볼 수 있다." (AI 144)

따라서 자연과학의 입장에서 볼 경우에는 ―비록 오늘날의 현대 과학에선 그의 분류 개념들을 받아들이진 않더라도― 아리스토텔레스의 공헌을 높게 평가하는 점도 있겠다. 알다시피 근대 과학의 본격적인 문을 열었던 건 갈릴레오였지만 그전까지는 아리스토텔레스가 지배했었다. 그럼에도 이 같은 점들을 제외하면 화이트헤드가 밝힌 거의 대부분의 아리스토텔레스에 대한 평가들에선 아주 각박한 평가를 내릴 정도로, 특히 철학적 유산의 계승에 있어 플라톤과 아리스토텔레스를 비교할 경우에는 두드러지게 플라톤 쪽에 손을 들어주는 편이었다. 화이트헤드가 보기에 플라톤이 남겨놓은 풍부한 철학적 유산들에 대한 체계화 작업이 적어도 아리스토텔레스의 철학적 작업에 있어서는 플라톤을 일정 부분 수정하고 개선한 점도 있긴 했어도 오히려 망쳐놓은 점도 있다고 봤던 것이다(AI 107).

결국 이와 같은 화이트헤드의 여러 평가들을 종합적으로 고려해본다면, 마치 그 자신이 이천 년 간극을 넘어 플라톤 철학에 대한 올바른 극복과 비판적 계승자라는 점을, 반면에 아리스토텔레스가 보여줬던 철학의 체계화 방향은 플라톤이 남겨놓은 유산에 대한 올바른 극복과 계승이 아니라는 점을 일깨워주고 있는 듯했다. 즉, 기존의 아리스토텔레스 철학의 권세를 밀어내고 새롭게 등장하려는 것 마냥—여기엔 화이트헤드 자신의 겸허함과 대담성이 함께 배여 있다고 본다—, 플라톤 철학의 미완의 유산에 대한 새로운 극복과 대안을 제시해놓은 것처럼 화이트헤드의 철학적 작업이 그렇게 느껴졌었다는 얘기다. 물론 이 같은 얘기는 필자의 지나친 억측과 평가로 보일 수도 있겠지만, 필자로선 아무런 근거도 없이 얘기한 것은 결코 아니라는 점도 덧붙여 말씀드리는 바이다.

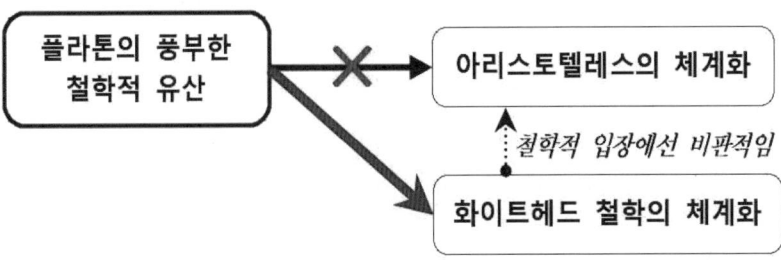

▲ 화이트헤드는 플라톤에 대한 비판적 계승과 극복 그리고 현대 학문의 성과들까지 함께 반영해 이를 새로운 체계화로서의 <과정 형이상학>을 제안한 것임

그렇기 때문에 화이트헤드의 저작들 곳곳에서 드러나는 친(親)플라톤적인 언급과 색조들은 역으로 반(反)플라톤적인 20세기 현대 철학의 주된 흐름에서 보면, 화이트헤드의 철학 작업이란 것이 매우 낡은 것처럼 동떨어져 보이거나 큰 흥미를 갖지 못하게 했던 어떤 한 요인이 되었을 수도 있었다고 여겨진다. 그러한 만큼 화이트헤드의 작업이 반(反)플라톤적 흐름의 철학적 사조, 특히 니체 이후의 현대철학

에선 별로 중요치 않게 보여서 종종 소외되었던 점도 있었지 않은가 싶은 거다. 확실히 화이트헤드는 20세기 주류 철학의 흐름과는 분명하게 <다른 길>로 갔었다. 화이트헤드가, 왜 플라톤을 높이고 아리스토텔레스는 왜 그토록 각박한 평가로 대했던 것일까 하는 점은, 어떤 면에서 서구철학사 전체를 새롭게 계승 재편해야 한다고 봤던 그 자신의 문제의식과 그 의도가 함께 맞물려 있지 않은가 생각해본다.]

<물질의 극>과 <정신의 극>을 함께 갖고 있는 현실 존재

다시 돌아와서 우리는 그의 <현실 존재>에 관해 또 하나의 중요한 사항을 언급하지 않을 수 없다. 화이트헤드의 원자 개념은 전적으로 <물질성>만 갖는 유물론적 성격의 원자 개념이 아니라는 점이다. 오히려 <물질성>과 <정신성>을 함께 지닌 것으로 볼 수 있는 그러한 <유기체>organism로서의 원자 개념이다. 여기서 <유기체>라는 표현은 생물학상의 유기체 개념이 아닌 유비적으로 도입한 형이상학적 개념으로서의 용어지만, 기존의 유물론이 말하는 <물질 원자>와는 다른 의미에서 차

제5장 화이트헤드 철학의 핵심 개념, 〈현실 존재〉 이해하기

용된 〈유기(체)적 원자〉 개념이라는 점을 내포하고 있다.

"현실 존재는 본질적으로 양극적^{兩極的, dipolar}인 것으로서, 물리적인 극과 정신적인 극을 가지고 있다. 그리고 물리적 세계조차도 정신적 작용들의 복합체인 반대쪽 측면과의 관련을 떠나서는 올바르게 이해될 수 없다." (PR 239/475)

"경험의 사례는 그것이 신이든 세계의 현실 계기이든 간에 모두 양극적이다." (PR 36/113).

"모든 경험의 계기는 양극적이며, 정신적 경험은 물질적 경험과 함께 통합되어 있다" (FR 32).

여기서 〈양극적〉^{dipolar}이라는 것은 마치 건전지의 한 쪽 극이 〈마이너스극〉이고 또 다른 한쪽 극이 〈플러스극〉인 것처럼, 하나의 현실 계기가 갖는 두 가지 성격의 극성이 있다는 점을 의미한다. 즉, 모든 현실 존재[계기]는 기본적으로 〈물질의 극〉^{physical pole}과 〈정신의 극〉^{mental pole}이라는 양극성을 갖는 궁극적 실재라는 것이다. 이는 데카르트의 이원론 철학에서 물질과 정신을 각각의 독립적 실체로서 간주한 점과도 분명하게 다른 입장과 방향에 서 있다. 오히려 화이트헤드가 말하는 **현실 존재[계기]**는 〈비(非)실체론적〉이고 〈비(非)이원론적〉인 것이다. 두 가지 극성을 갖고 있지만 어디까지나 하나의 〈유기(체)적 실재〉가 갖는 두 성격으로 볼 뿐이다.

아마도 이 점에서 어쩌면 근대 철학자 중 한 명인 라이프니츠의 단자(單子) 이론인 〈모나드〉^{monad} 개념을 떠올릴 지도 모르겠다. 그러나 화이트헤드의 모나드[단자]인 현실 존재는 라이프니츠의 모나드와 달리 변화하지 않으며 생성할 뿐이다. 뿐만 아니라 화이트헤드의 현실 존재는 〈창문이 없는 모나드〉$^{\text{the monad without window}}$가 아니다. 이미 알려져 있듯이 라이프니츠의 〈창문 없는 모나드〉는 다른 모나드들과의 실재적인 인과 관계가 없는 〈닫혀 있는 모나드〉요 폐쇄적인 모나드를 의미한다. 그에 반해 화이트헤드 철학의 모나드는 세계를 느끼는 가운데 생멸하고 있는 〈느낌의 모나드〉로 볼 수 있겠다.

"이는 일종의 모나드^{monads} 이론[단자론]이지만, 라이프니츠와 다른 점은 그의 모나드가 변화한다는 데에 있다. 유기체 이론에 있어, 모나드는 단지 생성할 뿐이다. 각각의 모나드적 피조물은 세계를 〈느끼는〉^{feeling} 과정의 한 양태$^{\text{a mode}}$이며, 각기 모든 측면에서 확정적인 복합적 느낌의 한 단위 속에서 세계를 조성하는 ^{housing} 과정의 한 양태이다. 그러한 하나의 단위가 하나의 〈현실 계기〉인데, 그것은 창조적 과정에서 파생되는 궁극적인 피조물인 것이다." (PR 80/193-194)

화이트헤드가 쓴 PR의 편집자 중 한 명인 도날드 셔번$^{\text{D. W. Sherburne}}$은 화이트헤드가 말한 현실 존재가 물질적 질료나 영혼도 아닌 〈과정의 단위〉라고 얘기한다.

"현실 존재들은 물질적 질료도 아니요 라이프니츠의 영혼도 아니다. 그것들은 오히려 다른 현실 존재들과 결합하여 물질의 시간적 줄기를 형성할 수도 있고, 뇌와 같은 복잡한 사회와 얽혀 있는 다른 복잡 미묘한 현실 존재들과 결합하여, 우리가 보통 지속

제5장 화이트헤드 철학의 핵심 개념, <현실 존재> 이해하기

성을 지닌 인격체의 의식적인 영혼이라 부르고 있는 <계승의 경로>route of inheritance를 형성할 수도 있는 <과정의 단위들>units of process이다."74)

화이트헤드가 말한 현실 계기라는 원자는 물리적이고 정신적인 두 양극성을 갖는 유기(체)적 성격의 원자였어!

그래서 물질의 선차성을 갖는 유물론이 아닌 '유기(체)적 실재론'이라고 언급했었지

정리하자면, 화이트헤드의 현실 존재[계기]는 물리적이면서 정신적인 양극적 성격을 갖고 있기에 어느 하나로만 볼 수 없고, 물리적 세계를 형성하든 혹은 어떤 인격체가 지닌 의식적인 영혼을 형성하든 간에 항시 이 두 성격이 함께 깃들어 있다고 본 것이다.

<정신의 작용>과 <의식>은 다른 개념이다!

그렇다면 우리가 흔히 물질로만 간주하는 "저 바위도 정신성을 갖는 것인가?"하는 질문이 당장 나올 수 있겠다. 화이트헤드 철학에 의하면 "그렇다!"이다. 그러나 "저 바위도 의식을 갖는가?"하는 질문에는 "아니다!"가 될 것이다. 바위와 같은 무기적인 사물의 경우는 인간의 유의미한 관찰에는 포섭되지 않을 만큼 매우 희박한 정신의 작용이어서 거

244

의 무시해도 좋을뿐더러 적어도 압도적인 물리적 인과의 지배하에 놓여 있는 것으로 본다. 그렇기에 바위에는 과거로부터의 순응과 반복 재연이 가장 크게 나타난다고 볼 수 있다. 적어도 이 무기적인 바위의 경험은 세포 생물체의 활동에 비하면 매우 단조로운 경험의 양상들만 보여줄 뿐이다. 하지만 그럼에도 그러한 바위에는 일탈적 자유와 새로움이 나올만한 요소가 매우 희박하긴 하지만, 그렇다고 완전히 아예 없다고도 보진 않는다는 것이다. 아주 미약하더라도 순응과 반복의 과거로부터 조금씩이나마 이탈하는 ―물론 그것은 매우 희박할 정도로 미미하겠지만― 정신의 새로움과 자유의 요소도 함께 내포되어 있다고 보는 것이다. 이는 그때까지의 과거의 물리적 결정성에서 벗어나려는 희미한 자유의 요소다. 그리하여 언젠가는 바위에서도 유의미한 관찰로도 드러날 만한 새로움의 요소가 창출되기도 한다는 것이다. 흥미롭게도 현대 자연과학 진영에서도 최초 생명체의 〈창발〉이 광물과의 공진화co-evolution에서 나온 것임을 언급하고 있는데.75) 물론 이것이 철학에서 말하는 바위의 정신성을 말한 것은 아닐테지만 적어도 그때까지의 과거 세계에는 없었던 새로움의 사건이 온통 물질성만 있을 것 같은 바위를 통해서도 얼마든지 출현할 수 있음을 충분히 엿볼 수 있다.

◀ 바위도 느낌의 경험을 하는 중이다. 다만 매우 〈압도적인 물질성〉과 아주 〈극소한 정신성〉의 경험이 있을 뿐이다. 그렇다고 바위가 〈의식〉의 경험을 아는 것은 아니다.

이러한 언급들은 한편으로 모든 물질에는 마음(mind, 정신)이 있다고 보는 일종의 〈범심론〉汎心論, panpsychism을 떠올리게 해준다. 즉, 모든 물질들은 정신의 작용을 갖고 있기에 살아있다고 보는 것이다. 하지만 이 부분에서도 우리가 각별히 유념할 점이 하나 있다. 화이트헤드의 경우는 〈정신〉^{mind}과 〈의식〉^{consciousness}을 구분해서 본다는 사실이다. 화이트헤드에게서 이 구분은 매우 중요하다. 화이트헤드는 모든 현실 존재가 물질성과 정신성을 기본적으로 함께 지녔다고 보지만 그렇다고 바위가 의식을 가졌다고 보진 않는다. 화이트헤드 철학에서 보는 〈의식〉은 보다 진화된 고등 동물의 경우에서나 볼 수 있는, 매우 특수한 경험 유형에 속할 뿐이다. 따라서 〈정신적〉이라고 해서 〈의식적〉인 것은 아니다. 그는 다음과 같이 말한다.

"정신^{mind}이라는 말은 현실 존재의 구조에 내포되어 있는 정신적 작용$^{mental\ operation}$의 복합체^{complex}를 의미한다. 이 정신적 작용이 반드시 의식을 수반하고 있는 것은 아니다." (PR 85/201)

그렇기 때문에 화이트헤드의 철학에서 보면, 바위가 압도적인 물리적 작용과 함께 정신의 작용도 갖고 있긴 하지만 그렇다고 바위가 의식을 갖는 것으로는 볼 수 없다. 화이트헤드가 보는 "의식^{consciousness}은 경험의 필수적인 토대가 아니라 어쩌다 우연히 얻어질 뿐인 경험의 월계관이라는 것"이다(PR 267/523). 그에 따르면 의식은 진화 과정에서 매우 늦은 시기에 출현한 새로운 고등 경험에 속한다(단, 신의 본성의 한 측면만은 〈의식적〉인데 이는 나중에 뒤에서 언급할 것임). 즉, 모든 현실 계기들은 기본적으로 물리적이고 정신적인 경험을 수행하고 있지만 그렇다고 해서 〈의식〉을 필수로 갖고 있진 않다는 것이다. 그는 이를 다음과 같은 유명한 문장으로 표현한 바 있다.

"의식은 경험을 전제로 하지만, 경험은 의식을 전제로 하지 않는다." (PR 53/144).

따라서 우리는 의식이 있건 없건 모두 경험 활동들을 하고 있는 것이다. 화이트헤드 철학에서 설정되는 모든 현실 존재들은 기본적으로 경험의 행위자다. 현실 존재 하나하나는 그 여건에서 생겨나는 경험의 행위로 간주된다(PR 40/120). 하지만 그렇다고 해서 모든 경험이 곧 의식의 경험은 아니다. 의식은 보다 특별한 유형의 경험에 속한다. 뭔가를 '의식한다'는 것은 사실상 신체에도 많은 에너지가 소비될 만큼 매우 특수한 경험이라고 볼 수 있다. 진화상에서 보더라도 의식의 출현은 나중에 꽃 핀 사건인 것이며 적어도 포유류 이전의 세계에선 찾기 힘든 사건에 해당한다. 게다가 포유류 중에서도 아주 희박한 낮은 의식의 경험조차도 몇몇 고등한 동물 신체에서나 볼 수 있을 만큼 매우 특별한 사건인 점이 있다. 물론 현생 인류인 호모사피엔스의 신체는 훨씬 더 분명한 〈고차 의식〉까지 보여주고 있다. 침팬지와 달리 인간은 '철학을 한다!' 그러나 이러한 인간도 늘 의식적으로만 살고 있진 않다. 오히려 무의식적으로 수행되는 삶의 시간들이 훨씬 더 많다.

경험의 두 측면인 〈타자원인성〉과 〈자기원인성〉을 함께 갖는 현실 존재

앞서 "현실 존재 하나하나는 그 〈여건〉^{data}에서 생겨나는 경험의 행위로 간주된다"(PR 40/120)고 했었다. 즉, 현실 존재는 그때까지의 세계를 여건으로 해서 새롭게 출현하는 것이다. 화이트헤드 철학의 현실 존재[계기]들은 피조물이지만 무(無)로부터 창조된 것이 아니다. 그것은 그때까지의 다수 타자인 여건을 〈자기화〉^{appropriation}하는 가운데 형성된 과정으로서의 존재다. 여기서 〈자기화〉란 주어진 여건을 자기 구성으로 확보해가는 경험 활동을 표현한 것이다. 따라서 현실 존재의 생성은 그 때까지의 여건에 의해 제약된 채로 생성의 과정을 갖는다고 볼 수 있다. 여건으로부터의 이 제약은 결코 피할 수 없는 제약으로 작동한다.

"현실 존재는 그 여건에 내재하는 잠재 능력의 한계를 벗어날 수 없다. 여건은 제한하면서 동시에 제공한다. 바로 이러한 학설로부터, 유기체의 성격은 그 환경의 성격에 달려 있게 된다는 결론이 나온다." (PR 110/246)

따라서 새로운 개체의 출현은 선행하는 환경의 성격과 필연적으로 결부되어 있는 가운데 세계 안에 출현하는 것이다. 그것은 〈여건〉이라는 주어진 조건으로부터 결코 자유로울 수 없다. 즉, 현실 존재[계기]는 직전의 과거 세계로부터 결코 자유롭지 않다. 여건은 새롭게 출현하는 현실 존재[계기]를 〈조건화〉한다. 유명 전문학자인 칼 세이건$^{Carl\ Sagan}$은 "애플파이를 만들려면 먼저 우주부터 만들어내지 않으면 안 된다!"고 언급한 바 있다. 그 어떤 것이 새롭게 출현하더라도 그것은 과거의 제약으로부터 결코 벗어나 있는 게 아닌 것이다.

하지만 동시에 그러한 과거로부터의 제약 속에서도 새로운 현실 존재의 출현은 그때까지의 과거에 전적으로 순응되고만 있지 않다는 점도 드러낸다. 즉, 부분적으로는 과거에 순응하지만 부분적으로는 과거를 벗어나고 있는 것이다. 과거로부터의 제약된 조건 하에서도 그 안에는 여전히 가능한 선택들이 있으며 그 점에서 부분적이지만 〈자기구성〉의 자유 역시 함께 있는 것이다. 이를 달리 표현하면 〈자기원인〉이라고도 볼 수 있다. 화이트헤드는 "우주에 내재하는 자유는 이러한 〈자기원인〉$^{self\text{-}causation}$의 요소로 구성되어 있다."(PR 88/206)고 말한다. 이에 대해 문창옥 교수는 〈타자원인성〉과 〈자기원인성〉이라는 용어를 쓰면서 다음과 같이 명쾌하게 정리해놓은 바 있어 인용해본다.

"현실적 존재는 자신의 주체적 경험의 산물이며, 그런 의미에서 자기 창조적 존재 이다. 그러나 이는 무로부터의 창조가 아니라 다수의 타자, 즉 여건들^{data}을 자기화^{appropriation}하는 주체적 과정이라는 의미에서의 창조이다. 그렇기에 그것의 자기 창조는 이들 타자에 의해 제약된다. … (중략) … 그러므로 현실적 존재는 타자들에 의한 제약 하에 탄생한다는 점에서 결정되어 있다고 할 수 있으며, 이 타자들에 대해 주체적으로 반응하는 가운데 스스로를 정립해간다는 점에서 자유롭다고 할 수 있다."76)

"여건으로 기능하는 현실 세계는 그로부터 출현하는 새로운 계기를 근원적으로 조건 짓는다. 그렇기에 현실적 계기는 전적으로 자율적인 과정일 수 없다. 그것은 부분적으로 여건을 반복, 재연하고 또 부분적으로 그 여건에서 벗어난다. 사실상 이와 같은 <u>타자원인성과 자기원인성은 화이트헤드가 구출하고자 하는 경험 현상의 근본적인 두 측면이다.</u>"77) (* 밑줄은 필자의 표시)

여기서 〈타자원인성〉이라는 용어 자체는 화이트헤드의 PR에는 나오지 않는 표현이지만 그럼에도 이 용어는 화이트헤드 철학의 **현실 존재[계기]**가 갖는 또 다른 한 측면을 설명하는 표현으로서는 적절한 용어라고 생각된다. 그 점에서 〈타자원인성〉과 〈자기원인성〉을 함께 짝지어 언급한 것에 대해서도 필자 역시 동의하는 바다. 우리의 모든 경험의 순간들도 바로 이 두 측면이 언제나 함께 내포되어 있다고 볼 수 있다.

결국 다수의 타자들로부터 비롯되는 원인이 있다면, 그러한 제약 속에서 그 자신이 창출하고 있는 목적에 따른 원인도 있는 것이다. 이 두 요소는 하나의 경험 계기가 갖는 근본적인 두 측면이다. 사실상 우리의 경험들은 어느 한시도 <타자원성성>과 <자기원인성>이라는 이 두 성격을 함께 갖고 있을 만큼 이를 벗어나지 않는다. 따라서 궁극적인 실재의 층위에서 보면, <전적인 창조>도 없으며 <전적인 자유>도 없다. 마찬가지로 <전적인 지배>도 없으며 <전적인 속박>도 없는 것이다.

우리의 경험들이 매순간 타자원인성과 자기원인성을 다함께 보여주고 있다는 점도 정말 간과해선 안 될 것 같아!

그 점에서 진화하는 우주는 과거에 전적으로 종속된 것도 아니고, 완전히 과거를 벗어난 것도 아닌 거네

경험의 객-주 과정[객관에서 주관으로의 과정]은 칸트 철학의 도식과 반대

여기서 또 한 가지 들여다 볼 점은, 이러한 현실 존재[계기]의 형성은 여건이 되는 <객체[객관]object로부터 주체[주관]subject로의 과정>으로서 출현한 것이지 그 반대 과정은 아니라는 사실이다. 즉, 주체[주관]에서 객체[객관]로의 과정이 아니며, 오히려 <객체에서 주체로의 과정>이라고 볼 수 있다. 이를 줄여서 표현하면 경험의 계기는 <객-주 과정>인

셈이다. 이 점에서 화이트헤드는 자신의 철학적 도식이 기존 칸트 철학의 도식과는 정반대라고 설명한다.

> "유기체 철학은 칸트 철학의 전도顚倒, inversion이다. 『순수이성 비판』은 주관적 여건이 객관적 세계의 현상 속으로 이행해 들어가는 과정을 기술하고 있다. 유기체 철학이 기술하려는 것은 객관적 여건이 어떻게 주관적 만족satisfaction 속으로 이행해 들어가는가 하는 것, 그리고 객관적 여건에 있어서의 질서가 어떻게 주관적 만족에 있어서의 강도intensity를 제공하는가 하는 것이다. 칸트에게 있어 세계는 주관subject, 주체으로부터 출현한다. 유기체 철학에서는, 주체가 세계로부터 출현한다―〈주체〉subject라기보다는 〈초주체〉superject가 출현한다." (PR 88/207)

> "칸트에 있어 경험을 성립시키는 과정은 주관성subjectivity으로부터 현상적인 객관성objectivity으로의 과정이다. 유기체 철학은 이러한 분석을 역전시킨다. 그래서 과정을, 객관성으로부터 주관성에로, 즉 외적 세계를 여건으로 만드는 객관성으로부터 하나의 개체적 경험을 성립시키는 주관성에로 나아가고 있는 것으로 설명한다." (PR 156/326)

여기서 굳이 칸트 철학에 대해서까지 이러쿵저러쿵 거론하진 않을 것이다. 다른 철학과의 비교 논의들은 어차피 2차적 작업에 속한다. 단지 우리는 화이트헤드가 언급한 표명으로부터 적어도 그가 칸트 철학의 도식과는 역(逆)으로 자신의 철학적 도식을 전개했다는 점만 상기해 두면 될 것으로 본다. 즉, 〈객관성에서 주관성으로의 과정〉을 표명한

제5장 화이트헤드 철학의 핵심 개념, 〈현실 존재〉 이해하기

화이트헤드의 철학은 적어도 타자로서의 세계가 주체의 생성에 선행한다고 본 것이다. 〈타자 없는 자기화〉란 있을 수 없으며, 유기체 철학이 말하는 경험의 성립 과정은 〈타자로부터의 자기화 과정〉으로서 놓여있다. 따라서 화이트헤드 철학에서는 경험의 구조가 〈객-주 과정의 구조〉인 것이지 〈주-객 과정의 구조〉가 아닌 것이다. 게다가 이것은 〈인식론〉 중심이 아닌 〈존재론〉에서 보는 경험의 구조다. 화이트헤드의 유기체 철학은 칸트와 달리 인식론적 사유 중심이 아니다. 이는 화이트헤드가 PR에서 말한 〈개선된 주관주의적 원리〉Reformed Subjectivist Principle와도 연관된 것인데 이에 대한 소개는 제9장에서 다시 살펴볼 것이다. 여기선 경험을 성립시키는 그 과정이 서로 반대라는 점만 말씀드린다.

[유기체 철학] ⬅➡ [칸트 철학]
경험의 성립 과정이 서로 뒤바뀐 전도(轉倒)된 관계를 보여줌

앞서 '경험은 의식을 꼭 필수적으로 전제하진 않는다'고 했듯이, 우리의 경험 기반은 인식의 주관보다 훨씬 더 근본적으로 타자 세계에 뿌리를 두고 있다. 화이트헤드 철학에선 다수 타자인 객관이 적어도 주관에 선행한다. 그리고 이 과정은 곧 〈다^{many}에서 일^{one}로의 과정〉임을 함축하고 있다. 〈일^{one}에서 다^{many}로의 과정〉이 아니라는 것이다. 모든 현실 계기의 생성 과정을 들여다보면 거기에는 언제나 〈다(多)에서 일(一)로의 과정〉이라는 형식이 있다. 다시 말해, 현실 존재는 '다자$^{多者, many}$'로 주어지는 여건을 자기화하여 '일자$^{一者, one}$'로 통일시켜 가는 과정으로 존립하고 있다는 것이다.[78] 잠시 대략적인 핵심 사항들만을 아주 짧게 중간 정리를 해본다면 다음과 같다.

> ● 화이트헤드가 말한 <현실 존재>의 생성 과정이 갖는 성격
> - 다^{many}에서 일^{one}로의 과정
> - 시간화・공간화보다도 가장 우선하는 기초 원자의 생성 과정
> - 변화와 불변, 운동과 정지의 도식에 넣을 수 없는 획기적 과정
> - 객관성^{objectivity}에서 주관성^{subjectivity}으로의 과정
> - 여건들^{data}로부터 이를 자기화^{appropriation}하는 과정
> - <타자원인성>으로부터 <자기원인성>의 정립 과정
>
> ※ 이 생성 과정이 완결되자마자 소멸이 되고, 후행하는 우주에 그 자신을 여건으로 넘겨주는 불멸하는 재료로 남게 된다[객체적 불멸성].

<작용인>과 <목적인>을 갖는 현실 존재

그리고 화이트헤드가 말하는 현실 존재를 이해하기 위해서는 아무래도 <작용인>$^{作用因, efficient\ causation}$과 <목적인>$^{目的因, final\ causation}$에 대해서도 어느 정도 설명이 필요할 것으로 보인다. 우선 철학 용어에 익숙하지 않은 독자들을 고려해볼 때 아무래도 생경하게 느낄 수 있는 <작용인>과 <목적인>에 대한 용어 설명부터 언급해보도록 하자.

일단 영어의 'efficient causation'을 <작용적[동력적] 인과>로 그리고 'final causation'를 <목적적 인과>로 볼 수 있기에 이를 줄여서 <작용-인>과 <목적-인>으로 불릴 수 있다는 점은 짐작할 것이다. <작용인>의 경우 때로는 <동력적 인과>를 줄여서 곧 <동력인>으로도 불린다. 결국 <작용인>과 <목적인>이라는 용어는, 줄여서 표현한 단어다. 여기서 <작용인>과 <목적인> 둘 다 기본적으로는 사물에 관여하는 <인과 원인>에 해당한다. 즉, <작용-인과>와 <목적-인과>가 될 것이다. 이 둘을 아주

간단하게만 구분한다면, 대체로 〈작용인〉의 경우는 그 원인의 근본적 출처가 외부의 힘에 의한 타력적인 것이라고 한다면, 〈목적인〉의 경우는 그 원인의 근본적 출처가 자력에 의한 것으로도 볼 수 있다는 점이다.

작용적 인과 → **작용인** (원인의 출처가 외부에 있음: 타력적 원인)
목적적 인과 → **목적인** (원인의 출처가 내부에 있음: 자력적 원인)

기본적으로는 〈작용인〉과 〈목적인〉 둘 다 사물에 관여되고 있는 〈인과 원인〉으로 보고 있다. 이 용어가 철학사에서 널리 알려지게 된 것은 알다시피 고대 아리스토텔레스의 철학 작업이 결정적인 것으로 알려져 있는데, 그는 어떤 특정한 사물이 존립하고자 할 경우 작동하게 되는 〈4가지 원인설〉을 주장했었다. 바로 그 원인들 중에 〈작용인〉과 〈목적인〉 개념도 함께 포함된 것이다.

일반적으로 아리스토텔레스가 자신의 형이상학에서 표명한 〈4가지 원인설〉Four Causes이란, 1) 질료인/재료인Material Cause, 2) 형상인Formal Cause, 3) 작용인/운동인Efficient Cause, 4) 목적인Final Cause 이렇게 4가지를 말한다.[79] 아리스토텔레스의 저작에 나와 있는 설명은 조금 길기 때문에 여기서는 진흙으로 그릇을 만드는 것에 비유해 아주 간단하게만 설명코자 한다.

1) 먼저 그릇의 재료가 되는 진흙이라는 소재는 그릇의 원인이 되는 질료인에 해당한다. [질료인] (*또는 '재료인'으로도 번역됨)

2) 이 진흙이 그릇이라는 형태를 취할 경우 이 형태(꼴) 역시 원인이 되기 때문에 형상인이라고 말해진다. [형상인]

3) 또한 그릇 만들기를 실행하는 것은 그 변화에 있어 원인이 되는 동력을 갖는 것이기에 〈작용인〉이라고 불린다. 이는 어떤 외부의 역학적 힘이 동원되고 있음을 의미하고 있다. [작용인] (*또는 '운동인'이나 '동력인'으로도 번역됨)

4) 반면에 추구하는 최종 목적의 그릇은 아직 이 세계엔 없지만 결국 만드는 과정 전체를 이끌어가는 궁극적인 목적이 됨으로써 원인으로 작동할 수 있는데, 이를 〈목적인〉이라고 말한다. [목적인] (※ 아리스토텔레스의 설명에 따르면, 건강은 산책의 원인이다. "왜 산책을 하는가?"라는 물음에 우리는 "건강해지기 위해"라는 대답하는데, 이때 말한 목적이 바로 원인이 된다고 보는 것이다.)

여기서 우리가 이해를 위해 필요로 하는 개념은 일단 〈작용인〉과 〈목적인〉이다. 화이트헤드 철학의 기초 입문을 다루는 수준에서 굳이 더 나아가 아리스토텔레스의 4원인설을 더 세부적으로 살펴볼 필요까진 없을 것 같다. 다만 〈작용인〉과 〈목적인〉이라는 개념이 철학적 논의에선 종종 사용되는 개념이라는 점과 철학에서는 그것이 아리스토텔레스의 원인설과도 관련된 거였다는 점만 염두에 두면 될 것으로 보인다. 그런데 익히 알려져 있듯이 서구 유럽 문명의 철학사에서 보면, 근대 과학이 등장하기 이전의 중세 시대의 철학에선 두드러지게 〈목적인〉을 강조해 온 입장에 있어왔다. 이때는 〈신의 목적〉이 두드러지게 일방적으로 강조되던 시절이었다. 예컨대, 사물이 생겨나는 원인에는 〈신^{God}의 뜻과 창조의 목적〉이 지배적으로 관여되고 있다는 점이다. 따라서 중세 신학에서 보면 모든 사물들은 신의 창조와 섭리라는 목적 하에 지어진 피조물로 간주될 수 있다. 즉, 서구 기독교 신학에 있어선 그러한 신의 뜻이 해당 존재를 존립시키는 〈목적인〉이 되고 있는 셈이다. 물론 여기에는 모든 만물을 신의 피조물로 보면서 그 신이 피조물에 함께 한다는 신학적 전제들이 깔려 있다. 알다시피 아리스토텔레스 철학에 대한 강조는 토마스 아퀴나스의 공헌이 매우 컸었다.

반면에 근대 자연과학에서는 〈목적인〉이 아예 제거되고 오히려 물리적인 운동 범칙이라는 역학적 인과의 원인만을 살펴보는 〈작용인〉만 인정되어온 점이 있다(그래서 '작용인'을 '운동인'이라고도 부른다). 결국 이 문제에 대한 중세와 근대의 입장 차이는 서로 정반대인 대립적인 성격을 띠고 있는 셈이다. 중세에는 〈목적인〉을, 근대에 이르러선 〈작용인〉을 각각 강조해왔었다는 것이다. 불행하게도 양자는 조화되지 못한 채 갈등과 대립을 불러일으켰던 점이 있다. 그리고 이와 맞물리면서 서구 문명사에서는 종교(기독교)와 자연과학 간의 대립 충돌로도 종종 드러났었다. 아마도 서구 기독교가 말하는 신의 목적론적 창조설과 그리고 사물의 운동 역학을 다루는 자연과학 진영의 우주와 사물 이해 및 진화생물학 간의 반목이 가장 큰 사례가 될 것이다.

그런데 흥미롭게도 화이트헤드는 서로 반목하고 있는 〈작용인〉과 〈목적인〉에 대해 둘 다 적절하게 해명할 수 있는, 그러한 새로운 철학이 필요한 것으로 내다봤었다. 그는 이것이 건전한 형이상학의 해결 과제에도 속한다고 말한다.

"아리스토텔레스의 철학은 중세기 기독교로 하여금 〈목적인〉$^{\text{final causes}}$의 개념을 무모하리 만큼 지나치게 강조하는 방향으로 나아가게 하였고, 근대의 과학 시대를 통해서는 그에 대한 반동으로

<작용인>efficient causes의 개념을 똑같이 지나치게 강조하는 방향으로 이끌었던 것이다. 건전한 형이상학이 해결해야 할 하나의 과제는, 목적인과 작용인을 이들 상호간의 적절한 관계 속에서 해명하는 일이다." (PR 84/199)

따라서 화이트헤드가 추구한 과정철학의 성격과 방향은 <작용인>과 <목적인>을 일관된 형이상학의 도식 속에서 양자 모두 구현하려는 입장의 철학을 취한다고 볼 수 있다. 앞서 우리는 화이트헤드가 말하는 **현실 존재[계기]**가 <타자원인성>과 <자기원인성>이라는 경험의 두 측면을 구현한다는 점을 얘기했었다. 그런데 <작용인>과 <목적인>의 경우도 마찬가지로 이에 상응될 수 있는 요소라 할 수 있겠다. 화이트헤드가 직접 설명하는 바는 다음과 같다.

"현실 존재의 결정적 통일성이 쌓여지게 되는 것은, 여건의 여러 결정 및 미결정에 점진적으로 관계함으로써, 점진적으로 한정되는 어떤 이상을 향해 나아가는 <목적인>에 의해서이다. 느껴지는 것으로서의 이 이상은, 여건으로부터 어떤 <자기>가 생겨나게 될 것인가를 한정한다. 그리고 이 이상은 또한 이렇게 해서 생겨나게 되는 자기 속의 한 요소이다.

이 설명에 따른다면, <작용인>은 현실 존재로부터 현실 존재로의 이행transition을 표현하며, <목적인>은 이 현실 존재가 그 자신이 되어 가는 내적 과정을 표현한다. 세계의 과거에서 찾아볼 수 있는 여건의 생성이 있으며, 또 그 여건으로부터의 직접적인 자기의 생성이 있다. 이 후자의 생성은 직접적인 현실적 과정이다. 현

제5장 화이트헤드 철학의 핵심 개념, 〈현실 존재〉 이해하기

실 존재는 작용하는 과거의 산물인 동시에, 스피노자의 표현을 빌린다면 자기 원인$^{causa\ sui}$이다." (PR 150/316-317)

여기서 세계의 과거에서 찾아볼 수 있는 여건의 생성은 〈타자원인으로서의 작용인〉에 상응하며, 그 여건으로부터 직접적인 자기의 생성은 〈자기원인으로서의 목적인〉에 상응한다고 볼 수 있다. 다시 말해, 현실 존재가 과거의 산물이라는 점은 타자원인성에 기반된다는 점을 함축하고 있는 얘기다. 반면에 현실 존재가 그 자신이 되어가는 내적 과정은 일종의 자기원인성의 요소로 볼 수 있는 대목에 해당한다. 바로 이러한 도식에서 볼 때 〈작용인〉은 〈타자원인성〉에 그리고 〈목적인〉은 〈자기원인성〉에 각각 상응될 수 있다고 보는 것이다. 따라서 주체의 생성 과정이란 그 내적 과정을 이끌어가는 자기원인이 될 만한 목적을 산출하는 과정이기도 한 것이다.

한 가지 오해해서 안 될 점은, 화이트헤드의 〈목적인〉 개념이 그 자신이 분명하게 밝혀놓고 있듯이 "현실 존재가 그 자신이 되어 가는 내적 과정을 표현한다"(PR 150/316)는 점에서 어떤 중세 신학적 목적인의 양상과도 구분할 필요가 있다는 사실이다. 마치 모든 현실 존재들의 생성 과정이 창조주 신^{God}의 목적으로 귀결되는 것처럼 이해하는 것은 오히려 화이트헤드가 말하려는 도식과도 거리가 멀다. 나중에 보겠지만, 화이트헤드 철학의 도식에선 신이 설령 어떤 단초를 제공하더라도 그것이 현실 존재의 결단의 자유를 전적으로 구속하거나 일방적으로 창조하는 그러한 성격의 것은 전혀 못된다. 이 문제는 해당 주체인 현실 존재가 갖는 이상^{理想}으로서의 목적인에 해당하는 〈주체적 지향〉$^{subjective\ aim}$과 연관된 것이다(화이트헤드 철학의 신 존재 이해는 제11장 이하 참조).

유물론에서 <유기체적 실재론>으로의 전환

이제 지금까지 현실 존재[계기]에 대한 주된 특징들을 정리해서 일별해본다면 대략 다음과 같이 간단히 정리해 볼 수 있겠다.

● 현실 존재[계기]의 주된 특징 정리 [화이트헤드식의 원자 개념]
1. 더 이상 분할할 수 없는 궁극적 실재 (형이상학의 가설적 존재)
2. 상호 의존적인 경험의 방울들 (경험의 계기들)
3. <관계성>이 <성질>보다 우위에 있다.
4. 현실 계기의 생성은 <전체가 일거에 발생>하는 생성이다.
5. 현실 계기의 생성은 시공간의 발생보다 존재론적으로 우선한다.
6. <물리적 극>과 <정신적 극>이라는 양극성을 갖고 있다.
7. <타자원인성>과 <자기원인성>이라는 경험의 두 측면을 갖는다.
8. <작용인>과 <목적인>이라는 두 원인적 요소를 갖고 있다.

이렇게 볼 때 화이트헤드가 말하는 현실 존재[계기]라는 원자는 기존의 유물론적 원자 개념과도 다른 차이를 갖는다. 통속적이고 기계적인 유물론에 대한 반대뿐만 아니라 적어도 물질의 선차성을 갖는다고 보는 기존의 유물론 입장에 대해서도 화이트헤드는 <물질성과 정신성을 함께 갖는 유기체로서의 원자> 개념을 내세운다.[80] 이를 <현실적인 것> 곧 <현실 존재>로 볼 뿐이다. 그래서인지 화이트헤드는 그 자신의 저작에서 "유물론에서 유기체론—또는 유기체설, 유기(체)적 메커니즘—으로의 전환"이라는 표현들을 곧잘 쓰곤 했었다(SMW 38/75, 81/143 ; PR 309/594). 결국 화이트헤드의 철학은 전적으로 유심론(관념론) 철학도 아

제5장 화이트헤드 철학의 핵심 개념, <현실 존재> 이해하기

니고 전적으로 유물론 철학도 아닌, <유기체 철학>인 것이다. 이는 <유기(체)적 실재론>organic realism으로도 일컬어진다(PR 309/594). 이때 화이트헤드가 말한 이 <유기체> 개념은 기존 생물학에서 말하는 유기체 개념이라기보다 어디까지나 원자, 분자 등 무기물의 사태까지 모두 포함해서 일컫고 있는 형이상학적 개념으로서 도입된 유기체 개념이라는 점도 재차 강조해두고자 한다. 그렇기 때문에 유명 물리학자인 리처드 파인먼이 앞서 "만물은 원자들로 이루어졌다"고 표현한 것에 대해 이를 화이트헤드식으로 표현해본다면 "이 세계는 매순간마다 생성·소멸하고 있는 <유기(체)적 원자들>로 이루어져 있다"가 되는 것이다.

나의 철학은 유심론도 아니며 유물론도 아닌 <유기체 철학>입니다. 이는 <정태적인 물질> 개념에서 <유동하는 에너지> 개념으로의 전환을 뜻하고 있는 <유기(체)적 실재론>를 말한 것입니다.

[※ 이에 더해 필자의 생각도 제안해본다면, 우리가 <원자>라는 것을 떠올릴 때 흔히 <둥근 입자 모형의 원자>를 떠올리는 경우가 많은데, 화이트헤드 철학에서 보면 오히려 <장>場, filed 개념과 결부시켜 기존의 둥근 입자보다 <장(場)>으로서의 양자 곧 <양자장>quantum field에 대한 이미지들을 가급적 떠올려보는 것이 좀 더 괜찮지 않을까 생각한다. 물론

물리학자들이 실제 모든 원자를 정말 둥글다고 생각한다는 얘기도 결코 아니다. 필자의 언급은 그러한 과학 차원 이전에 단지 우리 머릿속에 종종 사유되는 〈둥근 입자 모형의 원자 이미지〉가 또 다른 의미로 원자에 대한 고정된 상(像)을 갖도록 하는 점도 있기 때문에 철학적 상상력의 차원에서 〈장(場)으로서의 이미지〉를 가급적 떠올려보는 시도를 얘기한 것이다. 그럴 경우의 원자는 〈입자〉粒子가 아닌 〈입장〉粒[立]場이 될 것이다. 물론 필자가 언급한 이 같은 권유는 단지 언어를 넘어선 궁극적 실재로 향하는 어떤 근접된 이미지를 부여잡기 위한 하나의 시도로서 제안해 본 것에 불과하다.]

　이때 화이트헤드는 임의의 **현실 존재[계기]**가 갖는 생성 과정을 〈합생〉合生, concrescence이라고 불렀다. 그것은 단위적인 하나의 생성 과정을 달리 일컫는 표현이기도 하다. 이 단위적인 생성 과정이라는 "합생은 우주 전체의 개체화이다(The concrescence is an individualization of the whole universe)."(PR 165/344). 즉, 하나의 개체화 과정은 놀랍게도 우주 전체가 다함께 빚어내는 새로움의 창출 과정이라는 얘기다. 나중에 보겠지만, 더 나아가 화이트헤드는 바로 이 〈합생〉이라는 현실 존재의 생성 과정의 그 내부까지 들여다보면서 이에 대해서도 계속적으로 훨씬 더 정밀한 지적 분석을 수행한다. 물론 모두 현실 존재들로 묶여지긴 해도 화이트헤드는 원자적 존재인 **현실 존재[계기]**를 언급함에 있어 모든 현실 존재들이 동일한 지평에 있는 것이지만 그 중요성에서는 등급이 있고 그 기능에 있어서도 차이가 있다고 봤었다(PR 18/78). 따라서 이것이 모든 현실 존재들에 대한 어떤 우주적인 수평적 평등을 주장한 것으로 오해되어선 곤란하다고 여겨진다. 그가 쓴 PR에서는 현실 계기의 경우 크게 네 등급으로 구분하고 있다.

"현실 세계에는 서로 뚜렷이 식별되지 않는 네 등급의 현실 계기들이 있다는 것을 발견하게 된다.

1) 먼저, 가장 낮은 등급의 것으로서 이른바 <텅 빈 공간>이라고 하는 것 속에 들어 있는 현실 계기들이 있다.

2) 둘째로는, 전자나 원시 유기체와 같은, 지속하는 무생물의 생활사에 들어 있는 요소들인 현실 계기들이 있다.

3) 셋째로는, 존속하는 생물의 생활사에 들어 있는 요소들인 현실 계기들이 있다.

4) 넷째로는, 의식적인 인식을 갖는 존속물$^{enduring\ object}$의 생활사에 들어 있는 요소들인 현실 계기들이 있다. (PR 177/365, 차례 번호는 필자의 표시)

여기서는 여러 현실 계기들, 즉 <시간적인 현실 존재들>에 한해서 일단 네 등급으로 분류하고 있다. 물론 이러한 분류가 절대적인 의미를 갖는 분류까진 못 된다. 화이트헤드가 말년에 쓴 저작인 『사고의 방식』(*Modes of Thought*, 1938)에서는 자연 속의 사건들을 대략 여섯 가지 유형으로도 분류한 바 있다. 여기서는 1)인간을 비롯해 2)동물, 3)식물, 4)단세포, 5)무기적 집합체 그리고 6)현대물리학의 미세한 분석에서 드러나고 있는 미소한 규모의 사건들 이렇게 6가지로도 구분했었다(MT 156-157). 아마도 또 다르게 자연 속의 사건들에 대한 분류들로 계속 더 나아갈 수도 있을 것이다. 다만 여기서는 **현실 존재[계기]**가 적어도 둘 이상이 함께 모여 있을 경우, 화이트헤드는 이를 〈결합체〉nexus로 불렀었다는 점만은 지적해두고자 한다. 이 넥서스[결합체]는 여러 현실 존재들의 〈연쇄체〉를 말한 것이다. 화이트헤드가 말한 〈결합체〉의 핵심 의미는 하나의 **현실 존재[계기]**가 아닌 여러 현실 존재들이 공재(共在, 함께 있음)되어 있음을 뜻한 점에 있다. 그 점에서 적어도 둘 이상의 현실 존재들[계기들]의 공재를 〈결합체〉로 보기 때문에 사실상 우리가 경험하는 모든 사물들은 기본적으로 모두 〈결합체〉에 해당한다고 볼 수 있다(* 이 〈결합체〉에 대해선 제10장 '자연의 계층 구조: 결합체와 사회'를 소개하는 부분에서 보다 자세하게 살펴볼 것이다).

따라서 현대 물리학에서 말하는 미소 규모의 사건들, 분자들, 무기물들, 세포, 동식물, 인간 등 이 모두는 물론이고 전체 우주 역시 결국 〈결합체〉에 해당된다고 볼 수 있다. 다만 앞서 언급했듯이 화이트헤드의 형이상학이 〈원자론〉이긴 해도 이것이 모든 만물의 우주론적 관계에 의해 수평적 평등으로 치닫는다거나 비(非)인간 또는 탈(脫)인간주의에 있어 인간 능력과 책임성을 아예 도외시하려는 입장도 결코 못 된다는 점 역시 첨언해두고자 한다. 왜냐하면 현실 존재들[계기들]은 그 중요성의 등급과 기능의 차이가 있기에 그에 따라 힘의 차이들이 있고 또한 그러한 만큼 자유와 책임의 정도도 다를 것이기 때문이다. 화이트헤드 철학의 세계에서도 인간이 고등 유기체에 속한다는 점은 분명해 보인다. 물론 미래는 늘 창조적으로 열려 있으며 인간을 포함한 전체 우주 역시 언제나 진화 중에 있다. 앞서 화이트헤드가 현실 계기들을 크게 네 등급으로—또는 6가지로 분류하든— 이를 구분해서 언급했었지만 사실상 그 경계들은 그리 뚜렷하지도 않을뿐더러 이 역시 계속적인 진화 과정 중에 있을 따름이다.

화이트헤드가 논하는 사건으로서의 존재자인 〈현실 존재〉는 어디까

제5장 화이트헤드 철학의 핵심 개념, 〈현실 존재〉 이해하기

지나 〈유기(체)적인 것〉이며, 이 개념은 바로 다음 장에서 살펴볼 화이트헤드의 또 다른 용어인 〈영원한 객체〉$^{eternal\ object}$나 〈창조성〉^{creativity}이라는 개념과 더불어 그의 〈유기체 철학〉을 이해하는 데에 있어 가장 핵심적인 열쇠에 해당한다.

☞ **합생** - 하나의 현실 계기가 갖는 생성의 과정 (전체의 개체화 과정)

☞ **결합체** - 둘 이상의 현실 존재[계기]가 함께 모여 있는 경우

● 현실 계기들에 대한 4가지 등급 차이 분류
1) 우주의 텅 빈 공간 형성
2) 소립자 및 원자와 분자 형성
3) 생물체 형성
4) 의식적인 인식을 갖는 생물체 형성 (계속 진화 중)

※ 우리의 우주는 그 직전까지의 과거 세계를 기반으로 해서 세계 안에 〈새로움〉을 부단히 출현시키고 있는 계속적인 진화 과정의 우주다.

본장을 마치면서 다시 한 번 거듭 말씀드리지만, 〈현실 존재〉라는 개념은 화이트헤드 철학의 전반을 이해하는데 있어서도 가장 중요한 핵심 개념이라는 점과, 화이트헤드 철학의 많은 부분들이 바로 이 〈현실 존재〉에 대한 분석에 치중되어 있거나 관련되어 있기에 필히 숙지하고서 다음 장으로 넘어가길 바라는 마음이다. 물론 〈현실 존재〉에 대한 더 복잡하고 심화된 분석의 내용들도 여전히 남아있기 때문에 혹시 더

264

필요하다면 중급 과정으로 들어가면 될 것으로 본다. 적어도 여기선 화이트헤드 철학을 처음 접하는 초심자로서 그래도 익혀볼 만한 중심 내용들 위주로 추려서 말씀드린 것에 불과하다. 그럼에도 이 같은 필자의 시도나 노력에도 한계가 있을 수 있다는 점도 부인할 수 없다. 다만 본 장 이후에도 관련 내용들은 얼마든지 반복적 연관을 지닐 수도 있어 필요하다면 그때마다 계속적으로 보완되어질 것이라는 점도 말씀드린다.

제 6 장

현실 존재와 함께 <영원한 객체>와 <창조성> 이해하기

"없는 곳(nowhere)으로부터 세계 속으로 유입되는 것은 아무것도 없다."

― A. N. 화이트헤드

합생, '다(多)에서 일(一)로의 과정'이라는 화이트헤드의 특별한 생성 개념

화이트헤드의 원자 개념인 현실 존재[계기]는 〈획기적 생성〉의 원자다. 따라서 하나의 생성은 원자적 개체성의 실현을 의미하는 것이다. 그런데 화이트헤드의 〈생성〉 개념은 변화와 불변의 도식에 들어가지 않기에 정확히는 〈변화〉^{change}에 대한 동의어가 못 된다는 점은 앞서 밝혔었다. 화이트헤드는 독특하게도 이를 〈합생〉$^{合生, concrescence}$이라고 불렀었다. 즉, 합생은 임의의 현실 존재[계기]가 생겨나는 하나의 생성 과정에 붙여진 명칭인 것이다.

이 〈합생〉이야말로 화이트헤드 철학 고유의 생성 이해를 드러내는 신조어인 셈이다. 〈합생〉이라는 과정 자체는 시간적 과정이 아니어서, 단지 그것은 '하나의 현실 존재가 생성되는 과정'을 말할 뿐이다. 아주 간단한 진술로 표현한다면, 〈합생〉이란 곧 "우주 전체의 개체화"를 말한다(PR 165/344). 〈합생〉에 해당하는 영어 단어인 'concrescence'는 접두어인 'con-'(함께) 그리고 라틴어 동사 crescere(자라다/모으다/형성되다/얼리다/딱딱해지다)를 붙여놓은 용어로 알려져 있다. 따라서 이 〈합생〉이라는 용어의 뜻은 〈함께 자라다〉라는 의미를 갖는다고 볼 수 있다.

● 합생(concrescence) = 함께(con-) + 자라다(crescere)
　　　　　　　　　　　　　　　　　　　 모으다
　　　　　　　　　　　　　　　　　　　 형성되다
　　　　　　　　　　　　　　　　　　　 얼리다
　　　　　　　　　　　　　　　　　　　 딱딱해지다

> ## "합생은 전체 우주에 대한 개체화이다!"
> (The concrescence is an individualization of the whole universe)

여기서 〈함께 자라다〉라는 뜻에서도 짐작되듯이, 화이트헤드가 말하는 합생의 과정은 어떤 다수의 항들이 함께 해서 하나의 현실 존재라는 통일적 과정을 형성하는 점을 담고 있다.

"〈합생〉이란 다수의 사물들로 구성된 우주가, 그 〈다자〉^{many}의 각 항(項, item)을 새로운 〈일자〉^{one}의 구조 속에 결정적으로 종속시킴으로써 개체적 통일성을 획득하게 되는 그런 과정을 일컫는 말이다." (PR 211/424)

"합생을 지배하고 있는 과제는 전체로서의 양자의 현실화이다(The problem dominating the concrescence is the actualization of the quantum *in solido*)." (PR 283/550)

그렇다면 하나의 현실 존재[계기]라는 과정은 어떤 다수의 항들이 함께 자라서 하나의 통일적인 생성 과정을 일컫는 셈이다. 바로 그 점에서 화이트헤드는 〈합생〉이란 〈우주 전체의 개체화〉라고도 했었다(PR 165/344). 따라서 하나의 현실 존재[계기]의 생성에는 우주 전체가 관여하면서 새롭게 창출된다고 볼 수 있다. 더구나 〈전체로서의 양자의 현실화〉라고 했을 때는 마치 〈양자장〉$^{quantum\ field}$에서의 들뜸^{excitation}을 떠올리게 해준다. 이미 연구자들 중에는 화이트헤드 철학을 양자역학 해석에 있어 유용한 설명으로 보는 이들도 있다. 그리고 이러한 합생의

제6장 현실 존재와 함께 <영원한 객체>와 <창조성> 이해하기

과정은 여러 국면들에 해당하는 <위상들>^{phases}로 이루어져 있다.

[그림] 합생의 위상들81) [* 합생의 <위상들>에 대한 상세 내용은 어차피 다음 장에서 설명할 것이며, 여기서 말한 <위상>이란 단지 한 순간의 <국면>으로만 봐도 무방하다. 마찬가지로 **지금은 이 합생 그림의 내용들을 모두 이해하고 넘어갈 필요가 전혀 없다.** 어차피 계속해서 보게 될 매우 중요한 그림이라는 점만 염두에 두면 될 것으로 본다. 그래서 지금은 그림이 작지만, 나중에 큰 그림으로 다시 보게 될 것이다.].

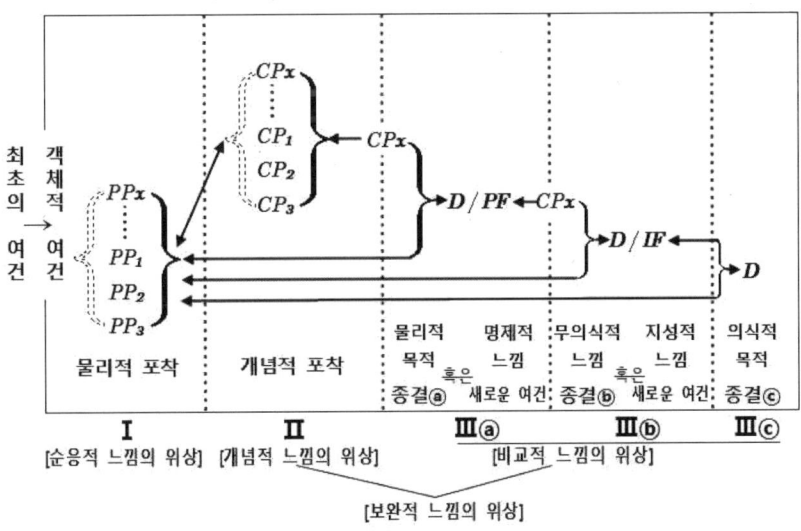

PP 물리적 포착$^{Physical\ Prehension}$ **CP** 개념적 포착$^{Conceptual\ Prehension}$
CPx 선별된 가능태/영원한 객체   **D** 결단^{Decision}, 합생의 종결
PF 명제적 느낌$^{Propositional\ Feeling}$ **IF** 지성적 느낌$^{Intellectual\ Feeling}$

▲ 이 용어들도 어차피 뒷장에서 설명될 것이어서 지금은 모두 이해하지 않고 넘어가도 좋겠다.

270

화이트헤드가 말하는 합생은 전체 우주를 기반으로 하나의 새로운 현실 존재가 어떻게 창출되는가를 보여주는 생성의 과정에 해당한다. 따라서 어떤 새로운 현실 존재[계기]의 태동은 곧 합생의 사례에 다름 아니다. 화이트헤드에게선 이 〈합생〉 과정 자체가 〈새로운 개체적 사물〉이 된다는 것이다.

"합생의 각 사례는 그 자체가 새로운 개체적 〈사물〉이다. 〈합생〉과 〈새로운 사물〉은 별개의 것으로 존재하는 것이 아니다." (PR 211/424)

"합생의 사례는 〈현실 존재〉$^{actual\ entity}$ – 혹은 이에 상당하는 말로서 〈현실 계기〉$^{actual\ occasion}$ – 라고 불린다." (PR 211/425)

모든 현실 존재[계기]는 합생이라는 과정을 통해 현실태로 완결된다. 이러한 합생 과정은 크게 〈순응적〉^{conformal} 위상, 〈개념적〉^{conceptual} 위상, 〈비교적〉^{comparative} 위상으로 나눠 볼 수 있다(PR 164/342). 합생 과정의 각각의 위상들에 대한 설명들은 어차피 뒤에서 다시 거론할 것이다. 일단 여기서는 합생 과정을 '전체 우주의 개체화'로 보는 점과, 그러한 합생의 초기 국면^{phase}에선 〈대우주적〉^{macrocosmic}이고, 합생의 최종 국면에서는 〈소우주적〉^{microcosmic}이라는 점을 말씀드리고자 한다.

"각 합생은 일정한^{definite} 자유로운 개시^{initiation} 및 일정한 자유로운 종결과 연관되어야 한다. 그 최초의^{initial} 사실은 모든 계기와 동등한 관련을 맺고 있다는 의미에서 〈대우주적〉이며, 그 최종적^{final} 사실은 그 계기에 있어 독특하다는 의미에서 〈소우주적〉이다."

제6장 현실 존재와 함께 <영원한 객체>와 <창조성> 이해하기

(PR 47-48/135)

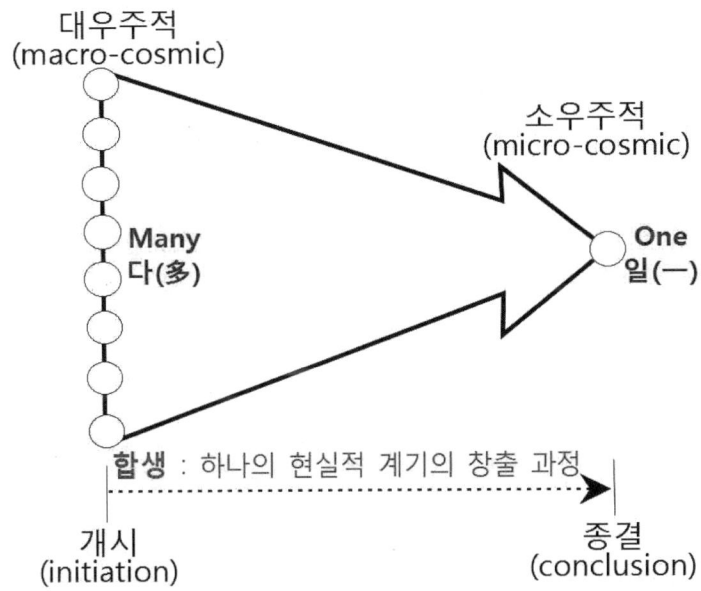

▲ [본서의 그림들은 필자가 직관적으로 표현해본 것이어서 참조에 불과하다.]

여기서 <합생>이라는 현실 존재[계기]의 창출 과정은 개시의 국면에선 분리된 다수의 사물들이 함께 모여 종결의 국면에서는 하나의 사물로 통일되고 있는 과정임을 볼 수 있다. 즉, '여럿들^{many}의 대우주 국면에서 이것이 통일되는 하나^{one}의 소우주 국면으로의 과정'인 것이다. 그래서 개시에서는 대우주적이고, 종결에서는 소우주적이라고 말한다. 이를 달리 말하면 '다(多)라는 전체에서 일(一)이라는 개체로의 과정'이라고 볼 수 있겠다.

이때 합생 과정에 있어 생성의 완결은 곧 <소멸>인데, 이 완결된 합생의 최종 국면을 화이트헤드는 <만족>^{satisfaction}이라고 일컬었다. 즉, 화이트헤드가 말하는 <만족>이란 현실 존재[계기]의 합생 과정에 있어 마

지막 〈위상〉인 것이다(PR 25-26/91-92). 합생의 과정은 바로 〈만족〉에서 종결된다.82) 마치 목적하는 일을 달성했다면 더 이상 그 일을 그만 두는 식으로 해소되는 것과 비슷한 양상이다. 그래서 화이트헤드는 "궁극적 달성은 〈만족〉이며, 이는 하나의 현실 존재가 갖는 느낌의 통일성을 최종적으로 특징짓는 것"이라고 말한다(PR 166/345). 만족은 곧 합생의 종결 국면을 일컫는다.

그런데 이 합생의 유형은 단 하나의 합생 유형만 있지 않으며, 매우 단순한 합생 과정으로 종결되는 경우도 있지만, 보다 복잡한 합생 과정으로 종결되기도 한다. 앞서 합생의 종결 국면을 만족이라고 했었는데, 이 합생을 종결하는 만족이 단순 종결의 합생으로만 마감되는 것이 아니라 좀 더 복잡하게 연장된 합생 과정을 보여줄 수도 있음을 말한 것이다. 따라서 만족에 해당하는 합생의 종결 양상은 결코 하나의 유형만 있지 않다. 앞서의 [합생의 위상들] 그림에서 보듯이, 종결ⓐ에서 만족하는 단순 유형의 합생 계기도 있지만 더 나아가 종결ⓑ나 종결ⓒ에서 만족하는 좀 더 복잡한 유형의 합생 계기도 창출될 수 있는 것이다.

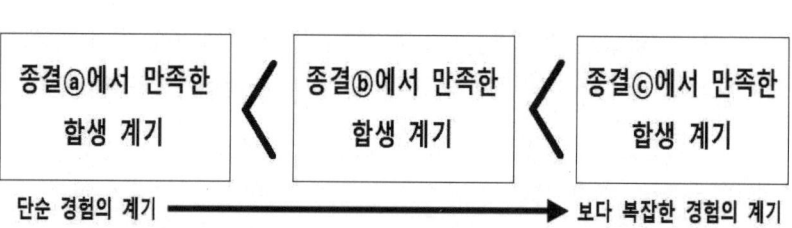

이 경우 종결ⓐ에서 만족으로 마감한 단순 합생의 계기보다는 적어도 종결ⓑ나 종결ⓒ에서 만족을 보여준 그러한 합생 계기가 훨씬 더 복잡하고 고등한 경험으로의 계기라고 볼 수 있다. 그럴 경우 경험의 강도^{intensity}는 더 집중적이게 된다.

<현실태>란 <가능태>의 한복판에서의 결단!

앞서 종결은 곧 합생 과정의 소멸이라는 점을 말씀드렸다. 합생이라는 생성 과정에 있어 <만족>이라는 마지막 위상을 통해 <현실태>actuality는 소멸된다는 얘기다. 이는 마치 소기의 목적을 달성하면 해체되는 것과 같다. 그러나 소멸되긴 하지만 합생의 <만족> 이후로는 <현실태>가 아닌 <가능태>potentiality83)가 되어서 다음에 이어질 합생 과정에 그 자신을 <여건>data, 자료으로 넘겨준다. 이를 <객체적 불멸성>이라고 한다. 이때 <합생>이라는 생성 과정에서 어떤 가능태는 받아들이지만 또 어떤 가능태는 배제하는 일이 일어날 수 있다. 화이트헤드는 그러한 일을 <결단>decision이라고 불렀는데, 이때 말하는 <결단>은 필연적으로 어떤 <의식적 판단>을 의미하는 그런 결단이 아니라는 점에서 혼동을 하면 곤란하다. 일단은 의식적이든 무의식적이든 상관없이 가능태를 잘라내는 작용이 내포된 것이다. 화이트헤드의 설명은 다음과 같다.

> "<결단>이란 말은 여기서 어떤 의식적 판단을 의미하지 않는다. 약간의 어떤 <결단>에서는 의식이 하나의 요소가 되는 수는 있겠지만 말이다. 결단이라는 말은 <잘라낸다>cutting off라는 그 어원의 의미로 쓰이고 있다." (PR 43/124-125)

여기서 <가능태>란 달리 말해서 <미결정성/미확정성>indetermination을 일컫는다. 이 미결정성(미확정성)의 가능태들은 결정되도록 할 수 있으나 여전히 결정되어 있지 않은 것들을 의미한다. 바로 이 미결정성의 가능태들이 해당 현실 존재의 생성 과정의 <결단>decision을 통해 현실화되고 있는 것이다. 즉, <미결정성이 제거된 결정성으로> 된다는 것이다. 또 달리 표현한다면 <가능태에서 현실태로> 된다는 얘기다. 따라서 <완

고한 사실〉stubborn fact로서 현존하고 있는 모든 현실태들은 바로 이러한 〈결단〉의 산물이라 할 수 있다.

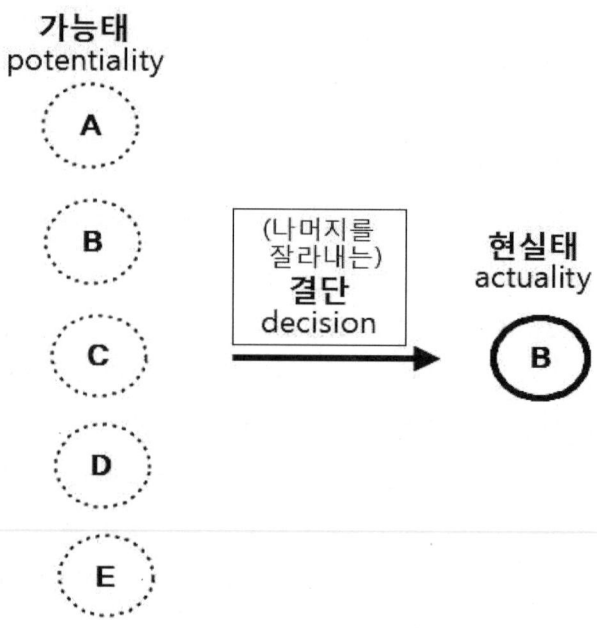

"〈현실태〉actuality란 〈가능태〉potentiality의 한복판에서의 결단이다. 그것은 피할 수 없고 굽힐 수 없는 엄연한 사실을 나타낸다." (PR 43/125)

그렇다면 현실 세계를 구성하는 모든 사물들은 매순간순간 무수한 가능태들을 결단하는 가운데서 계속적으로 〈현실화〉하고 있는 과정인 셈이다. 이와 관련해 화이트헤드는 에딘버러 성곽의 사례를 들어서 다음과 같이 말한다.

제6장 현실 존재와 함께 <영원한 객체>와 <창조성> 이해하기

"에딘버러 성곽의 벽돌은, 그 자신의 역사적 경로에 있어 선행하는 여러 계기에 대해 내려진 결단에 근거하여 순간순간 존재하고 있을 뿐만 아니라 여러 세기에 걸쳐 존재하고 있는 것이다." (PR 43/126)

▲ 영국의 에딘버러 성 전경

언뜻 보기에 우리는 저 성벽의 바위가 아무런 미동도 하지 않고 있기 때문에 그냥 아무런 변화 없이 지속되기만 할 뿐인 것으로 여기기 쉽다. 그러나 화이트헤드의 시각에서 보면, 아무리 오랜 세월을 견뎌온 꿈쩍도 하지 않는 바위라고 하더라도 그것은 매순간순간의 현실화를 위한 결단들이 끊임없이 일어나고 있는 가운데 바위로서 일정 시기 동안 존속되고 있을 따름이다. 바위의 존속도 언젠가는 다시 퇴화되어질 한시적인 존속이다. 우리는 바위(광물)를 구성하는 원자들 역시 양성자와 전자를 가지고 있으며 그것 또한 정태적이지 않고 매순간 진동을 하고 있다는 점을 과학을 통해 알고 있다. 궁극적인 실재의 세계로 들어가면 그러한 진동조차도 늘상 무변화의 항구적 사태로만 영원히 존

속하고 있는 건 결코 아니다. 즉, 〈진동적 차이화〉$^{vibratory\ differentiations}$는 항시 일어나고 있는 것이다.

화이트헤드가 보는 현실 세계는 그 어떤 국소적인 동요도 우주를 뒤흔든다고 볼 정도로(MT 138) 기본적으로 〈소란스런 세계〉이며 온갖 진동으로 들끓고 있는 우주라는 점을 잊어선 안 된다. 물론 일상적인 인간의 감각 수준에서 보면 저 바위는 미동도 하지 않는 그러한 사물로 볼 수도 있겠지만, 우리는 지금 일상적 언어의 굴레를 가급적 벗어나서 그것이 놓인 기반과 이면까지 추적하는 형이상학적 탐사를 수행하는 중에 있기에 보다 근원적인 시각을 추구할 필요가 있는 것이다.

에딘버러 성은 순간순간의 여러 현실 계기들의 잇따르는 결단을 통해 존재하면서도 여러 세기에 걸쳐 존재한다고 볼 수 있어요.

따라서 우리는, 세상의 현존하는 무수한 사물들 역시 매순간순간의 〈현실 존재[계기]들의 결단〉에 의해 존재하고 있으면서도 그럼으로써 역사적인 경로를 형성하는 가운데 때로는 짧은 시간으로도 때로는 긴긴 시간에 걸쳐서도 존재하고 있음을 이해해볼 수 있다. 이때 가장 근본적인 기초 사실은 매순간순간의 결단들에 의해 형성된다는 점이다.

이러한 현실 존재[계기]들의 결단은 항시 일어나고 있으며, 이것은 가능태의 한복판에서 특정의 가능태를 선택함으로써 이를 현실태로 구현해내는 〈결단〉을 말한다. 다시 말씀드리지만, 이때 말하는 결단은 인간의 의식적 판단상의 결단을 뜻하지 않는다. 화이트헤드의 철학세계는 인간의 감각 수준에 맞춰 세계를 들여다보고 있지 않다.

〈결정성과 자유〉에 있어, 직접적 결단의 여지를 남기는 〈우연성〉도 항시 있어

화이트헤드가 말한 이 〈결단〉에 대해 한 가지만 덧붙인다면, 이 결단은 자기 창조적인 결단이라는 점에서 궁극적으로는 〈창조성〉^{creativity}에 기인된 것이며 또한 〈자유〉^{freedom}의 성격을 갖는다는 점이다. 물론 주어지는 조건들은 〈결정성〉^{determination}을 드러낸다고 하더라도 그러한 가운데서 관련된 어떤 가능태를 〈결단〉할지는 여전히 미결정성에 대한 것이기에 자유의 여지들이 있는 것이다. 따라서 적어도 그 지점에서만큼은 우주 안에 결코 합리적으로 해명될 수 없는 〈우연성〉의 성격을 띤다고 볼 수 있는데, 우주의 창조적 전진에는 〈결정성〉과 〈자유〉라는 이 두 측면이 항시 있다는 것이다. 화이트헤드가 말한 〈결정성과 자유〉는 그 자신이 PR에서 밝힌 9개의 범주적 제약 중 하나에 속할 정도로 모든 경험의 사태에도 엿볼 수 있는 그러한 성격에 해당한다(PR 27-28/95). 이 점에서 화이트헤드는 모든 〈결정성〉의 너머에는 항상 사물의 궁극적 자유 곧 〈자기창조적$^{self-creative}$ 활동〉(나중에 보겠지만 여기에는 〈창조성〉이 궁극적 배후로 있음)이 자리한다는 점을 강조한다.

"모든 결정의 피안에 있는 사물의 궁극적 자유는 저 갈릴레오가 속삭였던—그래도 지구는 움직인다(*E pur si muove*)라는—바로 그 자유이다. 그것은 종교 재판관에게는 부당하게 사고할 수 있는 자유였고, 갈릴레오에게는 정당하게 사고할 수 있는 자유였으며, 지구에게는 갈릴레오나 종교 재판관의 생각에 구애됨 없이 움직일 수 있는 그러한 자유였다.

유기체 철학의 학설은, 합생의 구성 요소들을 결정함에 있어 작용인이 아무리 광범하게 그 영향력을 행사한다 해도, 이러한 구성 요소들의 결정 너머에는 언제나 우주의 자기 창조적 통일의 <최종적 반작용>final reaction이 있다고 본다. 이 최종적 반작용은 작용인의 여러 결정에다 <창조적 강조>creative emphasis라는 결정적인 날인捺印, stamp을 함으로써 자기 창조적 활동을 완결짓는다."
(PR 47/134)

이때 <결정성>의 지점은 합리적으로 해명 가능한 요소를 드러내는 것이라면, 직접적 결단이 갖는 <자유>의 지점은 결코 합리적으로 해명 불가능한 <우연성>의 요소를 갖는다. 다시 말해서, 현실 존재의 <결단>만큼은 합리주의를 추구하는 화이트헤드의 체계에서조차도 결코 합리적으로 해명될 수 없다고 보는 <비합리주의>를 보여주고 있는 지점에 해당한다는 것이다.84) 화이트헤드는, 우주 안에는 항상 직접적 결단의 여지를 남기는 <우연성>contingency이라는 것이 있다고 봤었다.

"<결단된>decided 조건들은 결코 자유를 내쫓는 성격의 것이 아니라는 데에 주목할 필요가 있다. 그것들은 자유를 제한할 따름이다. 항상 직접적 결단의 여지를 남기는 우연성이라는 것이 있다."
(PR 284/551)

제6장 현실 존재와 함께 <영원한 객체>와 <창조성> 이해하기

'결정성'과 '자유'의 성격이 늘 함께 하는 거면, 이는 앞서 말한 타자원인성과 자기원인성에도 상응된다고 봐!

사물의 생성에는 결정되어진 조건의 제약과 함께 <자기 창조적 활동>도 늘 있다는 점을 잊어선 안되겠지!

<현실 존재>와 <영원한 객체>는, 존재 이해의 기본적인 두 유형

앞서 화이트헤드가 얘기한 것처럼, 결국 현실태를 '가능태의 한복판에서의 결단'으로 본 것이라면, 이제 여기서 말하는 〈가능태〉potentiality의 의미가 무엇인지에 대해서도 알아볼 필요가 있을 것이다. 화이트헤드는 이 가능태를 달리 명명하기를 〈영원한 객체〉eternal object라고도 불렀다.

"영원한 객체는 항상 현실 존재들을 위한 가능태이다."(PR 44/128).

아마도 철학을 처음 접하시는 분들이라면 ─설령 이미 철학을 접했더라도─ 화이트헤드의 〈영원한 객체〉라는 용어는 매우 낯설게 들릴 것으로 본다. 분명 이 같은 철학 수업이 아니면 어디서도 이런 용어를 들을 일도 없을 것이다. 도대체 이 〈영원한 객체〉라는 것은 무엇인가?

280

우선 화이트헤드가 말하는 〈영원한 객체〉는 〈현실 존재〉와 함께 중요한 개념으로 볼 필요가 있겠는데, 그 이유는 화이트헤드가 〈현실 존재〉와 〈영원한 객체〉 이 두 가지를 존재의 근본적인 두 유형으로 보는 점이 있기 때문이다(PR 22/85, 25/90). 일단 화이트헤드는 〈현존의 범주〉에 해당하는 8개의 목록들 중에 〈영원한 객체〉를 포함시키고 있다.

"ⅴ) 〈영원한 객체들〉Eternal Objects, 혹은 사실의 특수한 규정을 위한 〈순수한 가능태들〉Pure Potentials, 또는 〈한정의 형식들〉Forms of Definiteness." (PR 22/85)

여기서 화이트헤드는 〈영원한 객체〉라는 용어를 달리 표현해서 말하길 〈순수 가능태〉 그리고 〈한정의 형식〉이라는 표현을 쓰고 있는데, 기본적으로는 존재의 범주에 속하고 있다. 다시 말해 영원한 객체 역시 존재한다고 본 것인데, 다만 영원한 객체는 현실 존재와 달리 가능적으로만 존재한다고 보는 것이다. 따라서 화이트헤드는 〈현실적으로 존재하는 것〉과 〈가능적으로 존재하는 것〉, 바로 이 두 가지 유형의 존재들entities이 진화하는 이 현실 세계를 구성하고 있는 두드러진 기본적 유형의 것으로 보고 있다.

"존재들의 근본적인fundamental 유형은 현실 존재와 영원한 객체라는 것. 그리고 그 밖의 다른 유형의 존재는 이 두 가지 근본적인 유형의 존재들이 현실 세계에서 어떻게 서로 공동체를 이루고 있느냐를 표현할 뿐이라는 것." (PR 25/90)

어쩌면 이 점에서 우리는 또다시 마치 동양철학의 기(氣)와 대비되는

리(理) 개념을 떠올릴는지도 모르겠다. [*하지만 앞서 말씀드렸듯이 화이트헤드의 현실 존재를 동양의 기(氣) 개념으로 보는 것은 그리 들어맞는 생각이 아님을 밝혔었다. 여기서도 개인적인 견해라는 점을 말씀드리면서, 동양 형이상학의 리(理) 개념은 화이트헤드 철학의 <영원한 객체> 개념과 다소 유사한 느낌도 없잖아 있긴 하나 적어도 화이트헤드에서는 이것이 주체일 수가 없기 때문에 분명 다른 차이점도 클 것으로 본다.85)] 그러나 이 글은 동서 철학을 비교하는 작업이 아니다. 어디까지나 화이트헤드 철학을 소개하는 목적이 1차적이다. 다만 필자가 이 얘길 꺼낸 이유는, <영원한 객체>라는 화이트헤드의 개념을 좀 더 가능하면 친숙하게 이해해보고자 함에서 언급해 본 것일 뿐이다. 이미 우리 문화권에는 만물을 기(氣)와 리(理)의 개념으로 해석하는 이들도 매우 많은 현실이다.

화이트헤드는 <영원한 객체>에서 왜 '영원한'이라는 수식어를 붙였을까?

이제 우리는 화이트헤드가 채택한 <영원한 객체>라는 용어부터 살펴보자. 우선 그는 왜 하필 <영원한>^{eternal}이라는 용어를 붙인 것인가? '영원한'이라는 형용사적 표현에서도 짐작되듯이 이것은 시간성을 갖고 있지 않은 개념이다. 시간은 필연적으로 <변화>와 관련되어 있다. 즉, 화이트헤드의 <영원한 객체>는 시간적 세계의 변화와 무관하게 그 정체성^{identity}이 변함없이 동일하게 유지되는 개념에 해당한다.

예를 들어, <삼각형>이라는 수학적 개념의 형상을 생각해보자. 우리는 수천 년 전의 이집트 피라미드 건물을 통해 이 <삼각형>이라는 형상을 떠올릴 수 있다. 또한 시간이 흐른 뒤에 바라보더라도 —적어도 건물의 큰 손상이 있지 않는 한— 우리는 여전히 <삼각형>을 떠올릴 것이다. 뿐만 아니라 21세기를 살고 있는 현재의 우리는 가까운 상점에서 파는 <삼각 김밥>을 통해서도 <삼각형>이라는 개념을 떠올린다.

[수천 년 전의 과거 피라미드]   [21세기 오늘 상점에서 보는 삼각 김밥]

[추상된 개념으로서의 삼각형]

☞ 시공간이 동떨어진 두 사건(사물)에서 우리는
〈삼각형〉이라는 공통 개념을 끌어낼 수 있다.

    이 〈삼각형〉이라는 개념은 수천 년 전의 〈피라미드〉나 21세기 지금의 〈삼각 김밥〉에서나 여전히 삼각형이라는 개념 자체로서는 변함없는 성격을 갖는 것이지만, 그러면서도 각각의 특정한 구체적인 사물들에도 관여되고 있는 그러한 점을 보여준다. 그러나 삼각형 그 자체는 구체적 사물이 아니며, 어디까지나 개념적으로 떠올리는 〈형상〉에 불과하다. 따라서 〈삼각형〉은 구체적 사물이 아니기에 시공간을 뛰어넘는 점이 있다. 즉, 시간적 변화와 관련 없이 발견되는 〈동일자〉에 해당하는 것이다. 화이트헤드가 말하는 〈영원한 객체〉도 바로 이러한 성격을 갖는다. 무려 수천 년 전의 거대한 피라미드 건물 그리고 21세기 상점에서 만나는 작은 삼각 김밥이라는 이 두 사건은 〈삼각형〉이라는 형식을 실현해내고 있는 사건이다. 이 형식은 곧 〈삼각형〉으로 한정지을 수 있는 특성이 되고 있다. 바로 이 〈한정의 형식으로서의 삼각형〉은 적어도 변화무쌍한 시공간을 뛰어넘어서도 그 동일성을 유지하고 있으며 그 형상 자체는 어떤 〈구체적인 특수성〉을 갖지 않는다. 그것은 시공간적인 특수한 온갖 사실들과 무관하게 그 성격을 항상 동일하게 지닌 것이다.

결국 이 삼각형은 구체적인 사실이라기보다 오히려 그 구체적 사물로부터 추상된 것에 해당하며, 사실로부터의 추상이라는 점에서 구체적인 사물의 성격을 한정짓고 있는 〈한정성의 형식들〉$^{\text{forms of definiteness}}$에 해당한다. 다시 말해, 화이트헤드가 말하는 영원한 객체들은 현실 존재들의 특성을 한정짓고 있는 〈한정의 형식〉이라는 것이다. 더 간단하게 말한다면 이는 〈형상〉^{form}이라고 볼 수 있는데 이러한 각 형상들은 사실의 세계에 관여되는 것으로 본다(PR 20/82). 기원 전 수천 년 전의 피라미드와 오늘 21세기의 삼각 김밥이라는 사례에서 보듯이, 삼각형이라는 형상은 시공간을 넘어서 구체적 사물의 특성을 한정하고 있는 〈한정의 형식〉을 드러낸 것이다. 이 형식 자체는 시간성에 구애받지 않는 〈영원성〉의 성격을 갖는다.

우리는 수천 년 전의 피라미드와 오늘날 편의점의 삼각 김밥에서 '삼각형'을 공통적으로 떠올리긴 하지만, 삼각형 자체는 현실적으로 존재하지 않잖아!

삼각형 자체는 사실적으로 존재하기보다는 개념적으로 존재하는 것으로 봐야겠지!

<영원한 객체>에서 왜 '객체'인가?

또한 화이트헤드가 말한 <영원한 객체>에서 'object'의 의미도 살펴볼 필요가 있다. 'object'라는 용어는 말뜻 그대로 <객체> 혹은 <대상>을 의미한다. 그래서 혹자는 '영원한 대상'으로도 번역한다. 즉, 그것은 언제나 주체가 아닌 <대상>으로서만 존재한다는 것이다. 따라서 <대상> 혹은 <객체>라는 것은 일반적으로 현실의 <주체>subject와는 상반된 개념으로 자리한다. 그것은 결코 현실적인 능동자가 될 수 없다. 그 점에서 <객체>object라는 것은 현실적인 <주체>로 자리할 수 없음을 일단 이해해 볼 수 있겠다. [※ 때로는 <영원한 객관>으로 해서 읽어보는 것도 가능할 수 있으나 그럴 경우엔 화이트헤드가 쓴 'subject' 역시 <주관>으로 번역해서 <객관>과 <주관>으로 함께 맞춰야 할 것으로 보인다. 그렇기 때문에 본서에서는 기존 번역어인 <영원한 객체>가 그래도 좀 더 적절하다고 생각되어 이를 계속 채택했음을 말씀드린다.]

앞서 보았듯이 <영원한 객체>라는 개념은 화이트헤드 체계에서 현존의 범주에 속하지만 그것은 <영원한 대상>으로서 현존하는 것이지 그 자체로는 현실성을 결여한 것이기에 <능동적인 주체성>을 갖고 있진 않다. 오히려 능동적인 것은 <결단>decision을 갖는 현실 존재의 직접적인 주체성에 근거한다. <영원한 객체> 자체는 현실 존재의 그 같은 결단을 통해 현실 세계의 실현성 여부에 <관여>participation—이것은 플라톤적인 개념으로 화이트헤드 철학에선 <진입>ingression으로 표현됨—될 뿐이다. 즉, 유기체 철학에서는 현실 존재의 주체적 경험으로서의 <결단>이 더 중요한 것이다. 이 점에서 화이트헤드는 영원한 객체보다 오히려 현실 존재에 좀 더 적극적인 존재론적 근거로서의 우위를 설정해놓은 입장에 서 있다. 잠시 뒤에 보겠지만 이 점은 그가 주장한 <존재론적 원리>와도 연관된다. 영원한 객체는 대상object으로서만 영원히 존재한다. 현실에서의 영원한 객체의 현존 여부는 적어도 **현실 존재[계기]**의 실현성 여부에 달려 있을 뿐이다.

☞ **영원한 객체 자체는 능동적인 주체자가 아님에 유의!**

앞서 예를 들었던 <삼각형> 사례를 계속 언급해보도록 하자. 우리는 이 삼각형이라는 개념 자체를 현실적으로 그리고 직접적으로 발견할 수가 있는가? 만일 우리가 삼각형이라는 개념을 실제상의 지면에 담아 그려냈다고 할 경우, 그것은 삼각형이라는 개념 자체와 동일한 바로 그것인가? 결코 그렇지 않을 것이다.

우리가 제아무리 삼각형을 삼각형이라는 개념 정의에 따라 혹은 그 규격에 걸맞게 그려낸다고 하더라도 거기에는 언제나 일정한 두께로서의 선^{line} 모양이 있을 것이며, 현실적으로 그 오차를 줄일 수는 있을지라도 완벽하게 미시적인 차원의 오차까지 남김없이 제거된 채로 순도100%의 삼각형이라는 현실성을 구현해낼 수가 없다. 왜냐하면 애초 삼각형 자체는 결코 현실 존재가 아니기 때문이다. 삼각형은 <사실>^{fact}이 아니라 <형상>^{form}일 뿐이다. 바로 이 점에서 화이트헤드의 <영원한 객체>라는 개념은 <플라톤의 형상>$^{Platonic\ form}$ 개념을 계승하는 점이 있다. 하지만 화이트헤드는 자신의 PR이 플라톤 저작의 주석서를 표방하고 있지 않다면서(PR 44/127), 그리고 가능한 일말의 오해의 소지가 없도록 하고자 하여 그 자신만의 용어로 이를 개념화했었다.

"나는 이 절의 앞에서 <플라톤적 형상>이라 불렀던 것을 이제 <영원한 객체>란 말로 부르기로 하겠다. 그에 대한 <개념적 재인(再認)>$^{conceptual\ recognition}$에 있어 시간적 세계의 어느 특정의 현실 존재와도 필연적 관련이 없는 그런 존재^{entity}는 모두 <영원한

객체>라 불린다." (PR 44/127-128)

　시간적 세계에서의 우리는, 기원 전 시대의 피라미드 건축물과 21세기의 삼각 김밥이라는 사물에 대한 경험을 통해 삼각형을 떠올리는 것과 마찬가지로 이를 개념적으로만 구현할 뿐이지 현실적이고 구체적인 활동자로서의 삼각형을 만날 수는 없다. 단지 우리는 현실적인 경험들을 통해 그 속에서 삼각형에 대한 개념만을 떠올릴 뿐이며, 이를 구체적인 사물들 혹은 현실적인 사건들을 통해서 추상적으로 접하고 있을 따름이다. 즉, 시공간이 전혀 다른 두 사건[사물]에서 공통적으로 <삼각형>이라는 개념을 떠올린다고 했을 때, 이 삼각형이라는 개념 자체는 현실성을 결여한 것이면서도 동시에 구체적이고 현실적인 사물[사건]들을 통해서만 개념적으로 파악되어지고 있는 것이다.

　바로 그렇기 때문에 그것은 사건[사물]에 대한 파악에 있어 객체[객관] 또는 내상으로서만 영원히 현존할 뿐, 주체적으로 현존하고 있진 않다. 삼각형이라는 형상 자체는 현실적인 것이 아니다. 그것은 단지 <느껴질 뿐인 대상/객체>인 것이다. 화이트헤드는 이 같은 <형상적 존재>를 일컬어 <영원한 객체/객관/대상>라고 불렀던 것이다. 그에 반해 현실성의 존재자를 일컬어선 <현실 존재/계기>라고 명명한다. 그러나 생성을 마감한 현실태는 소멸되지만 가능태로 남게 된다. 여기서 화이트헤드는 그 자신의 유기체 철학을 통해 이러한 영원한 객체에 대한 현실 존재의 우위를 선언한 점이 하나 있는데, 그것이 바로 저 유명한 <존재론적 원리>ontological principle라는 것이다. 유명하다는 건 어디까지나 화이트헤드 연구자들 사이에서 그렇다는 것이고 어쨌든 중요하다는 뜻으로 표현한 얘기다.

　화이트헤드가 내세운 <존재론적 원리>는 간단히 말해 '가능태에 대한 현실태의 근거적 우위를 천명한 것'으로 볼 수 있다. 앞서 화이트헤드의 영원한 객체 개념이 비록 플라톤 철학의 형상 개념을 일정부분 계승하고 있음에도 바로 이 점에선 플라톤의 도식과는 또 다르게 극복하려는 점 또한 있는 것이다.

<존재론적 원리>, 가능태에 대한 현실태의 근거 우위를 내세우다!

여기서 화이트헤드는 <현실 존재>와 <영원한 객체>라는 이 두 존재가 존재의 기본 유형이라고 말한다(PR 25/90). 일단 이 두 존재를 잠시 정리해본다면 다음과 같다.

> 1. 현실적으로 존재하는 <현실 존재> — 현실태
> 2. 단지 <느껴질 뿐인 대상>으로서만 존재하는 <영원한 객체>
>   — 가능태

여기서 화이트헤드가 말한 <현실 존재>와 <영원한 객체>는 각각 <현실적으로 존재하는 것들>과 <가능적으로 존재하는 것들>을 말해주는 대표 개념들에 해당한다고 볼 수 있다. 현실 세계는 바로 이 두 유형의 존재가 서로 어떻게 짜여져 있는지를 표현하고 있다는 것이다. 그럼에도 화이트헤드는 이 두 유형의 기본 존재 중에서도 현실태인 현실 존재에 우선적인 중요성을 좀 더 부여하는 점이 있다. 그것은 바로 <존재론적 원리>ontological principle에 의해서다.

아무래도 평소 철학 용어들에 익숙하지 않은 분들 중에는 <존재론적 원리>라는 용어부터가 다소 껄끄러울 만큼 좀 어려운 용어로도 들릴 지도 모르겠다. 그냥 여기서는 존재를 이해하고자 할 때 화이트헤드가 마련해놓은 어떤 일관된 원칙 혹은 원리 같은 것으로 보면 되겠다. 즉, 화이트헤드 자신은 철학에 있어 어떤 일관된 원리적 관점을 갖고서 존재를 이해하겠다는 점을 천명한 것에 해당한다. 일단 그가 언급해놓은 <존재론적 원리>에 대한 설명은 다음과 같다.

> "생성 과정이 임의의 특정 순간에 순응하고 있는 모든 조건은 그 근거를 그 합생의 현실 세계 속에 있는 어떤 현실 존재의 성격에 두고 있거나 아니면 합생의 과정에 있는 그 주체의 성격 속에 두고 있다. 이러한 설명의 범주는 <존재론적 원리>라 불린다. 그것은 또한 <작용인 및 목적인의 원리>principle of efficient, and final, causation라고 할 수도 있다. 이 존재론적 원리가 의미하는 바는 현실 존재만이 근거가 된다는 것이다. 따라서 근거를 탐색한다는 것은 하나 내지 그 이상의 현실 존재를 탐색하는 것을 말한다."
> (PR 24/89)

우선 화이트헤드가 보는 현실 존재가 <타자원인성에 상응하는 작용인>과 <자기원인성에 상응되는 목적인>을 함께 지녔다는 점을 앞서 얘기한 바 있었다. 여기서 전자는 "그 합생의 현실 세계 속에 있는 어떤 현실 존재의 성격"이 될 것이며, 후자는 "합생 과정에 있는 그 주체의 성격"이 될 것이다. 그래서 <존재론적 원리>는 <작용인 및 목적인의 원리>인 것이다. <존재론적 원리>는 <타자에 외한 인과적 원인> 그리고 <자기에 의한 목적적 원인> 이렇게 현실 존재가 지닐 수 있는 성격만이 근거로서 작용할 수 있다. 그래서 화이트헤드는 "현실 존재만이 근거가 된다"고 본 것이다.

그리고 이때 말하는 〈근거〉^{reason}라는 것은 알다시피 그 어떤 주장을 뒷받침해줄만한 이유에 해당한다. 바로 이 지점에서 화이트헤드는 그 어떤 주장을 뒷받침해줄만한 이유를 오직 〈현실태〉^{actuality}를 통해서만 찾아야 한다는 원칙을 세우고 있는 셈이다. 이 같은 원칙에 따르면 현실태가 아닌 영원한 객체인 가능태의 경우는 결코 근거로 마련될 수는 없다는 얘기가 된다. 다시 말해서 우리가 그 어떤 주장을 하고자 할 경우엔 〈현실적으로 존재하는 경험 사건들〉을 근거로 삼아야 한다는 것이며, 〈가능적으로 존재하는 것들〉을 직접적인 근거로 삼을 순 없다는 경험론적 원칙을 화이트헤드는 천명한 것이다.

> ● **존재론적 원리 = 작용인 및 목적인의 원리**
> ☞ 화이트헤드가 존재를 이해함에 있어 천명한 일관된 원리
> ☞ 이것의 핵심은 '현실 존재만이 근거가 된다'는 의미

화이트헤드의 〈존재론적 원리〉는 그의 철학 전체를 놓고 볼 때도 매우 중요한 개념에 속한다. 왜냐하면 그 자신의 형이상학적 작업에 있어 처음부터 끝까지 어떤 하나의 일관된 원칙을 마련해놓고 있기 때문이다. 이는 곧 〈경험론〉의 원리이기도 하다. 예를 들어, 동서양의 신화에서 종종 등장하는 용^{dragon}은 상상 속의 동물이라는 점에서 현실 세계에선 찾을 수 없는, 개념으로만 가능적인 존재일 뿐이다. 용이라는 동물은 분명 개념적으로는 존재한다고 볼 수 있지만 적어도 현실적으로 존재하는 동물은 아닌 것이다. 따라서 우리는 용을 근거로 삼아서 용에 관한 신화적인 이야기를 객관적 사실로서 주장할 수는 없는 노릇이다. 그 어떤 주장의 타당성을 위해서는 철저히 현실적으로 존재하는 것들

만을 근거로 삼아야 한다는 것이다. 이런 연유로 "현실 존재만이 근거가 된다"는 〈존재론적 원리〉는 한편으로 철학에서의 〈경험론〉의 입장을 표방한 점에 해당한다. 우리는 자연 속의 구체적인 경험들을 근거로 삼을 수 있을 뿐이며, 우리의 머릿속에 그려 넣은 상상적인 관념들을 직접적인 근거로 삼을 순 없다. 추상적 관념의 정당화는 적어도 현실의 구체적인 경험들에 기반되지 않으면 안 된다는 점을 화이트헤드는 〈존재론적 원리〉를 통해 천명한 것이다. 추상적인 사유들은 가능태일 뿐이지 직접적인 현실태가 아니다. 바로 이 지점에서 화이트헤드는 '근거 없는 관념들'에 대한 식별을 제안하고 있는 셈이다.

〈존재론적 원리〉, "없는 곳으로부터 세계 속으로 유입되는 것은 아무 것도 없다!"

앞서 〈삼각형〉이라는 영원한 객체의 사례를 언급한 바 있다. 이때 삼각형이라는 가능적 형상은 적어도 수천 년 전의 〈피라미드〉라는 구체적 사건 그리고 오늘날의 〈삼각 김밥〉이라는 구체적인 현실 사건을 통해서만이 확인되고 있는 가능태인 것이다. 그 역은 아니다. 즉, 삼각형

제6장 현실 존재와 함께 〈영원한 객체〉와 〈창조성〉 이해하기

이라는 가능태를 근거로 삼아서 유니콘의 삼각원뿔의 존재를 주장할 수는 없다는 얘기다. 가능태는 결코 근거로 기능할 수 없으며, 오직 현실태만이 근거로 삼을 수 있을 뿐이다.

"〈존재론적 원리〉는 '현실 존재가 없으면 근거도 없다'라는 명제로 요약될 수 있다." (PR 19/79)

이러한 화이트헤드의 〈존재론적 원리〉가 의미해주는 바는 다음과 같다. 우리가 속한 현실 세계의 경험을 벗어나서 그 어떤 추상적 사유나 관념들에서 그 어떤 근거를 찾지 말라는 것이다. 정당화의 근거들은 적어도 현실 세계의 경험들 속에서 확보해야만 한다. 화이트헤드는 이 〈존재론적 원리〉를 철학자 데카르트의 언명과 연관해서도 언급한 바 있다.

"이는 데카르트의 다음과 같은 언명, 즉 《이러한 이유 때문에 어떤 속성이 지각된다면 이로부터 우리는 그 속성이 귀속될 수 있는 어떤 존재하는 사물 내지 실체가 반드시 존재한다고 결론짓는다》는 언명의 기초가 되기도 하는 진정한 일반 원리이다. 그리고 또 그는 《왜냐하면 모든 명확하고 뚜렷한 지각^{perception}은 의심할 나위도 없이 현실적으로 존재하는 어떤 것이고, 따라서 무(無)로부터 나온 것일 수 없기에…》라고도 말하고 있다. 이 일반 원리는 〈존재론적 원리〉라 불리게 될 것이다." (PR 40/120, 본문에서 《 》부분이 데카르트 인용에 해당)

만일 우리가 그 어떤 점을 모호하게 느끼든 뚜렷하게 느끼든 이를

느끼고 있다면 그것은 반드시 현실적으로 존재하는 그 어떤 것과 필연적인 관련성을 갖고 있다고 본 것이다. 그 실상이 무엇인지는 그것을 느끼는 자도 혼동할 수 있지만, 그러한 느낌 자체는 결코 무(無)에서 나온 것일 수 없다. 화이트헤드 철학은 〈무(無)로부터의 출현〉 또는 〈무(無)로부터의 창조〉creatio ex nihilo를 거부한다. 이것은 달리 말하면 〈전적인 창조〉를 거부한다는 뜻이기도 하다. 나중에 보겠지만 화이트헤드의 신God 개념도 기존의 전통 기독교가 말하는 〈전적인 창조주〉로서의 신 존재가 아니다. 전지전능한 창조자나 절대자가 아니라는 것이다. 어쨌든 그에게서는 〈무(無)에서 유(有)로의 관념〉이나 절대적인 무無, nothing/naught라는 관념 역시 거부되며, 온전한 태초begining라는 개념도 거부된다. 적어도 화이트헤드에 철학에 따르면, 아무 것도 없는 곳으로부터 세계 속으로 들어오게 되는 건 없다. 즉, 사전에 무언가가 반드시 있지 않는 한, 말뜻 그대로 아무 것도 없는 곳에서는 아무 것도 일어날 수가 없다는 얘기다. 화이트헤드가 말하는 〈존재론적 원리〉는 그 어떤 것이 실현되기 위해서는 필히 원인이 될 만한 어떤 무언가가 있어야만 가능하다고 보는, 그러한 원칙적 시각을 견지한 것이다.

"존재론적 원리에 따르면 아무도 모르는 곳nowhere으로부터 세계 속으로 유입되는 건 아무것도 없다." (PR 244/483).

결국 우리 경험세계 안에서 근거들을 찾아야 할 것이며 그럼으로써 이론의 정당성을 추구해야 할 것으로 보고 있다. 그럼에도 조금 놀라운 점은, 나중에 보겠지만 화이트헤드가 신God이라는 존재를 설정하는 경우에도 바로 이 〈존재론적 원리〉가 일관되게 적용되고 있으며, 바로 그렇기 때문에 신이라는 현실 존재를 구상하게 된 점도 없잖아 있다는

제6장 현실 존재와 함께 〈영원한 객체〉와 〈창조성〉 이해하기

것이다. 화이트헤드의 철학은 〈존재론적 원리〉를 따르고 있기 때문에 경험론의 원칙에 위배되지 않으면서도 철저한 논리적 일관성을 유지하고자 했었다. 그런데 지금까지 서구 전통철학에 면면히 깔려 있는 관념론적 도식에서는 불변하는 이상 또는 관념세계를 적어도 변화하는 현실 세계보다는 훨씬 더 우위에 올려놓음으로써, 이데아와 그 그림자인 이 세계와의 위계적 관계처럼 서구사상사의 주된 흐름이 아무래도 그렇게 자리매김 되어온 점도 있었던 것이다. 그런데 이 점에서 화이트헤드가 내세운 〈존재론적 원리〉는 그러한 기존 주류 전통의 흐름과는 사뭇 다른 색조를 띤 개념으로 볼 수 있겠다.

유기체 철학이 표방하는 〈존재론적 원리〉는 오직 현실태만이 근거가 될 수 있다는 의미인데, 이것은 그동안 서구 철학사의 주요 전통에서는 거의 강조되지 않았던 점에 해당합니다.

현실 존재의 〈결단〉과 영원한 객체로서의 〈가능태〉가 갖는 두 의미

이제 앞서 현실 존재의 결단 그리고 영원한 객체 개념과 연관해서 살펴보자. 플라톤의 형상을 계승하고 있는 영원한 객체들은 적어도 현실 존재의 〈결단〉을 통해서만이 그 존재론적인 정당성을 드러낸다고

294

볼 수 있다. 이 결단의 주체는 어디까지나 현실 존재에 의한 것이지 영원한 객체가 아니다. 영원한 객체는 말뜻 그대로 '영원한 대상'으로서만 존재할 뿐이다.

현실 존재의 생성과정이란 다양한 한정의 형식들 곧 영원한 객체들을 취사선택하는 일련의 결단을 통해 한정성 및 통일성을 획득하는 과정이다. 화이트헤드가 말하는 영원한 객체들은 현실 존재들의 성격을 특징지울 수 있는 〈한정의 형식〉이라고 말해진다. 쉽게 말해 그것은 현실 존재를 그 어떤 〈무엇〉이라고 한정지을 수 있는 특징화의 사태인 것이다. 다만 다수의 영원한 객체들 중에서 어느 영원한 객체를 실현할 것인지 안할 것인지는 생성과정에 있는 〈현실 존재의 결단〉에 의해 판가름될 뿐이다.

이 〈결단〉의 작용은 현실 존재의 생성과정, 곧 합생에서 일어난다. 바로 이 결단의 작용에 의해 영원한 객체들의 〈진입〉^{ingression}(이는 뒤에서 소개할 〈개념적 느낌〉과 연관됨)은 비로소 〈실현〉^{realization}으로 완결될 수가 있다. 요컨대 영원한 객체들은 그들의 〈진입〉에 관해서 아무런 얘기도 하지 않는다(PR 256/504). 따라서 주체의 결단이 없다면 현실화도 없다. 가능태의 실현은 그렇게 이뤄진다. 이때 화이트헤드가 말하는 〈가능태〉는 크게 두 가지 의미로 분류되고 있다.

> "우리는 가능태^{potentiality}가 갖는 두 가지의 의미를 항상 고려해야 한다. 즉
> (a) 〈일반적〉^{general} 가능태. 이는 영원한 객체들의 다수성^{multiplicity}에 의해 제공되는, 서로 무모순적이거나 선택적인 가능성들^{possibilities}의 묶음이다.
> (b) 〈실재적〉^{real} 가능태. 이는 현실 세계에 의해서 제공된 여건에

의해 제약되어 있다. 일반적 가능태는 절대적이지만, 실재적 가능태는 그것에 의해 현실 세계가 한정되는 그런 입각점standpoint으로 간주되는 어떤 현실 존재에 대하여 상대적이다." (PR 65/167)

여기서 〈일반적 가능태〉와 〈실재적 가능태〉의 성격을 가르는 결정적 지점은 그것이 현실 세계에 의해 주어진 여건의 제약과 관련된 것인가 아닌가 하는 점에 달려 있다. 적어도 〈일반적 가능태〉는 현실 세계의 제약과 상관없는 영원한 객체들 자체의 상호 성격에 따라 묶어질 수 있는 영원한 객체들이지만, 〈실재적 가능태〉는 철저히 현실 세계에 대한 제약으로서 주어지는 영원한 객체들에 해당한다. 〈일반적 가능태〉는 논리적인 제한 외에는 아무런 제한이 없는 영원한 객체들의 영역에 속하지만, 〈실재적 가능태〉는 지금까지 실현된 현실 세계라는 여건에서 결코 자유롭지 않은, 제한된 영원한 객체들을 거론한 것이다. 따라서 〈일반적 가능태〉는 논리적 추상성에 한정될 뿐이지만, 〈실재적 가능태〉는 구체화된 현실 세계와 뿌리 깊은 관계를 맺고 있다. 직전까지의 '완결된 현실 세계'는 모두 〈실재적 가능태〉에 해당한다. 그 점에서 우리가 좀 더 눈여겨봐야 할 것은 바로 이 〈실재적 가능태〉다. 왜냐하면 존재론적 원리상 우리에게 고려되는 것은 일반적 가능태보다 〈실재적 가능태〉야말로 현실 세계를 구성하는 관련성 속에 놓여 있기 때문이다.

☞ [정리] 가능태의 두 의미	
1. 일반적 가능태	2. 실재적 가능태
- 영원한 객체들의 다수성의 의해 제공 - 상호 무모순성과 선택적 가능태들의 묶음 - 절대적	- 현실 세계에 의해 제공 - 제공된 조건들에 의해 제약되어 있는 가능태 - 상대적

<실재적 가능태>에 대하여

결국 화이트헤드가 말한 <실재적 가능태>란 것은, 예컨대 어떤 하나의 현실 존재[계기]에 여건으로 주어진 현실 세계가 있을 경우 그에 제약된 영원한 객체들을 통칭해서 쓴 표현으로 보면 되겠다. 그러므로 <실재적 가능태>는 상대적일 수밖에 없는데, 각각의 현실 존재들이 자리하고 있는 입각점^{standpoint} 역시 저마다 다르기에 그에 따라 그 여건으로 주어지는 직접적 과거로서의 현실 세계 역시 저마다 다를 수밖에 없다. 쉽게 표현하자면, 바위에게 주어져 있는 현실 세계와 개구리에게 주어져 있는 현실 세계 그리고 인간에게 주어져 있는 현실 세계는 저마다 다르듯이 모든 **현실 존재[계기]**들의 여건으로 주어지는 현실 세계들 역시 결코 똑같을 수가 없기에 그에 따라 <제약된 가능태들>도 달라진다고 볼 수 있다. 알다시피 우리의 현실 세계는 어제와 오늘이 다르고, 1초 전과 1초 후가 다르며, 실상은 매순간순간마다 다르다. 심지어 동시적으로 놓여 있는 **현실 존재[계기]**들끼리도 각각에 주어진 현실 세계가 결코 동일할 수가 없다. 물론 서로 중첩되는 공통적 요소들도 있겠지만 적어도 하나하나의 현실 존재들에 주어지는 현실 세계를 서로 간에 비교해볼 경우 결코 완전하게 동일할 수는 없다는 얘기다. 이처럼 경험 주체에 주어지는 현실 세계 전체가 있고 이것은 현재의 자기창조의 토대가 된다는 점에서 실재적인 것으로서 자리한다.

따라서 <실재적 가능태>는 **현실 존재[계기]**를 구성하는 그 <실재적 구조>에 참여한다는 점에서도 실재적인 것이다. 만약에 영원한 객체들 자체만 놓고 본다면 그것은 다수성^{multiplicity}으로 있는 순수 가능태라는 점에서 자연의 현실에 무조건 관여된다고 볼 순 없겠지만, 적어도 <실재적 가능태>로서의 영원한 객체들은, 지금까지 전개되어 온 자연의 현실과는 깊숙이 연루되어 있는 가능태들이라는 점에서 차이가 있다. 그래서 화이트헤드는 이 〈실재적 가능태〉를 달리 표현하는 말로 〈자연적 가능태〉$^{natural\ potentiality}$ 또는 〈자연 속의 가능태〉$^{potentiality\ in\ nature}$라고도 불렀었다(S 36). 이는 순수한 가능태에 대한 제한이며, 확정된 과거에 대한 〈객체화〉에 의해 정착된 것이다. 또한 이를 〈가능태〉라고 언급한 이유는, 기존의 아리스토텔레스의 순수 가능태라는 개념이 '질료'라는 개념을 대신하고 있듯이, 화이트헤드에게서는 이 같은 〈자연 속의 가능태〉가 〈질료〉^{matter}의 역할을 한다고 봤던 점에 기인한다(S 36). 자연은 완결된 과거 세계 전체를 질료로 하여 그 자신을 계속 창조적으로 넘어서며 재구성해나간다. 우리는 과거 세계에 순응하면서도 이를 토대로 새로운 미래를 위한 창조를 계속 마련해가고 있는 것이다. 따라서 궁극적으로 보면 〈실재적 가능태〉에 관한 도식들도 현실의 우주가 진화하는 양상에 따라 얼마든지 달라질 수 있으며 진화하는 자연 세계는 그 실재적 가능태들을 계속적으로 재편해나간다고도 볼 수 있겠다. 그럼에도 과거를 피할 수 없는 것처럼 우리는 실재적 가능태의 도식에서 벗어날 순 없다. 오늘날 물리학에서 수행하는 모든 측정^{measurement} 작업들도 화이트헤드 철학의 도식에서 보면 바로 이 〈실재적 가능태〉의 체계적 질서에 대한 탐구와 관계되어 있다.

"모든 과학적 측정은 단지 이러한 현실태가 발생하는 체계적인 실재적 가능태와 관련할 뿐이다. 이는 물리학이 오로지 세계에 대한 수학적 관계만을 문제삼는다는 학설의 의미이다.

이러한 수학적 관계는, 우리들이 삶을 향유하고 있는 이 우주 시대의 특징을 이루고 있는 연장성^{extensiveness}의 체계적 질서에 속하고 있다. 전자, 양성자, 분자, 물체와 같은 존속하는^{enduring} 객

체들의 사회는 그러한 질서를 유지시키는 동시에 그것으로부터 생겨나기도 한다." (PR 326/623)

따라서 화이트헤드가 보는 과학의 측정은 현실 세계를 제약하고 있는 조건들에 대한 탐구이면서도 그것은 필히 〈실재적 가능태〉와 관련된 것으로 이를 테면 물리학의 수학방정식들 역시 바로 이 실재적 가능태들의 도식을 형식화한 것으로 보고 있다. 그런데 나중에 보겠지만 놀랍게도 화이트헤드는 이 〈실재적 가능태〉에서 다시 우리의 우주시대 마저 넘어서는 〈연장적 연속체〉extensive continuum라는 개념까지도 제안해 보인, 매우 대범한 〈상상적 일반화〉를 펼쳐보였었다. 이 생소한 이름의 〈연장적 연속체〉라는 건, 화이트헤드에 따르면 〈실재적 가능태〉에 대한 최초의 규정first determination을 의미한다(PR 66/169). 그것은 우리의 우주 시대를 포함해 모든 우주 시대에 항구적으로 지속하며 제약하고 있는 〈시원적 관계성〉primary relationship에 대한 개념으로 그 적용의 스케일이 참으로 상상하기조차 힘든 형이상학적 그림이라 하겠다. 이 〈연장적 연속체〉에 대해서는 제10장 〈자연의 계층구조: 결합체와 여러 사회들〉 편에서 다시 소개할 것이다.

영원한 객체의 두 가지 종(種) - 주관적 종과 객관적 종

현실 세계에 의해 제약된 실재적 가능태라고 하더라도 화이트헤드는 그러한 영원한 객체들을 고려해볼 경우 크게 두 가지 종으로서 구별했었다. 즉, 〈주관적 종subjective species의 영원한 객체〉[86]와 〈객관적 종objective species의 영원한 객체〉로 분류했던 것이다. 여기서 화이트헤드는 〈객관적 종의 영원한 객체들〉은 플라톤의 수학적인 형상이라고 분명하게 밝히고 있다(PR 291/562). 이러한 성격의 영원한 객체들은 우주의 연대성과 관련되고 있다. 반면에 화이트헤드는 주관적 종의 영원한 객체에 대해선 다음과 같이 설명한다.

> "주관적 종의 성원은 그 원초적 성격에 있어, 느낌의 주체적 형식에 대한 한정성^{definiteness}의 요소이다. 그것은 느낌이 느낄 수 있는 결정적인 방식이기도 하다. 그것은 정서이든가, 강도^{intensity}이든가, 호감[애착]^{adversion}[87]이든가, 반감[혐오]^{aversion}이든가, 쾌락이든가, 고통이다. 그것은 하나의 현실 존재에 있어 느낌의 주체적 형식을 한정한다." (PR 291/563)

여기서 보듯이 "주관적 종의 영원한 객체는 느낌의 주체적 형식을 한정하는 요소"라는 점에서는 주관적/주체적이다. 다만 이 부분에서 한 가지 혼동해서 안 될 점은 여기서 '주체적'이라고 말하는 의미는, 영원한 객체 자체가 주체적이라는 의미가 아니라 생성과정에 있는 현실 존재의 결단에 의해 받아들여진 가운데 그 현실 존재의 사적인 특징을 한정하고 있다는 점에서의 주체적/주관적^{subjective}이다. 그것은 특정한 현실 존재가 갖는 고유 느낌의 한정성에 기여하는 영원한 객체들을 말한 것이다.

앞서 말했듯이 영원한 객체 자체는 현실 존재의 생성과정에서 일어나는 <결단>에 의해 받아들여지거나 거부되어질 뿐이다. 그런 점에서 영원한 객체는 결코 결단의 주체가 아니다. 오히려 주관적 종의 영원한 객체는 '사적인' 의미라는 점을 담고 있다. 예를 들면, 기쁨이나 슬픔 같은 특정한 정서로 규정될 만한 것들이 여기에 포함된다. 이에 반해 <객관적 종의 영원한 객체>는 플라톤의 수학적인 형상이라고 말하는데 그것은 다음과 같이 언급되어진다.

"객관적 종의 영원한 객체는 플라톤의 수학적인 형상$^{\text{the mathematical Platonic forms}}$이다. 그것은 매개자^{medium}로서의 세계와 관계된다."
(PR 291/562)

"이러한(객관적) 종의 성원은 관계적으로만 기능할 수 있다. 즉 그것은 그 본성의 필연성에 의해서, 하나의 현실 존재 내지 결합체를 다른 현실 존재의 실재적인 내적 구조 속으로 도입하고 있다. 그 유일한 본업은 객체화에 있어서 작인$^{\text{作因, agent}}$으로 기능하는 것이다. 그것은 결코 주체적 형식의 한정성의 요소일 수 없다. <세계의 연대성>$^{\text{solidarity of the world}}$은 영원한 객체의 이런 종^{species}이 지니는 <교정할 수 없는 객관성>$^{\text{incurable objectivity}}$에 기초를 두고 있다." (PR 291/562)

작인(作因)은 사물의 성립 발생에 조건이 되는 원인을 뜻한다. 객관적 종의 영원한 객체는 바로 그러한 기능을 한다는 것이다. 그럼으로써 <교정할 수 없는 객관성>이 있게 되고 세계의 연대성이 마련된다. 달리 말해 객관적 종의 영원한 객체는 모든 현실 세계의 사건들에 관여되고 있는 공통적 성격의 형식들로서 이를 통해 다양한 현실 세계의 사건들이 관계적으로 연결되어 있다고 볼 수 있다. 이때 수학적 형상들은 바로 이러한 점을 잘 보여주는 것에 해당한다. 이미 널리 알려져 있듯이 과학에서도 수학은 우주의 가상 기초석인 실서를 형식화한 것으로 보고 있다. 우리의 모든 현실 경험들은 바로 이러한 사태에서 결코 자유로울 수 없다. 따라서 객관적 종의 영원한 객체는 모든 현실의 사건들 또는 경험들을 한정하고 있는 여건^{datum}으로서 작동한다고 볼 수 있다.

바로 그렇기 때문에 화이트헤드가 말하는 객관적 종으로서의 영원한 객체는 "문제의 주체에 속하는 느낌의 여건인 현실 존재 내지는 결합체의 한정성에 있어서의 요소"(PR 291/562)가 되고 있는 것이다.

예컨대 우리의 모든 일상적 경험 속에는 이 세계가 갖는 수학적 질서에 대한 느낌 역시 함께 포함하고 있다. 우리가 지구상의 어디에 살든지 어떻게 생겼든지 간에 우리는 이 세계가 갖는 수학적 질서에서 온전히 벗어나지 못한다. 그 점에서 객관적 종의 영원한 객체는 이 세계를 한정짓고 있는 일종의 공통 질서라고 볼 수 있겠다. 우리가 서울에서 상품 개수를 표시할 때 1+1=2라는 사태를 교정할 수 없듯이, 뉴욕에서도 상품 개수를 나타낼 때 1+1=2라는 수학적인 한정의 형식을 거부할 수 없다. 우리는 불가피하게 그러한 한정의 형식에 따른 영향을 받고 있는 채로 살고 있는 것이다. 물론 이를 표시하는 수학적 기호들은 저마다 달리 표현할 수는 있겠지만, 그것이 담고 있는 수학적 형식 자체는 서로 연관을 맺게 해주는 이러한 매개자^{medium}로서의 세계와 관계된다. 이 점에서 수학적 형식은 어떤 공통 형식의 언어로도 자리하고 있는 것이다. 이처럼 객관적 종의 영원한 객체들은 세계의 연대성을 가능케 해주는 어떤 기초 뼈대로서 관여되고 있다. 그것은 한편으로 우리의 다양한 주관적 경험들을 조건화 하는 객관적 요인이기도 하다. 이는 일종의 〈객체적 형식〉$^{objective\ form}$에 속한다. 우리는 이 같은 객관적 종의 영원한 객체에 기반된 채로 저마다의 주관적 느낌들을 향유하고 있는 것이다. 바로 이 점에서 〈우주의 연대성〉은 화이트헤드가 말한 이 영원한 객체들의 〈교정할 수 없는 객관성〉에 그 뿌리를 두고 있는 것이다. 나중에 보겠지만, 화이트헤드는 이 같은 우주적 연대성에 대해서도 그 〈시원적[원초적] 관계성〉에 대한 고찰로까지 계속 파고들어가며 결국 〈연장적 연결〉$^{extensive\ connection}$의 이론으로 구상되기에 이른다.

● <영원한 객체>에 대한 요약 정리

1. 서구 전통철학에서 보면 플라톤의 이데아 및 형상 개념과 유사하나 오해를 낳을 수 있기 때문에 화이트헤드가 다시 새롭게 명명한 명칭이다.

2. 이것은 현실 존재의 성격을 한정짓고 있는 <한정의 형식>에 해당한다. 다른 용어로는 가능태^{potentiality}, 가능태들^{potentials}로 언급된다.

3. 변화하는 시간적 세계에 관여하지만(이때 관여되는 방식을 <진입>이라고 함), 영원한 객체 자체는 비시간적인 영원한 동일자로서의 존재이다.

4. 그렇기 때문에 현실 존재의 <결단>을 통해서만이 그 실현이 허락될 뿐, 영원한 객체 자체는 비현실적이며 결코 능동적 주체일 수 없다.

5. 영원한 객체들의 다수성에 의해 제공되는 <일반적 가능태>가 있고, 현실 세계의 제약에 의해 제공되는 상대적인 <실재적 가능태>가 있다.

6. <실재적 가능태>는 경험의 주체에 주어지는 확정된 현실 세계 전체로서 질료의 역할을 하면서도, 피할 수 없는 <자연 속의 가능태>에 해당한다.

7. 영원한 객체들은 <주관적 종의 영원한 객체>와 <객관적 종의 영원한 객체>로 나누어지며, 수학적 형상들은 모두 객관적 종에 속하고 있다.

제6장 현실 존재와 함께 <영원한 객체>와 <창조성> 이해하기

'영원한 객체'라는 용어가 처음엔 정말 어렵게만 들렸는데, 가만히 따져보면 화이트헤드가 좀 더 정확한 표현을 찾으려고 시도한 것이라 생각되네!

플라톤의 <형상> 개념을 계승한 점도 있으면서 자신의 <존재론적 원리>를 통해선 그 한계도 새롭게 극복하려 한 것 같아!

<창조성>, 새로움의 원리

화이트헤드가 말하는 <창조성>creativity 역시 앞서의 <영원한 객체> 못지않게 중요한 개념에 해당한다. [※ 기존의 PR국역판에는 <창조성>으로 번역되어 있는데, 필자가 생각하기로는 창조성이 어떤 독자적 작인이나 그 어떤 현실적인 존재나 주체적 존재가 아니라는 점과 그리고 형이상학적 의미의 <활동력>을 뜻한다는 점을 좀 더 부각시키고자 하는 측면에선 <창조력>으로 번역하는 것도 괜찮다고 본다. <창조력>이라고 할 경우, 궁극적인 형이상학적 에너지 혹은 그러한 형이상학적 활동력이라는 점을 더 분명하게 해준다고 생각된다. 이미 나와 있는 국역판 『과학과 근대세계』에서도 "기저에 있는 활동력 (underlying activity)" 혹은 "영원한 활동력(eternal activity)"으로 표현되어 있긴 하다(SMW 107/187 ; 108/187). 이 '무규정적인 <활동력>'을 다시 PR에서는 <창조성>이라는 용어로 쓴 것이다. 여기서 <무규정적>이라 함은 어떤 특정한 가치 규정을 갖지 않는 <중성적 의미>라는 점을 일컫는다. 어찌되었든 <창조력>이라는 번역어도 필자는 긍정적으로 생각한다. 그러나 여기서는 가급적 기존의 번역어를 가능하면 따르고자 함도 있기 때문에 <창조성>을 채택했었다.]

304

화이트헤드가 제시한 〈창조성〉 개념은 그의 형이상학적 체계화에 있어 가장 일반화할 수 있는 보편자들 중의 보편자 개념에 속한다. 그것은 다$^{多, many}$에서 일$^{一, one}$로의 과정을 산출하는 활동성이며 끊임없이 새로움을 출현시키는 원리로서의 개념 장치에 속한다. 화이트헤드는 이〈창조성〉 개념을 자신의 철학 체계에서 〈궁극자의 범주〉$^{\text{The Category of the Ultimate}}$로 상정해놓았다(PR 21/83). 즉, 어떤 한정 특성을 갖는 궁극적인 사태가 자리한다고 볼 경우, 화이트헤드는 〈다^{many}에서 일^{one}로의 과정〉이라는 궁극적인 사태가 바로 여기에 해당된다고 본 것이며, 그리고 이 궁극적인 사태를 한정함에 있어 '새로움의 원리라는 창조성^{creativity}'을 상정하고 있는 것이다.

"〈창조성〉은 〈새로움〉^{novelty}의 원리이다. 현실 계기는 그것이 통일하고 있는 〈다〉^{many}에 있어서의 어떠한 존재와도 다른, 새로운 존재이다. 그러므로 〈창조성〉은 우주가 분리적으로^{disjunctively} 있는 다자^{many}의 내용에 새로움을 도입한다." (PR 21/84)

앞서 거론한 바 있는 이 궁극자의 범주에는 ①다, ②일, ③창조성 이렇게 3가지가 있다. 즉, 화이트헤드가 보는 모든 사물의 본성에는 창조성^{creativity}에 의해 다^{many}에서 일^{one}로의 과정이라는 성격이 근본적으로 자리한다는 것이다. 이때 산출되는 일^{one}은 이전의 현실 세계엔 없었던 새로운 일^{one}이 창조된 것이다.

"〈창조성〉은 궁극적인 사실태를 특징지우는 보편자들의 보편자$^{\text{the universal of the universals}}$이다. 그것은 우주가 분리적으로^{disjunctively} 있는 다자$^{多者, many}$를, 우주가 연결적으로^{conjunctively} 있는 하나의 현

제6장 현실 존재와 함께 〈영원한 객체〉와 〈창조성〉 이해하기

실 계기$^{\text{one actual occasion}}$로 만드는 궁극적 원리이다. 다자가 복잡한 통일 속으로 들어간다는 것은 사물의 본성에 속한다." (PR 21/83-84)

이처럼 화이트헤드가 말하는 〈창조성〉은 〈새로움의 원리〉로 간주되고 있다. 그것은 다(多)에서 일(一)로의 통일적 과정을 통해 새로움을 만들어내는 원리인 것이다. 따라서 우주에 새로움이 출현한다는 것은 〈창조성〉에 기인한다. 새로움의 출현은 우주에 있어 본질적인 것이다. 새롭게 출현한 그 일(一)은 이전의 다(多)에서는 결코 볼 수 없는 새로운 일(一)이며, 그 점에서 이 우주에는 끊임없이 새로움이 도입되고 있는 것이다. 화이트헤드가 보는 진화하는 이 우주는 새로움을 산출시키는 창조성이 늘 예증되고 있는, 그러한 〈창조적 전진〉으로서의 우주를 가리킨다. 새로움은 항상 발생되고 있다는 것이며, 이러한 성격은 우주와 사물의 본성에 속한다는 것이다.

● 궁극자의 범주(The Category of the Ultimate)
  - ① 다(many), ② 일(one), ③ 창조성(creativity)

〈창조성〉, 우주에 있어 '순수 활동성'만을 의미하는 궁극적인 한계 개념

현실 세계의 진화 과정은 이 같은 창조성의 손아귀에 놓여 있는 가운데 전개된다. 그러나 창조성도 〈존재론적 원리〉에 의거해 그 자체가 독자적인 작인^{agent}으로 간주될 수 없고 결국은 모든 **현실 존재[계기]**들에 근거되는 가운데 기술될 수 있을 뿐이다. 이 점에서 사실상 화이트

헤드가 말하는 〈창조성〉은 모든 현실적 사건들에 대한 분석에서 맞닥뜨리게 되는, 일종의 설명의 극한점에 해당되는 〈한계 개념〉인 점도 있다. 어떤 면에서 화이트헤드가 말한 창조성이 궁극자의 범주에 속하는 걸로 상정된 것도 한편으로 자연스러운 이론적 행보라고 여겨진다.

"〈창조적 전진〉creative advance이란, 창조성이라는 궁극적 원리가 그 창조성이 만들어내는 각각의 새로운 상황에 적용되는 것을 말한다." (PR 21/84)

따라서 우주의 창조적 전진이라는 사건은 창조성이라는 개념과 늘 함께 결부되어 있다. 이때 화이트헤드가 말하는 창조성 개념은 모든 사물의 본성과 상황에 적용되고 있다는 점에서 창조성 그 자체는 그 어떤 특별한 가치를 갖지 않는다. 즉, 창조성은 그 어떤 특수한 성격을 띠고 있는 것이 아닌 모든 사물의 사태에서 볼 수 있는 '**순수 활동력으로서의 중성적 관념**'을 뜻한다. 그렇기 때문에 창조성 자체는 그 어떤 특수한 성격을 갖고 있지 않는 활동성 자체—그럼으로써 모든 시간적 사물의 발생 사건들에서 볼 수 있는 보편적 활동—이며 이를 형식화한 궁극적 사태를 의미한 것이다. 따라서 모든 **현실 존재[계기]**의 생성에는 창조성이 없어선 안 된다. 창조성은 모든 **현실 존재[계기]**의 생성에 가미되어 있는 일종의 중성적 질료 같은 것이다.

"〈창조성〉은 아리스토텔레스의 〈질료〉matter 및 근대의 〈중성적 질료〉neutral stuff를 달리 표현한 것이다." (PR 31/102).

"아리스토텔레스의 〈질료〉가 그 자신의 성격을 갖지 아니한 것과 전적으로 동일한 의미에서 창조성은 그 자신의 성격을 갖지 않는다. 창조성은 현실태의 근저에 있는 최고의 일반성을 지닌 궁극적 관념이다. 성격이란 것이 모두 그것보다 특수하기 때문에, 그것은 어떤 성격으로도 특징지어질 수 없다." (PR 31/103).

흔히 질료라고 할 경우 일종의 물질적인 소재를 떠올릴 수도 있겠지만, 화이트헤드가 PR에서 〈창조성〉을 중성적 질료라고 밝혔을 때의 의미는 모든 사물의 형성에 관여하면서도 그 자신은 어떤 특수한 성격을 갖지 않는 일반적 관념으로서 형식화될 수 있는 사태를 특정해서 언급한 개념에 해당된다. 다시 말해 창조성은 모든 현실적 사건들에서 드러나고 있는 보편적 사태에 대한 관념이다. 그 점에서 창조성 역시 가능태에 속한다고 볼 수도 있다. 즉, 창조성 자체는 현실적인 것이 아니다. 오히려 그것은 모든 현실적 사건들에서 발견되어지는 가장 보편적인 가능태인 것이다. 그것은 모든 현실적 활동들에서 발견되고 있는 활동 그 자체라는 '순수 활동성'의 관념으로도 표현된다(PR 31/103). 하지만 창조성은 영원한 객체들만으로는 결코 설명될 수 없는 개념이다. 적어도 그것이 발견된다고 볼 수 있거나 언명으로 기술될 수 있는 경우란 〈오직 현실태를 통해서만〉이다. 이것은 다름 아닌 앞서 화이트헤드 철학의 중요한 원칙으로도 언급한 바 있었던 '현실 존재만이 근거가 될 수 있다'는 바로 그 〈존재론적 원리〉에 따른 것이다. 바로 이 점 때문에 화이트헤드는 다음과 같이 말한다.

"창조성은 모든 형상의 배후에 있는 궁극적인 것으로서, 형상으로는 설명될 수 없고, 그것이 만들어내는 여러 창조물에 의해 제약되어 있다." (PR 20/82)

"창조성은 항상 여러 제약 속에서 발견되며, 제약된 것으로 기술된다." (PR 31/103)

| 창조성 ←상호 제약 관계→ 모든 현실 존재들(신God 포함) |

이렇게 볼 때 창조성은 현실태의 제약을 받는 동시에 현실태를 제약하고 있다. 즉, 서로가 서로를 제약하고 있는 관계인 것이다. 모든 현실 존재들은 창조성의 피조물이다. 심지어 화이트헤드에게서는 신God조차도 창조성의 피조물로 자리한다(PR 31/102). 화이트헤드 철학의 신 존재 이해에 대해선 뒤에서 따로 설명할 테지만, 그러한 신 존재도 궁극적으로는 〈창조성[창조력]의 사례〉에 속한다는 것이다. 또는 창조성의 원생적/토착적aboriginal 사례라고도 일컬어진다(PR 225/448).

"신을 포함한 모든 현실 존재는 그것이 한정하는 창조성에 의해 초월된 피조물이라는 점에도 주목해야 한다." (PR 88/206)

하지만 동시에 창조성이 그 피조물을 떠날 때 창조성 역시 무의미해진다(PR 225/449). 왜냐하면 창조성 자체는 독자적 실체가 아니기 때문이다. 〈창조성〉도 어디까지나 〈존재론적 원리〉에 의기해 오직 현실 존재의 발생 사건을 통해서만이 기술될 수 있을 뿐이다. 이런 점들은 창조성 역시 가능태에 속하긴 하지만 궁극적인 것에 속한다는 점과 함께, 앞서 말한 가능태에 대한 현실태의 우위를 선언한 〈존재론적 원리〉에 있어서도 창조성 또한 결코 예외가 될 수 없고 적어도 경험론의 원리

원칙에 지배되고 있음을 여실히 잘 보여준다고 할 수 있겠다.88)

☞ 창조성과 현실태는 서로를 제약하는 상호 제약 관계!
☞ 창조성은 결코 독자적 실체가 아니며, 현실태를 떠난 창조성은 무의미하다!

(영원한 객체와 함께) 형성적 요소에 속하는 <창조성>

화이트헤드는 그 자신의 종교 이론을 피력한 『만들어가는 종교』 *Religion in the Making*(약어 RM으로 표기)에서는 창조성을 <형성적 요소들>formative elements 중의 하나로 간주한 바 있다. 화이트헤드에 따르면 <형성적 요소>란 "시간적이고 현실적인 것을 분석할 때 드러나는 비현실적non-actual이거나 비시간적인non-temporal 요소들(RM 89)"을 의미한다. 즉, 형성적 요소라는 뜻이 비현실적이고 비시간적이라는 점을 특징으로 한다는 점에서 결국은 시간적인 현실의 제약과 무관하게 형식화될 수 있는 그러한 요소인 것이다. 이 형성적 요소에는 ①영원한 객체, ②창조성, 그리고 ③신God이 포함된다(RM 90).

[* 이 형성적 요소들 중에서 신은 현실 존재에도 해당되는 그러한 형성적 요소라 할 수 있겠는데, 결국 이들 3가지 형성적 요소들의 결정적 특성은 모두 '비시간적 성격'을 갖는 점에 있다고 볼 수 있다. 그 외 <연장적 연속체>의 형성적 요소 여부 논의도 있긴 하지만 이것은 화이트헤드의 주장은 아닌데다 아직 연구자들 사이에서도 이 점은 합의된 것이 아니어서 굳이 입문 단계에서 다룰 필요까진 없을 것 같다.]

● 화이트헤드 형이상학에서의 형성적 요소들
- ① 영원한 객체 ② 창조성(창조력) ③ 신(God)

이처럼 〈창조성〉은 영원한 객체와 함께 자리하는 〈형성적 요소〉에 속하면서도 영원한 객체만으로는 결코 설명되기 힘든, 보다 특수한 지위에 놓여 있다. 이 창조성은 보편자들 중에서도 가장 궁극적인 보편자에 해당한다. 궁극자의 범주가 '범주들 중의 범주'인 것처럼 화이트헤드가 말하는 창조성은 '보편자들 중의 보편자'인 것이다. 그리하여 RM에선 〈형성적 요소〉에 속했던 화이트헤드의 창조성 개념은 이제 PR에선 〈궁극자의 범주〉로 자리하게 된다. 지금까지 살펴본 〈창조성〉에 대한 아주 간단한 핵심 정리는 다음과 같다.

● **창조성[창조력]**^{creativity}**에 대한 요약 정리**

1. 다(多)에서 일(一)로의 통일적 과정이라는 원리를 의미한다. 그것은 우주의 창조적 전진을 가능케 하는 〈새로움의 원리〉에 해당한다.

2. 모든 현실 존재는 창조성의 피조물인 반면에 창조성은 현실 존재의 제약을 통해서만이 기술될 수 있을 뿐이다. [상호 제약 관계]

3. 창조성은 영원한 객체 그리고 신과 함께 〈형성적 요소〉에 속하면서, 또 한편으로 다^{many}와 일^{one}과 함께 〈궁극자의 범주〉에도 속한다.

이제 우리는 화이트헤드 철학의 핵심 개념인 현실 존재[계기]와 그리고 형성적 요소에 속하는 〈영원한 객체〉와 〈창조성〉에 대해서도 알아보았다. 그리고 우리는 가능태에 대한 현실태의 근거적 우위를 천명한 〈존재론적 원리〉에 대해서도 알아보았다.

그런데 아직 우리에게는 화이트헤드가 제안한 철학적 개념들 중 기존의 전통 철학의 범주에서는 찾기 힘든 것으로 제안되었던 새로운 개념들 중에서도 여전히 더 살펴봐야 할 개념들이 남아 있다. 그것은 바로 〈포착/파악〉prehension과 〈결합체〉nexus이다. 여기서 먼저 살펴볼 필요가 있는 〈포착〉prehension 개념은 현실 존재라는 생성의 과정, 곧 〈합생〉이라는 과정의 내부 속으로 잠입하는 것이다.

화이트헤드의 〈포착〉 개념은 우리가 흔히 〈관계〉라고 부르는 것에 대한 가장 구체적인 분석으로서의 고찰에 해당한다. 모름지기 우리가 그냥 〈관계〉라고만 언급하기엔 어딘지 모르게 뭔가를 두리뭉실하게 통쳐서 말하는 느낌이다. 하지만 형이상학에서는 그 지적 분석에 있어서도 가능한의 극한까지 그 설명들을 밀고가야만 하는 점이 있다. 그렇기 때문에 보다 상세하게 〈관계성〉에 대한 여러 구체적 사실들을 좀 더 집중적으로 해부해서 들여다볼 필요도 있는 것이다. 이제 여러 양상의 보다 정교한 온갖 관계들의 작용, 곧 〈포작들〉로 구성된 〈현실 존재〉 바로 그 속으로 한 걸음 더 깊이 들어가 보자!

제 7 장

현실 존재의 내부 들여다보기 (1)
- <포착>과 합생의 <초기 위상들> 이해하기

"현실 존재를 '포착'으로 분석하는 것은 현실 존재의 본성에 들어 있는 가장 구체적인 요소를 제시하는 분석의 방식이다."

— A. N. 화이트헤드

<포착> 개념을 소개하기 전에 먼저 드리는 글

우선 화이트헤드 철학의 <포착> 개념을 설명하기 전에 필자의 입장에선 먼저 말씀드려야 할 점이 하나 있다. 다름 아닌 화이트헤드가 말한 'prehension'에 대한 국내 번역어에 대해서다. 이미 화이트헤드 철학을 공부하신 분들이라면 거의 다 알고 계시듯이 prehension에 대한 국역으로 대부분은 '파악'이라는 역어를 채택하고 있는 실정이다. 사실 이에 대해선 아무런 문제가 없다고 본다. 나는 그 점에 대해 문제를 제기하는 것이 아니다. 우선 prehension에 대한 국내 번역어들은 다음과 같다. 일단 대표적으로 기억나는 것만 언급한 것이다.

> ● 화이트헤드의 'prehension'에 대한 국내 번역어들
> – 파악, 포착, 파지(把持), 감지(感知) 등

여기서 필자는 기존의 '파악'이라는 국역이 틀렸다거나 잘못된 번역이라고 결코 생각지 않는다. 따라서 그 점에서는 일말의 오해가 없길 부탁드린다. 그럼에도 이 책에서는 <포착>이라는 번역을 쓸 것이기에 그 이유를 먼저 얘기하는 것이 필요하다고 생각되어서일 뿐이다.

물론 필자가 'prehension'에 대한 역어로 <포착>을 쓰고자 하는 이유가 그리 대단한 이유까진 못 된다. 단지 <파악>把握은 <포착>捕捉과 비교해 볼 때 '인간의 인지적 이해 혹은 인간의 인식 작용'이라는 의미를 종종 떠올리게 해준다는 점에서 미묘한 어감의 차이, 바로 그 이유에 기인한 것뿐이다. 물론 파악에는 '손으로 움켜쥐다'는 의미도 있다. 그런데 우리가 보통 "뭔가를 파악한다"고 말할 때의 그 <파악>은 인간의 인식적 이해 작용을 의미해주는 뜻으로 받아들이는 경우가 정말 많다는 사실이다. 그렇기에 정확히 말하자면, 단어가 갖는 본래 뜻의 차이

보다는 오히려 실제적으로 통용되는 현실에서의 미묘한 어감 차이 때문이라고 해야 할 것이다. 알다시피 애초에 화이트헤드가 쓰고자 했던 'prehension' 개념은 인간의 인지 작용 이전의 모든 현실 계기들에 대한 분석들에도 적용될 수 있는 가장 기본적인 사물의 성격을 뜻하기 때문에 나는 오히려 '붙잡는다'는 간결한 의미로 통용되는 〈포착〉이 좀 더 적절하지 않은가 싶었던 것이다. 물론 '파악'이라는 용어도 뜻으로 본다면 적절하긴 마찬가지라고 생각한다. 단지 '꽃이 광자를 〈파악〉한다'고 말하기보다는 '꽃이 광자를 〈포착〉한다'고 표현하는 것이 조금은 더 괜찮지 않은가 싶은 것뿐이다. [※ 참고로 파지(把持)라는 번역도 의미상으로는 괜찮다고 보지만, 앞의 두 단어와 비교할 때 입문자의 입장에선 좀 더 생소하게 여길 수도 있는 낯선 용어라고 여겨졌다. 또한 감지(感知)는 이미 feeling(느낌)이라는 용어도 있기 때문에 채택하진 못했었다].

애초 어원적으로 살펴볼 경우 화이트헤드의 'prehension' 개념은 근대 철학자인 라이프니츠의 'apprehension(이해/파악)'에 그 유래를 갖는 점이 있다. 라이프니츠의 apprehension은 '철저한 이해'를 뜻한다. 그런데 화이트헤드의 경우는 〈원자론〉이어서 어떤 인간의 인식론적 의미마저도 넘어서 있다. 이때 'prehension'은 이해라는 어떤 인지적 활동에 한정되어 있지 않다. 화이트헤드는 자신의 『과학과 근대세계』에서 〈비인지적 이해/파악〉uncognitive apprehension를 표현하기 위해 'prehension'이라는 용어를 쓰겠다고 밝혔었다(SMW 70). 필자는 이 지점에서 가능하면 인간에게만 해당되는 단어가 아닌 방향으로 '비인지적 파악'이라는 〈포착〉을 채택한 것이다. 물론 〈포착〉 역시 인간에 대해서도 적용가능하다. 하지만 〈파악〉만큼 인간의 인지적 이해나 인식 작용을 꼭 떠올리거나 하진 않는 편이다. 적어도 그 점에 한해선 함의하는 바의 외연이 〈파악〉보다는 〈포착〉이 좀 더 넓다고 생각되었던 것뿐이다.

그러나 앞서 말씀드린 것처럼, 필자 역시 〈파악〉이라는 번역 또한 크

제7장 현실 존재의 내부 들여다보기 (1) - 〈포착〉과 합생의 〈초기 위상들〉

게 틀린 번역어라고는 생각지 않기에 기본적으로는 둘 다 가능한 좋은 번역이라고 생각한다. 다만 〈포착〉과 〈파악〉이라는 두 번역어를 좀 더 미묘하게 비교해 볼 경우, 인간을 비롯한 모든 사물의 활동에도 포괄적으로 그리고 좀 더 광범위하게 적용할 수 있는 단어의 느낌을 고려해 〈포착〉이라는 역어를 선택한 것임을 재차 말씀드리는 바이다.

자본주의의 사적 소유욕을 인정한 존재론?

이와 관련해 오래전에 본인이 직접 경험한 에피소드를 하나 말씀드린다면, 필자로선 화이트헤드의 'prehension'과 관련해 가장 독특한 해석을 접한 바가 있었다. 독특하다는 건 그냥 처음 들어본 거라서 필자 개인의 느낌일 수 있다. 무슨 얘기인고 하니, 이른바 화이트헤드 철학 사상은 'prehension'이라는 개념 때문에 자본주의적 병폐를 존재의 기본 활동으로 표방하는 그러한 철학이라는 평가적 해석이었다. 솔직히 필자는 이 말을 처음 들었을 때는 도대체 무슨 영문인지를 몰랐었다. 그런데 알고 보니 'prehension' 개념과 관련한 것으로 '손으로 움켜쥐다'라는 뜻의 '파악(把握)'이라는 용어에 대한 오해에서 비롯된 것이었다. 즉, 화이트헤드 철학에서의 '파악'은 손으로 움켜쥔다는 점에서 보면, 마치 자본주의 체제가 항상 추구하는 식의 —손으로 움켜쥐는— 사적 소유욕을 존재론적인 기본 활동으로 화이트헤드가 상정해놓고 있다는 점에서 결코 달갑지 않다는 얘기였던 것이다.

이른바 인간의 문명사에 적용되고 있는 개념을 존재론적인 형이상학적 개념과 서로 같은 층위에서 내다보는 혼동의 오류가 있음에도 불구하고 이와 같은 주장을 폈던 것이다. 그런데 실제로 화이트헤드는 prehension(파악)이라는 개념과 관련해서 본다면, transaction(거래, 교섭)이라는 용어나 그리고 appropriation(전유[專有], 전용[轉用], 충당, 자기화

316

[自起化] 등)이라는 표현으로도 설명한 바가 있어 어떤 상업상의 용어들을 끌어들인 것처럼 보이기도 한다(PR 52/142, 219/437). 아마도 당시 그 평가자도 이런 점들까지 모두 들여다봤었다면—혹은 이미 들여다봤었을 수도 있었기에— 더 큰 확신의 오해를 할 수도 있었을 것 같다. 그러나 이 같은 일상 언어의 의미를 곧바로 화이트헤드의 형이상학적 개념어와 동일시할 수 있다고 보진 않는다. 이미 화이트헤드도 밝혔듯이, 철학에서는 언어가 낳는 설명상의 변덕을 경계하는 일이 중요하다 (PR 324/619). 애초 화이트헤드가 말한 'prehension' 개념은 인간 이전에 이미 존립하고 있는 모든 경험[존재] 자체의 성립에 관여되는 가장 근본적인 구성 요인으로서 채택된 개념일 뿐이지 어떤 인간 시대의 특정한 문명사적 함축을 염두에 두고서 채택된 개념은 아니었다. 이것은 화이트헤드가 언급하는 〈유기체〉 개념이 일반적인 생물학상의 유기체 개념이 아닌 것과도 같은 맥락이다. 그렇기에 개인적으로는 그런 독특한 해석이 화이드헤드 철학에 대한 정확한 이해를 하고서 주장된 것은 아니라고 본다. 게다가 화이트헤드가 말한 'prehension' 개념은 전적으로 공적(共的)이거나 전적으로 사적(私的)인 그런 구체적 사실은 존재하지 않는다는 학설에 기초를 둔 것임을 PR책에서도 명확히 밝혀놓고 있다 (PR 290/560-561). 즉, 전적인 사적 차원에 해당되지도 않는 것이어서 사적 소유라는 자본주의적 의미와도 간격이 있는 것이다.

그러나 만일 화이트헤드 철학을 인간중심의 형이상학으로 이해한다면 그 같은 오해의 여지가 있을 수도 있겠다는 생각은 들었다. 그럴 경우 저 먼 우주의 티끌 하나조차도 화이트헤드 철학에선 이미 자본주의적 소유의 경제 활동으로 여겨질 지도 모를 일이다. 물론 그렇게 주장한 화이트헤드 연구자는 없는 걸로 안다. 애초 화이트헤드의 형이상학은 인간중심의 철학이 아닌 〈원자론〉을 궁극적인 형이상학적 진리로서

삼았었고 그렇기 때문에 가장 기초적인 존재로서의 원자적 실재론을 추구했었다. 그에 따라 우주에서의 지구 생명체의 출현도 어디까지나 우주 진화 과정의 한 부분에 불과한 것이며, 화이트헤드가 보는 인간 생물 종(種)도 어디까지나 우주의 진화 과정에 있어 현실 존재들의 합 종연횡으로 파생된, 일시적으로 지구행성의 어떤 시공간 영역을 점유하고 있는 한 생명체일 뿐이다. 앞서 말씀드린 독특한 해석을 가하셨던 그 분도 나름 철학을 하시는 전문가셨는데 워낙 강하게 주장을 하신 터라 결과적으로 이 오해를 당시에 풀지는 못했었다. 아무튼 이로 인해 화이트헤드 철학에 대한 거부감을 표방하는 경우도 있긴 했었다.

이 같은 사례를 말씀드리는 연유에는 필자로선 가능하면 인간중심의 활동을 함축하는 그러한 느낌의 표현 용어들을 가급적 피하고자 하는 점도 있기 때문이라 할 수 있다. <포착>도 그 점에서 채택된 것이다. 그러나 국내 번역 용어를 둘러싸고 기존의 국내 화이트헤드안들 가운데는 오히려 필자가 쓴 '포착'에 대한 반발 역시 충분히 있을 수 있다고 본다. 분명히 말씀드리지만, 필자의 입장은 기본적으로는 '파악'과 '포착' 모두 괜찮다고 보는 입장이다. 그렇기에 기존 국역판에 실린 '파악'이라는 역어가 꼭 수정되어야만 한다고도 보질 않는다. 사실 번역어에 대한 구설수를 완벽히 피할 길이란 존재하지 않는다. 단지 여기서는 추가적으로 필자의 <포착>이라는 용어 채택 사정에 대해서만 말씀드리는 것뿐이다. 가능하면 너그러운 양해를 부탁드리는 바이다.

<포착>에 대한 간단한 개념 정의부터

이제 본격적으로 <포착>prehension에 대해 살펴보자. <포착>이란 무엇인가? 화이트헤드가 제시한 <포착>에 대한 매우 간명한 언급은 "관계성의 구체적 사실"이라는 점이다.

"ⅱ) 포착들^{Prehensions}, 또는 관계성의 구체적 사실들$^{Concrete\ Facts\ of\ Relatedness}$." (PR 22/85)

여기서 보듯이 화이트헤드의 〈포착〉 개념은 그가 설정한 〈현존의 범주〉 8개 중에서도 첫 번째인 **현실 존재[계기]** 다음인 두 번째 것으로 자리매김 되어 있다. 이것은 적어도 그의 철학 체계에선 포착 개념이 매우 중요한 위치에 있는 것임을 함의해준다. 뿐만 아니라 『과정과 실재』 PR 전체가 5부까지인데, 목차를 보면 알겠지만 제3부는 아예 〈포착의 이론〉이 차지하고 있다. 당연히 중요하지 않을 수 없다. 물론 화이트헤드 철학 입문 수준에서는 이 내용들을 전부 다 다룰 수는 없다. 여기서는 포착에 대한 가장 기본적인 이해로서의 밑그림 정도를 제공하는 것에 주로 치중했을 따름이다.

우리는 앞서 **현실 존재[계기]**가 일종의 개체적 통일성을 획득하고 있는 원자적 존재라는 점을 습득했었다. 그것은 〈합생〉이라는 과정으로 생성되는, 화이트헤드식의 원자적 존재에 해당한다. 이 지점에서 화이트헤드는 더 나아가 그 자신의 철학적 원자 개념의 내부 속으로 한층 더 깊이 파고 들어가는 〈분석의 작업〉을 수행한 것이다. 아마도 이미 어떤 누군가는 다음과 같은 궁금한 물음을 재차 던졌었을 지도 모를 일이다. "화이트헤드 선생께서 말하는 그 생성의 원자는 도대체 무엇으로 구성된 것인가요?"라고. 화이트헤드에 따르면, 바로 그 구성 요소가 〈포착〉인 것이다. 〈포착〉은 **현실 존재[계기]**를 구성하는 구체적 요소에 해당한다.

"현실태란 구체적 통일성으로 향해 가는 합생의 과정에 있어서 주

체적 통일성을 갖는 포착들의 총체^{totality}를 말한다."(PR 235/467)

화이트헤드에 따르면 적어도 모든 현실 존재[계기]들은 무수한 포착들로 이루어져 있다. 현실태는 〈포착들의 총체〉인 것이다. 조금 쉽게 비유적으로 말한다면, 예컨대 무수한 글자들이 있다고 할 경우 만약 하나의 문장을 하나의 현실 존재[계기]라고 가정해보자. 하나의 문장은 어떤 통일성을 갖는 하나의 전체다. 그럴 경우 포착은 그러한 문장들을 구성하는 여러 글자들에 비유할 수 있다. 하나의 문장이 여러 글자들로 구성되어 있는 것처럼, 각각의 현실 존재[계기]들도 결국 여러 포착들로 구성된 것으로 비유해볼 수 있다는 얘기다.

따라서 〈포착〉이라는 무수한 구체적 요소로서의 관계항들이 있을 때, 현실태는 이 관계항들의 묶음을 원자적으로 실현하고 있는 셈이다. 그리고 이 묶음은 그 원자적인 현실 존재[계기]가 갖는 〈주체적 통일성〉으로 묶여진다. 반면에 포착 자체는 원자적인 것이 아니다(PR 235/467). 원자적인 것은 어디까지나 현실 존재[계기]라고 봐야 한다. 합생의 과정은 바로 그러한 원자가 창출되는 현실화 과정인 것이다. 이 합생의 과정에서 여러 유형의 포착들이 일어나고 있는 것이다. 그리고 이 합생 과정을 종결할 때까지 그러한 포착들의 방향을 인도하고 있는 것은 〈주체적 지향〉$^{subjective\ aim}$이다(PR 235/467). 이 〈주체적 지향〉은 현실 존재[계기]의 합생 과정을 주도하는 〈목적인〉에 해당한다. 이에 대해선 나중에 다시 또 설명할 것이다. 여기서는 일단 〈포착〉에 대한 다음의 2가지 사항만 염두에 두고 넘어가도록 하자.

> 1. 현실태 = 포착들의 총체 (포착 자체는 원자적인 것이 아님)
> 2. 포착들 = 관계성에 대한 구체적 사실들

<포착>은 <분할>이라는 현실 존재에 대한 분석 방식에서 나온 것

그렇다면 화이트헤드의 포착 개념은 도대체 어디에서 나온 것일까? 화이트헤드는 이에 대해 그것은 현실 존재에 대한 <분할>division이라는 분석의 방식을 통해 제시된 것이라고 말한다.

> "각 현실 존재는 무수한 방법들로 분석될 수 있다. 그 구성 요소들은 어떤 분석 방식에 있어서는 다른 분석 방식에서보다도 더 추상적인 것이 된다. <포착>prehension으로 현실 존재를 분석하는 것은 현실 존재의 본성에 들어 있는 가장 구체적인 요소를 드러내는 분석의 방식mode of analysis이다. 이 분석 방식은 문제의 현실 존재에 대한 <분할>division이라고 불릴 수 있겠다." (PR 19/79)

여기서 화이트헤드의 이 같은 언급에 대해 어쩌면 혼란을 느낄 분도 있을지 모르겠다. 왜냐하면 <현실 존재>는 더 이상 분할될 수 없는 궁극적 실재로서의 존재인데, 이 글에선 마치 현실 존재에 대한 분할을 말하는 것처럼 보일 수 있기 때문이다. 하지만 글의 내용을 잘 살펴보면, 여기서 말하는 분할이란 <분석의 방식>을 일컫는 것으로, <실재에 대한 분할> 언급과는 구분해서 볼 필요가 있다. 즉, 포착 개념은 어디까지나 **현실 존재[계기]**에 대한 분석의 방법에 의해 나누어질 수 있다고 본 것이지 **현실 존재[계기]**라는 실재적 사물 자체를 다시 또 분할해서 나온 개념이 아닌 것이다. 실재적 사물로서의 원자적 분할은 **현실 존재[계기]**까지가 최종이다. 왜냐하면 **현실 존재[계기]**보다 더 실재적인 어떤 것을 발견하기 위해 현실 존재의 배후로 나아갈 수 없기 때문이다(PR 18/78). 그 이상의 분할은 현실 존재에 대한 분석의 방식에 의한 것일 뿐이다. 포착은 바로 그러한 현실 존재에 대한 분석의 방식, 즉

제7장 현실 존재의 내부 들여다보기 (1) - <포착>과 합생의 <초기 위상들>

<분할>이라는 분석의 방식을 통해 제시된 개념인 것이다.

"현실 존재에 대한 그 가장 구체적 요소들로의 최초의 분석은, 그 현실 존재가 그것의 생성 과정에서 생겨났던 여러 포착들의 합생임을 드러내 보여준다는 것. 그 다음의 모든 분석은 어떤 포착들에 대한 분석이며, 포착들에 의한 분석은 <분할>이라고 불린다." (PR 23/87)

"각각의 현실 존재는 무수한 방법들로 <분할될 수>^{divisible} 있다. 그리고 각각의 <분할> 방법은 포착들에 대한 그 일정 몫을 할당받는다." (PR 19/79) (* 결국 이때의 '분할' 의미는 <사물 쪼개기>의 의미가 아닌 분석을 위한 <나누어 보기>를 뜻함)

실재적으로는 더 이상 분할할 수 없는 하나의 현실 존재도 분석에선 무수한 포착들로 이루어져 있다는 것이었군!

포착은 현실 존재에 대한 '분할'이라는 분석의 방식을 통해 제시된 셈이지!

여기서도 보듯이 이러한 <분할> 개념은 <포착>과 관련된 것이다. 이 <분할>은 존재론적 차원의 실재적인 분할이 아니라 합생적 사물을 이해함에 있어 가장 구체적인 요소라는 <포착>을 드러내고자 시도된 분

322

석의 방식으로부터 비롯된 것으로, 우리는 〈분석의 방식으로서의 분할〉과 〈실재적 사물에 대한 존재로서의 분할〉을 명확히 구분할 필요가 있겠다. 〈분할〉은 바로 이러한 〈포착들〉에 의한 분석인 것이다. 〈포착〉은 바로 이 같은 분석을 통해서는 분할될 수도 있고 또한 결합될 수도 있지만, 이 〈포착〉 자체는 원자적인 것도 아니며 서로 독립해 있는 것도 아니다.

"포착은 원자적인 것이 아니다. 그것은 다른 포착들로 분할될 수도 있고, 또 결합하여 다른 포착이 될 수도 있다. 또한 포착들은 서로 독립해 있는 것도 아니다." (PR 235/467).

앞서 누차 말했듯이, 화이트헤드 철학의 원자 개념인 **현실 존재[계기]**는 더 이상 분할될 수 없는 가장 기본적인 생성 단위로서의 실재적 사물로시 이 같은 〈생성의 출현은 하나의 **현실 존재[계기]**가 〈일기에 생성〉되는 그러한 출현이다. 그런데 여기서도 화이트헤드의 지적인 분석적 탐사는 멈추지 않고 한 걸음 더 깊이 들어가서 수행하고자 했던 것이다. 그 합생 과정의 성격을 드러내는 가장 구체적인 분석의 방법을 제시함으로 인해 그가 제안한 생성의 원자는 과연 무엇으로 어떻게 구성되고 있는지 또한 보여주고자 했던 것이다. 결국 화이트헤드는 이 지점에서 그 **현실 존재[계기]**를 더 구체적으로 분석할 경우엔 〈포착〉이라는 요소가 있다고 본 것이다.

"나는 현실 존재가 그 자신에게서 다른 사물들을 구체화^{concretion}시켜 가는 활동을 표현하기 위해 〈포착〉^{prehension}이라는 용어를 채용했던 것이다." (PR 52/142)

제7장 현실 존재의 내부 들여다보기 (1) - <포착>과 합생의 <초기 위상들>

결국 해당 현실 존재[계기]의 성격은 그것을 구성하는 이 포착들에 대한 분석을 통해 더 구체적으로 이해해 볼 수 있는 것이다. 개체적 사물로서의 원자적 통일성이 하나의 현실 존재[계기]에 상응한다면, 포착은 오히려 그 하나의 현실 존재[계기]를 구성하고 있는 무수한 구체적 요소들에 해당한다고 보면 되겠다. 이는 분할이라는 분석 방식을 통해 제시된 것이다. 우리는 바로 이 지점에서 더 이상 실재로서는 분할할 수 없지만 상상적인 지적 분석의 칼날을 통해 더 깊숙이 찔러서 현실 존재[계기]의 그 내부까지도 열어젖혀 지나치게 상세할 정도로 해부하고 있는 화이트헤드의 치밀한 지적 분석 모험에 비로소 맞닥뜨리게 된다.

포착 개념은 현실 존재를 분석할 때 가장 구체적인 관계성의 사실들을 말한 것입니다. 우리는 이 개념을 통해 현실 존재를 좀 더 세부적으로 살펴볼 수 있게 됩니다.

모든 현실 존재는 다른 모든 현실 존재에 내재한다!

화이트헤드는 "관계성이 성질보다 우위에 있다"고 보았다(PR xiii/46). 그런데 그 "관계성에 대한 구체적 사실들"은 결국 <포착>에 다름 아니며, 이것은 **현실 존재[계기]**의 성격을 특징짓고 있는 가장 구체적인 요소에 해당한다. 화이트헤드 철학사상이 갖는 관계론적 성격은 바로 이 포착 개념에 뿌리를 둔 것으로 볼 수 있겠다. 화이트헤드에 따르면, 이 <포착>에 대한 이론은 공공성$^{公共性,\ publicity}$과 사사성$^{私事性,\ privacy}$의 경계를 근본적으로 구분 지을 수 없다는 점을 기반으로 하고 있다. 포착은 서로 독립해 있는 것이 아니어서 이는 당연한 귀결로 보인다.

> "현실 존재들은 그들 상호간의 <포착들>에 의해서 서로를 포섭한다." (PR 20/80)

> "포착의 이론은 전적으로 공적이거나 전적으로 사적인 그런 구체적 사실은 존재하지 않는다는 학설에 기초를 두고 있다. 공공성^{publicity}과 사사성^{privacy} 간의 구별은 이성의 구별이지 상호 배타적인 구체적 사실들 간의 구별이 아니다." (PR 290/560-561).

따라서 모든 **현실 존재[계기]**들은 상호 포착하고 포섭한다는 점에서는 상호 내재되는 점이 있다. 그 어떤 **현실 존재[계기]**도 다른 **현실 존재[계기]**를 불필요로 한다거나 전적으로 독립적인 자립성을 확보하고 있지 않다. 오히려 서로 간의 관계들로 구성되고 있기에 상호적으로 내재하는 성격을 갖는다. 이 <상호 간의 내재>는 '실체는 다른 주체에 내재하지 않는다'는 아리스토텔레스의 언명을 정면으로 파기하는 <보편적 상대성>$^{universal\ relativity}$의 원리로도 표현된 바 있다(PR 50/140). 따라서 이것은 현실 존재가 어떻게 다른 현실 존재의 지각 구조 속에 객체적으로 개입할 수 있는가 하는 문제와도 연관된 것이다. 적어도 화이트헤드의 <포착> 이론은 바로 이 문제 곧 '다른 존재에 내재한다'는 개념을 보다 명확히 밝히기 위한 측면에서도 고안된 것이라 하겠다. 그는 이를 위해 <객체화>objectification라는 용어를 사용한다(PR 50/140).

<객체화>의 의미 : 인식론적 의미를 넘는 존재론적 활동

아무래도 일반 대중들한테는 <객체화>objectification라는 용어 역시 매우 낯설게 들릴 수 있을 것으로 본다. 이 <객체화> 개념은 앞서 말한 상호 간의 내재라는 <보편적 상대성>의 원리가 현실 존재들 가운데서 어떻게 구현될 수 있는지를 말해주는 개념 장치에 해당한다.

"<객체화>라는 술어는 한 현실 존재의 가능태가 다른 현실 존재 속에서 실현되는 특수한 방식을 가리킨다." (PR 23/87).

즉, 상호 간의 포착에 있어, 대상이 된 현실 존재가 다른 현실 존재 속에서 실현되는 방식이라고 볼 수 있는데, 이것은 그러한 실현의 방식으로 말미암아 해당 현실 존재의 생성에 기여되고 있음을 말한 것이다. 그렇기에 화이트헤드에게서 <객체화>는 인식론적 의미를 넘어 존재의 창출에 기여되는 존재론적 활동에 속한다. 다음의 언급도 주목해보자.

"하나의 현실 존재가 다른 현실 존재의 자기창조self-creation 안에서 기능한다는 것은, 전자가 후자의 현실 존재에 대하여 <객체화>objectification된다는 것을 말한다." (PR 25/91).

여기서 <객체화>의 의미는 해당 현실 존재가 갖는 자기창조에 기여된다는 의미로서 제시되었다. 즉, 전자는 후자의 현실 존재의 생성에 기여되고 있는 대상[객체]으로서 관여되고 있다는 것이다. 물론 이때 말하는 자기(self)는 어디까지나 객체[대상]와 관련하고 있는 주체를 말한다. 여기서도 〈자기창조〉라는 표현에서 보듯이 화이트헤드가 보는 이 사태는 단지 대상에 대한 인식론적 의미에 소급되지 않는다. 예컨대 〈대상을 본다〉는 것 혹은 〈대상을 인식한다〉는 것 모두 해당 대상과 관련하여 자기창조에 기여되고 있다는 뜻의 존재론적 지평에서 내다본 것이다. 따라서 '대상을 본다'는 것은 그러한 만큼 결국 '대상과의 관계를 통한 자기창조적 활동'에 놓여있다는 의미가 된다. 앞서 말했듯이, 영어의 'object'는 〈객체〉 또는 〈대상〉으로 번역될 수 있다. 〈객체화〉의 의미는 결국 객체라는 대상이 해당 주체의 자기창조에 기여되는 방향으로 체화된다는 것이다. 따라서 약간 말장난식으로 아주 단순하게 표현해본다면, '객체[대상]로서 체화되어지는 것'이 곧 〈객체화〉인 셈이다.

만약에 이 〈객체화〉라는 용어가 다소 어렵게 다가온다면, 우리는 '느낌feeling' 그리고 '느껴진다'를 통해 이해해볼 수도 있다. 화이트헤드에 따르면, 객체화는 느낌의 대상이 되는 객체가 느낌의 주체한테서 〈느껴지고 있는 사태〉를 뜻하는 것이다.

> "〈주체〉로서의 일정한 현실 존재와 관련시켜 말한다면, 현실 세계의 모든 현실 존재는 대개 막연하게나마 그 주체에 의해서 필연적으로 〈느껴진다〉. 느껴진 것으로서의 현실 존재는 그 주체에 대하여 〈객체화되었다〉고 말한다." (PR 41/122)

여기서 〈느껴진 것으로서의 현실 존재〉가 객체에 해당하고 해당 주체는 이를 느끼고 있는 현실 존재에 해당한다. 따라서 느낌의 주체는 느껴지는 대상을 객체화한다고 볼 수 있다. 반대로 느껴지는 대상은 느낌의 주체에 대해 〈객체화되었다〉고 볼 수 있다. 그러한 가운데 그 객

제7장 현실 존재의 내부 들여다보기 (1) - <포착>과 합생의 <초기 위상들>

체는 현재의 주체 속에 내재되는 형식으로 계속 실현되고 있는 것이다. 하지만 이마저도 행여 어렵다고 여길 수도 있기에 여기선 조금 다른 비유를 들어 언급해보겠다.

예컨대 적막한 어둠이지만 '늑대는 양을 느낀다'의 경우를 일단 떠올려보자. 이 문장은 '양은 늑대에게 느껴진다'로도 바꿔볼 수 있다. 물론 이것은 어디까지나 비유적인 설명을 위해 설정해본 것뿐이다.

[비유] 양(선행 계기)은 늑대(합생 계기)에게 <느껴진다>.

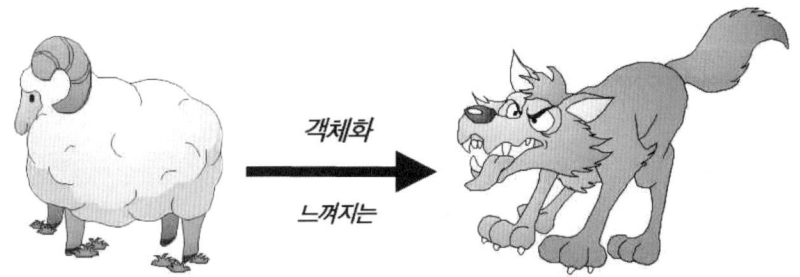

[비유] 양(선행 계기)은 늑대(합생 계기)에게 <객체화>되고 있다.

여기서 양을 선행하는 현실 계기로 간주하고, 그 양을 느끼는 늑대를 합생 중에 있는 주체인 현실 계기라고 해두자. 이때의 양은 늑대에게 <느껴지는 대상>에 해당한다. 그리고 <양에 대한 느낌>은 늑대가 갖는 느낌이다. 이 느낌의 원천은 대상인 양으로부터다. 따라서 늑대(주체)의 느낌 속에는 양(객체)으로부터 비롯된 느낌들이 내재되고 있는 것이다. 그 점에서 유비적으로 표현해본다면 '양은 늑대에게 <객체화>되고 있다'라고 볼 수 있다. 늑대의 신체도 느낌마다 매순간 달라지는 중이다.

마찬가지로 여건이 되고 있는 선행 계기는 합생 중에 있는 현실 계기에게 일종의 <느낌을 갖게 하는> 것으로 볼 수 있다. 따라서 <객체

화〉라는 건 '해당 주체에게 〈느껴지고 있는 사태〉'를 의미한다. 바로 이 점에서 화이트헤드는 이 객체화를 〈느껴진 것으로서의 현실 존재〉와 〈느끼는 주체로서의 현실 존재〉와 연관해서도 설명한 것이다. 전자는 〈여건으로서의 현실 존재〉에 해당하고 후자는 〈주체〉에 해당한다. 이때 전자는 후자에게 〈느껴진다〉.

여기서 한 가지 유념할 점은, 〈느껴진다〉는 것은 어떤 의식된 자각의 느낌을 의미하는 것이 아니라는 점이다. 이 지점에서 혼동하지 않길 바란다. 재차 강조해서 말하지만, 이것은 인식론적 의미를 넘는 존재론적 활동의 문맥에서 볼 필요가 있다. 이것은 의식 이전의 모든 현실 존재에도 적용되는 〈느낌〉의 사태를 말한다(잠시 뒤에 보겠지만 〈느낌〉은 〈긍정적 포착〉과 같은 뜻의 용어다). 화이트헤드는 현실 세계의 모든 현실 존재는 해당 주체에게 필연적으로 〈느껴진다〉고 보았는데 이를 달리 표현해서 〈객체화〉로 지칭한 것이다. 그럼으로써 해당 주체에 〈내재된다〉는 것이다.

> "현실 존재의 지각 구조는, 저마다 그 나름의 형상적 존재를 수반하는 현실 존재들이 어떻게 문제되는 현실 존재의 지각 구조 속에 객체적으로 개입할 수 있는 것인가 하는 문제를 제기한다. 이는 우주의 연대성 solidarity of the universe에 관한 문제이다. … (중략) … 유기체 철학이 제시하는 해결책은, 합생적인 통합에 포함되어 있다가 느낌의 일정한 복합적 통일성에서 종결되는 〈포착에 관한 학설〉 doctrine of prehensions 이다." (PR 56/150-151)

따라서 화이트헤드가 보는 우주는 기본적으로 모두 얽혀 있는 〈얽힘의 세계〉다. 관계는 외적으로 부과되는 것이 아닌 존재의 실현에 있어 기본적인 본성에 해당되고 있다. 이 〈얽힘의 세계〉는 화이트헤드 철학적으로 보면 온갖 느낌들이 얽히고설킨 〈느낌의 세계〉이기도 하다. 화이트헤드 철학의 모든 현실 존재들은 전체 우주를 저마다 느끼는 가운데 존립되고 있으며, 또한 저마다 느껴지고 있는 객체화로서 자리한다. 그야말로 화이트헤드 철학의 세계는 온갖 〈느낌들〉로 충만한 세계다.

어떤 대상에 대한 느낌을 갖는다는 건 기본적으로 인식론적 의미를 넘어선 〈존재론적 활동〉에 속한다는 거였네!

우리 몸도 무엇을 느끼는 몸이냐에 따라 실제로도 달라진다고 봐!

화이트헤드는 그 자신의 포착 개념을 통해 매순간 경험의 계기들이 전체 우주를 경험하는(느끼는) 가운데 존립되고 있는 점을 말하고 있다. 그리고 그 전체 우주는 결코 없어지지 않으며 매순간 〈객체화〉되고 있다. 화이트헤드는 기본적으로 우주의 모든 항목^{item}은 각 합생 속에 포함되어 있다고 본 것인데 그는 이를 〈상대성 원리〉$^{principle\ of\ relativity}$라고도 표현했었다(PR 22/86). 결국 〈존재〉^{being}란 그 본성에 있어 모든 〈생성〉을 위한 가능태라는 것이다(PR 166/346).

"설명의 제4범주에 따르면, 모든 종류의 존재가 객체로서 기능한다는 것은, 존재의 보편적인 형이상학적 성격 가운데 하나이다. 우주의 연대성solidarity of the universe을 구성하는 것은 바로 이러한 형이상학적 성격이다." (PR 220/439)

여기서 말하는 설명의 제4범주는 〈상대성 원리〉를 말한 것인데(PR 22/84), 그에 따르면 이것은 모든 우주 시대에 적용될 만한 하나의 일반적인 형이상학적 특성에 속하며, 우주의 연대성 역시 이러한 성격에 따른다는 점을 언급한 것이다. 합생을 하는 **현실 존재[계기]**는 포착들의 총체로서 저마다 단일한 복합적 통일성을 갖는 것이지만 그것은 전체 우주와 연관되는 가운데 있기 때문에 또 한편으로는 우주의 연대성을 드러내고 있는 것이다. 화이트헤드 철학의 유기체적 세계관이 보여 주는 관계론적 성격은 바로 합생이라는 현실 존재의 실재적인 내적 구조를 분석하는 가운데 드러나고 있는 〈포착〉 개념에 뿌리를 둔 것이라 하겠다. 우리의 느낌들 속에는 매순간 객체화되고 있는 전체 우주가 자리하고 있다. 우리는 그러한 우주를 객체화하는 가운데 저마다의 자기 자신으로서 존립하고 있다는 것이다.

그런데 아직 우리는 화이트헤드가 언급한 〈포착〉 개념의 핵심에는 여전히 접근하지 못했다. 이제 우리는 그가 말한 〈포착〉 개념에 담긴 핵심 의미와 그와 관련된 여러 유형의 포착들로 좀 더 들어가 보자.

포착은 <벡터>이다! "모든 사물은 흐른다"를 계승한 현대적 표현

우리의 여건^{datum}은 우리 자신을 포함한 〈현실 세계〉$^{actual\ world}$이다(PR 4/54). 알다시피 화이트헤드는 이 〈여건〉^{datum}이라는 말을 정말 엄청나게도 많이 쓴다. datum(이것의 복수형이 데이터data)은 말 그대로 '자료'로서 〈주어진 조건〉에 해당하기에 〈여건〉이라고 불린다. 객체들 은 〈주어진 조건〉이라는 〈여건〉에 속한다.

그런데 화이트헤드는 그 자신의 "형이상학에 있어서의 〈여건〉은 물리학에서의 〈벡터〉 이론의 기반^{basis}"이라고 얘기한다(PR 116/256). 흥미롭게도 그가 보는 포착 개념의 근본적인 핵심에는 이 〈벡터〉 성격이 자리하고 있기 때문에(PR 317/607) 아무래도 이점을 간과하고 넘어갈 순 없을 것이다. 화이트헤드의 〈포착〉 개념은 물리학에서도 말하는 〈벡터〉^{vector} 개념을 철학적으로 전개한 것에 다름 아니다. 그는 다음과 같이 말한다.

"느낌[포착]^{feelings}은 벡터^{vector}이다. 왜냐하면 그것은 '저곳에^{there}' 있는 것을 느끼고는 이를 '이곳에^{here}' 있는 것으로 변형시키기 때문이다." (PR 87/204).

그런데 도대체 이 〈벡터〉라는 게 무엇인가? 당연히 일반인으로서는 흔히 접하는 용어는 아니겠지만, 한편으로 물리학자와 수학자들에겐 너무나도 일반화되어 있는 개념이기도 하다. 즉, 이 용어는 주로 수학과 물리학 분야에서 쓰는 용어인데, 그렇다고 해서 물리학과 수학을 싫어하는 사람도 매우 어렵게 여길 만한 그런 난해한 개념도 전혀 못되기에, 일단 〈벡터〉에 대한 사전적 뜻을 이해하는 것에서 출발해보자. 여기선 그 정도만 해도 충분할 것으로 본다. 알다시피 〈벡터〉에 대한 일반적인 사전적 의미는 '크기와 방향성을 가지는 양(量)'을 의미한다. 그런데 화이트헤드가 말하는 〈포착〉도 바로 이 벡터의 의미를 담고 있다는 것이다. 잠시 이 〈벡터〉라는 것을 조금 알기 쉽게 도식으로 표현해 볼 경우 다음과 같다.

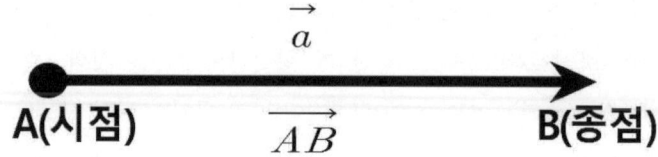

여기서 이 벡터를 수학적 기호로는 $\overrightarrow{AB}$ 또는 $\vec{a}$라는 기호로서 표시한다. 벡터는 방향을 표시하기 위해 화살표를 사용한 것이며, 이 화살표의 길이는 크기를 나타낸 것이다. 그럴 경우 A를 벡터 $\overrightarrow{AB}$의 '시점'으로 보고, B를 벡터 $\overrightarrow{AB}$의 '종점'으로 표시하는데, a는 A에서 B까지의 선분의 길이를 표현하고 있다. 이때 벡터 $\overrightarrow{AB}$는 시작점과 끝점을 갖는 방향성이 있음을 함의한다. 이제 이러한 벡터 정의를 다시 연관시켜서, 일단 A시점을 〈저기〉there라고 해두고 B종점을 〈여기〉here라고 해두자.

쉽게 말해서 포착은 〈저기〉there에 있는 것을 〈여기〉now에 있는 것으로 변형시킨다는 의미를 갖는다는 얘기다(PR 87/204). 그리고 이때의 포착은, 앞서 A시점에서 B종점으로의 방향이 있는 것과 마찬가지로 '〈저기〉에서 〈여기〉로'라는 명확한 방향성을 드러내고 있다. 화이트헤드가 말하는 〈포착〉 개념은 바로 이러한 벡터 성격을 갖는 것이기에 "포착은 곧 벡터"라고도 표현한 것이다. 이는 마치 사물에 있어 에너지 전이가 계속 일어나고 있듯이 직전의 과거 우주로부터 계승되고 있는 유전적 상속의 전달이 일련의 모든 현실 존재[계기]들 속에서도 부단히 일어나고 있음을 내포한다.

제7장 현실 존재의 내부 들여다보기 (1) - <포착>과 합생의 <초기 위상들>

"물리과학에 있어 궁극적인 물질적 존재는 언제나 전이^{transference}를 가리키는 벡터이다. 세계 내에 정태적인^{static} 것은 하나도 없다. 그러나 재생$^{再生, reproduction}$이 있다." (PR 238/473)

"포착은 그 자체가 현실 존재의 일반적 성격들을 재생한다. 즉 그것은 외적 세계와 관계하고 있으며, 그런 의미에서 <벡터적 성격>을 가진다고 말할 수 있다. 거기에는 정서, 목적, 가치화[가치매김]$^{valuation, 89)}$ 인과관계가 포함되어 있다. 사실상 현실 존재의 모든 특성들은 하나같이 포착에 있어서 재생되고^{reproduced} 있다." (PR 19/79)

<그때 거기>에 있는 것을 <지금 여기>에서 포착하는 것일 경우 여기에는 상속되고 있는 <느낌의 전달>이 있다. **현실 존재[계기]의 성격들은 이 포착을 통해 계속적으로 그 느낌들을 구현하고 있다는 점에서 재생되어진다고 볼 수 있다.** 또한 <벡터>라는 건, 크기와 방향성을 갖는다는 점에서 볼 때 정적인 것이 아니다. 세계 내에 정적인 것은 하나도 없다(PR 238/473). 오히려 화이트헤드는 사물을, 정태적인 물질보다 <유동하는 에너지>로 보는 시각에 서 있는 것이다. 알다시피 현대물리학에서도 물질과 에너지에 대한 근본적인 차원에서의 선명한 구분 같은 것은 사라졌다. 따라서 그 옛날 "모든 사물은 흐른다"고 말한 헤라클레이토스의 격언이 이제 수리물리학상의 번역으로 "모든 사물은 벡터이다"라는 언명으로 반영되고 있다고 화이트헤드는 말한다.

"물리학의 언어로 말하면, 유물론으로부터 <유기(체)적 실재론>$^{organic\ realism}$으로의 변화는, 정태적인 물질$^{static\ stuff}$이라는 개념

을 유동적인 에너지$^{fluent\ energy}$라는 개념으로 바꾸어놓은 것을 말한다. 이러한 에너지는 작용과 유동의 구조를 가지고 있으며, 그러한 구조를 떠나서는 이해될 수 없다. 이는 또한 <양자>^{quantum}의 요구사항들로 조건화되어 있다. 이러한 요건들은 하나하나의 포착들과, 이 포착들이 속해 있는 하나하나의 현실 존재들이 물리학 속에 반영된 것이다. 수리물리학은 <모든 사물은 흐른다>는 헤라클레이토스의 격언을 자기 자신의 언어로 번역한다. 그래서 이 격언은 <모든 사물은 벡터^{vector}이다>가 된다." (PR 309/594)

화이트헤드는 물리학의 물질들이 정태적인 것이 아닌 유동성의 유기(체)적인 것으로 본다는 점에서 그 자신의 실재론을 <유기(체)적 실재론>이라고도 표현한다. 그에 따르면 물리학의 소립자를 포함해 원자, 분자 등 이러한 것들도 기본적으로는 유동하는 에너지 개념을 담고 있는 유기체적 성격을 갖는 것으로 이해하고 있기 때문에 생물학상의 유기체 개념과 혼동되어선 안 될 것으로 본다. 이 사물의 유동성의 궁극적 뿌리에는 벡터적 성격을 갖는 포착 개념이 놓여 있다고 본 것이다. 이제 이러한 포착 개념을 좀 더 분석적으로 살펴보도록 하자.

> **"모든 사물은 벡터이다"**
> ☞ **"모든 사물은 흐른다"** [헤라클레이토스]에 대한 현대적 계승

포착의 3요소 : ①여건 ②주체 ③주체적 형식

화이트헤드의 설명의 범주 내용에 따르면, 모든 포착들은 결국 다음의 3가지 요소로 이루어져 있다고 말한다.

제7장 현실 존재의 내부 들여다보기 (1) - <포착>과 합생의 <초기 위상들>

"xi) 모든 포착은 세 가지 요인으로 이루어져 있다는 것.
 (a) 포착하는 <주체>^{subject}, 즉 그 포착을 자신의 구체적인 요소로 하고 있는 현실 존재,
 (b) 포착되는 <여건>^{datum},
 (c) 그 주체가 그 여건을 포착하는 방식인 <주체적 형식>$^{\text{subjective form}}$." (PR 23/87-88)

그렇다면 이것은 결국 포착의 3요소에 해당할 것이다. 화이트헤드가 말한 포착의 이 3가지 구성요소를 앞서 말한 '<저기>에 있는 것을 붙잡아 <여기>에 있는 것으로 된다'는 점과 상응해서 본다면 다음과 같이 정리해볼 수 있다.

● 포착의 3가지 구성요소

① <저기>에 있는 것 : 여건 [포착되는 객체]

② <여기>에 있는 것 : 주체 [포착하는 주체)

③ 붙잡는 방식 : 주체적 형식 [주체가 객체를 포착하는 방식]

만일 이 3가지 요소 중에 어느 하나라도 없다면 포착은 성립될 수가 없다. 즉, 포착의 이론에서 볼 경우 객체로서의 여건과 이를 포착하는 주체는 본래적으로 관계되어 있다는 것이다. 바로 이러한 점 때문에 화이트헤드가 말하는 포착의 이론은 근본적으로 공공성$^{公共性, \text{publicity}}$과 사사성$^{私事性, \text{privacy}}$에 대한 사실적인 구별은 불가능하다는 점을 의미해준다고 본 것이다(PR 290/560-561)주고 있다. 포착은 <그때 저곳>$^{\text{there and then}}$의 것을 <지금 이곳>$^{\text{now and here}}$의 것으로 붙잡고 있는 것이다. 따라

서 포착은 분명한 방향성을 갖고 있는 구체적 사실에 해당한다.

포착은 이렇게 ① **포착된 여건**과 ② **포착하는 주체** 그리고 ③ **주체적 형식**이라는 이 3가지로 이루어져 있다. 이때 이 3가지 중에서도 가장 이해가 힘들 수 있는 요소는 아무래도 〈주체적 형식〉이 아닐까 생각한다. 도대체 〈주체적 형식〉이라는 것이 무엇인가?

주체적[주관적] 형식

포착의 3요소 중에서 〈주체적 형식〉—또는 주체의 형식—은 객체로서의 여건에 대한 〈주체화[주관화]의 방식〉에 다름 아니다. 즉, 주체가 여건을 포착하는 방식, 더 간단히 말하면 일종의 〈포착 방식〉을 〈주체의 형식〉으로 본 것이다. 이때 방식이라는 말은 곧 〈어떻게〉how에 해당한다. 따라서 그 주체가 여건을 어떤 방식으로 포착했는지가 바로 그 주체의 형식이 된다는 것이다(PR 23/87-88). 달리 말할 경우 이 〈주체의 형식〉은 그 주체를 한정짓고 있는 〈한정의 형식〉form of definiteness으로 이루어져있다고도 볼 수 있다. 그런데 〈한정의 형식〉은 앞에서 언급된 〈영원한 객체〉eternal object에 다름 아니다. 결국 화이트헤드가 말하는 〈주체의 형식〉에서의 〈형식〉은 영원한 객체들로 보면 될 것이다. 이 영원한 객체들은 그 주체적 형식이 갖는 〈종적인 한정성〉specific definiteness을 특징짓고 있다(PR 역 712). 〈주체적 형식〉은 여건에 의해 제약을 받긴 하지만 여건에 의해 전적으로 결정되는 것은 아니다(PR 232/462). 주체적 형식에 대한 설명으로서 다음과 같은 글도 함께 참조해보길 바란다.

> "주체적 형식이란 주체가 객체를 느끼는 방식이다. 이 경우, 형식이란 말은 영원한 객체를 가리킨다. 예컨대, 파란색은 영원한 객체이지만, 주체가 어떤 것을 파란 모양으로 느낀다면, 〈파란 모

양>이 주체적 형식이다." (PR 역 462)

예를 들어서 언급해보자. 만일 '빨간 장미'라는 저 대상이 있을 경우 이를 '빨갛게' 받아들이고 있다면, 해당 **현실 존재[계기]**에 속하는 〈주체적 형식〉은 그 여건을 '빨갛게(how에 해당되는 내용)' 포착하는 것으로 볼 수 있다. 여기서 〈주체적 형식〉은 결국 '빨강'이라는 〈한정의 형식〉이 되고 있는 것이다. 그리고 해당 주체에 속하는 그 **현실 존재[계기]**는 그 포착 활동을 통해 '빨강'이라는 영원한 객체를 현실화하는 과정에 있는 셈이다. 마찬가지로 빨간 장미라는 저 여건을 '슬프게' 받아들인다면, 해당 **현실 존재[계기]**에 속하는 포착의 주체적 형식은 그 여건을 '슬프게' 느끼고 있는 것이기에 '슬픔'이라는 주체적 형식으로 한정될 것이다. 그럼으로써 해당 주체 속에는 '슬픔'이라는 영원한 객체를 실현하려는 작용이 있게 된다. 즉, 화이트헤드가 보는 **주체적 형식**은 "그 주체가 그 객체적 여건을 느끼는 방식how"인 것이다(PR 232/461). 물론 동일한 여건에 대해서도 저마다 다른 느낌들로 받아들여질 수 있다. 이에 대해 도널드 셔번[D. W. Sherburne]은 나름의 사례를 들어서 다음과 같이 설명한 바 있다.

"<u>동일한 여건도 전혀 상이한 주체적 형식들로 채색되어 서로 다른 주체 속에 수용될 수 있다.</u> 예를 들어, 응석을 잘 받아주는 어머니와 이웃의 나이 많은 노처녀는 개구쟁이 어린애의 똑같은 거짓부렁을 전혀 다른 각도에서, 전혀 다른 정서적인 반응을 보이며 받아들일 수 있는 것이다."[90]

이 사례에서의 어머니와 노처녀는 같은 어린애의 행태를 놓고서도 서로 전혀 다르게 받아들일 수 있어 동일한 대상에 대한 각각의 경험들은 저마다 다른 색조로 수용될 수 있음을 말하고 있다. 그럴 경우 〈주체의 형식〉도 서로 다른 것이 된다. 사실상 이런 경험들은 우리의 일상에서도 너무나 흔할 만큼 비일비재하다. 우리가 같은 사물을 보더라도 서로의 느낌들은 전혀 다르게 느껴지는, 상이한 경험들을 할 때가 많잖은가. 물론 서로 비슷한 느낌을 지닐 때도 있지만 전혀 상반된 느낌이나 이질적인 느낌을 지니기도 하는 것이다. 그것은 결국 대상에 대한 수용하는 방식들이 저마다 다른 점에 기인한다고 볼 수 있다.

결국 〈대상을 어떻게(how) 포착하느냐(받아들이느냐) 하는 방식〉이 곧 〈주체의 형식〉이 된다. 그럴 경우 어떻게(how)가 바로 주체의 형식이 되고 있는 것이다. 물론 객체인 대상을 어떻게 포착하고 있는지(혹은 어떻게 받아들이는지)는 대상에 대한 주체의 결단에 의한 것이며 이 결단은 최종적으로 〈주체의 목적〉에 맞춰져 있다. 따라서 주체의 형식은 〈주체의 목적〉과 결코 무관할 수 없다. 이 〈주체의 목적〉을 화이트헤드는 〈주체적 지향〉subjective aim으로 명명했던 것이다[* 번역상으로도 영어의 'aim'을 '목적'으로 번역해서 곧바로 〈주체의 목적〉으로 봐도 무방할 듯싶다]. 주체적 형식은 합생 과정의 목적인final causation에 해당하는 〈주체적 지향〉에 맞춰져 있다. 어쨌든 동일한 여건에 대해서도 상이한 주체적 형식들로 채색될 수 있다는 점은, 앞서 언급한 것처럼 주체적 형식이 여건에 의해 제약되긴 하지만 여건에 의해 전적으로 결정되지 않는다는 점도 예증해주는 것이다. 이러한 〈주체의 형식〉에 속하는 것들로는 다음과 같은 것들이 있다.

"xiii) 주체적 형식에는 감정[정서]emotion, 가치화valuation, 목적purpose, 호감adversion, 반감aversion, 의식consciousness 등 그와 같은

많은 종들species이 있다" (PR 24/88)

앞서 말한 예에서 보면, '빨강'의 경우는 감정[정서]에 속하지 않는다. 하지만 경우에 따라선 〈가치화〉나 목적 등 주체적 형식의 다른 여러 종들에 해당할 수 있다. 반면에 '슬픔'이라는 주체적 형식은 감정[정서]에 속한다. 그러나 동시에, 때에 따라선 가치화나 목적 등 주체적 형식의 다른 여러 종들에도 해당할 수 있다. 여기서 한 가지 특기할 만한 사항은, 〈의식〉 역시 화이트헤드는 〈주체적[주관적] 형식〉의 일종으로 본다는 점이다. 화이트헤드에게서 〈의식〉은 진화 과정에서 나중에 꽃핀 매우 특별한 경험 사건이기에 후기 위상들인 다음 장에 거론할 것이다.

포착의 3요소에서 주체적 형식은 객체인 여건을 해당 주체가 어떻게 포착하고 있는가 하는 '포착의 방식'을 말한 거였어!

대상에 대해 '슬프게' 느끼고 있다면, 이때 '어떻게'에 해당하는 '슬프게'가 바로 '느끼는 방식'인 주체적 형식인 거네

포착의 두 종류, <긍정적 포착>과 <부정적 포착>

화이트헤드는 이 같은 포착에 대해 다시 또 세부적인 분석의 안목으로 몇 가지 유형들로 분류한다. 여기서 우리는 〈긍정적 포착〉과 〈부정적 포착〉의 구분부터 알아보자.

"xii) 두 종류의 포착이 있다는 것, 즉 (a) <느낌>^{feeling}이라고 불리는 <긍정적 포착>$^{positive\ prehension}$과, (b) <느낌으로부터 배제하는 것>이라고 하는 <부정적 포착>$^{negative\ prehension}$." (PR 23/88)

"포착에는 두 종, 즉 <긍정적 종>과 <부정적 종>이 있다." (PR 41/121)

"긍정적 포착이란 주체 자신의 실재적인 내적 구조에 그 사항^{item}이 적극적으로 기여하도록 그 사항을 명확히 포섭^{inclusion}하는 것을 말한다. 이 긍정적 포섭은 그 사항에 대한 주체의 <느낌>이라고 불린다." (PR 41/121-122)

"부정적 포착이란 주체 자신의 실재적인 내적 구조에 그 사항이 적극적으로 기여하지 못하도록 그 사항을 완전히 배제^{exclusion}하는 것을 말한다. 여기에는 부정적 포착도 하나의 유대관계^{bond}를 표현한다는 견해가 포함되어 있다." (PR 41/121-122)

순서대로 읽어본다면 그리 어렵지 않은 내용임을 알 것이다. 일단 화이트헤드 철학에서 <느낌>과 <긍정적 포착>은 같은 뜻이다. 이때 현실 존재가 우주 안에 있는 각 사항과 결속함에 있어 해당 주체의 실재적인 내적 구조로 <포섭>하느냐 <배제>하느냐가 결정적인 관건이 된다. 화이트헤드는 이를 각각 <긍정적>^{positive} 그리고 <부정적>^{negative}이라는 용어로 분류해놓은 것이다.

다만 우리가 한 가지 오해해선 안 될 지점은, <긍정>과 <부정>으로 표현되고 있긴 하지만 이것은 어떤 좋고 나쁨의 도덕적 가치 판단으로 얘기해놓은 것이 결코 아니라는 점이다. 즉, <긍정적 포착>이라고 해서 마냥 좋은 것이고, <부정적 포착>이라고 해서 마냥 나쁜 것이 되는, 그러한 게 아니라는 얘기다. 여기서의 <긍정적>이냐 <부정적>이냐 하는 표현의 의미는 각각 <포섭>하느냐 <배제>하느냐를 가장 핵심 의미로서 보면 될 뿐이다. 필자는 그런 점에서 차라리 <긍정적 포착>이란 용어 대신에 <포섭적 포착>inclusive prehension으로, 그리고 <부정적 포착>이라는 용어 대신에 <배제적 포착>exclusive prehension으로 해보는 것도 어떨까 싶은 생각도 들었다. <긍정적>과 <부정적>이라는 표현은 아무래도 <느낌>이라는 용어를 중심으로 본다면 자연스러운 채택으로 보인다. 다만 여기선 긍정적인 것은 좋고 부정적인 것은 나쁘다는 식으로 보진 않길 바라기에 적어도 <긍정적 포착>의 핵심 뜻은 그러한 <포섭>에 있고, <부정적 포착>의 핵심 뜻은 <배제>에 있다고 말한 것이다. 따라서 단순 정리를 해본다면 다음과 같다.

긍정적 포착 – 우주의 각 사항과 관련해 주체의 내적 구조로 <포섭>하는 작용 [= '느낌' 과 동의어]

부정적 포착 – 우주의 각 사항과 관련해 주체의 내적 구조에서 <배제>하는 작용

여기서 <긍정적 포착>은 화이트헤드가 말하는 <느낌>과 동의어다. 화이트헤드 철학의 <유기(체)적 세계>는 온갖 느낌들로 가득 차 있을 만큼 이 <느낌>이라는 용어는 매우 빈번하게 등장한다. 일찍이 동양철학의 세계관에서도 감응(感應)의 세계를 얘기한 바 있다. 화이트헤드의 철

학사상은 역시 온갖 관계성의 사실들로 충만한 〈느낌의 세계〉를 그려 내고 있는데, 그에 따르면 이 〈느낌〉에 관한 이론에 있어서는 영국 철학자인 브래들리^{Francis H. Bradley, 1846-1924}로부터 도움을 받았다고 했다(PR xiii/44). 물론 화이트헤드 철학은 브래들리 철학과 서로 맞서 있을 만큼 비판적인 지점도 있고 또한 최종 그림에서의 유사점도 있긴 하다.91) 어쨌든 이 〈느낌〉이라는 술어는 PR 전체에서 볼 때도 매우 빈번하게 사용될 정도로 중요한 개념에 속한다. 어떤 면에서 화이트헤드 과정철학을 달리 표현할 경우 〈느낌의 철학〉^{philosophy of feeling}이라고 봐도 과언이 아닐 정도다. 화이트헤드 철학에서의 모든 현실 존재[계기]들은 느낌의 활동을 갖는 〈느끼는 자〉이면서 다른 존재들에게는 〈느낌의 대상〉이 되고 있는 그러한 사물들의 우주를 형성한다. 간단히 말해, 느낌 없는 현실 존재란 없다는 얘기다.

〈물리적 포착〉과 〈개념적 포착〉으로

앞서 우리는 포착의 두 종류로서 〈긍정적 포착〉과 〈부정적 포착〉이 있음을 접했었다. 이와 또 다르게 화이트헤드는 그 여건에 있어 그 안에 현실 존재가 포함된 포착인지 또는 영원한 객체에 대한 포착인지에 대해서도 구분하고 있다. 화이트헤드는 이를 각각 <물리적 포착>$^{physical\ prehension}$과 <개념적 포착>$^{conceptual\ prehension}$으로 명명한다.

> "현실 존재에 대한 포착, 즉 그 여건에 현실 존재가 포함되어 있는 포착은 <물리적 포착>이라 불린다. 그리고 영원한 객체에 대한 포착은 <개념적 포착>이라 불린다. 이 두 가지 유형의 포착의 주체적 형식 중 어느 것도 반드시 <의식>을 포함하고 있어야 할 필요는 없다." (PR 23/88)

<물리적 포착>과 <개념적 포착>이라는 이 구분은 포착의 유형을 아주 단순하게 구분해놓은 것으로, 화이트헤드는 적어도 그 여건에 현실 존재가 포함되어 있는 포착을 <물리적 포착>으로 본 것이고, 영원한 객체에 대한 포착을 <개념적 포착>으로 본 것이다. 앞서 주체적 형식들 중 하나인 <가치화>^{valuation}는 바로 이 <개념적 포착>이 갖는 주체적 형식에 해당한다(PR 240/476). 즉, 개념적 포착의 주체적 형식은 여건을 포착하는 방식에 있어 바로 '가치 매김'의 작용을 한다는 점이다. 이 <가치 매김>의 작용을 여기서는 <가치화>^{valuation}로 표현해놓은 것이다.

모든 현실 존재에는 기본적으로 <물리적 포착>과 <개념적 포착>이 필히 함께 자리한다고 볼 경우, 결국 화이트헤드 철학에서는 근본적인 존재론적인 사태에서부터 이미 <사실>과 <가치>는 결코 분리되어 있지 않다는 점도 짐작할 수 있을 것이다. 물론 거시적인 일상의 언어로는 사실과 가치를 구분해서 말하지만, 그것은 어디까지나 우리의 의식적인 인식에 따른 개념 구분인 것이지 근본적인 존재론적 사태로서 분리된 것을 뜻한 것은 아니다.

또한 우리는 앞서 현실 존재[계기]에 대한 내용에서 하나의 현실 존재[계기]는 기본적으로 〈물질성〉과 〈정신성〉이라는 양극적 특성을 함께 갖고 있음을 얘기했었다. 이때 양극적 성격에 있어 〈물리적 포착〉은 해당 현실 존재[계기]의 〈물리적 극〉$^{physical\ pole}$을 형성하고, 〈개념적 포착〉은 해당 현실 존재[계기]의 〈정신적 극〉$^{mental\ pole}$을 형성한다고 볼 수 있는데, 이들 포착의 주체적 형식이 반드시 〈의식〉^{consciousness}을 포함해야만 하는 것도 아니다. 포착의 작용들은 이미 의식 이전에도 수행되고 있는 기본적인 작용에 속한다. 그렇기에 화이트헤드 철학에서의 〈개념적 포착〉은 적어도 현실 존재가 갖는 정신성의 기본 작용을 일컫는 용어로 보면 될 것이다(PR 33/105). 그런데 화이트헤드는 여기서 〈개념적 포착〉을 설명함에 있어 일상의 친숙한 용어를 찾아본다면, 달리 〈욕구〉라는 용어로도 표현될 수 있다고 말한다.

"욕구^{appetition}란 지금은 없지만 있게 될지도 모르는 것의 실현을 수반하는 불안정의 원리를 자기 자신 속에 간직하고 있는 직접적인 사태이다." (PR 32/104)

"〈개념적 포착〉이라는 전문 용어는 전적으로 중성적인 것으로, 어떠한 암시성도 갖고 있지 않다. 하지만 그러한 용어는 어떤 특정한 예증도 시사하지 않는다는 사실 때문에 심히 이해하기 어렵게 된다. 그래서 우리는 주변의 친숙한 사실을 시사하는 동의어를 찾게 된다. 이에 우리가 선택한 것은 욕구^{appetition}라는 술어였는데, 이는 우리 자신의 경험 가운데서 뿐만 아니라 곤충이나 식물과 같은 보다 낮은 차원의 생명 형태에서도 예증되고 있음을 시사하는 것이다." (PR 33/106)

제7장 현실 존재의 내부 들여다보기 (1) - <포착>과 합생의 <초기 위상들>

욕구는 지금은 현실상에 없지만 어쩌면 현실화가 될 수도 있는 그러한 가능성들에 대한 실현을 추구하기 때문에 그것은 불안정하거나 동요스러운 그러한 것에 해당한다. 화이트헤드에 따르면 이 욕구는 "자유로운 상상력의 발아^{germ}를 보여주는 낮은 차원의 한 예가 된다"고 말한다(PR 32/104). 그러나 앞서 말했듯이 이러한 정신의 작용이 반드시 <의식>을 지니고 있는 것은 아닌 것이다. 화이트헤드 철학에서 "<정신>이라는 말은 현실 존재의 구조에 내포되어 있는 정신적 활동^{mental} ^{operation}의 복합체를 의미"할 따름이다(PR 85/201).

☞ **물리적 포착** - 그 여건에 **현실 존재를** 포함하는 경우
　　　　　　　　 이를 객체화하는 활동

☞ **개념적 포착** - 그 여건에 **영원한 객체를** 포함하는 경우
　　　　　　　　 이를 객체화하는 활동

(※ <개념적 포착>은 <욕구>로도 언급될 수 있으며 기본적인 정신의 작용이지만, 반드시 <의식>을 수반하고 있진 않다.

물리적 포착의 두 가지 유형 : <순수한 물리적 포착>과 <혼성적 물리적 포악>

우리는 여기서 <물리적 포착>을 좀 더 세부적으로 분류해볼 수 있다.

"물리적 포착은 순수한 물리적 포착과 혼성적인^{hybrid} 물리적 포착이라는 두 종으로 구분된다. 순수한 물리적 포착은 그 여건이 선행하는 계기-그 자신의 물리적 포착들 가운데 하나에 의해서 객

체화된 계기-인 포착이다. 혼성적 포착은 개념적 포착에 의해서 객체화된 선행 계기를 그 여건으로 가지고 있다. 따라서 순수한 물리적 포착은 물리적 느낌의 전달인 반면에 혼성적 포착은 정신적 느낌의 전달이다." (PR 308/592)

〈순수한 물리적 포착〉과 〈혼성적인 물리적 포착〉은 둘 다 선행하는 현실 계기를 여건으로 한다는 점에서는 공통된다. 그런데 혼성적인 물리적 포착의 경우는 그 포착에 있어 선행하는 계기가 갖는 개념적 포착을 포착하는 점이 있기에 구별해서 언급한다. 이때 말하는 개념적 포착이란 그 선행하는 계기가 지니고 있는 정신성을 말한다. 바로 이것에 대한 포착이 있게 되면 혼성적 포착이 되는 것이다.

거시적인 비유로서 예를 들어본다면, 예컨대 친구가 나를 옆으로 밀었다고 할 경우 그것은 분명 물리적 영향을 받은 것이 된다. 우리는 물리적 영향에서 결코 자유로울 수 없다. 하지만 옆에 있는 그 친구의 마음을 내가 느끼고 있다면 그것은 분명 그 친구를 통해서 정신의 영향을 받고 있는 셈이 된다. 혼성적 포착은 바로 후자에 비유될 수 있다. 화이트헤드가 혼성적 포착을 정신적 느낌의 전달이라고 표현한 것도 바로 이런 점에서다. 진화하는 이 우주는 혼성적 포착을 통해 완강한 〈물리적 인과〉에만 전적으로 종속되지 않는 새로운 방향 설정의 기회들도 가능할 수 있었던 것이다. 다만 혼성적 포착이 물리적 포착에 속하는 이유는 그것은 필히 현실 존재에 대한 객체화를 통해서만이 그 정신성의 전달이 가능한 것으로 보기 때문이다. 혼성적인 느낌은 현실 존재를 여건으로 하는 느낌이며, 이것은 다시 또 크게 두 가지로 나누어진다.

제7장 현실 존재의 내부 들여다보기 (1) - <포착>과 합생의 <초기 위상들>

"분명히 혼성적 느낌에는 두 가지 아종$^{亞種, \text{sub-species}}$이 있다. 그것은 i) 시간적인 현실 존재의 개념적 느낌을 느끼는 혼성적 느낌과 ii) 신의 개념적 느낌을 느끼는 혼성적 느낌이다." (PR 246/487)

즉, 선행하는 현실 존재[계기]의 개념적 느낌을 느낀다고 했을 경우에도 시간적인 현실 존재의 개념적 느낌을 느끼는 경우와 신의 개념적 느낌을 느끼는 혼성적 느낌으로 다시 나누어지는 것이다. 화이트헤드가 말한 신(God) 개념은 뒤에서 따로 소개하겠지만, 신 존재 역시 현실 존재에 해당한다. 그러면서도 다른 현실 존재들과 가장 크게 다른 점 하나는, 신은 "비시간적인$^{\text{non-temporal}}$ 현실 존재"라는 점이다(PR 32/105, 46/131, 88/207). 따라서 혼성적 포착에 있어 다른 현실 존재의 개념적 느낌을 포착하더라도 시간적인 현실 존재들의 개념적 느낌을 여건으로 한 느낌인 것인지 아니면 비시간적인 현실 존재의 개념적 느낌을 여건으로 한 느낌인지에 따라 다시 또 나누어지는 것이다. 이를 단순 정리해본다면 다음과 같다.

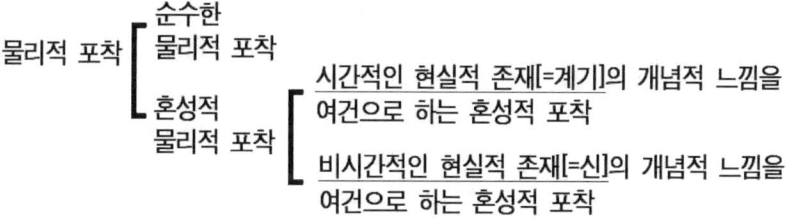

지금까지 우리는 <물리적 포착>의 분류에 대해 살펴봤었다. 한편 화이트헤드는 <개념적 포착> 역시 두 가지 유형으로 분류해놓고 있다.

개념적 포착의 두 유형 : <순수한 개념적 포착>과 <불순한 포착>

"살아 있는 계기는 그 정신적 극$^{mental\ pole}$의 욕구들이 지니는 참신성의 섬광에 의해 특징지어진다. 그러한 <욕구>, 즉 <개념적 포착>$^{conceptual\ prehension}$은 <순수한> 것일 수도 있고 <불순한> 것일 수도 있다. <불순한>^{impure} 포착은 <순수한>^{pure} 개념적 포착과 물리적 극$^{physical\ pole}$에서 생기는 물리적 포착과의 통합에서 생겨난다. 순수한 개념적 포착의 여건은 영원한 객체이며, 불순한 포착의 여건은 명제^{proposition}인데, 이 후자는 <이론>^{theory}이라 불리기도 한다." (PR 184/377)

화이트헤드 철학에서 말하는 <순수한 개념적 포착>은 영원한 객체를 주어진 조건으로 삼는 느낌이다. 그러나 합생의 과정에선 <물리적 포착>과 <개념적 포착>은 서로 비교 통합의 느낌으로 나아갈 수 있다. 그럴 경우 불순한 개념적 느낌이 발생하는데 이 불순한 포착의 여건은 <영원한 객체>라기보다는 <명제>^{proposition}에 해당한다는 것이다. 화이트헤드의 명제 개념에 대해선 다음 장에서 보다 상세하게 소개하겠지만, 미리 하나만 언급하자면 화이트헤드는 이 명제를 달리 표현하기를 <불순한 가능태>로 일컫는다는 점이다(PR 22/85). 왜냐하면 그것은 현실태와 가능태가 혼성된 것이기에 전적으로 <순수한 가능태>가 아니기 때문이다. 그래서 <불순한 가능태>로 불린다. 화이트헤드는 이 <불순한 가능태>(=명제)를 여건으로 하는 느낌을 바로 <불순한 포착>이라고 명명한 것이다.

물론 여기서의 <순수한>과 <불순한>이라는 단어는 어떤 도덕적 의미의 가치 판단이 들어간 것이 아닌 <중성적 의미>로서 채택된 것이라는 점도 함께 유념할 필요가 있겠다(화이트헤드의 형이상학은 인간론이 아닌 〈원자론〉의 성격을 갖는다는 점을 늘 염두에 두었으면 한다). 따라서 개념적 포착의 두 유형은 결국 〈순수 가능태〉를 여건으로 하느냐 혹은 〈불순한 가능태〉를 여건으로 하느냐에 따라서도 나눠볼 수 있다. 이때 전자는 〈영원한 객체〉를 말한 것이고 후자는 〈명제〉를 말한 것이다.

> ☞ 순수한 개념적 포착 : <u>순수 가능태[영원한 객체]를 여건</u>으로 하는 포착
> ☞ 불순한 포착 : <u>불순한 가능태[명제]를 여건</u>으로 하는 포착

그런데 여기서 화이트헤드는 〈불순한 포착〉이 개념적 포착의 한 유형이기도 하지만 굳이 〈불순한 개념적 포착〉이라고 쓰지 않고 그냥 〈불순한 포착〉이라고만 썼다. 그것은 바로 불순한 개념적(정신적) 포착은 역으로 불순한 물리적 포착이라고 표현해도 무방하다고 봤기 때문이다(나중에 보겠지만, 이미 〈명제〉 자체가 물리적인 현실태와 뒤섞인 혼성물에 속하고 있다). 굳이 어느 한 쪽에 주목하는 일이 없다면 단지 〈불순한 포착〉이라고 써도 괜찮다고 본 것이다. 그는 이에 대해 다음과 같이 말한다.

> "정신성의 기본 작용은 〈개념적 포착〉이다. 이것이 〈순수한〉^{pure} 정신성의 유일한 작용이다. 그 밖의 다른 모든 정신 작용은, 개념적 포착과 물리적 극에 대한 물리적 포착과의 통합을 포함한다는 의미에서 〈불순한〉^{impure} 것들이다. 포착에 있어서의 〈불순성〉은 〈순수한〉 물리적 포착을 〈순수한〉 정신적 포착과 통합하는 데서

생겨나는 포착에 관계되는 것이기 때문에 다음과 같은 결과가 나온다. <불순한> 정신적 포착은 <불순한> 물리적 포착이며, 그 역도 성립한다는 것이다. 그렇기 때문에 포착에 적용된 <불순>이란 용어는 전적으로 명확한 의미를 가지며, 그에 관한 논의 과정에서 어느 한 쪽에 주목하는 일이 없다면 <정신적> 내지 <물리적>이란 용어는 필요치 않게 된다." (PR 33/105-106)

그렇다면 우리는 앞서의 <혼성적>hybrid이라는 용어와 <불순한>이라는 용어의 유사성을 어느 정도 짐작해볼 수 있겠다. 그렇다면 이 둘은 또 어떻게 구분될 수 있는가? 화이트헤드는 앞서 말한 <혼성적 포착>을 설명할 때 <불순한 포착>과 관련해서는 다음과 같이 말한다.

"<혼성적> 포착이란 다른 주체의 정신성에 속하고 있는 개념적 포착 내지 <불순한>impure 포착에 대한 어떤 주체의 포착이라고 말하는 것으로 충분하겠다."(PR 107/239)

즉, <혼성적 포착>은 다른 현실 존재의 정신성에 대한 포착을 말한 것으로 그 정신의 작용이 순수 가능태를 포착한 것이든 불순한 가능태를 포착한 것이든 모두 포함하는 성격을 지닌다는 것이다. 그 점에선 좀 더 외연이 큰 것이라 할 수 있다. 반면에 불순한 포착은 필히 <불순한 가능태> 곧 명제를 여건으로 하는 그러한 포착을 말한 것이다. 명제와 관련해서 볼 때 불순한 포착은 합생 후기에서 볼 수 있지만, 혼성적 포착은 꼭 그렇지만은 않다. 신God과 관련해서 본다면 혼성적 느낌은 이미 시원적으로 합생 초기부터 작용하고 있는 그러한 포착에 해당한다(PR 225/448). 물론 명제도 혼성적 유형의 존재에 해당한다. 따라서

제7장 현실 존재의 내부 들여다보기 (1) - <포착>과 합생의 <초기 위상들>

화이트헤드는 우주에는 크게 네 가지 유형의 주요 존재들이 있다고 밝혀놓는다.

> "결론적으로 말해서, 우주에는 네 가지 유형의 주요 존재들이 있다. 이들 가운데 두 가지는 기본적인 유형의 것이고, 나머지 두 가지는 혼성적인 유형의 것이다. <u>기본적인 유형의 것은 현실 존재와 순수 가능태(영원한 객체)이며, 혼성적 유형의 것은 느낌과 명제(이론)이다.</u>" (PR 188/386)

우리는 이미 기본적인 유형의 존재에는 현실 존재와 영원한 객체가 있다는 점을 살펴본 바 있다. 나머지 두 유형은 혼성적인 유형에 해당하는데, 그것은 곧 <느낌>이라는 긍정적 포착과 <명제>인 불순한 가능태를 얘기한 것이다. 이 <명제>에 대해선 다음 장에서 소개할 것이지만, 적어도 화이트헤드가 말한 <포착> 개념에 대해선 어느 정도 전체 정리를 해볼 필요도 있을 것 같다.

● 포착 개념에 대한 간단 정리

화이트헤드의 <포착> 개념에 대한 내용을 간단히 정리해보자. 포착(파악)이란 간단하게는 '관계성의 구체적 사실'로 정의되며, 이것은 **현실 존재[계기]**를 구성하는 요소들이라 할 수 있다. 모든 **현실 존재[계기]**들은 포착들로 이루어져 있다. 포착에서는 여건이 되는 객체적 요소들을 주체적으로 <자기화>appropriation한다. 즉, <저곳에>there 있는 것을 느끼고는 이를 <이곳에>here 있는 것으로 변형시키는transform 것이다(PR 87/204). 또한 그 점에서 포착은 일정한 크기와 방향성을 갖는 <벡터>vector로도 표현된다.

```
┌─────────────────────────────────────────────────┐
│        <포착>prehension의 3요소                  │
│   ──────────────────────────────▶               │
│  ① 포착되는 여건        ② 포착하는 주체          │
│   저곳 (there)에 있는 것을 느끼고는  이곳 (here)에 있는 것으로 변형시킴! │
│                                                 │
│              ┌─어떻게(how)?─┐                   │
│                                                 │
│              ③ 주체적 형식 으로!                │
│   이것은 주체가 여건을 포착하는 방식(how)을 의미  │
│                                                 │
│  ☞ 주체적[주관적] 형식에는 정서emotions, 가치화valuation, 목적 │
│    purpose, 호감adversion, 반감aversion, 의식consciousness 등 많은 │
│    종들species이 있다.                          │
└─────────────────────────────────────────────────┘
```

┌───┐
│ ☞ 긍정적 포착 [=느낌] : 우주의 각 사항과 관련해 주체의 내적 │
│   구조로 <포섭>하는 작용   │
│ ☞ 부정적 포착 : 우주의 각 사항과 관련해 주체의 내적 구조에서 │
│   <배제>하는 작용   │
└───┘

※ <물리적 포착>에 대한 분류

물리적 포착 ┬─ 순수한 물리적 포착
            └─ 혼성적 물리적 포착 ┬─ 시간적인 현실적 존재[=계기]의 개념적 느낌을
                                 │ 여건으로 하는 혼성적 포착
                                 └─ 비시간적인 현실적 존재[=신]의 개념적 느낌을
                                    여건으로 하는 혼성적 포착

제7장 현실 존재의 내부 들여다보기 (1) - <포착>과 합생의 <초기 위상들>

※ <개념적 포착>에 대한 분류

> ☞ 순수한 개념적 포착 : 순수 가능태(=영원한 객체)를 여건으로
>   하는 포착
> ☞ 불순한 포착 : 불순한 가능태(=명제)를 여건으로 하는 포착

합생의 위상들

이제 비로소 우리는 여러 포착들로 이루어진 현실 존재[계기]의 생성 과정을 좀 더 본격적으로 살펴볼 수 있게 되었다. 이 생성 과정은 한편으로 여러 위상들[국면들]^{phases}을 갖는 느낌의 과정이기도 하다. 화이트헤드는 여러 포착들로 이루어진 하나의 현실 존재[계기]의 생성 과정을 <합생>$^{合生, concrescence}$이라고 불렀었다. 아주 간단히 말한다면, 그것은 "우주 전체의 개체화"(PR 165/344)인 것이며, 이것은 <다자(多者)에서 일자(一者)로의 과정>인 셈이다(PR 211/424). 모든 현실 존재의 합생 과정은 <여럿^{many}에서 하나^{one}로의 과정>을 예시하고 있다. 합생(合生)이란 표현은 말그대로 '여럿이 모여(合) 생(生)기다'라는 의미로 봐도 좋을 것이다. 이는 라틴어 어원의 '함께 자라다'라는 뜻을 갖는 특별한 생성 개념이라는 점에 대해선 이미 앞서의 글에서도 언급한 바가 있었다. 따라서 <합생>이라는 이 용어가 우리에겐 생소한 낱말일 진 몰라도 화이트헤드 철학의 의도를 생각해본다면 이는 적절한 표현이라고 생각된다.

이 합생의 과정은 영원한 객체가 갖는 미확정성^{indeterminateness}을 제거해가는 과정이다. 가능태가 실현된 현실 존재[계기]는 그 자신의 이상(理想)이 달성된 만족에 있어 어떠한 미결정성도 품고 있지 않다. 화이트헤드가 말하는 합생의 과정은 느낌의 미결정성을 하나의 주체적 경험의 통일성으로부터 제거해가는 것을 말한다(PR 88/207). 그러나 이

합생의 과정은 시간의 순차적인 과정이 아니다. **현실 존재[계기]**의 생성이라는 합생 자체는 '일거에$^{\text{all at once}}$ 전체로서 생성되는 과정'에 해당한다. 즉, 전체로서 일거에 생성되거나 아니면 아예 생성되지 않거나 둘 중 하나인 것이다. 합생은 어떤 순차적인 진행의 시간 과정이 아니라는 점에서 어디까지나 변화와 불변이라는 시간적 도식의 이분법을 벗어나 있는 생성 과정이다. 더 이상 분할될 수 없는 이 원자적 존재의 생성 과정은 〈일거에 전체로서 생성되는 과정〉이다. 그래서 화이트헤드는 현실 계기를 〈획기적 계기〉$^{\text{epochal occasion}}$라고도 불렀었다. 또 다르게는 합생을 "개별적 존재자의 실재적인 내적 구조"(PR 210/423, 212/426)라고도 표현했었는데, 이 〈실재적인 내적 구조〉$^{\text{real internal constitution}}$라는 말은 영국 철학자 존 로크$^{\text{J. Loke}}$에게서 나온 것이다(PR 25/90). 결국 이 합생이 실재적인 내적 구조라는 점에서 이것을 살펴보는 작업은 곧 **현실 존재[계기]**의 생성 과정 내부를 탐색하는 일이 될 것이다. 이 **현실 존재[계기]**의 합생은 일거에 전체로서 발생하는 과정이면서도 그 안에 각각의 〈위상들〉을 지닌 생성의 과정이다.

"합생의 과정에는 계속되는 일련의 위상들^{phases}이 있어서, 선행하는 위상에서의 포착들을 통합함으로써 새로운 포착이 생겨난다. 이 통합에 있어 〈느낌〉은 자신의 〈주체적 형식〉과 〈여건〉을 제공함으로써 새로운 통합적 포착의 형성에 이바지한다. 그러나 〈부정적 포착〉은 단지 그 〈주체적 형식〉을 제공함으로써 이바지할 뿐이다. 이 과정은 모든 포착들이 하나의 결정적인 통합적 만족의 구성 요소가 될 때까지 계속된다." (PR 26/92)

앞서 말했듯이 〈부정적 포착〉은 우주의 항목들을 주체의 내적 구조

제7장 현실 존재의 내부 들여다보기 (1) - <포착>과 합생의 <초기 위상들>

에 기여하지 못하도록 배제하는 작용이기 때문에 <여건>을 제공해주진 못하고 단지 <부정적 포착>의 <주체적 형식>만을 제공하는 것으로 기여할 뿐이다. <부정적 포착>은, 그 주체의 통일성을 구성하는 포착의 진행하는 합생에 있어 그 여건이 효력을 갖지 못하도록 하는 것이다 (PR 23-24/88). 그러나 포착의 형성은 합생 과정이 확정적인 통합적 만족에 이를 때까지 계속 일어난다. 이 합생 과정의 종점이 바로 <만족>이라는 위상이다. 그런데 우선은 그 전에 <위상>$^{位相, phase}$이라는 용어부터가 아무래도 초심자 분들한테는 낯설게 들릴 수도 있는 용어이기에 이에 대한 설명이 먼저 필요해 보인다.

<위상>^{phase}이란 단어가 조금은 어렵게 들릴 수도 있겠지만, 여기서는 본래 주기 운동에 있어서 하나의 주기 중의 어떤 시점을 가리키는 뜻으로 보면 되리라 생각한다. 쉽게 말해서 어떤 순간적 일면(一面)을 떠올리면 좋을 것 같다. 그래서 'phase'를 <국면>^{局面}으로 언급하기도 한다. 백과사전에 나온 <위상>이라는 용어는 물리학 용어로도 쓰이고 있다고 한다.

● 위상 [phase, 位相]
  - 진동이나 파동과 같이 주기적으로 반복되는 현상에 대해 어떤 시각 또는 어떤 장소에서의 변화의 국면을 가리키는 물리학 용어이다. [네이버 두산백과]

화이트헤드 철학에서 말하는 <위상>이라는 용어 역시 이 같은 의미를 포함하고 있긴 하지만 여기서도 <국면>이라는 표현이 나오듯이 우선은 단순히 어떤 하나의 <국면>을 뜻하는 것으로만 이해해도 될 것으로 본다. 따라서 우리는 <위상>이라는 용어를 너무 어렵게만 생각할 필요 없이 현실 존재[계기]의 합생 과정 중의 어떤 시점의 순간적인 국면(일면)을 뜻한다고 보면 될 것이다.

● 합생 과정에서의 <위상>이란?
- 현실 존재[계기]의 생성 과정에 있어 어떤 시점의 순간적인 국면(일면)을 뜻하며, 이 위상들은 합생이라는 하나의 생성 과정을 형성하고 있다.

합생이 일련의 위상들로 이루어졌다는데, 위상이라는 용어가 너무 어렵게 들릴 수도 있을 것 같아!

일단은 위상을 합생 과정의 어떤 순간적 일면 또는 국면을 일컫는 용어로 봐야겠어!

합생은 그 생성 과정에 있어 몇 가지 위상들(국면들)을 갖는 과정에 다름 아니다. 다만 <합생>이라는 생성 과정은 시간에 속하지 않는 <비시간적 생성 과정>이라는 점에서 오로지 형이상학적으로만 분석될 수 있을 뿐이며, 그 점에서 현실 계기의 합생 내부의 각 위상들을 마치 시간적 선후 관계인 것처럼 여겨서도 곤란할 것이다. 시간이란 생성의 발생들이 있어야만 마련될 수 있다고 보며, 화이트헤드가 말하는 합생 자체는 시간적 변화와 불변의 범주에 넣을 수 없다. <합생>은 말뜻 그대로 단지 '전체가 함께 자라남'이라는 비시간적인 생성의 과정에 속할 뿐이다. 이 생성의 과정은 일거에 생성되는 〈획기적 생성〉인 것이다. 따라서 이 합생 내부에 대한 분석들은 시간적인 순차성을 갖지 않는다고 봐야 한다. 그것은 어디까지나 지적 작업에 있어 논리적 분석을 위해 마련되고 있는 언명들로 보면 될 것이다. 언어를 도구로 할 수밖에 없는 철학의 작업은 아무래도 이런 경우에서도 많은 오해와 곤란을 빚을 수도 있을 것이라 생각된다. 언어로 붙잡히지 않는 〈실재〉의 면면들을 언어로 붙잡아내기란 그 얼마나 힘든 것인가!

☞ 주의! - 합생 내부의 각 위상들은 시간적 전후 관계가 아님!
('획기적 생성' 참조)

이제 우리는 화이트헤드가 말하는 합생 과정의 기본 위상들에 주목해보자. 화이트헤드가 말하는 이 합생 과정은 크게 〈순응적〉conformal 느낌의 위상, 〈개념적〉conceptual 느낌의 위상, 〈비교적〉comparative 위상으로 나누어 볼 수 있는데(PR 164/342), 여기서 〈순응적 느낌〉의 위상은 합생에 있어 〈최초의 위상〉initial phase에 해당하며 또 다르게는 〈호응적 위상〉responsive phase이라는 용어로도 쓰고 있다. 또한 화이트헤드는 〈개념적 느낌의 위상〉과 〈비교적 느낌의 위상〉을 합쳐서는 〈보완적supplemental 위상〉으로 본다(PR 164/342-343). 그리고 이 합생 과정의 정점이 〈만족〉satisfaction에 해당하며, 만족은 곧 합생의 종결에 다름 아니다. 만족에서는 어떠한 미결정성도 품고 있지 않다.

그렇기에 합생의 과정을 크게 분류하자면 ⅰ) 호응적 위상, ⅱ) 보완적인 단계 그리고 ⅲ) 만족 이렇게 3단계로 분류해볼 수 있을 것이다(PR 212/426). 여기서 중간의 보완적인 단계를 다시 개념적 위상과 비교적 위상으로 나눈다면 4단계로 분류되어진다. 이러한 합생의 기본 위상들(국면들)을 간략히 도식화해본다면 다음과 같다.

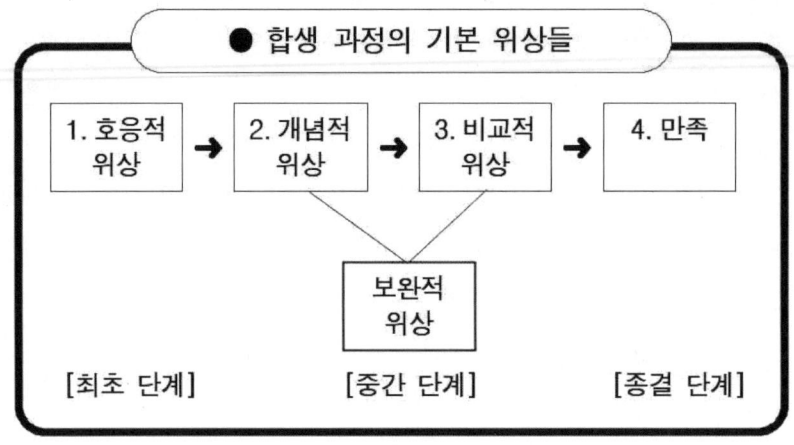

1. 호응적 위상(responsive phase)
2. 개념적 위상(conceptual phase)
3. 비교적 위상(comparative phase) 〉보완적 위상
4. 만족(satisfaction)　　　　　　　　　(supplemental phase)

여기서 호응적 위상—또는 순응적 위상—은 합생 과정의 최초 국면에 해당하며, 개념적 느낌의 위상과 비교적 느낌의 위상은 중간의 보완적 국면으로 볼 수 있겠고, 마침내 만족이라는 위상에서 종결된다. 만족은 생성의 종결이며, 우주의 모든 항목 하나하나에 대한 포착과 관련해서도 완전히 확정되어 있다(PR 26/91-92). 여기서 한 가지 유념할 점은, 최초, 중간, 종결이라고 쓰긴 했지만 이는 어디까지나 지적 분석을 위한 언명일 뿐이며, 합생 자체는 〈일거에〉 생성되는 비시간적 과정이기에 각각의 위상들[국면들]은 시간적인 선후 과정이 아니라는 점이다. 그렇기 때문에 합생의 각 위상들은 다른 위상들[국면들]을 전제한 채로 한꺼번에 발생되는 것으로 봐야 한다. 이제 우리는 이러한 위상들을 갖는 합생의 과정을 좀 더 펼쳐놓고 볼 필요가 있을 것 같다.

제7장 현실 존재의 내부 들여다보기 (1) - <포착>과 합생의 <초기 위상들>

[그림] 합생 위상들(※ 여기서는 앞의 Ⅰ, Ⅱ 초기 위상들까지만 주목할 것!)

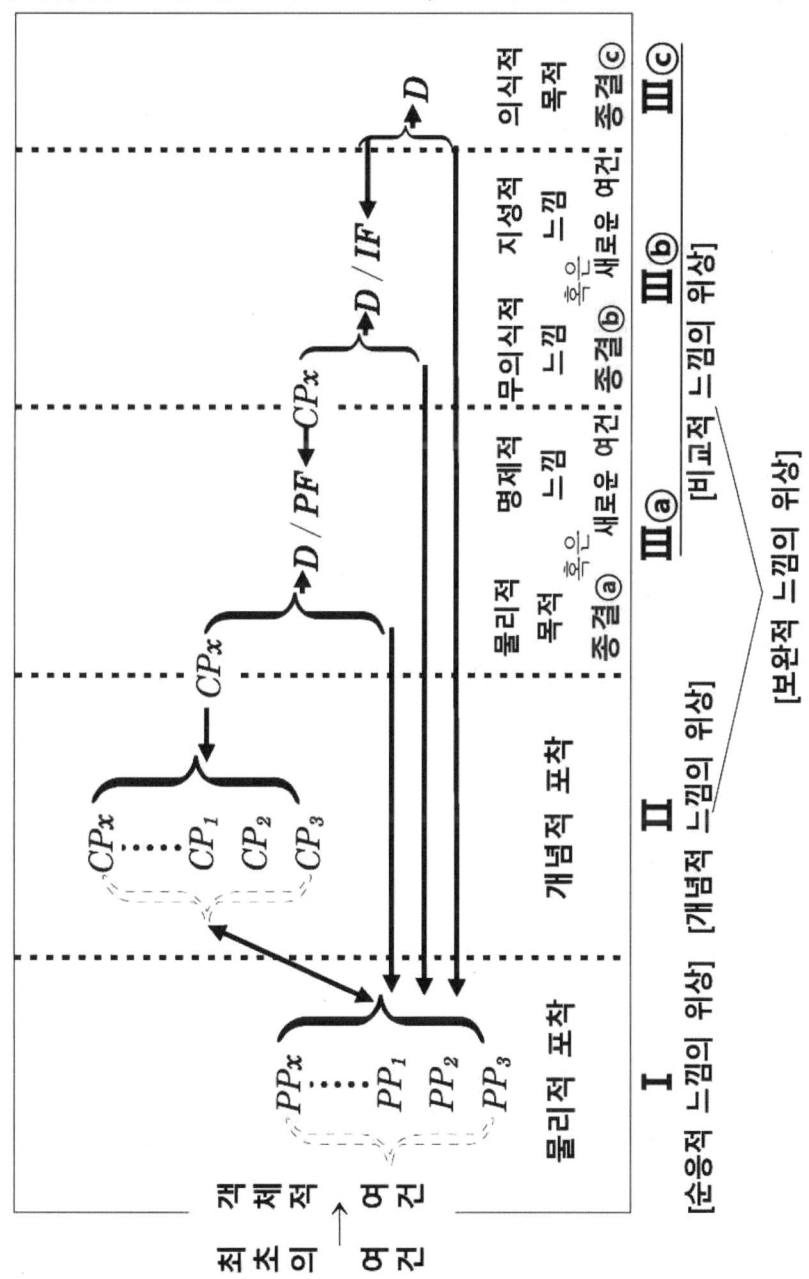

PP 물리적 포착Physical Prehension　***CP*** 개념적 포착Conceptual Prehension
CPx 선별된 가능태/영원한 객체　***D*** 결단Decision, 합생의 종결
PF 명제적 느낌Propositional Feeling　***IF*** 지성적 느낌Intellectual Feeling

<순응적 느낌>의 위상에서 <개념적 느낌>의 위상으로

화이트헤드 철학에서 <여건>이 없는 합생이란 없다. 모든 현실 존재의 생성 과정은 주어진 조건들로부터 발생되는 것이다. 달리 말하면 타자원인성이 없는 전적인 자기원인성은 불가능하다는 얘기다. 따라서 합생의 초기 위상은 주어진 조건이라는 <여건>에 대한 순응적 국면이 자리한다. 이 순응의 국면에서는 그때까지의 현실 세계를 이어받고 있는 물리적 포착들이 순응적 느낌의 위상을 지배하고 있다.

우선은 느낌의 국면에 있어 <최초의 여건>initial data이 있고, 이것은 부정적 포착에 의해 <객체적 여건>objective datum으로 나아간다. 즉, 최초의 여건과 객체적 여건 사이에는 <부정적 포착>에 의한 <제거>elimination가 있는 것이다(PR 221/441). 화이트헤드는 이 지점에서 "최초의 여건에서 제거로 인해 초래된 객체적 여건으로의 이행transition이 있다"고 말한다(PR 221/441). 그리하여 "최초의 여건은 느낌의 객체적 여건인 <전망>perspective 아래에서 느껴지게 된다."(PR 231/461). 간단히 말하면, 객체적 여건은 최초의 여건에 대한 전망인 것이다(PR 221/441).

"최초의 여건은 <다수성>multiplicity으로 되어 있거나, 아니면 단지 하나의 <고유한>proper 존재로 되어 있는 데 불과하다. 이에 반해 객체적 여건은 <결합체>nexus이거나 <명제>, 또는 어떤 범주적 유형의 <고유한> 존재이다. 여기에는 제거를 통해서 가능하게 되

제7장 현실 존재의 내부 들여다보기 (1) - ⟨포착⟩과 합생의 ⟨초기 위상들⟩

고 주체적 형식에 의해서 실행되는, 최초의 여건들로부터 객체적 여건으로의 합생이 있다. 객체적 여건은 최초의 여건에 대한 전망이다."(PR 221/441)

```
최초의      부정적 포착에 의한 여건      객체적 여건
여건   ─────────────────▶    최초 여건에 대한 전망
```

이로 인해 객체적 여건은 비로소 합생의 실재적인 구성 요소로 자리하게 된다. 이 같은 합생 과정에 있어 최초의 위상에 해당하는 호응적 위상―또는 순응적 위상―에서는 과거로부터의 느낌을 순응적으로 처리하는 느낌의 국면을 통해 그 합생 과정을 개시한다.

"느낌의 과정에서 첫 단계는 느낌의 ⟨호응적 순응성⟩$^{responsive\ conformity}$에로의 수용이며, 이것에 의해 단지 가능태였던 여건은 실현의 복합적 통일을 위한 개체화된 기반이 된다." (PR 113/251).

따라서 호응적 느낌의 위상에서는 직전까지의 과거 세계 전체를 순응적으로 계승함으로 인해 불가피하게 재생되는 ⟨포착들⟩이 지배적으로 작용한다. 이 국면에서의 물리적 느낌들은 인과 작용에 해당하고 있다(PR 236/470). 그럼으로써 과거로부터 이어지는 연속된 성격도 함께 있게 되는 것이다.

"순응적 느낌에서 느낌의 방식은 느낀 것을 재생산한다^{reproduces}. 과거와 현재를 통합시키는 벡터 전이의 토대로서 얼마간의 순응

conformation이 필요하다." (PR 164/342)

그러나 생성의 과정은 또 한편으로 우주에 대한 반작용을 포함한다. 과거에 대한 순응만 있지 않다. 적어도 물리적 사태는 필연적일만큼 피할 수 없겠지만 그러한 가운데서도 가능한의 선택들은 있는 것이다. 화이트헤드에 따르면, "모든 현실 존재는 긍정적으로 포착되지만, 영원한 객체는 오직 선택적으로만 포착된다."(PR 219/438). 그의 철학적 구도에서 말하는 개념적 느낌은 정신의 작용에 해당하며, 그것은 1차적으로 물리적 느낌으로부터 나온 것이다(PR 247/489, 여기에 신이라는 현실 존재에 대한 개입까지 고려한다면 모두 물리적 느낌으로부터 나온다고 볼 수 있다. 이제 우리는 순응적 느낌의 위상에서 정신적인 개념적 느낌의 위상으로 가게 되는 것이고, 이는 〈보완적 위상〉의 국면들이 들어서게 되는 것이다. 앞서 말했듯이 이 〈보완적 위상〉은 〈개념적 느낌의 위상〉과 후속하는 〈비교적 느낌의 위상〉까지 포함해서 일컫는 말이다(PR 164/342-343). 그리고 이 〈보완적 위상〉은 의식을 갖는 〈지성적 느낌〉intellectual feeling의 단계로까지 계속적으로 연장prolongation될 수 있다(PR 165/344). 그것은 또한 〈비교적 느낌〉의 단계들이 계속적으로 연장되는 것이기도 하다.

이제 최초의 순응적 위상을 지나 본격적인 개념적 느낌의 위상으로 가보자. 이 국면에서 우리가 좀 더 주목할 부분은, 〈개념적 가치화[가치매김]의 범주〉와 〈개념적 역전의 범주〉와 관련한 대목이다. 이는 개념적 느낌과 관련해서는 매우 중요한 범주 내용에 해당된다. 이에 대한 핵심만 간략히 뽑아보자면 다음과 같다.

"범주 IV. 개념적 가치화의 범주Category of Conceptual Valuation. 각각의

물리적 느낌으로부터, 물리적으로 느껴진 현실 존재 또는 결합체의 한정성에 있어 예증된 영원한 객체를 여건으로 하는 하나의 순수한 개념적 느낌이 파생되어 나온다."(PR 248/490)

"범주 V. 개념적 역전의 범주$^{\text{Category of Conceptual Reversion}}$. 정신적인 극의 최초 위상에 있어서 여건을 형성하고 있는 영원한 객체들과 부분적으로는 동일하고 부분적으로는 상이한 여건들을 갖는 개념적 느낌의 2차적인 발생이 있다."(PR 249/491)

"범주 IV는 물리적 느낌의 개념적 재생$^{\text{conceptual reproduction}}$과 관계되고, 범주 V는 물리적 느낌과의 개념적 상이성$^{\text{conceptual diversity}}$과 관계된다는 데에 주목하기 바란다."(PR 26/93)

일단 위의 본문이 무엇을 말하는지는 잠시 까먹으셔도 좋다. 어차피 화이트헤드 철학 공부는 하나씩 차근히 풀어가는 인내가 필요한 공부이다. 일단 본문에서 말한 범주 IV, V 표시는 〈아홉 개의 범주적 제약들〉 중에서 각각 4번째인 〈개념적 가치화[가치매김]의 범주〉와 5번째인 〈개념적 역전의 범주〉를 말한 것이다(본서의 4장 참조). 우선 둘 중에서도 〈개념적 가치화의 범주〉가 **현실 존재[계기]**가 갖는 정신성의 기본 작용에 해당한다는 점을 숙지할 필요가 있겠다. Valuation(가치화)라는 것은 어떤 가치로서 한정되고 있음을 말한 것인데 이는 곧 〈가치매김〉 혹은 〈가치평가〉라고 볼 수 있을 것이다(* 다만 여기선 '평가'라는 단어가 인간의 어떤 비평적 평가나 계산적인 지적 판단을 떠올리게 하는 점도 있다고 여겨져서 그냥 〈가치화〉로 표현했음을 말씀드린다. 참고로 이 표현은 본인이 만들어낸 용어는 아니며 이미 세간에도 나와 있는 표현에 속한다). 앞서 말했듯이 〈가치화〉는 개념적 느낌이 갖는 〈주체적 형식〉에 해당하며, 이 〈개념적 가치화/가치매김/가치평가〉는 물리적 느낌에 대한 〈개념적 등록〉conceptual registration에 속하는 것이다(PR 248/491). 따라서 이 개념의 등록이 바로 현실 존재[계기]가 갖는 정신적 극의 출발인 것이다.

"정신적인 극은 물리적인 극에 있어서의 작용이 갖는 개념적인 상대자로서 생긴다. 이 두 극two poles은 그 발생에 있어 분리될 수 없다. 정신적인 극은 물리적인 극을 개념적으로 등록registration하는 데서 출발한다." (PR 248/490)

화이트헤드에 따르면 이 〈개념적 가치화의 범주〉는, 정신이란 감각적 경험으로부터 생긴다는 오랜 낡은 원리의 주장이라는 점도 언급된다(PR 248/490). 이 〈개념적 느낌의 가치화〉는 후속하는 느낌과의 통합에 있어 〈가치 상향〉valuation up으로 갈 경우 영원한 객체의 중요성이 고양될 수도 있고, 또는 〈가치 하향〉valuation down으로 가서 감소할 수도 있다(PR 241/477). 그런데 이에 비해 〈개념적 역전의 범주〉는 개념적 느낌의 2차적인 발생에 해당한다. 따라서 이 지점에선 개념적 반복이 아닌 합생의 과정에서 어떤 〈새로움〉novelty이 도입될 수 있다고 본 것이다.

"정신적 극의 최초의 위상은 개념적인 재생이며, 제2의 위상은 개념적인 역전의 위상이다. 이 제2의 위상에서 근사적인proximate 새로움들이 개념적으로 느껴진다." (PR 249/491-492)

● 개념적 가치화 = 물리적 느낌에 대한 개념적인 등록[등재]
☞ 정신적 극의 제1의 위상 : 개념적 재생
☞ 정신적 극의 제2의 위상 : 개념적 역전(세계 안에 새로움이 가능)

제7장 현실 존재의 내부 들여다보기 (1) - <포착>과 합생의 <초기 위상들>

앞서 합생의 위상들 그림에서 보듯이, 개념적 느낌의 위상에서는 어떤 2차적인 개념적 느낌의 발생이 일어날 수 있다. 그것은 이 세계가 과거에 대한 답습이나 반복으로 떨어지지 않는 이유를 설명해주는 화이트헤드 철학의 범주적인 개념 장치이기도 하다. 이 범주에서는 세계 안에 <새로움>^{novelty}이 생겨난다는 점을 알려주고 있다(PR 249/492). 개념적 느낌의 여건인 영원한 객체들은 부분적으로는 동일하면서도 부분적으로는 상이한 것이 되면서 그때까지의 과거 세계와는 다른 새로움의 발현으로도 나아갈 수도 있게 된 것이다. 즉, 만약에 그때까지의 세계 안에는 없었던—혹은 미실현으로 있었던— 영원한 객체들이 합생의 과정을 통해 현실화될 경우, 결국 이 세계 안에는 새로움으로 출현하게 되는 것이다. 화이트헤드는 자연이 아무리 안정적이라고 할지라도 적어도 형이상학 견지에서 볼 경우 <획일화된 존속>$^{undifferentiated\ endurance}$은 불가능한 것으로 보고 있다(PR 249/492).

● **[범주 IV] 개념적 가치화의 범주** : 물리적 느낌에 대한 개념적 등록
- 이 범주는 물리적 느낌에 대한 개념적 재생과 관련, 크게 두 가지로
- 상향적인 가치화로 (**강화** : 영원한 객체 중요성 고양)
- 하향적인 가치화로 (**약화** : 영원한 객체 중요성 감소)

● **[범주 V] 개념적 역전의 범주** : 개념적 느낌의 2차적 발생
- 최초 위상의 여건인 영원한 객체들과 개념적으로 상이한 새로움의 출현
- 세계 안에 <새로움>의 출현을 가능케 하는 범주

새로움의 출현[창발] 문제

하지만 그럼에도 여전히 물어야 할 물음은 남아 있다! 그렇다면 지금까지의 시간적인 현실 세계에는 없었던 가능태들(영원한 객체들)은 도대체 어디에 숨어 있다가 별안간 이 세계 안에 현실화되는 것인가? 그것은 분명 〈존재론적 원리〉에 따를 경우, 어떤 현실 존재에 근거되어 있어야만 한다. 그만큼 〈존재론적 원리〉라는 원칙 역시 일관되게 적용해야 한다면 여전히 미진한 물음도 남는 것이다. 이 〈존재론적 원리〉라는 견지에서 보면, 〈개념적 역전의 범주〉 자체는 그것이 어떤 현실 존재에 근거된 것인지를 알려주고 있지 않는다. 그렇기에 앞서 말한 물음에 대한 온전한 답변이 되긴 힘든 점이 있다. 바로 이 점 때문에 〈새로움〉의 출현에 대한 온전한 설명으로서의 의문은 여전히 남아있게 되는 것이다. 나중에 보겠지만, 이 문제는 신^{God}이라는 현실 존재에 대한 설명과 정합적으로 결부되어 있다. 그러나 만일 이 지점에서 우리가 신에 대한 개입을 배제한 채로 논의하고자 한다면 이 〈개념적 역전의 범주〉는 그러한 설명의 한 장치가 된다. 그러나 이것은 이 세계 안에 없었던—또는 미실현으로 있었던— 영원한 객체들이 어디에 있었는지에 대한 온전한 합리적 설명까지는 아직 아닌 것이다.

사실상 이 〈새로움〉의 출현 문제는 현대 과학에서도 언급되는 〈창발〉$^{創發, emergence}$ 현상을 근본적으로 설명하기 힘든 연유와도 뿌리 깊게 연관되어 있다. 왜냐하면 이전에 없던 새로움의 출현은 과거 세계를 구성하고 있는 〈요소들의 합〉만으로는 찾기 힘들기 때문이다. 새로움의 출현은 과거 세계 요소들의 조합만으로도 구성될 수 있다고 보는 관점이 〈환원주의〉^{reductionism}의 입장이라면, 〈창발〉에서는 과거 세계 요소들의 조합 그 이상의 것이 관여한 출현으로 본다. 또한 이것은 우리의 자연이 왜 끊임없이 새로움의 창조적 실현들을 부단히 수행해가고 있는

가에 대한 본질적인 질문과 탐색을 요구하도록 이끈다. 필자는 어떤 복잡계나 그 어떤 통계적 확률 또는 그러한 결과적 현상을 놓고 얘기하는 것이 아니라 자연 자체가 창출하고 있는 그 <새로움>이라는 것에 대한 근원적이고 궁극적인 출처를 묻고 있는 것이다. 바로 그런 점 때문에 화이트헤드는 언젠가 자신의 강의에서, <창발>이라는 용어가 한편으로 우리 스스로의 무식함을 교묘히 은폐하고 있는 용어라고도 했었다.

"구리를 황산에 떨어뜨리면 질량과 에너지는 동일하지만 색깔이 변한다. 창발적 진화 이론은 그렇게 새로운 속성이 단순히 창발한다고만 말한다. 하지만 도대체 무엇으로부터 그것들이 창발했다는 것인가? <u>만일 아무 것도 없는 상태에서 그것들이 창발했다면 창발이라는 개념은 단순히 우리의 무식함을 은폐하고 있을 뿐이며, 아무것도 설명하지 못하면서도 마치 설명하는 것처럼 현상을 기술하고 있을 뿐이다. 창발의 출발점에는 반드시 사전에 무언가가 존재해야만 한다.</u>" [화이트헤드의 '하버드 강의' 내용 중, 밑줄은 필자의 표시][92]

결국 화이트헤드 철학의 입장은 세계 안의 새로운 성질은 전혀 아무것도 없는 무(無)에서 나오는 것이 아니라 영원한 객체라는 가능태들의 세계와 관련해서 나오는 것으로 본다. 화이트헤드는 <무(無)로부터의 창조>를 인정하지 않는 입장이기에 결코 과거의 여건 없이 이 세계 안에 새로움이 출현할 순 없다고 봤었다. 반드시 무언가가 사전에 존재해야 한다고 본 것이다. 즉, 그때까지의 현실 세계에는 없었던 미실현의 가능태들도 경험 주체의 여건으로서 자리할 수 있어야만 새로운 출현이 가능하다고 본 것이다. 따라서 화이트헤드의 입장은 〈시간적인 현실 세계〉만이 〈전체 세계〉의 전부라고 보진 않았었다. 바로 이 지점에서 화이트헤드는 현실 세계의 시간성을 갖지 않는 그 어떤 〈비시간적인 현실 존재〉를 적어도 논리적 일관성과 정합성의 요건을 더욱 만족시키고자 함에 있어 그의 체계 안으로 끌어들인 점이 있는 것이다(참고로 이때 말하는 〈비시간적인 현실 존재〉를 일단 'X'라고 명명하든 'God'이라고 명명하든 아니면 또 다르게 그 어떤 '무엇'으로 불리든 간에 무방하다는 점을 말씀드린다. 이 문제에 대해선 신 존재를 논한 제2권에서 다시 살펴볼 것이다).

한편 환원주의를 반대하는 새로움의 출현을 말하는 〈창발〉의 입장이긴 해도 이를 무작정 불가해한 신비로만 간주하거나 지적 분석의 과업을 아예 방치해놓을 수도 없는 일이다. 사실상 인류 지성의 경험이 말해주듯, 우리가 사물에 대해 나누고 쪼개서 보는 환원주의적 분석과 이해에는 마치 사물의 구석구석들을 죄다 들여다 본 것 마냥 어떤 지적 이해에 있어서의 정복의 성취감들도 암암리에 배여 있는 점이 있다. 인류의 지성은 곧잘 그러한 성취감에 도취되기도 한다. 그러나 부분적으로는 성취감이 있을지라도 우리의 지적 이해들은 항상 과정상의 이해일 뿐이며, 이 작업 자체를 결코 멈추어서도 곤란할 것이다. 따라서 과거 요소들에 대한 지적인 분석 역시 여전히 필요하며 설령 그것이 환원주의적 방식을 취하더라도 어느 정도 방법적으로는 유효하다는 점도 분명하게 말해두고자 한다. 어차피 진화의 과정을 보더라도 그것은 과거에 기반되어 있지 않은 〈전적인 새로움〉의 창조란 없었다. 엄밀히 말하면 **전적인 창조를 주장할 수 있는 사물의 기원이란 없다.** 화이트헤드 철학에서는 신^{God}조차도 피조물에 대한 전적인 창조자가 아니다. 현존하는 모든 것들은 언제나 부분적으로는 과거에 기반하면서도 동시에 부분적으로는 과거를 벗어나는 새로움의 창조가 늘 함께 하고 있을 뿐

제7장 현실 존재의 내부 들여다보기 (1) - <포착>과 합생의 <초기 위상들>

이다. 따라서 과거 요소들의 분석을 통해 지적 정복의 느낌마저 안겨다 주는 환원주의 입장도 방법론적으로 본다면 유효한 점도 있다.

우리는 합리적 설명을 추구하는 지성의 과업을 단지 불가해한 신비에만 맡겨서도 곤란하다. 신비는 지성의 무진장한 먹잇감이어야 하며 그와 함께 지성의 한계 역시 계속적으로 예증해주고 있을 뿐이다. 어차피 모든 지성의 탐구 작업은 그 자신의 인식적 한계 및 시대적 한계와 함께 추구될 수밖에 없잖은가. 따라서 과학과 형이상학은 긴밀한 관련성 속에서 전개될 필요가 있다. 미지의 영역을 탐사하는 학문의 관점에는 언제나 <상상력>이 요구되는 점과 함께 어차피 관측의 한계를 고려하더라도 이에 대한 온전한 설명력을 위해서는 결국 형이상학적 설명으로 나아가는 측면 역시 불가피하게 발생되고 있는 것이다. 오늘날 이론물리학 진영의 최전선에서 논의되는 언급들만 보더라도 그야말로 정교한 상상력에 대한 시험들이 많이 요구되고 있음을 엿볼 수 있다.

....

다시 <개념적 역전의 범주>에 대한 논의로 돌아오도록 하자. 나중에 보겠지만, 세계 안에 <새로움>을 실현 가능케 하는 문제에 있어 화이트헤드가 말한 신에 대한 고찰까지 포함한다면, 이 <개념적 역전의 범주>는 폐기될 수 있는 그러한 것에 해당한다(PR 249-250/493). 그에 비해 <개념적 가치화의 범주>는 그때도 여전히 유효하다. 이처럼 위상들을 갖는 합생 과정에서 보듯이, 우리는 **현실 존재[계기]**를 창출하는 생성 과정이 무조건 단순 순응의 재생으로만 종결되지 않는다는 점도 분명하게 엿볼 수 있다.

이제 우리는 <개념적 느낌의 위상>에서 <비교적 느낌의 위상>으로 넘어가고자 한다. 앞서 <개념적 느낌의 위상>과 <비교적 느낌의 위상>을 <보완적 위상>으로 묶을 수 있다고 했었다. 순응적 느낌의 위상과 달리 <독창성>은 보완적 위상에 이르러서야 나올 수 있다. 초기 순응적 느낌의 위상에서는 과거로부터 전달되는 계승의 국면이기에 여기서는 독창성을 찾을 여지가 없다. 현실 손재[계기]는 이 보완석 위상의 강화를 통해 낮은 등급에서 보다 높은 등급의 현실 존재[계기]의 특징을 점차로 분명하게 드러낼 수 있게 된다.

이 <보완적 위상>에 속하는 비교적 느낌의 위상에서는 <단순한 비교 느낌>에서 <보다 복잡한 비교 느낌>으로 얼마든지 계속 더 나아갈 수 있다. 다시 말해서 그것은 <단순 비교의 느낌>에 이르러 만족으로 종결될 수도 있고, 아니면 좀 더 연장된 <복잡한 비교적 느낌>에 이르러 만족으로 종결될 수도 있는 것이다. 이 점에 대한 본격적인 논의는 <명제>proposition와 <의식>consciousness을 논하는 다음 장에서 계속 살펴볼 것이다. 여기서는 <포착>에 대한 기본적인 이해 정리와 그리고 이것이 적용되고 있는 합생의 초기 위상을 이루는 느낌의 국면들에 대해서만 간략히 알아보았다.

합생 초기의 순응적 위상에선 물리적 포착이 그리고 개념적 위상에선 정신성에 해당하는 개념적 포착이 작용하는 거였군!

여기서 개념적 위상은 <개념적 재생>과 <개념적 역전>으로도 다시 나누어 볼 수 있어!

궁극적인 사실들과 파생적인 추상물

이제 본장을 마감하기 전에 비로소 언급할 수 있게 된 점 하나는, 화이트헤드 철학이 상정하고 있는 〈궁극적 사실〉$^{ultimate\ facts}$에 대해서다. 결국 화이트헤드는 자신의 철학에서 무엇을 〈궁극적 사실〉로 본 것인가? 이에 대해 그는 1) 현실 존재, 2) 포착, 3) 결합체만이 직접 경험의 〈궁극적 사실〉이라고 분명하게 밝히고 있다. 나머지들은 궁극적 사실로부터 비롯되는 〈파생적인 추상물〉$^{derivative\ abstraction}$에 불과하다는 것이다.

> "직접적인 현실적 경험에 있어 궁극적 사실은 현실 존재와 포착 그리고 결합체이다. 그 밖의 모든 것은 우리의 경험에 있어서 파생적인 추상물에 지나지 않는다." (PR 20/81)

이미 언급한 바 있듯이, 〈포착〉은 〈현실 존재〉를 구성하는 요소들이며, 이 현실 존재들이 함께 모여 있으면 〈결합체〉가 된다. 즉, 결합체는 현실 존재[계기]들로 이루어져 있다. 그렇기에 **포착—현실 존재—결합체**로 갈수록 거시적인 우주로 나아가는 것이다. 따라서 화이트헤드의 과정철학에서 가장 구체적인 사실의 요소에 해당하는 개념은 결국 〈포착〉인 셈이다. 궁극적인 지평에서 보면 화이트헤드 철학의 세계는 〈포착들의 세계〉며 이것은 어떤 경계를 지을 수 없는 궁극적인 사실의 세계를 이루고 있다. 우리가 사물에 대해 경계를 짓고 있는 모든 대상물들은 이로부터 비롯된 추상물에 지나지 않는다.

● **궁극적 사실의 3요소**

1) 현실 존재
2) 포착 (현실 존재를 구성하는 가장 구체적인 요소들)
3) 결합체 (적어도 둘 이상의 현실 존재들이 함께 있는 사태)

알다시피 우리의 경험에 있어 마치 독립적인 경계가 분명한 것으로 간주되는 사물들은 거의 대부분 〈실체〉^{substance}로서 이해되고 있는 실정이다. 예컨대 컵과 받침대가 서로 분리된 독립된 사물로 여겨지는 것처럼 명확한 경계를 갖고서 지속적으로 존재하는 독립적 사물로 보는 것이다. 그러나 이 같은 분명한 실체로서 여겨지는 존재들은 화이트헤드가 볼 땐 궁극적 사실이 아니며 오히려 사실의 세계로부터 〈파생된 추상물〉에 불과한 것들이다. 이를테면 원자, 분자, DNA, 세포, 나무, 곤충, 침팬지, 사람 등 어떤 독립적으로 존속하는 사물 또는 그러한 실체로서 인식되는 모든 것들은 근본적으로 궁극적 사실들(포착, 현실 존재, 결합체)로부터 이끌어낸 추상물이라는 얘기다. 그런데도 우리의 일상적 경험에서는 이 같은 추상물을 마치 구체적 사실로서 간주해버린다. 이것이 바로 화이트헤드가 말한 〈잘못된 구체성의 오류〉$^{fallacy\ of\ misplaced\ concreteness}$라고 일컫는 것에 해당한다. 화이트헤드에 따르면, 이 오류는 종종 우리의 철학적 사고를 암암리에 오염시키는 대표적인 주범 중의 하나다. 화이트헤드는 우리의 철학적 사고가 이 〈잘못된 구체성의 오류〉에 말려들지 않아야 한다면서 오히려 우리의 경험 기초를 언제나 궁극적 사실들— 곧 포착, 현실 존재, 결합체—에 둘 수 있어야 한다고 본 것이다.

> "이 네 개의 개념은 〈현실 존재〉, 〈포착〉, 〈결합체〉, 〈존재론적 원리〉라는 개념이다. 철학적 사고가 지금까지 스스로 난점에 빠지게 된 까닭은 그것이 단순한^{mere} 자각, 단순한 사적 감각, 단순한 정서, 단순한 목적, 단순한 현상, 단순한 인과 작용과 같은 매우 추상적인 관념에만 매달려 왔다는 데에 있다.
>
> … (중략) …

그러한 추상물들abstractions에 대한 <단순한> 공재성togetherness이란 존재할 수 없다. 그 결과는 철학의 논의가 <잘못된 구체성>의 오류에 말려들게 된다는 것이다. 현실 존재, 포착, 결합체라는 세 개의 개념을 통해 시도했던 것은 철학적 사고의 기초를 우리 경험에 들어 있는 가장 구체적인 요소 위에 올려놓는 일이었다." (PR 18/77-78)

유기체 철학에서는 현실 존재, 포착, 결합체가 궁극적인 사실들에 해당하고, 나머지는 파생적인 추상물들이죠. 철학적 사고는 경험의 가장 구체적인 요소들에 기반해야 한다고 봅니다.

물론 철학은 추상을 설명하기 위한 것이지만 그 근거는 구체적인 요소들에 근거해야만 할 것이다. 유기체 철학의 개념들 중 현실 존재, 포착, 결합체, 존재론적 원리는 기존 철학의 사고로부터 다소 벗어나는 특성을 내포한 것인데(PR 18/77), 이 중에서도 현실 존재, 포착, 결합체라는 세 개의 개념은 적어도 철학적 사고의 기본 바탕만큼은 경험의 가장 구체적 요소들에 근거될 수 있어야 한다고 본 점에서 시도된 것이었다.

사실상 이 같은 점은 화이트헤드가 서양철학사의 플라톤적 전통을 그 자신의 방식으로 새롭게 극복하고 있는 지점이기도 하다. 그에 따르면, 우리가 존재의 유형을 고찰할 때 사물의 나머지 것들과 독립적으로 존재한다고 보는 가장 단순한 학설, 예컨대 플라톤을 비롯한 그리스 철학에서도 볼 수 있었던 것처럼, 완벽하게 자존하고 실재하는 것의 영역이라는 학설은 그동안 철학에 망령처럼 지녀왔던 개념이라는 것이다 (MT 67-68). 그러한 개념들이 강조될수록 인간들은 〈순수 진리〉를 자꾸만 내세우게 된다. 〈과정〉은 망각되고 인간의 특정 교설들은 불변의 흠 없는 〈순수 진리〉로 포장되어지는 것이다. 이런 사태는 철학뿐만 아니라 종교나 과학 등 예외 없이 독단론에 빠질 수 있음을 화이트헤드는 지적하고 있다. 하지만 그러한 독단론은 반(反)합리적인 권력적 지배로 또는 그런 권력적 지배를 〈정당화〉하는 교설로 기울어지기 십상이다.

"인간 지식의 어떤 영역이 〈순수한 진리〉unalloyed truth로 특징지어졌다고 보는 개념이야말로 그들이 신학자들이든, 과학자들이든 또는 인문학자들이든 간에 독단론자들dogmatists이 애호하는 망상이다." (MT 68-69)

반면에 〈과정〉과 〈관계〉야말로 우리 경험에 자리한 가장 구체적인 요소의 주된 특징이라는 관점에서 보면, 적어도 무결점의 순수한 진리라는 것은 가능할 수가 없고 그러한 것들조차도 오히려 파생된 것이며 만들어진 추상물일 뿐이다. 결국 화이트헤드 철학의 이 같은 입장들은 어떤 의미로 우리 경험에 있어서의 철학적 사고가 가장 직접적이고 구체적인 요소들에 기반될 수 있어야 한다는 〈경험론〉에 대한 헌신을 표방한 것으로 생각된다.

제7장 현실 존재의 내부 들여다보기 (1) - <포착>과 합생의 <초기 위상들>

사물의 정태적 완결성이나 전적인 독립성, 고정불변의 실체, 경험과 무관한 존재 등 이러한 것들에 대해 완강히 반대하는 그 기저에는, 적어도 유동하는 사물을 기본적인 근거로 삼아 존재와 세계에 대한 심층적인 탐사를 전개하려는 화이트헤드 자신의 학문적 신념도 함께 깔려 있다고 봐야 할 것이다. 그만큼 그의 철학은 철저히 <경험론>에 헌신하고자 했던 <실험 합리주의자>의 철학이었다고 볼 수 있겠다.

인간 지식의 영역이 어떤 순수한 진리로 이뤄질 수 있다고 보는 것은 종교든, 과학이든, 철학이든 독단론자들이 애호하는 망상이라는 얘긴 참 와닿아!

화이트헤드는 그런 순수 진리라는 건 불가능할 뿐만 아니라 오히려 더 위험한 독단으로 본 것 같아!

제 8 장

현실 존재의 내부 들여다보기 (2) 합생 후기 위상의 <비교적 느낌들> 이해 - 물리적 목적, 명제적 느낌, 지성적 느낌

"물리적 목적과 그리고 지성적 느낌에 의해 도입된 의식적 목적 사이에는, 지성적 느낌과의 연합에 의해 그 주체적 형식에 있어 의식을 획득하지 못하고 있는 명제적 느낌이 있다."

"이제 새로운 종류의 존재가 등장한다. 이 존재는 현실 존재도, 영원한 객체도, 느낌도 아니다. 그것은 <명제>이다."

— A. N. 화이트헤드

제8장 현실 존재의 내부 들여다보기 (2) - 합생 후기 위상의 〈비교적 느낌들〉

[그림] 합생 위상들(※ 본장에선 후기의 **Ⅲ** 비교적 느낌의 위상들에 주목할 것!)

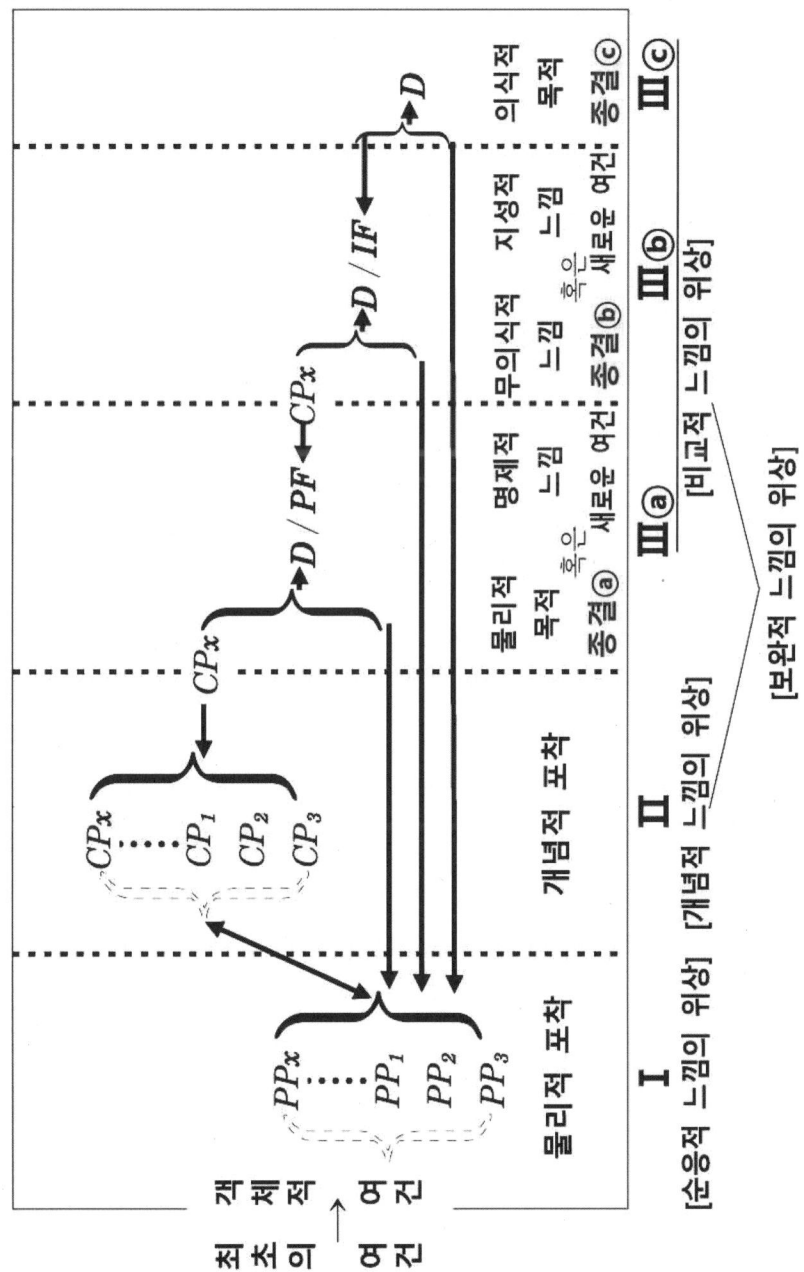

378

PP 물리적 포착^{Physical Prehension}　***CP*** 개념적 포착^{Conceptual Prehension}
CPx 선별된 가능태/영원한 객체　***D*** 결단^{Decision}, 합생의 종결
PF 명제적 느낌^{Propositional Feeling}　***IF*** 지성적 느낌^{Intellectual Feeling}

물리적 목적 – 물리적 포착과 개념적 포착 간의 첫 번째 비교 통합 유형

화이트헤드가 말한 불순한 포착으로서의 〈명제〉를 이해하기 이전에 우선은 〈물리적 목적〉^{physical purpose}이라는 것부터 먼저 거론할 필요가 있고, 그 점에서 우리는 다시 한 번 더 [합생의 위상들] 그림을 불러들이지 않을 수 없다. 아무래도 화이트헤드 철학의 이해를 위해서는 이 그림을 늘 머릿속에 붙박이로 두는 것도 좋을 것 같다.

본장에서는 합생의 위상들 중에서 〈비교적 느낌의 위상〉에 속하는 **물리적 목적, 명제적 느낌, 지성적 느낌**이라는 합생 후기의 세 위상들을 살펴볼 것이다. 이 [합생의 위상들] 그림에서 우리는 종결ⓐ의 〈물리적 목적〉에 먼저 주목해보자. 이것은 〈비교적 위상〉에 속하지만 필자가 종결ⓐ라고 표현한 것은 합생의 과정이 좀 더 나아가지 못하고 그냥 종결ⓐ에서 끝날 수도 있음을 뜻하고자 함에 있다. 이것은 〈물리적 포착〉과 〈개념적 포착〉의 첫 번째 통합 유형이다. 화이트헤드가 말하는 〈물리적 목적〉은 그림에서도 보듯이 물리적 포착과 개념적 포착이 서로 뒤섞이는 비교 통합의 국면에서 마감되고 있음에도 그 합생의 성격이 주도적으로 물리적 느낌이 더 우세한 목적으로 놓여 있는 점에 기인한다. 〈물리적 목적〉은 비교적 느낌에 있어 가장 단순한 유형의 비교 통합에 해당하는 것이다. 그가 말하는 〈물리적 목적〉이란 다음과 같다.

"개념적 포착과 물리적 포착과의 통합이, 반드시 불순한 포착이

되도록 되어 있는 것은 아니다. 그 물리적 실현과 관련해서 미결정 상태에 있는 단순한 가능태로서의 영원한 객체는, 물리적 포착에 대한 물리적 여건의 실현된 한정성 안에 있는 한 요소로서의 자기 자신과 통합됨으로써, 그 미결정성, 즉 보편성을 상실할 수도 있다. 이러한 경우에 우리는 <물리적 목적>physical purpose이라는 것을 얻게 된다.

물리적 목적에 있어 주체적 형식은, 그 물리적 여건 내의 실현된 한정성의 요소로서의 그 영원한 객체에 관한 특별한 욕구appetition—호감adversion과 반감aversion—를 획득한다. 이 획득은 개념적 포착에서 파생된다." (PR 184/377-378)

우선 <개념적 포착>과 <물리적 포착>의 통합이 반드시 <불순한 포착>이 되는 것은 아니라는 얘기는 앞 장의 <포착>에 관한 설명에서 잠깐 소개했던 <명제적 느낌>과 관련한다. 그런데 <물리적 목적>은 그것보다 더 단순하고 더 원초적인 단순 비교 통합 유형을 말한 것이다. <물리적 목적>은 그 물리적 실현에 있어 영원한 객체가 이미 물리적 여건의 실현된 한정성 안에 있는 요소와 통합되고 있기 때문에 여전히 물리적 느낌의 우위가 지배적인 가운데 놓여 있다. 합생은 그 국면에서 종결할 수도 있고, 후속 위상으로 더 나아갈 수도 있다. 하지만 이 국면이 종결ⓐ에서 최종적인 것이 되는 한 <물리적 목적>이 될 뿐이다.

<물리적 목적>이라는 용어에서도 짐작되듯이, 대체로 물리적 느낌들이 우세한 지배하에—물론 정신적 경험의 작용들이 있긴 해도 미약할 정도— 있음을 함축해준다. 다시 말해, 합생 주체가 목적하는 이상의 실현이 물리적 목적에 있어서는 그 물리적 여건 내에 이미 실현된 한정성을 벗어나지 못한 채로 실현되고 있는 것이다. 즉, 합생 주체의 목

적이 직전의 과거로부터 물려받은 자료 안에 있는 것의 반복 재생이다. 그러나 두 번째 위상인 개념적 느낌에서 획득된 주체적 형식인 〈호감〉과 〈반감〉에 의해 설령 미약할지언정 첫 번째 위상의 물리적 느낌을 강화하거나 또는 약화를 불러올 수 있다. 따라서 물리적 목적의 경우 근본적으로는 첫 번째 위상의 물리적 느낌에 대한 반복 그 이상을 넘어서진 못한다. 실질적으로 보자면 물리적 목적은, 두 번째 위상에서의 개념적 느낌의 주체적 형식이 〈호감〉일 수도 있고 〈반감〉일 수도 있다는 사실만 접어둔다면, 첫 번째 위상에서의 물리적 느낌의 반복이다.[93]

이러한 〈물리적 목적〉이 자연세계와 관련해 의미하는 바는, 적어도 이 우주에 있어 바위와 같은 물리적인 무기적인 것들의 항구적인 존속을 말해주는 것에 해당한다(PR 276/538). 진화하는 자연은 이 같은 〈물리적 목적〉의 성격을 포함하면서 다시 또 계속적으로 진화하고 있는 것이다. 살아있는 생물체조차도 무생물로 분류되는 것들의 제약과 더불어 그 체내에도 무기적인 것들 역시 함께 지니면서 살아가고 있다.

● 물리적 목적

- 첫 번째 위상의 물리적 느낌과 두 번째 위상의 개념적 느낌이 세 번째 위상에서 비교 통합을 이룬 것들 중에서도 가장 <단순한 비교의 느낌>을 의미
- 이것은 첫 번째 위상의 물리적 느낌에 대한 반복 재생의 성격

☞ 물리적 목적의 <주체적 형식>
- 호감 : 물리적 느낌에 대한 **보존 및 강화**로의 개념적 가치화
- 반감 : 물리적 느낌에 대한 **억제 및 약화**로의 개념적 가치화

☞ 물리적 목적의 예시
- 우주에 있는 무기적인 것들의 장대한 존속을 말해주고 있음

비교적 느낌의 3가지 단계 – ① 물리적 목적, ② 명제적 느낌, ③ 지성적 느낌

〈물리적 목적〉 이후의 단계로는 〈명제적 느낌〉과 그리고 〈지성적 느낌〉 단계로 계속 나아갈 수 있다[합생 그림 참조]. 즉, 비교적 느낌의 위상이 단순 비교에서 좀 더 복잡해지는 비교 통합의 합생으로 나아가는 것이다. 따라서 크게 보면 여기에는 세 가지 단계가 있는 셈이다.

"물리적 목적과 그리고 지성적 느낌에 의해 도입된 의식적 목적 사이에는, 지성적 느낌과의 연합에 의해 그 주체적 형식에 있어 의식을 획득하지 못하고 있는 명제적 느낌이 있다. 이러한 <u>명제적 느낌은 순수한 물리적 단계와 의식적인 지성적 작용의 단계 사이에 있는 중간적인 존재자</u>existence intermediate<u>의 단계를 나타내고 있다.</u>" (PR 280/544)

"명제적 느낌이 중요하게 되는 존재자의 단계는 지성적 느낌을 별문제로 한다면, 베르그송이 말하는 순수하고 본능적인 직관의 단계와 동일시될 수 있을 것이다.94) 따라서 <u>순수한 물리적 목적의 단계, 순수한 본능적 직관의 단계, 지성적 느낌의 단계라는 세 가지 단계가 있는 셈이다. 그러나 이 단계들이 뚜렷이 구별되는 것은 아니다.</u>" (PR 280/545)

정리하자면 결국 ① 물리적 목적의 단계, ② 명제적 느낌의 단계, ③ 지성적 느낌의 단계를 갖는 것으로 볼 수 있으며, 이들 각각은 종결ⓐ, 종결ⓑ, 종결ⓒ에 상응된다고 볼 수 있겠다. 물론 이러한 합생의 국면들은 창조적 전진을 갖는 우주의 진화에 따라 얼마든지 후속적 국면들을 형성할 수 있다. 다만 본장에서는 화이트헤드가 언급했던 세 가지 단계에 대해서만 대략적으로 살펴보고자 할 뿐이다. 이제 〈물리적 목적〉을 넘어 두 번째인 〈명제적 느낌〉의 단계로 들어가 보자.

화이트헤드의 <명제> 이해에 앞서 일러두기
- "인식적 판단 이전에 끌림이 먼저다!"

사실상 화이트헤드가 PR에서 표명한 〈명제〉^{Propositions}와 〈의식〉 개념은 매우 복잡하고 난해해서 화이트헤드 철학을 처음 접하는 입문 수준에서 다루기에는 한계도 없잖아 있다. 무엇보다 기존에 우리가 지녀왔던 선(先)이해들이 있기 때문에 특히 화이트헤드의 〈명제〉 개념의 경우는 더더욱 여간 머릿속에 잘 들어오지 않고 상당히 생소하게 느껴지는 점도 있으리라 생각된다. 그만큼 화이트헤드의 명제 개념은 기존의 것과 다른 점이 있다.

이제 새로운 종류의 존재가 등장할 것입니다. 그것은 현실 존재도 아니고 영원한 객체도 아닙니다. 그것은 〈명제〉입니다.

그렇기에 여기서는 분석의 세부적인 복잡성은 가급적 배제하되 우선

제8장 현실 존재의 내부 들여다보기 (2) - 합생 후기 위상의 〈비교적 느낌들〉

은 화이트헤드가 말한 〈명제〉와 〈의식〉 이해에 대한 몇 가지 중요한 핵심 내용들만을 추려서 이를 중점적으로 해서 소개해보고자 한다. 현재의 입문 단계에서는 그 정도만 해도 충분하다고 보며 나중에 더 필요하다면 보다 세세한 점들은 중급 수준에서 다루어도 괜찮을 것이다. 그러나 입문 단계이긴 해도 화이트헤드 철학의 〈명제〉 개념은 매우 독특해서 상당히 낯설게 느껴질 수도 있기에 이해가 힘들 수 있다는 점도 덧붙여두는 바다. 명제를 논리학과 결부시켜 고찰하는 기존 철학 진영에서도 화이트헤드의 명제 개념에 대한 온당한 평가가 아직까진 제대로 마련되어 있진 않은 것 같다. 어쨌든 기존의 명제 이해와 화이트헤드의 명제 이해 간의 차이는 상당히 중요하다고 보는데 비록 입문 단계이긴 해도 그의 명제 개념을 소개하지 않을 수 없다.

정보 물리학을 얘기했던 한스 크리스천 폰 베이어Hans Christian von Baeyer는 오늘날 명제를 정보의 최소 단위로도 보고 있다.95) 일반적으로 명제의 의미는 참 거짓을 논할 수 있는 논리적 판단의 대상이 될 만한 언명들로 곧잘 얘기된다. 그러나 조금만 깊이 생각해보면, 우리는 정보 지식들을 합리적으로 판단해서 평가하는 그런 존재가 아니라는 점도 쉽게 간파할 수 있다. 인터넷 웹서핑 경험을 떠올려보자. 거의 대부분의 우리 모습은 오히려 정보가 불러일으키는 흥미와 유혹들에 끌려다니는 경우들이 다반사다. 즉, 흥미 위주의 제목과 기사들에 저도 모르게 많은 클릭들을 하곤 한다. 정보를 대할 때 우리는 논리적 판단의 언명들로서 인식하고 있지 않은 것이다.

놀랍게도 화이트헤드 철학에서 명제 개념은 논리적 판단 이전에 우선은 흥미를 불러일으키는 존재로 설정되어 있다는 사실이다. 따라서 인식적 판단 이전에 어떤 끌림이 먼저 작동한다고 볼 수 있겠다. 오히려 저마다 선호하는 다양한 끌림들이 작용하고 있는 가운데 게 중에서

옳음과 그름으로 또는 여러 해석적 느낌 및 판단으로도 나아가고 있을 뿐이다. 이때 말하는 끌림이란 건 〈유혹〉 또는 〈흥미〉라는 느낌을 의미한다. 바로 이 점이 화이트헤드의 〈명제〉 이해에서는 매우 중요하다. 이 같은 느낌의 작용들이 먼저 없었다면 진화 과정에서 나중에 출현하게 된 〈의식〉의 출현도 가능하지 않다고 볼 수 있다. 이를 화이트헤드 철학의 개념 용어들로 표현해본다면, 〈명제적 느낌〉이 없었다면 〈의식적 느낌〉도 결코 출현할 수 없다는 얘기가 된다.

사실 생물체의 DNA에 담긴 유전자도 정보에 속한다. 이 유전자코드는 배아 상태에서는 미실현된 것이지만 해당 생물체가 지닌 일종의 잠재적인 성장 계획에 대한 정보로서 작용하고 있다. 이때 세포 생명체의 활동도 결국 이 유전자 정보에 대한 실현들로 계속 끌려가는 작용으로 나타날 것이다. 즉, 생물체는 유전자의 정보들을 계속 〈욕구〉하면서 이를 현실화하는 작용으로 드러날 수 있다는 얘기다. 이때의 〈욕구〉란 미실현된 정보를 실현코자 하는 갈망에 다름 아니다. 알고 보면 진화생물체의 작용들 대부분이 그러하다. 생물체의 숱한 본능적 활동들도 거의 밀착된 애착 욕구라고 여겨질 만한 특정 정보들을 계속해서 실현하고자 하는 활동—대부분은 자동적 양상의 습관화된 활동—에 속한다. 이 활동에는 〈의식〉^{consciousness}이 꼭 필수적으로 개입될 필요가 없으며, 오히려 〈무의식적 활동〉에 가깝다. 그래서 정보 실현에 대한 〈자동 반응〉 행태를 보인다. 그렇기에 실은 〈인식적 판단 이전에 어떤 끌림이 먼저 있다〉는 것이다.

사실 우리가 온갖 무의식적인 끌림들을 의식적으로 자각[인식]하려면 어느 정도 〈의식적인 훈련〉 혹은 〈알아차림〉의 몸수행을 하지 않는 한 거의 힘들다. 맛있는 음식에 저도 모르게 손이 가는 가듯이 우리는 흥미 위주의 정보들에 저도 모르게 종종 빠질 뿐이다. 이러한 것들이 화이트헤드 철학에선 〈명제적 느낌〉의 실현에 해당하는데, 이는 의식 이후의 〈인식적 판단〉에서 작용하는 느낌과도 다른 것으로 좀 더 근원적이며 일상에서는 대개 무의식적으로 수행되곤 한다. 만일 이를 조절하는 능력을 〈정보조절력〉이라고 한다면 참으로 이것은 쉽지 않은 능력이라 할 것이다. 그것은 명제적 느낌 이후 의식적 목적 하에서의 충분한 훈련 후에 다시 〈무의식〉으로 내려보내 조절해야만 해서 매우 힘든 노력인 〈재습관화〉의 훈련들을 요구할 수 있다. 어쩌면 음식조절력보다 〈정보조절력〉이 더 중요할 지도 모른다. 왜냐하면 어차피 모든 것도 일단 정보로 본다면 음식조절력도 결국 정보조절력에 속할 수 있기 때문이다. 게다가 우리가 어떤 정보를 접할 것인가 하는 문제는 전체 일생을 좌우하는 점도 있다. 보통은 흥미 위주의 정보들에 저도 모르게 끌려가는 경우들이 다반사일테지만, 때로는 전체를 이롭게 할 만한 가치 있는 정보를 섭렵하면서 새로운 몸삶에 대한 전환과 활력을 얻기도 하는 것이다. 그 점에서 자신의 인생에 있어 가장 중요하고 우선적인 정보들에 대한 실현을 창출하는 과업들은 매우 중요하지 않을 수 없다. 현재의 인생도 다음 세대에는 결국 〈정보〉로 남는다고 볼 수 있겠는데, 이 점에 대한 가장 근본적인 고찰을 위해서는 화이트헤드 철학의 〈명제〉 개념을 살펴보는 것 역시 매우 유효한 작업이라고 생각되어진다.

지금까지의 명제 개념은 일단 잊어라!

앞서 말했듯이, 일반적으로 〈명제〉가 뭐냐고 묻는다면, 흔히 우리들은 '논리학에서 참 거짓을 판단하기 위한 언명들'을 종종 떠올린다. 실제로 많은 사람들이 학교 때 수학 시간에 배운 명제 개념 역시 '참 또는 거짓을 명확하게 구별할 수 있는 문장이나 식'을 명제라고 배웠었다. 보다 널리 알려진 사전적인 개념으로서의 〈명제〉란 다음과 같다.

● 널리 알려진 일반적인 명제 이해 [네이버 국어사전 참조]
- 어떤 문제에 대한 하나의 논리적 판단 내용과 주장을 언어 또는 기호로 표시한 것.
- 참과 거짓을 판단할 수 있는 내용이라는 점이 특징이다.
- 이를테면, '고래는 포유류이다.' 따위이다.

그렇다! 대부분의 사람들이 인지하고 있는 명제 개념이란 바로 이러한 의미들이다. 여기에는 일반인들뿐만 아니라 기존 철학자나 논리학자들도 거의 대부분은 명제 개념을 바로 이 같은 맥락에서 이해하고 있다는 점에서 크게 다르지 않을 것 같다. 그렇다면 화이트헤드의 명제 개념은 뭔가 다른 특별한 게 있는가? 당연히 뭔가 특별한 게 있다! 이는 단지 유별나거나 특출하다는 뜻의 얘기가 아니다. 화이트헤드의 명제 개념은 기존의 서구 전통 철학사에서 이해된 명제 개념을 넘어선다. 물론 기존의 명제 개념과 대립한다기보다는 그러한 점까지도 비판적으로 포괄하면서 그와 다른 폭넓은 명제 이해를 제시해보였다는 점에서 그러하다. 화이트헤드는 기존 논리학에서 취급된 명제 개념을 비판하면서 명제의 보다 근본적인 역할과 기능을 제시하고, 궁극적으로는 훨씬 더 포괄적 차원의 〈존재론적 개념〉으로서 새로운 명제 이해를 제안한 것이다. 따라서 화이트헤드의 명제 개념은 기존의 논리학적인 명제 개념과는 차이를 갖게 되는 한편, 분명하게도 명제에 대한 전통적 이해들을 비판하는 입장에 서 있다.

"명제를 단순히 판단의 소재라고 생각하는 것은 우주 안에서의 명제의 역할을 이해하는 데 치명적이다." (PR 187/383).

"명제를 일차적으로 논리학과 결부시켜 고찰했다는 사실, 그리고 참인 명제를 도덕주의적으로 선호했다는 사실은 현실 세계에서의 명제의 역할을 불분명한 것으로 만들고 말았다. 논리학자들은 명제의 판단만을 논할 뿐이다. 그뿐만 아니라 어떤 철학자들은 사실상 명제와 판단을 구별하지 못하며, 대부분의 논리학자들은 명제를 판단의 단순한 부속물로 보고 있다.

그 결과 거짓 명제는 부당하게 취급되어 쓰레기처럼 버려지고 무시되어 왔다. 그러나 실재의 세계에서는 명제가 참이라는 것보다 명제가 흥미를 끈다는 것이 더 중요하다(But in the real world it is more important that a proposition be interesting than that it be true)." (PR 259/508-509)

여기서 화이트헤드는 기존의 철학자와 논리학자들이 명제의 역할을 축소시키거나 불분명한 것으로 만들어 놓은 점을 비판하면서, 명제를 참과 거짓을 구별하기 위한 논리학적 차원의 개념으로 보는 것이 아니라 독특하게 명제야말로 〈흥미〉^{interest}를 불러일으킨다는 점을 훨씬 더 중요한 특성으로 내세운다. 이는 기존의 명제 이해와도 사뭇 다른 얘기인 것이다.

화이트헤드의 명제 개념을 본격적으로 설명하기에 앞서, 이 글을 읽는 일반적인 독자들에게 먼저 말씀드린 것은, 우리의 머릿속에는 여전히 기존의 명제 이해와 개념들이 암암리에 차지하고 있기 때문에 일단은 그러한 전(前)이해를 가급적이면 일부러라도 잠시 젖혀두길 부탁드린다는 점이다. 적어도 우리가 화이트헤드 철학에서 말하는 명제 개념을 제대로 이해하고자 한다면, 어떤 면에서 지금까지 익숙하게 접해왔던 논리학적인 명제 이해들도 하나의 고정관념에 불과할 수 있기 때문에 잠시 이를 젖혀놓고서 새롭게 개념 규정을 설정하는 작업이 필요할 수도 있기에 그 점에서 부득이 말씀드리는 것이다. 그렇지 않을 경우, 화이트헤드의 〈명제〉 개념을 파악하기가 여간 쉽지 않을 뿐더러 머릿속에도 퍼뜩 잘 안 떠오를 수 있다. 어떤 화이트헤드 연구자는 이 명제 개념만 이해하는데도 꼬박 4년이 걸렸다는 얘기도 직접 들었었다. 물론 이 경우는 아주 꼼꼼하게 이해한 경우를 의미할 것이다. 어쨌든 그만큼 이해가 쉽게 다가오지 않는 개념일 수 있고, 이 연유에는 우리가 갖고 있는 기존의 명제 이해가 먼저 들어서 있기 때문일 수도 있다. 그렇기 때문에 우선은 기존의 명제 이해를 잠시 접어두고서 화이트헤드의 명제 개념을 맞이했으면 한다. 물론 꼼꼼히 이해한 후에 구체적 근거에 기반한 비판과 반론이라면 얼마든지 환영하는 바다.

명제라고 하면 흔히 참 거짓을 판별하는 문장이나 식을 말한 거 아냐? 논리학에서 판단을 언어로 표현한 거잖아?

그런데 화이트헤드 철학에서는 기존 명제 이해에 어떤 치명적 문제가 있다고 본 것 같아!

또한 그렇다 해서 너무 심각한 걱정까지 할 필요 역시 전혀 없다고 본다. 본서의 화이트헤드 철학 입문 단계에서는 최소한 우리가 앞에서

제8장 현실 존재의 내부 들여다보기 (2) - 합생 후기 위상의 <비교적 느낌들>

배운 <현실 존재>와 <영원한 객체>라는 개념을 어느 정도 잘 이해하고 있다면, 화이트헤드의 명제 개념 역시 어느 정도 수월하게 익힐 수 있는 그러한 개념에도 해당한다. 그렇기 때문에 일단 다음의 두 가지만 예비적 자세로 갖고 있으면 좋을 것 같다.

1) 기존의 논리학적 명제 개념을 잠시 머릿속에선 접어두기
2) 앞서 배운 <현실 존재>와 <영원한 객체>에 대한 개념 이해 숙지

적어도 이 두 가지 준비만 갖춰진다면 화이트헤드의 명제 개념 역시 충분히 이해해볼 만한 거라 하겠다. 이제 화이트헤드 철학의 본격적인 명제 이해로 들어가 보자.

화이트헤드의 명제 개념은 <존재>에 속한다!

화이트헤드가 명제를 <존재>^{existence}로 본다는 점은 지금까지 전통적으로 자리했던 논리학과 인식론과의 가장 변별적인 차이를 보여주는 지점인데, 여기서 우리는 화이트헤드 철학의 <범주 도식>을 다시 한 번 떠올려보자. 그의 범주 도식에서 <명제>는 기본적으로 <존재의 범주>에 속하고 있다. 이 같은 화이트헤드의 명제 개념은 좀 더 넓고 포괄적 의미를 갖는, 그러한 개념으로서의 명제를 뜻한다. 화이트헤드가 PR에서 밝힌 <존재의 범주>$^{Categories\ of\ Existence}$ 목록에는 여덟 가지가 있으며, 그것은 다음과 같다(PR 22/85). 여기서 <명제>는 이들 존재의 범주 목록들 중에서도 6)번에 해당한다. 여기서 1)번과 5)번도 함께 주목해보자.

"존재[현존]의 범주

1) 현실 존재들 (현실 계기들$^{Actual\ Occasions}$라고도 불린다), 혹은 궁극적 실재들$^{Final\ Realities}$, 또는 진정한 사물들$^{Res\ Verae}$.

2) 포착들, 또는 관계성의 구체적 사실들.

3) 결합체^{Nexūs} (Nexus의 복수), 혹은 공적인 사태$^{Public\ Matters\ of\ Fact}$.

4) 주체적 형식들, 또는 사적인 사태$^{Private\ Matters\ of\ Fact}$.

5) 영원한 객체들, 혹은 사실의 특수한 규정을 위한 순수 가능태들$^{Pure\ Potentials}$, 또는 한정의 형식들.

6) **명제들**^{Propositions}**, 또는 잠재적으로 규정되어 있는 사태**(Matters of Fact in Potential Determination), **또는 사태를 특수하게 규정하기 위한 불순한 가능태들**(Impure Potentials for the Specific Determination of Matters of Fact), **또는 이론들**^{Theories}.

7) 다수성^{Multiplicities}, 또는 다양한 존재들의 순수 이접성^{Disjunction}.

8) 대비^{Contrasts}, 또는 존재들을 하나의 포착에서 종합하는 여러 방식들$^{Modes\ of\ Synthesis}$, 또는 패턴화된 존재들$^{Patterned\ Entities}$." (PR 22/85, 밑줄은 모두 필자의 표시)

● 6번 명제 = 1번 현실태 + 5번 가능태

화이트헤드는 왜 하필 〈명제〉를 존재의 범주에 속한 것으로 이해했을까? 일단 여기에 대한 답변은 바로 〈명제〉라는 것을 일종의 〈가능태〉로 본다는 점에서 우선 언급해볼 수 있겠다. 하지만 명제는 영원한 객체에 해당하는 〈순수 가능태〉가 아니다. 오히려 현실태와 섞여 있는 〈불순한 가능태〉로 언급된다. 그 점에서 명제는 영원한 객체와 구별되는 또 하나의 존재인 것이다. 우리가 화이트헤드의 명제 개념을 이해하려면 도대체 왜 〈불순한 가능태〉인지를 살펴보지 않을 수 없다.

[※ 참고로 존재의 범주에 속하는 8개 중에서 '궁극적 사실'로서 존

재한다고 보는 것은 1)현실 존재[계기], 2)포착, 3)결합체인 것이며, 다른 사항들은 '가능적 존재'로서의 목록들에 해당한다. 가능적 존재로서의 목록들이라는 것은 어디까지나 〈존재론적 원리〉라는 원칙에 의거해 1)현실 존재에 대한 분석을 통해 화이트헤드 자신이 봤을 때 체계화 속에 마련될 수 있다고 봤던 가능적인 존재 양상의 목록들이라는 얘기다. 그렇기에 〈존재론적 원리〉상 존재의 범주들 중에서도 여전히 가장 중요한 원탑은 '현실 존재[계기]'라고 볼 수 있겠다. 그리고 또 다른 한 축을 차지하는 가능적 존재로서의 목록들 중 대표급이 〈영원한 객체〉이다. 명제도 일단은 이 가능적 존재의 양상들에 해당한다고 보면서도 또 한편으로 현실 존재들과 결부되어 있기에 일종의 〈복합적인 존재〉로 본 것이다. 이로써 화이트헤드가 언급한 바 있듯이, "존재의 기본적인 유형은 〈현실 존재〉와 〈영원한 객체〉라는 것. 그리고 그 밖의 다른 유형의 존재는 이 두 가지 기본적인 유형의 존재가 현실 세계에서 어떻게 서로 공동체를 이루고 있느냐를 표현할 뿐이라는 것"(PR 25/90)으로 언급한 그 의미 역시 계속적으로 추구된다고 볼 수 있겠다.]

우선 명제를 화이트헤드는 〈순수^{pure} 가능태〉가 아닌 〈불순한^{impure} 가능태〉라고 일컫는다. 왜 불순한가 하면 순수한 존재가 아닌 서로 뒤섞인 혼합된 존재이기 때문이라는 것이다(* 참고로 여기서 말하는 〈불순〉이라는 표현에는 어떤 부정적인 도덕적 함의를 담고 있지 않다는 점을 다시 한 번 말씀드린다. 혹시라도 혼동하지 않길 바라며, 여기선 도덕적 의미 발생 이전의 존재론적 사태로서의 명제를 다룰 뿐이다). 그렇다면 〈명제〉라는 존재는 과연 무엇과 무엇이 혼합되었다는 것인가? 그것은 존재의 범주에 속하는 1) 현실태와 그리고 가능태에 해당하는 5) 영원한 객체가 서로 혼합되어 6) 명제가 된다는 것이다. 결국 명제는 현실태와 가능태의 혼합물이라는 얘기다. 따라서 명제가 〈불순 가능태〉라는 것은 적어도 5)

순수 가능태가 아니라 여기에 1) 현실태가 함께 뒤섞여 있다는 의미에서 〈불순 가능태〉라고 표현한 것이다. 이때 현실태도 존재에 해당하고, 또한 영원한 객체인 가능태도 존재에 속한다. 따라서 이 둘의 혼합물 역시 어찌 존재가 아니겠는가.

"명제는 새로운 종류의 존재^{entity}다. 그것은 순수 가능태와 현실태 간의 혼합물^{hybrid}이다." (PR 185-186/380).

결국 화이트헤드가 말하는 명제란, 〈현실태〉$^{actuality, 복수형은 actualities}$와 〈가능태〉$^{potentiality, 복수형은 potentials}$가 서로 합쳐진 혼합적 존재라는 점에서 그러하다. 따라서 우리가 아주 간단하게만 명제를 이해하고자 할 경우, 명제란 〈현실태와 가능태 간의 혼합물〉로 보면 될 것이다.

현실태 + 순수 가능태 = 명제 (불순 가능태)

그렇다면 이것이 의미하는 바란 과연 무엇인가? 이 같은 질문 역시 계속 나올 수밖에 없다. 앞서 말했듯이 우선은 기존의 수리논리학에서 사용되는 명제 이해는 일단 좀 접어두고서 새로운 이해를 전개할 필요가 있겠다. 이것은 화이트헤드 철학의 〈존재론적 문맥〉에서 새롭게 고찰되어야만 하는 터라 그의 기본적인 현실 존재에 대한 이해부터 짚어 보자.

명제란, 실현된 현실태와 결부된 미실현의 가능태(들)를 의미

화이트헤드가 말한 현실 존재는 더 이상 분할될 수 없는 궁극적인 실재로서의 기본 단위가 되는 그러한 존재다. 현실 존재 자체는 〈과정으로서의 실재〉이기에 생성 소멸하면서 여러 〈한정의 형식〉을 실현할 따름이다. 그리고 이 현실 존재들이 하나 이상으로 함께 서로를 포착하며 결합된 것이 바로 〈결합체〉nexus에 해당한다. 이때 우리는 임의의 어떤 현실 존재—또는 결합체—와 그리고 그와 연관된 영원한 객체—또는 하나 이상의 가능태들—가 함께 결속된 혼종적 사태 역시 충분히 떠올려 볼 수 있을 것이다. 따라서 물리적 느낌과 개념적 느낌이 뒤섞이는 양상들은 앞서 말한 물리적 목적보다도 훨씬 더 복잡한 양상들로 나아갈 수 있는 것이다.

"명제적 느낌이라는 것은 물리적 느낌과 개념적 느낌을 종합하는 특수한 유형의 통합에서 생긴다." (PR 257/505-506)

적어도 화이트헤드는 하나 이상의 현실 존재가 하나 이상의 어떤 영원한 객체와 결속을 맺은 혼종적 사태의 존재를 〈명제〉로 봤었다. 즉, 현실태와 가능태가 결부된 이 혼종된 사태를 하나의 개념 용어로 통칭하고자 했을 때, 이것은 전적으로 현실 존재—또는 결합체—라고도 할 수 없고, 전적으로 영원한 객체—또는 순수 가능태들—로도 볼 수 없는, 이 〈두 존재가 함께 혼합된 존재〉에 해당한다고 볼 수 있겠다. 그래서 이것은 두 존재를 혼합시켜 나온 새로운 종류의 존재인 것이다.

"이제 새로운 종류의 존재가 등장한다. 이 존재는 개개의 현실태에 관해서 어쩌면 말해질 수 있을지도 모르는 이야기이다. 이 존재는 현실 존재도, 영원한 객체도, 느낌도 아니다. 그것은 〈명제〉이다." (PR 256/504).

알다시피 〈명제〉는 영어로 'proposition'인데 이는 일종의 〈제안〉이라는 의미도 담고 있다. 우리는 일상에서 사랑하는 연인에게 〈결혼〉을 제안하는 프로포즈^{propose}가 무슨 뜻인지를 익히 잘 알고 있다. 이때 연인에게 있어 〈결혼〉이란 것은 어쩌면 실현될 지도 모를 여러 가능성들 중의 하나를 제안하는 것이다. 제안(提案)이라는 의미에는 〈여러 가능한 것들 중의 하나〉라는 의미가 있다. 즉, 연인이라는 상황이 현재 상태의 현실성에 속한다면 결혼은 그러한 연인이 실현할 수 있는 여러 가능성들 중의 하나에 속하는 것이다. 이를 빗대서 언급해본다면, 명제란 것은 현실성과 결부된 채로 제안되고 있는 어떤 가능성[들]인 것이다. 또 다르게는 명제란 '현실성과 결혼될 만한 가능성[들]'로 표현될 수도 있겠다. 물론 여기서 결혼(結婚)이란 용어는 필자의 표현이고, 화이트헤드는 혼성물^{hybrid}로 표현했었다. 어찌되었든 화이트헤드의 명제 개념은 현실 존재도 아니고, 그렇다고 순수한 가능태인 영원한 객체도 아니다. 그렇다고 느낌이라는 포착도 아니다. 명제는 그것들과 다른 새로운 종류의 존재라고 본 것이다. 이것은 또한 이미 실현된 사태(=하나 또는 그 이상의 현실 존재들)로부터 가능할 수 있는 미실현의 가능성들(=하나 또는 그 이상의 영원한 객체들)이라고 볼 수 있다. 우리가 명제를 '실현된 사태에서 가능할 수 있는 미실현의 가능태'라고 이해해볼 경우 그것은 곧 그 어떤 특정의 사건에 대하여 가능할 수 있는 존재들에 해당한다.

"명제는, 영원한 객체의 미확정성^{indeterminatedness}을 보존하고 있으면서도, 확정된^{determinate} 현실 존재로부터는 어떤 불완전한 추상$^{incomplete\ abstraction}$을 만들어낸다. 그것은, 확정된 현실 존재들을 그 구성요소로 가지고 있는 복합적인 존재$^{complex\ entity}$이다." (PR 257/505)

명제 = 현실태와 혼종된 미실현의 가능태 = 불순한 가능태

꿀벌의 춤(움직임) 사례를 통해 명제 이해하기

예를 들어 설명해보자. 실현된 현실태로서의 곤충인 '꿀벌'이 있고, 그 꿀벌이 움직임을 통해 표현할 수 있는 가능한 형태의 춤들이 있다고 해보자. 이 꿀벌의 춤은 유전자코드와 관련된 것일 수 있다. 어쨌든 꿀벌은 현실 존재들로 이루어진 〈결합체〉다. 그리고 그 꿀벌의 움직임으로 표현할 수 있는 가능한의 춤들(움직임들)에는, ⅰ) 상하 일직선 춤, ⅱ) 둥근 원 춤, ⅲ) 8자형 춤, ⅳ) 좌우 수평선 춤 등이 있다고 해두자. 물론 더 많은 꿀벌의 춤(움직임)을 상정할 수도 있겠지만 일단 여기선 논의를 쉽게 하고자 꿀벌과 그 4가지 가능성들만으로 제한시켜 설명 드리고자 한다.

현실태[꿀벌] + 가능태[춤]	= 명제[미실현의 가능태]
꿀벌 + 일직선 춤	꿀벌이 일직선 춤을 춘다.
꿀벌 + 둥근원 춤	꿀벌이 둥근원 춤을 춘다.
꿀벌 + 8자형 춤	꿀벌이 8자형 춤을 춘다.
꿀벌 + 수평선 춤	꿀벌이 수평선 춤을 춘다.
⋮	⋮
(현재 꿀벌만 현실화된 상태)	(아직 현실화된 상태가 아님)

그럴 경우 우선 실현된 사실로서의 꿀벌은 결합체에 해당되며, 각각의 가능한 춤의 형태들은 영원한 객체인 가능태들에 해당할 것이다. 풀이하자면, 현실적으로 이미 실현되어 있는 꿀벌이 있고, 이 꿀벌로부터 가능한 형태의 춤들로서 상하 일직선 춤, 둥근 원 춤, 8자형 춤, 좌우

수평선 춤 등 이러한 가능태들이 있다. 여기서 현실태와 가능태를 혼합하면 꿀벌은 일직선 춤을 출 가능성이 있게 되고, 둥근 원 춤을 출 가능성도 있으며, 8자형 춤을 출 가능성도 있고, 수평선 춤을 출 가능성도 있다고 하겠다. 이때의 그 꿀벌은 곧 실현될 지도 모를 여러 가능태들 중 하나를 실현하게 되는 셈이다. 그러나 현재까진 일직선 춤, 둥근 원 춤, 8자형 춤, 수평선 춤 이들 가능태 모두는 〈꿀벌과 관련해 미실현의 가능한 사태들〉일 뿐이다. 이 〈현실태들과 결부된 미실현의 가능태들〉이 〈명제〉가 된다. 결국엔 이들 중 어떤 명제를 실현하겠지만, 실현되기 전까지의 각 명제들은 모두 꿀벌의 춤[움직임]에 있어 저마다 〈제안될 수 있는 불순한 가능태들〉로만 존재하는 것이다.

　이들 명제인 꿀벌의 춤(움직임)들은 실현 전까지는 추정될만한 어떤 정보적 형태 같은 걸로 존재한다고 볼 수 있다. 유전자코드라는 정보는 그 실현성이 가장 높다. 여기서의 〈명제〉는 꿀벌이라는 현실태(결합체)에 결부된 가능태들이기에 결코 〈순수한 가능태〉pure potentiality가 아니며 현실태와 뒤섞인 〈불순한 가능태〉impure potentiality가 된다. 물론 〈영원한 객체〉도 존재의 범주에 속하지만 그것은 〈가능적 존재〉인 것이지 〈현실의 존재〉는 아니다. 여전히 현실 존재의 〈결단〉과 관련되지 않으면 안 된다. 우리는 실현된 현실태를 통해서만이 가능태라는 존재를 발견할 수 있을 뿐이다. 이것은 화이트헤드가 말한 〈존재론적 원리〉ontological principle와도 관련한다. 이때 명제는 가능태이긴 해도 영원한 객체와는 다른 종류의 새로운 존재로서 늘상 가능태로만 있는 게 아니다. 그것은 목전의 〈실현〉을 앞둔 존재들일 수 있다. 이미 실현된 현실태의 미실현의 영원한 객체들이 한 조(組)로 맺어져 있기 때문에 화이트헤드는 이 혼합된 가능태들을 가리켜 〈명제〉라고 했었다. 명제는 결국 현실태와 가능태가 함께 짝을 맺은 혼종된 사태인 것이다. 설명의 범주에서 밝힌

제8장 현실 존재의 내부 들여다보기 (2) - 합생 후기 위상의 <비교적 느낌들>

화이트헤드의 직접적인 얘기는 다음과 같다.

"xv) 명제란 어떤 현실 존재들이 결합체를 형성하기 위한 가능태로서 통일되어 있는 것이며, 하나의 복합적인 영원한 객체가 지닌 통일성을 갖는 영원한 객체들에 의해서 부분적으로 한정되는 그러한 가능적인 관계성$^{potential\ relatedness}$을 동반하고 있다는 것. 거기에 포함되어 있는 현실 존재는 <논리적 주어>$^{logical\ subjects}$고 불리며, 복합적인 영원한 객체는 <술어>^{predicate}라 불린다." (PR 24/88)

"명제는, 그 배정된 방식으로 이러한 논리적 주어에 적용될 그 술어의 가능성^{possibility}이라고 할 수 있다." (PR 258/507)

"명제는 논리적 주어에 대한 제한된 연관성의 어떤 확정적인 방식에 있는, 한정성의 결정자로서의 영원한 객체에 대한 가능태이다. 이 영원한 객체가 명제의 <술어적 패턴>$^{predicative\ pattern}$이다." (PR 257/506)

여기서 현실 존재와 영원한 객체가 서로 결혼한 상태라고 했을 경우, 화이트헤드는 현실 존재를 논리적 주어(主語)로, 그리고 영원한 객체를 술어(述語)로 불린다고 말한다. 알다시피 '술어'란 하나의 문장에서 주어의 움직임, 상태, 성질 따위를 서술하는 말을 일컫는다. 반대로 '주어'란 그 술어가 나타내는 동작이나 상태의 주체가 되는 말을 일컫는다(참고로 우리말에서는 '주어'와 '주체'를 달리 표기해서 쓰지만, 영어에서는 둘다 'subject'로 쓰고 있다). 따라서 주어와 술어는 서로 관계된 커플이라

할 수 있겠고, 이때 명제의 주어[주체]를 현실태가 맡고 있고 술어를 가능태가 맡고 있다는 것이다.

주어 – 술어가 나타내는 동작이나 상태의 주체
술어 – 주어의 움직임, 상태, 성질 따위를 서술하는 말

현실 존재(들)　　　　영원한 객체(들)
[논리적 주어]　 +　　　 [술어]　　 =　 명제

여기서 화이트헤드는 '주어/주체'라는 용어에다 '논리적'이라는 표현을 덧붙였다. 이 〈논리적 주어〉라는 용어에 다소 주목할 필요 역시 있는 것은, 화이트헤드가 마치 기존의 논리학적 명제 개념을 떠올리게끔 하는 〈논리적 주어〉와 〈술어〉라는 표현을 쓴 점과도 연관된다. 명제를 존재로 이해하는 화이트헤드 철학에선 술어에 해당되는 가능태들도 함께 엮여있기 때문에 그 술어와 짝을 맺는 주어[주체]라는 점에서 온전한 현실태로서의 주어[주체]라기보다 적어도 〈명제의 구성 요소〉라는 점을 벗어나지 않는다. 결국 화이트헤드가 보는 명제 개념은 〈주어+술어〉라는 형식에서 보듯이 술어와 결부된 현실태라는 〈이론〉theory의 성격을 띤 것이다. 화이트헤드는 이것을 조금 달리 표현해서 말하기를, 논리적 주어가 되는 현실태에 대한 느낌을 〈지시적 느낌〉indicative feeling으로, 그리고 술어로 기능하는 가능태에 대한 느낌을 〈술어적 느낌〉predicative feeling으로 간주하면서 이러한 요소들이 〈명제적 느낌〉을 구성한다고 보았다(PR 260/511). 즉, 명제적 느낌은 〈지시적 느낌〉과 〈술어적 느낌〉의 통합으로 이루어진다는 것이다(PR 261/512).

제8장 현실 존재의 내부 들여다보기 (2) - 합생 후기 위상의 <비교적 느낌들>

<table>
<tr><td>지시적 느낌
주어가 되는 현실태에
대한 느낌</td><td>+</td><td>술어적 느낌
술어가 되는 가능태에
대한 느낌</td><td>=</td><td>명제</td></tr>
</table>

앞서 말한 꿀벌의 춤(움직임) 예를 계속 들어보자. 그 꿀벌은 실현할 수 있는 여러 형태의 춤들을 잠재적 가능성들로 갖고 있다. 따라서 미실현의 가능태들로 존재하는 그 꿀벌과 결부된 각각의 춤들 하나하나는 명제가 되는 것이다. 이때 실현된 사태인 꿀벌은 주어에 해당되며, 각각의 가능한 형태의 춤들은 해당 주어인 꿀벌의 상태를 표시해주는 술어가 된다. 이는 다음과 같이 설명해볼 수 있다.

현실 존재/ 결합체 [주어]	영원한 객체 [술어]	4개의 명제들 [주어 + 술어]
꿀벌 - 이것은 느낌을 위한 유혹으로서의 명제를 포착하는 '장소'가 됨	일직선 춤을 춘다 둥근형 춤을 춘다 8자형 춤을 춘다 수평선 춤을 춘다 ⋮	꿀벌은 + 일직선 춤을 춘다 꿀벌은 + 둥근형 춤을 춘다 꿀벌은 + 8자형 춤을 춘다 꿀벌은 + 수평선 춤을 춘다 ⋮

그래서 결합체인 꿀벌 자체는 크게 4가지 술어적 가능성을 품고 있다고 해두자(물론 더 많은 술어적 가능성들을 품고 있지만 여기선 설명을 위해 제한시켜 언급한 것뿐임). 이 경우 주어가 되는 꿀벌의 상태를 얘기해 줄 만한 4가지 양상의 술어들은 가능성들로 존재하는 명제가 된다. 그러나 이때의 가능성들은 주어가 되는 현실태인 꿀벌에 제약되어 있다.

그럼으로써 꿀벌은 여전히 그 명제가 실현되는 장소로 자리할 수 있다. 화이트헤드 철학에서 "명제의 〈장소〉^{locus}는, 그들 자신의 현실 세계가 명제의 논리적 주어들을 포함하고 있는 그런 현실 계기들로 이루어져 있다(PR 186/381)." 즉, 자신의 현실 세계 속에 논리적 주어가 포함되어 있어 그 명제에 대한 포착이 가능한 모든 현실 존재들은 해당 명제의 장소가 된다는 얘기다. 일반적으로는 가장 친밀한 그 자신의 신체에 계속 실현되는 셈이어서 여기서도 꿀벌에 한정해둔다. 이 점에서 해당 명제가 실현되는 장소로서의 꿀벌은 해당 명제를 느낌을 위한 유혹 내의 한 요소로서 포함하고 있다는 얘기다. 물론 어떤 명제가 최종적으로 실현될 지는 미지수다. 어쩌면 그 꿀벌은 일직선 춤을 출 수도 있고, 둥근형 춤을 출 수도 있으며, 8자형 춤을 출 수도 있고, 수평선 춤을 출 수도 있다. 아마도 그 명제의 실현에 있어서는 그 꿀벌이 지닌 유전자 코드에 향도될 가능성이 매우 클 것으로 본다. 그럼에도 자연의 변수는 변화무쌍하고 다양할 수 있다. 단지 일반적으로는 꿀벌의 신체 상태와 꽃을 비롯한 제반적 환경과의 관계를 통해 명제의 실현으로 나아갈 것으로 생각된다.

그리고 이렇게 제한적으로 예를 든 4가지 양상의 술어들은 모두 꿀벌의 춤(움직임)에 관한 내용들이다. 이 내용들은 모두 **꿀벌과 관련된 이야기**이면서도 **꿀벌에 관한 서술**들이다. 그 점에서 **명제란 꿀벌에 관해 말해질 수 있는 〈이야기〉^{tale} 혹은 〈이론〉^{theory}**이라고도 볼 수 있겠다. 바로 그렇기 때문에 화이트헤드에 따르면, 명제란 〈어떤 것에 관해 말해질 수 있는 이야기 또는 이론〉인 것이다(PR 184/377, 256/504). 또 다르게 표현하기를, 명제란 현실태들에 관한 어떤 개념^{notion}이며, 사물들에 관한 어떤 제안^{suggestion}, 어떤 이론, 어떤 추정^{supposition}이라고도 했었다(AI 244). 그리고 이 명제를 여건으로 하는 느낌을 〈명제적 느

제8장 현실 존재의 내부 들여다보기 (2) - 합생 후기 위상의 <비교적 느낌들>

낌>propositional feeling이라고 일컫는다. 즉, <명제적 느낌>은 대상적인 여건에 바로 명제가 포함되어 있는 느낌인 것이다.

> **명제란**, 어떤 것(현실태)에 관해 말해질 수 있는
> 이야기 / 이론 / 개념 / 제안 / 추정 등

명제란, 현실태도 변형되고 가능태도 제한된 새로운 종류의 존재

앞서 우리는 명제가 주어 술어 형식으로 맺어진다는 점을 간단히 살폈었다. 그렇기에 명제는 지시적 느낌과 술어적 느낌의 통합이라는 것이다. 그런데 이 지점에서 일어나는 흥미로운 사태 하나가 있는데, 명제의 논리적 주어들은 술어인 가능태를 위한 단순한 <그것>it으로 환원된다는 점이다.

> "개념적 느낌은 술어적 패턴을 제공한다. 따라서 명제에 있어서 논리적 주어는 가능성을 위한 먹잇감food의 지위로 환원된다. 그래서 현실태에 있어서 논리적 주어가 갖는 실재적인 역할은 사상(捨象)되어 버린다. 그것들은 물리적 지시라는 그 본래적인 목적에 있어서가 아니라면 이미 사실에 들어 있는 요인들이 아니다. 각 논리적 주어는 술어와의 가설적 관련을 배정받은, 현실태 속의 단순한 <그것>it이 되는 것이다." (PR 258/507)

좀 더 요약적으로 언급해본다면, 명제에 있어 논리적 주어로서의 현실태들은 단순한 그것(it)으로 환원되기 이전의 현실태의 지위를 상실하면서 결국은 단순한 가능태로 환원된다는 얘기다. 그것은 일종의 '가상

적 주어[주체]' 같은 것이다. 이 같은 특성은 앞서 소개했던 단순 비교의 느낌에 해당하는 〈물리적 목적〉과의 차이점이기도 하다. 화이트헤드에 따르면, 적어도 〈물리적 목적〉에 있어서는 물리적 느낌에 대한 여건을 다수의 단순한 논리적 주어로 환원하는 작용을 수반하지 않는다(PR 276/538). 〈물리적 목적〉에선 오히려 첫 위상에서의 물리적 느낌에 대한 반복 재생의 성격이 있을 뿐이다. 하지만 〈명제〉에 있어서는 새로움의 실현으로 드러날 가능태들을, 물리적인 현실태가 그 과정에서 자신의 이전 지위를 상실하는 대신에 이를 구현할 새로운 길을 열어놓게 된 것이다. 또한 논리적 주어인 현실태만 변형되는 것이 아니라 가능태인 영원한 객체도 그러한 현실태의 변형에 발맞춰 제한되어 버린다.

"처음에 단순한 사태로서 느껴졌던 현실태들은, 배정된 술어적 패턴을 실현하기 위한 가능태를 갖는 일련의 논리적 주어로 변형되고 있다. 이때 그 술어적 패턴도 제거를 통해서 제한된다. 왜냐하면 그것은 개념적 느낌에 있어서의 여건으로서, 절대적인 임의의 현실 존재와 관련하여 실현될 여러 가능성을 지니고 있었는데, 명제에 있어서는 그 여러 가능성이 바로 이들 논리적 주어에 제한되고 있기 때문이다." (PR 261/512)

결국 명제에 이르러서는 현실태도 변형되고 가능태도 제한되고 있기 때문에 화이트헤드는 명제를, 현실 존재도 아닌 그렇다고 영원한 객체도 아닌, 새로운 종류의 존재라고 표현했던 것이다(PR 256/504).

〈명제적 느낌〉의 두 종류 : 〈지각적 느낌〉과 〈상상적 느낌〉

이제 여기서 한 발짝 더 화이트헤드의 설명 속으로 들어가 보자.

"명제적 느낌은 포착 주체가 갖는 과정의 후기 위상에서만 생길 수 있다. 왜냐하면 그 느낌은 이전의 위상에서 다음과 같은 것들을 필요로 하기 때문이다. 즉 (α)그 객체적 여건이 필수적인 논리적 주어를 포함하는 물리적 느낌, (β)그 여건의 한정성을 결정하는 것들 속에 어떤 영원한 객체를 포함하는 물리적 느낌, (γ)범주적 조건 IV에 따라, (β)에서 지적된 물리적 느낌으로부터 필연적으로 파생되는 그 영원한 객체에 대한 개념적 느낌, 그리고 아마도 (δ)범주적 조건 V에 따르는 앞의 개념적 느낌으로부터의 역전인, 다른 영원한 객체를 그 여건으로서 포함하고 있는 어떤 개념적 느낌이 그것이다.

(α)에서 말한 물리적 느낌은 <지시적 느낌>indicative feeling이라 불리고, (β)에서 말한 물리적 느낌은 <물리적 재인>再認, recognition[96]이라고 불린다. 이 물리적 재인은 술어적 패턴을 제공하는 개념적 느낌의 물리적 기초이다.

<술어적 패턴>은 (γ)에서 말한 개념적 느낌의 여건인 영원한 객체이든가, 아니면 (δ)에서 말한 개념적 느낌의 여건인 영원한 객체이다. 전자의 경우 두 번째 개념적 느낌, 즉 (δ)에서 말한 개념적 느낌은 명제적 느낌에 대한 고찰과 관계가 없다. 이 두 경우 모두에서, 그 여건이 술어적 패턴인 개념적 느낌은 <술어적 느낌>predicative feeling이라고 불린다." (PR 260/511)

명제에 대해 분석한 화이트헤드의 이런 언급들은 어쩌면 너무 지나친 것으로도 느낄 법한 세부적인 분석으로 인해 오히려 입문 과정에서

맞닥뜨리기에는 조금 어려운 내용일 지도 모르겠다. 우선 화이트헤드가 말한 위의 본문을 좀 더 깔끔하게 정리해본다면 다음과 같다. 적어도 이것은 화이트헤드가 합생 과정에서 〈명제적 느낌〉이 생겨나기 위해서는 다음과 같은 요인들이 필요하다고 본 점에 해당한다.

> ① 객체적 여건이 필수적인 논리적 주어를 포함하는 물리적 느낌 : 지시적 느낌
>
> ② 객체적 여건의 한정성을 결정하는 것들 속에 어떤 영원한 객체를 포함하는 물리적 느낌 : 물리적 재인^{recognition} (개념적 느낌의 물리적 기초, 술어적 패턴 제공)
>
> ③ 개념적 가치화의 범주에 따라, ②에서 지적된 물리적 느낌에서 필연적으로 파생되는 영원한 객체에 대한 개념적 느낌
>
> ④ 개념적 역전의 범주에 따라 ③의 개념적 느낌에 대한 역전인, 다른 영원한 객체를 그 여건으로서 포함하고 있는 어떤 개념적 느낌

여기서 크게 ①과 ②는 물리적 느낌을 그리고 ③과 ④는 개념적 느낌으로 분류되고 있다. 우선 〈지시적 느낌〉은 객체화에 있어 그 여건에 현실태인 논리적 주어를 포함하고 있는 물리적 느낌을 의미한다. 이 논리적 주어로서의 현실태가 술어와 관련하여 동작이나 상태의 주체가 되고 있는 것이다. 그리고 이러한 현실 존재들은 명제의 〈장소〉를 형성한다.

제8장 현실 존재의 내부 들여다보기 (2) - 합생 후기 위상의 〈비교적 느낌들〉

"자신의 현실 세계 속에 명제의 논리적 주어들을 포함하고 있는 현실 존재들은 그 명제의 〈장소〉locus 내에 들어간다고 말해질 것이다. 그 명제는 이들 현실 존재들에 의해서 포착될 수 있다."
(PR 260/510)

쉽게 말하면 명제의 논리적 주어 역할을 맡고 있는 현실 존재들이 명제라는 미완의 가능태가 실현될 수 있을 만한 장소가 될 수 있다는 애기다. 왜냐하면 〈존재론적 원리〉에 따라 모든 존재들은 결국 현실 존재들에 그 근거를 두고 있어야 하기 때문이다. 그리고 술어적 느낌은 ③과 ④에서의 영원한 객체가 명제의 술어로서 자리하는 느낌을 말한다. 현실태는 바로 이 가능태들과 연관을 맺고 있다. 따라서 명제에서는 지시적 느낌과 술어적 느낌이 통합되고 있는 것이다.

또 한 가지 살펴볼 지점은, 개념적 느낌에 대한 ②물리적 재인[승인]recognition에 대해서다. 이것은 ①지시적 느낌과 유사한 물리적 느낌에 속하지만, 적어도 ①지시적 느낌이 논리적 주어를 파생시키고 있는 경우라면, ②물리적 재인[승인]의 경우는 술어적 패턴을 파생시킨다는 점이 양자 간의 핵심적인 차이점에 해당한다(PR 261/513). 바로 이 점에서 보면, 이 〈지시적 느낌〉과 〈물리적 재인〉이 서로 연관되는 양상에 따라 〈명제적 느낌〉은 크게 두 가지 종류로도 다시 나누어질 수 있는 것이다. 여기서 말하는 두 종류의 〈명제적 느낌〉이란 다름 아닌 〈지각적 느낌〉perceptive feelings과 〈상상적 느낌〉imaginative feelings으로 분류된다. 이때 〈지각적 느낌〉의 경우는 지시적 느낌과 물리적 재인이 동일한 경우에 해당하고, 〈상상적 느낌〉의 경우는 지시적 느낌과 물리적 재인이 상이한 경우에 해당된다는 것이다. 이 둘은 동일한 명제를 여건으로 갖는, 상이한 포착 주체들에 있어서의 상이한 명제적 느낌들에 대한 분류에 해당되는 것이다(PR 261/513). 참고로 화이트헤드는 이 〈물리적 재인〉을 달리 〈물리적 회상[상기]^{recollection}〉라고도 했었다(PR 271/530).

> "명제 그 자체는 그 포착 주체들 사이에서 공평하다. 그리고 명제는 그 자신의 본성상 이러한 포착의 주체적 형식들을 완전히 결정하지는 않는다. 그러나 동일한 명제를 여건으로 갖는, 상이한 포착 주체들에 있어서의 상이한 명제적 느낌들은, 이러한 주체들에 있어서 그들의 역사가 상이함에 따라 서로 크게 다르다. 이들은 여기서 각기 〈지각적 느낌〉과 〈상상적 느낌〉라 불리는 두 가지 주요 유형으로 분류될 수 있다. 이 양자의 차이는 논리적 주어를 파생시키는 〈지시적 느낌〉과, 그 술어적 패턴을 파생시키는 〈물리적 재인〉 간의 비교에 기초를 두고 있다." (PR 261/513)

동일한 명제를 여건으로 갖는 —달리 표현하면 같은 명제를 자료^{data}로 갖고 있는— 상이한 포착의 주체들은 그 느낌의 경로가 제각기 다른 각각의 역사를 형성할 수 있다. 바로 이 지점에서 어느 한 쪽의 물리적 느낌은 논리적 주어를 파생시킬 수 있고, 또 다른 한 쪽은 술어적 느낌을 파생시킬 수 있다고 본 것인데, 그에 따라서는 상이한 명제적 느낌이 나올 수 있다고 본 것이다. 이때 전자가 〈지각적인 명제적 느낌〉에 해당되고, 후자가 〈상상적인 명제적 느낌〉에 해당된다. 이처럼 〈지각적 느낌〉은 지시적 느낌과 물리적 재인이 동일한 것을 말하고, 〈상상적 느낌〉은 지시적 느낌과 물리적 재인[승인]이 상이한 것을 말한 것인데(PR 261-262/513-514), 이 점에서 전자의 경우에는 어느 정도 연속적으로 계승되는 물리적 느낌이 있겠지만, 후자에 있어서는 불연속적인 새로운 돌발성^{abruptness}이 일어날 수 있다. 이는 중요하다. 즉, 이전과 전혀 다른 급격한 변화의 실현도 나올 수 있다는 얘기다. 그럼에도 이와 같은 분류적 분석에 있어 이 양자 간의 구별은 결코 선명한 구별은 못되고 어디까지나 정도의 차이로서 볼 뿐이다(PR 262/514).

"이 물리적 느낌들은 복합적이기 때문에 그들 사이에는 정도의 차이가 있다. 두 물리적 느낌은 크게 다를 수도 있고 거의 동일할 수도 있다. 따라서 두 유형의 명제적 느낌 간의 구별은 그렇게 선명한 것이 못 된다." (PR 262/514)

● <명제적 느낌>의 두 종류
① **지각적 느낌** - 지시적 느낌과 물리적 재인이 동일한 경우
② **상상적 느낌** - 지시적 느낌과 물리적 재인이 상이한 경우

사실 화이트헤드의 <명제> 개념 분석은 이보다도 좀 더 복잡하고 세부적인 점이 있다. 예컨대 <지각적 느낌>의 경우 다시 또 세부적으로 <근거 있는^{authentic} 지각적 느낌>과 <근거 없는^{unauthentic} 지각적 느낌>의 유형으로 나누어지기도 한다. 하지만 이들 <명제적 느낌들>에 대한 여러 하위 종류들을 다루는, 보다 세부적인 분석의 내용들은 어차피 화이트헤드 철학을 처음 접하는 입문 과정보다는 오히려 좀 더 심화된 과정에서 다루는 것이 훨씬 더 나을 것으로 본다. 여기서는 화이트헤드의 명제 개념에 대한 개괄적인 큰 그림과 약간의 분류 정도만 그려봤을 뿐이다. 이제 우리는 이 <명제적 느낌>을 합생의 과정을 통해 다시 한 번 살펴볼 필요가 있을 것 같다.

<비교적 위상의 단계들>에 속하는 <명제적 느낌의 단계>

다시 합생 과정의 기본 위상들을 떠올려보도록 하자.

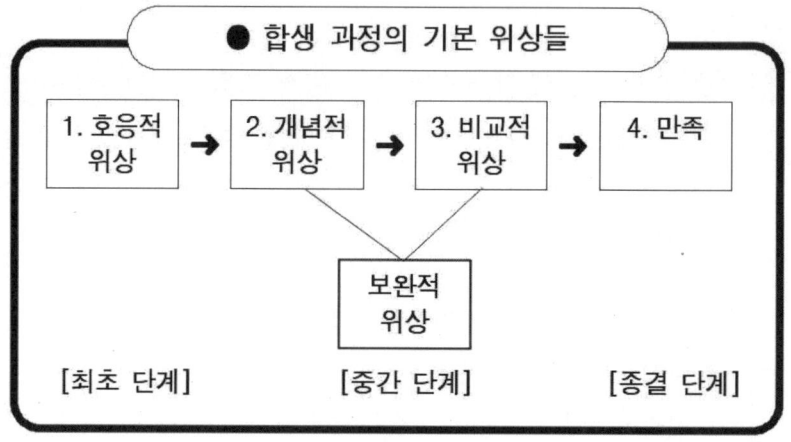

여기서 <명제적 느낌>은 <비교적 위상의 단계>에 해당한다. 화이트헤드는 합생 과정에 있어 보완적 위상에 속하는 비교적 느낌의 위상을 크게 <물리적 목적>과 <지성적 느낌>의 두 유형으로 구분하면서도(PR 266/521-522) 또 한편에선 그 사이에 있는 중간 단계로서의 <명제적 느낌> 역시 분명하게 언급한 바 있다(PR 280/544). 이때 <명제적 느낌>의 단계는 앞서의 <물리적 목적>의 단계와는 다르게 새로움의 실현 가능성들이 훨씬 더 확장된 단계에 속한다. <물리적 목적>에 있어서는 그 여건에 속해 있던 물리적 느낌에 대한 반복 재생의 성격을 보였었지만, 적어도 <명제적 느낌>에 이르러서는 보다 복잡한 비교 통합의 작용으로 인해 그 실현의 가능성들이 좀 더 폭넓게 확장되고 있는 것이다. 이를 테면 앞서 살펴봤던 명제적 느낌들 중에서도 <상상적 느낌>의 경우는 가장 대표적일 것이다. 따라서 <명제적 느낌>에서는 적어도 <물리적 목적>보다는 변화 가능성의 보폭을 더 크게 확보하고 있는 셈이다.

화이트헤드는 〈명제적 느낌〉의 단계를 베르그송이 말한 순수한 본능적 직관의 단계와 동일시될 수 있다고도 했다(PR 280/545). 그리고 이 〈명제적 느낌〉 다음이 〈지성적 느낌〉의 단계다. 이처럼 크게는 세 단계가 되는 셈이다. 물론 이 단계들은 각각 뚜렷이 구분되는 것이 아니며 정도의 차이를 달리할 뿐이다. 다만 여기서 한 가지 언급할 점은, 하나의 〈명제적 느낌〉은 물리적 목적의 단계를 넘어서긴 해도 그것은 여전히 의식을 갖지 않는 〈무의식적 느낌의 단계〉라는 점이다. 적어도 〈의식적인 지성적 느낌〉과도 다른 느낌의 단계로 취급되며, 오히려 〈무의식인 명제적 느낌〉을 〈본능적인 직관의 단계〉와도 유사한 것으로 본 점이 있다. 이 〈명제적 느낌〉의 단계에는 우리가 흔히 말하는 의식적인 〈자각〉awareness이나 〈알아차림〉 같은 것은 없다. 그럼에도 이 단계에선 순수한 물리적 인과관계에서 볼 수 없는, 자극에 대한 유기적 반응들을 보여주는 단계라고 할 수 있겠다. 따라서 〈명제적 느낌〉의 단계에선 물리적인 무기물의 단계보다는 좀 더 다양한 반응적 활동을 보이는, 그러면서도 〈의식〉을 갖지 않는 각종 세포 생물체들의 운동과 반응들을 예시해주는 단계라고 여겨진다. 이 점에서 대략적으로 각각의 단계들에 상응하는 무생물과 생물체들 역시 생각해 볼 수 있을 것이다.

● 비교적 느낌에 속하는 단계들

물리적 목적의 단계 ➔ 명제적 느낌의 단계 ➔ 지성적 느낌의 단계
[존속하는 무생물들]　　[무의식적 생물체들]　　[의식을 갖는 생물체들]

여기서 더 복잡한 비교 통합의 느낌을 갖는 상위 느낌의 단계는 단순 비교의 하위 단계를 포함하면서도 초월하는 것이며, 이전 단계의 누적적 성과의 반영 없이 무작정 진전된 단계로 나아갈 수 없다. 현재까

지 관찰된 바에 따르면 지구상의 생물들 중 의식을 갖는 〈지성적 느낌〉의 단계에 속하는 생물체들은 매우 극소수의 고등 동물 신체에 불과하다. 실제 몇몇 동물들에서도 감정과 지능만큼은 있는 것으로 보고된다. 다만 인간이 갖는 〈지성의 느낌〉의 단계는 좀 더 복잡한 수학 철학 과학 등 고도의 추상화 능력이 발휘된 점이 있다. 따라서 〈지성적 느낌〉의 단계 안에서도 등급의 차이를 보일 수 있듯이, 각 단계들 역시 그 안에서도 등급의 차이를 보일 수 있다.

또한 인간이 〈지성적 느낌의 단계〉에 이르렀다고 해서 하위 단계의 수준을 잃어버리거나 완전히 단절된 게 아니다. 오히려 인간 존재는 여전히 동물적인 〈무의식적 느낌들〉에 사로잡히는 경우들이 더 많다. 〈지성적 느낌의 단계〉로서의 반응적 삶은 전체 인생을 놓고 보더라도 생물학적 인간 경우에 있어서도 실로 많이 부족한 편이라고 볼 수 있다. 앞서 언급했듯이 우리의 일상적 삶은 이성적으로 자각되어 있기보다는 거의 대부분 무의식적인 〈명제적 느낌〉에 사로잡히는 경우가 훨씬 더 많은 편이다. 그럼에도 명제적 느낌의 단계는 단순 비교의 느낌에 머물고 있는 〈물리적 목적〉의 단계보다는 좀 더 넘어서 있는 단계인 것이다. 우리는 화이트헤드가 말하는 〈명제〉라는 것이, 현실태와 가능태와의 혼합물이라는 점을 잘 인식한다면, 그것이 〈물리적 느낌〉과 〈개념적 느낌〉이 서로 〈비교 통합된 느낌〉과도 관련되어 있다는 점 역시 생각해볼 수 있다. 화이트헤드는 다음과 같이 말한다.

"명제는 물리적 느낌과 개념적 느낌의 통합에서 파생되는 복합적 느낌의 여건을 형성하고 있는 존재^{entity}로서 경험에 개입해 온다."
(PR 256/504)

달리 말하면 이것은 현실 존재가 형성되는 합생의 위상적 과정에서 볼 때, 적어도 명제적 느낌의 발생은 비교 통합의 위상에서 이루어진다고 볼 수 있는 것이다. 하지만 이것은 〈단순 물리적 느낌〉보다는 좀 더 복합적인 양상의 느낌을 제공하는 그러한 느낌이다. 왜냐하면 물리적 느낌과 개념적 느낌 간의 비교 통합에 있어 술어로 자리하는 영원한 객체가 과거 세계에 없었던 영원한 객체의 진입일 수도 있기 때문이다. 따라서 〈명제적 느낌〉은 단순 물리적 느낌의 그것과는 좀 더 복잡한 양상이며, 의식적이라기보다 〈무의식적 수준에서의 물리적 느낌〉을 위한 것이기도 하다. 이 차이는 현실 세계 안에 물질적인 material 물체보다는 살아 있는 생물체에서 볼 수 있는 것이지만 그럼에도 〈의식적 판단〉의 경험까진 아니라는 점에서도 엿볼 수 있다.

"<u>명제는 근본적으로 믿음을 위한 것이 아니고, 무의식적인 물리적 수준에서의 느낌을 위한 것이다.</u> 명제는 여건에 전적으로 구속되지 않는 느낌의 발생을 위한 원천을 이루고 있다." (PR 186/382)

물질적인 물체를 구성하는 〈단순한 물리적 느낌들〉은 〈물리적 목적〉physical purpose에 기여하는 그러한 느낌이다. 이 〈물리적 목적〉에서는 이미 물리적 여건에서 실현된 한정성 안에 포함되는 단순 비교 통합의 느낌인 것이다. 따라서 〈물리적 목적〉에서는 〈물리적 극〉physical pole의 성격이 더 우세한 특징으로 나타난다고 볼 만큼 그 합생의 과정은 물질성이 거의 지배적인 목적으로서 자리한다고 볼 수 있다. 반면에 〈명제적 포착〉propositional prehension은 단순 물리적 느낌 이상의 것으로 그러한 물리적 여건에 전적으로 포함되지 않는 영원한 객체에 대한 실현이 자리할 수 있다. 그러므로 이 같은 〈명제적 느낌〉에서는 개념적 느낌

곧 현실 존재[계기]가 지닌 〈정신적 극〉$^{\text{mental pole}}$의 성장과도 관련되고 있는 것이다.

명제적 느낌에는 물리적 목적에는 없던 정신적 극의 성장이 있다!

"살아 있는 계기는 그 〈정신적 극〉의 욕구들이 지니는 새로움^{novelty}의 섬광에 의해 특징지어진다. 그러한 〈욕구〉^{appetitions}, 즉 〈개념적 포착〉$^{\text{conceptual prehension}}$은 〈순수한〉 것일 수도 있고 〈불순한〉 것일 수도 있다. 〈불순한〉 포착은 〈순수한〉 개념적 포착과 〈물리적 극〉에서 생기는 〈물리적 포착〉과의 통합^{integration}에서 생겨난다. 순수한 개념적 포착의 여건은 영원한 객체이며, 불순한 포착의 여건은 〈명제〉인데, 이 후자는 〈이론〉^{theory}이라 불리기도 한다." (PR 184/377)

화이트헤드가 말하는 〈욕구〉는 영원한 객체에 대한 느낌인 〈개념적 포착〉을 달리 부르는 표현이기도 한데, 그렇게 볼 경우 〈명제〉는 곧 순수한 욕구가 아닌 〈불순한 욕구〉라고 볼 수 있겠다. 적어도 명제는 혼성적^{hybrid} 유형의 존재일 따름이다. 여기서 우리는 다시 한 번 〈순수한〉^{pure}이라는 용어와 〈불순한〉^{impure}이라는 용어를 또 접하게 된다. 이때 〈개념적 포착〉이 순수한 것일 경우와 불순한 것일 경우가 있다고 했을 때 이 후자의 경우에서 그 여건이 되는 것은 〈명제〉라고 보는 것이다. 즉, 불순한 포착에 대한 여건이 명제인 것이다. 그것은 순수한 개념적 포착과 물리적 포착과의 통합^{integration}에서 생겨난 것이다. 다만 여기서 주의할 점은 그러한 통합이 항상 불순한 포착이 되는 것만은 아니라는 사실이다. 이 경우가 바로 앞서 소개했던 〈물리적 목적〉에 해당하는 사례다. 물리적 목적은 단순 비교적 느낌 가운데서도 가장 근원적인 종류의 느낌이며, 이것은 현실 세계의 물질적 물체가 갖는 그러한 느낌이다. 반면에 이 <물리적 목적>보다 좀 더 고양된 느낌이 바로 <명제적 느낌>에 해당한다. 이때 화이트헤드는 <물리적 목적>에서 <명제적 느낌>으로 나아가는 지점에 대해서 다음과 같이 기술하고 있다.

"물리적 목적에 있어 주체적 형식은, 그 물리적 여건 내의 실현된 한정성의 요소로서의 그 영원한 객체에 관한 특별한 욕구―호감adversion과 반감aversion―를 획득한다. 이 획득은 개념적 포착에서 파생된 것이다. 정신적 작용의 <돌발성>abruptness이 여기에서 예시되어진다. 물리적 여건 그 자체는 불특정한 수의 영원한 객체들을 예시한다. 그 <물리적 목적>은 돌발적으로 선택된 영원한 객체에다 초점화된 욕구를 맞춘다.

그러나 욕구에 있어 새로움의 섬광flash of novelty in appetition에 의해 입증되는 정신적 극에서의 강도intensity의 성장과 함께, 그 욕구는 <명제적 포착>이라는 형식을 취한다. … 그것들은 <이론들>theories에 대한 포착들이다. 그렇지만 분명하게도 이론들의 주요primary 기능은 느낌을 위한 유혹lure for feeling이며, 이를 통해서 향유enjoyment와 목적purpose의 직접성을 제공한다. 불행히도 이론은 <명제>라는 이름으로 논리학자들의 손에 넘겨지고 말았으며, 그들은 그것의 참 또는 거짓과 관련하여 판단되어진다는 것이 이론의 한 기능이라는 학설을 장려해왔다." (PR 184/378)

여기서 화이트헤드는 <물리적 목적의 단계>에서 <명제적 느낌의 단

계>로 나아갈 때 돌발적으로 선택된 영원한 객체에 초점을 맞춘 새로운 욕구가 출현할 수 있음을 말하고 있다. 이는 욕구 속에서의 새로움의 섬광에 의한 것으로 본다. 이 욕구는 물리적 목적의 단계에서는 찾아볼 수 없었던 돌발적인 새로운 욕구, 즉 <'명제적 포착'이라는 형식을 취하는 욕구>인 것이다. 따라서 이것은 앞서 언급된 물리적 목적의 단계보다 <정신적 극에서의 강도의 성장>에 좀 더 기여하고 있는 그러한 느낌의 단계를 불러들인다. 그러나 이 느낌의 단계는 아직 <의식적 판단>에까지는 이르지 않은 단계에 해당한다.

화이트헤드가 분명하게 언급하고 있듯이, 이와 같은 <명제적 느낌의 단계>는, 논리학자들이 종종 수행하는 것처럼 참과 거짓에 대해 판단하는 그러한 느낌의 단계가 아닌 것이다. 이론들의 주요 기능이 <느낌을 위한 유혹>이라는 화이트헤드의 이 같은 주장은 사실상 전통적인 논리학자들이 갖는 일반적인 명제 인식에도 반하는 언급으로 볼 수 있다.

명제적 느낌은 참·거짓 판단 이전에 흥미를 불러일으키는 유혹의 느낌

이제 우리는 합생 중에 있는 현실 존재가 <명제적 느낌>을 품고 있을 경우를 떠올려보도록 하자. 그러나 <명제적 느낌>을 품고 있는 그 해당 주체가 반드시 명제에 대한 그 어떤 판단을 내리거나 하는 것은 아니다. 화이트헤드가 말하는 <명제적 느낌>은 오히려 판단 이전의 느낌에 해당한다. 그는 다음과 같이 말한다.

"명제의 참 또는 거짓은 명제 자체와는 무관하다. 그 문제는 그 명제를 여건으로 가지는 명제적 느낌을 마음속에 품고 있는 주체에만 관계된다. 이러한 현실 존재는 그 명제에 대한 <포착하는

주체〉prehending subject라고 불린다. 포착하는 주체라고 하지만 필연적으로 그 명제를 판단하는judging 것은 아니다." (PR 258/507-8)

화이트헤드에게서 〈판단〉은 나중에 보게 될 〈의식적 느낌〉과 관련하는데, 〈명제적 느낌〉의 경우는 적어도 의식 이전에 느껴지는 그러한 느낌으로부터 일어난 것이다. 그 점에서 〈명제적 느낌〉은 〈의식적 느낌〉과는 구분된다고 볼 수 있다.

"명제적 느낌은 그 가장 단순한 사례에서 볼 때, 〈의식적 느낌〉conscious feeling이 아니다. 의식은 명제적 느낌을 통합된 구성 요소 속에 포함하고 있는 그런 어떤 통합에서 생겨난다." (PR 259/509)

예를 들어, 빵을 마주대하고 있는 상황에서 하나의 제안으로서 '나는 빵을 먹는다'는 명제는 이미 현실화된 빵과 연관되어 있는 많은 가능성들 중 하나일 것이다. 이때 그 다음에 일어날 사건은, '나는 빵을 먹는다'라는 명제로 실현될 수도 있고, 어쩌면 '나는 빵을 먹지 않는다'라는 명제로도 실현될 수 있다.

예시) 빵과 연관된 명제 ┌ 1번 - 나는 빵을 먹는다.
　　　　　　　　　　　　└ 2번 - 나는 빵을 먹지 않는다.

여기서 빵과 마주대한 상황은 이미 현실화된 사태에 속한다. 이 현실태들은 주어로 자리한다. 즉, 빵을 포함한 관계적인 현실태 자체는 이들 명제가 실현될 장소locus인 주어에 해당될 수 있다는 얘기다. 반면에

'먹는다'와 '먹지 않는다'는 것은 미실현의 가능태들에 속한다. 이들은 술어적 사태다. 아직 일어나지 않는 가능성들은 모두 술어에 해당한다. 그리고 뒤이어 일어날 사건으로서 '먹는다' 혹은 '먹지 않는다'라는 술어적 사태와 관련해 이들 중 어떤 〈한정의 형식〉으로 실현될 것인지는 결국 명제적 느낌을 갖는 현실태의 결단에 달려 있을 것이다. 이때 현실태의 결단 자체는 '빵을 먹는다'와 '빵을 먹지 않는다'라는 두 명제를 놓고 의식적으로 비교하거나 비판적으로 판단해서 결단하는 것이 아니다. 오히려 그 전에 '빵을 먹는다'와 '빵을 먹지 않는다'라는 각각의 명제로부터 비롯된 〈유혹〉의 느낌 혹은 그 명제가 불러일으키는 〈흥미〉에 의해 영향을 받는다는 사실이다. 이 같은 느낌의 작용은 의식적인 판단 이전에 작동되고 있는 것들이다.

이렇게 보면 우리가 일상적으로 빵을 참는 것이 어려운 이유들도 어느 정도 짐작해볼 수 있다. 다이어트 중이라 참아야 한다는 것을 알고 있음에도 저도 모르게 빵에다 자꾸 손이 가는 건 왜 그러한가? '나는 빵을 먹는다'라는 명제라는 미실현의 가능태가 불러일으키는 유혹에 기인한 것이다. 생물체들이 갖는 이 끌림의 느낌을 실제적으로 거부하기란 매우 힘들다. 따라서 명제는 〈현실상에서 유혹을 불러일으키는 가능태〉로도 볼 수 있다. 적어도 그 명제가 실현되는 그 순간만큼은 〈의식적 판단〉을 갖지 않은 채로 〈무의식적인 욕구〉에 이끌려지고 있는 것이다. 그리고선 나중에서야 '내가 그때 왜 그랬을까'를 후회하곤 하는 의식적 반성의 경험으로도 이어진다. 실제로 우리의 몸삶을 잘 들여다 보면, 우리 안에는 이러한 끌림의 무의식적 느낌들로 거의 충만해있다. 이처럼 〈명제적 느낌〉은 고차원적인 진리 판단 이전에 거의 반사적인 본능에 가까울 정도로 무의식적으로 작동된다. 동물을 비롯해 우리 인간에서도 볼 수 있는 온갖 습행적인 ritual 반사적 행동들과 관습적 행동들 역시 모두 〈지성적 느낌〉 이전에 일어나는 〈명제적 느낌〉을 현실화한 경험들에 속한다. 이들 경험에는 냉철한 지성적 판단이 개입한 실현들은 부재하고 있다. 그것은 의식적 목적의 조정 하에서 작동되는 것이 아니라 주로 정서적 발현의 충동 및 무의식적인 욕구들에 의해 실현되고 있다. 그렇기에 그 명제가 참이냐 거짓이냐 라는 판단은 그 명제가 불러일으키는 온갖 흥미의 정도에 비하면 오히려 부차적일 정도다.

> "실재의 세계에서는 명제가 참이라는 것보다 명제가 흥미를 끈다는 것이 더 중요하다. 진리의 중요성은 그것이 흥미로움을 증가시킨다는 데에 있다." (PR 259/509)

> "〈명제〉에 대한 통상적인 논리적 설명은 오직 우주에 있어서의 명제의 역할의 제한된 측면, 즉 명제가 느낌의 여건-그 주체적 형식이 판단의 주체적 형식이 되는 느낌의 여건-일 때의 측면만을 표현할 따름이다. 명제의 일차적 기능은 느낌에의 유혹^{lure for feeling}으로서 관련되어 있다는 것이 유기체 철학의 기본 학설이다." (PR 25/90)

명제가 느낌에의 유혹 혹은 흥미를 불러일으킨다는 사실이 명제의 기본적인 작용이라는 지적은 이전에도 나와 있었는지는 모르지만 적어도 체계화된 형이상학의 범주 도식에서 이러한 주장을 전개한 점은 화이트헤드의 과정철학이 갖고 있는 매우 특별한 점이라고 생각된다. 흔히 많은 사람들이 명제를 논리적 판단으로서의 언명으로 다루지만, 화이트헤드는 이를 존재의 범주에 포함시켜 그 자신의 존재론적 지평에서 명제가 흥미를 불러일으킨다는 점이 훨씬 더 중요하다고 봤었다. 따라서 우리에게는 이제 참, 거짓의 판단 가치로만 평가할 수 없는 명제에 대한 진면목을 좀 더 이해해 볼 필요가 있겠다. 명제는 일종의 현실과 관련된 정보이기도 하다. 화이트헤드는 명제를 〈이론〉^{theory}이라고 말하기도 하고, 혹은 〈이야기〉라고 명명하기도 했다. 중요한 점은, 명제가 1차적으로는 느낌에의 유혹 또는 흥미를 불러일으킨다는 사실이다. 화이트헤드는 문학 작품이나 강렬한 종교 감정 등 이에 대한 여러 사례까지 들어서 이를 설명한 바 있다.

"풍부한 상상이 깃들어 있는 문학 작품이 존재한다는 사실은, 논리학자들에게는 그들의 편협한 학설이 불합리하다는 데 대한 경고가 되었어야 마땅하다. 모든 논리학자들이 햄릿의 〈사느냐, 죽느냐……〉라는 대사를 읽을 때, 맨 처음 명제가 참이냐 거짓이냐를 판단하면서 시작해서는, 35행 전체에 걸쳐 계속 판단을 내린다고 보기는 어렵다. 틀림없이 계속 읽어나가는 어떤 시점에서 판단은, 미적인^{aesthetic} 기쁨으로 뒤덮여 빛을 잃게 된다. 이 연극 대사는 극장의 관중들에게는 순수하게 이론적인 것이며, 느낌을 위한 단순한 유혹인 것이다.

또 강렬한 종교적 감정을 생각해 보자—기독교인이 복음서의 말씀을 묵상하고 있다고 하자. 그는 〈참인지 거짓인지〉를 판단하고 있는 것이 아니다. 그는 그 말씀의 가치를 느낌의 요소로서 이끌어내고 있는 것이다. 사실 그는 가치에 대한 그의 깨달음을 진리 판단의 토대로 삼을 수도 있다. 하지만 그러한 절차는, 명제의 일차적 기능이 판단의 요소가 되어야 하는 데 있는 것이라면 불가능하다." (PR 184-185/378-379)

제8장 현실 존재의 내부 들여다보기 (2) - 합생 후기 위상의 〈비교적 느낌들〉

이렇게 보면, 인간들이 왜 그토록 〈이야기〉에 빠져드는지 〈스토리텔링 애니멀〉storytelling animal이라는 표현도 나옴직한 거였다.97) 〈이론〉이나 〈이야기〉라는 것도 1차적으로는 〈흥미의 대상〉인 것이지 논리적 판단의 대상으로 취급되는 일은 거의 드물다. 우선은 그냥 〈좋아서〉 또는 〈즐거워서〉 빠져드는 경우가 다반사다. 일상에서의 무의식적인 심리 감정들도 모두 명제적 느낌의 〈주체적 형식〉에 속한다. 화이트헤드는 인간을 이해할 때 기본적으로는 〈이성적 판단의 존재〉로 보질 않는다.

"〈인간은 이성적이다〉라는 말이 있다. 이는 분명히 거짓이다. 인간은 오직 간헐적으로만 이성적이며—단지 이성적으로 행위해야 할 책임이 있을 뿐이다." (PR 79/191)

동물 및 인간 생물 종의 실제 사례에서도 명제가 불러일으키는 유혹과 흥미에 곧잘 사로잡히는 점이 훨씬 더 크게 작용한다. 우리의 몸삶들은 무수한 유혹과 흥미들로 점철되어 있다. 우리는 매사에 의식적 판단을 내리며 살지 않는다. 오히려 명제의 온갖 유혹들에 이끌려 살고 있다는 것이 보다 적절한 언급에 해당할 것이다. 따라서 좀 더 간명하게 표현해본다면 이렇게 말해볼 수도 있을 것 같다. 〈옳고 그름의 명제〉 이전에 〈좋고 싫음의 명제〉가 먼저 있다고! 이런 경우는 우리의 일상적 관계에서 특별히 친밀한 생활관계일수록 오히려 더 많이 느끼게 되는 점에 해당한다. 가족을 비롯해 친밀한 관계일수록 〈옳고 그름의 논리〉보다는 거의 매사마다 〈좋고 싫음의 감정〉이 훨씬 더 강하게 작용함을 우리는 곧잘 체험한다. 우리의 삶은 감정[정서]에 거의 지배당해 있다(D 231-2). 오늘날 〈공감〉을 인간 관계상의 핵심 키워드로 꺼내드는 것도 바로 이런 점과도 결코 무관하지 않을 것이다.

"정말 그런 것 같아. 우리가 예술작품을 감상할 때 참이냐 거짓이냐를 따져 물으며 한 건 아니었잖아. 거기엔 끌림의 느낌이 먼저 있는 거잖아!"

"예술작품 뿐만 아니라 딱딱한 이론들, 심지어 진리라는 것들도 일단 흥미의 변종으로 볼 수 있다고 봐!"

세계 안에서의 <명제>의 기본 역할

그런데 이러한 명제는 현실 세계에 순응적일 수도 있고 비순응적일 수도 있으며, 참일 수도 있고 거짓일 수두 있을 것이다.

"명제와 그 장소에 속해 있는 한 성원에 대한 현실 세계 사이에는 두 가지 유형의 관계가 있다. 명제는 현실 세계에 대해서 순응적conformal일 수도 있고 비순응적non-conformal일 수도 있으며, 참일 수도 있고 거짓일 수도 있다.

순응적 명제가 느낌 속으로 수용될 때, 그 여건에 대한 반응은 단순히 정서의 증대나 감소를 수반하는, 사실에 대한 느낌의 순응으로 귀착되며, 이러한 정서의 증대나 감소로 말미암아 외래적 사실에 내재하는 느낌은 새로운 개별적인 가치화 속에 종합된다. 명제에 대한 포착은 사실에 예시된 한정성의 한 형식을 돌발적으로 강조한 것이다.

비순응적 명제가 느낌 속으로 수용될 때, 그 여건에 대한 반응은 사실과 복합적 술어의 또 다른 가능태와의 종합으로 귀착된다. 새로움^{novelty}이 창조되어 나타난다. 이 새로움은 질서를 증진할 수도 있고 파괴할 수도 있다. 그것은 선한 것일 수도 있고, 악한 것일 수도 있다. 하지만 그것은 새로운 것이고 새로운 유형의 개체이지, 단순히 개체적 느낌의 새로운 강도에 불과한 것이 아니다. 그 장소의 성원은 현실 세계에 새로운 형식을 이끌어 들였다. 그것은 적어도 낡은 형식을 새로운 기능으로 이끌어 들인 것이다." (PR 186-187/382-383)

여기서 좀 더 주목할 부분은 화이트헤드가 말한 〈비순응적 명제의 역할〉에 대해서다. 현실 세계에 순응적인 명제는 기존의 현실 세계를 흩트려놓거나 하질 않는다. 그것은 기존의 실현된 사실에 대한 어떤 특정성의 강조는 있을 수 있겠지만, 그렇다 해도 순응적인 범위 내에서 정서의 증대 또는 감소를 불러오는 정도에 그칠 뿐이다. 반면에 비순응적 명제의 경우는 보다 분명한 창조적 새로움의 발현이라는 점이 있다. 물론 그것은 선한 것일 수도 있고 악한 것일 수도 있으며, 파괴를 불러올 수도 있다. 그럼에도 그것은 현실 세계 안에 그때까지의 형식을 벗어나도록 이끄는 새로운 기능을 맡고 있는 것이다. 따라서 이러한 명제의 역할은 그야말로 현실 세계에 있어선 무시할 수 없는 매우 중요한 역할을 담당한다고 볼 수 있다. 그것은 세계를 풍부하게 해준다. 화이트헤드는 이에 대해 〈나폴레옹의 워털루 전쟁〉을 예로 들어서 설명한 바 있다.

"워털루 전투를 예로 들어 생각해 보자. 이 전투는 나폴레옹의 패배로 끝났고, 그 결과 이 패배에 기초를 둔 우리의 현실 세계의 구조가 생겨나게 되었다. 그러나 나폴레옹이 승리했더라면 그 경우에 수반되었을 또 다른 경로의 역사의 가능성을 표현하는 추상적 관념은 실제로 일어났던 사실들과 관련이 있다. 우리는 상상력이 풍부한 역사가들이 그러한 가설적인 대안들을 심사숙고하는 것이 실질적으로 무의미하다고 생각한다. 하지만 우리는 그러한 가설적 대안들을 배제할 때조차, 일단 그것들에 관해 사고하게 되는 순간 그것들이 관련성을 지니게 된다는 것을 인정해야 할 것이다. 그런데 일부 상상력이 풍부한 저자들은 그러한 착상들을 도외시하지 않는다." (PR 185/379-380)

거짓이라도 내가 워털루 전쟁에 승리했다는 쪽에 흥미를 느끼는 사람들도 매우 많다고 봐요!

여기서 실현된 사실의 측면에서 보면 나폴레옹은 워털루 전투에서 패배했다고 보는 견해가 분명 옳은 것이다. 그에 반해 만약에 <나폴레옹의 워털루 전투 승리>라는 입장을 취한다면 이는 분명히 실현된 사실에 어긋나는 <비순응적 명제>를 상상적으로 채택한 것에 해당된다. 물론 그것은 실현된 사실이 아니라는 점에서는 <참>이 아닌 <거짓>이 될 것이다. 그렇다면 나폴레옹의 승리를 생각해보는 것은 정말 아무런 의미가 없거나 무가치한 것일까? 화이트헤드가 볼 때는 결코 "그렇지 않다!"는 것이다. 오히려 우리는 다른 <허구의 이야기들>을 마련함으로써 새로운 경험들을 풍부하게 향유하는 점도 있는 것이며, 워털루 전쟁에 승리한 나폴레옹에 대해서도 더 크게 흥미를 느낄 수도 있는 것이다. 사실상 온갖 픽션^{fiction}을 만들어내는 문학과 영화 및 예술작품들은 상상력에 대한 매혹적인 향연들을 펼쳐놓음으로써 현재의 경험들을 훨씬 더 다채롭고 풍요롭게 해주고 있다. 물론 이것은 좋은 결과의 예로 말한 것이고 또 다르게 나쁜 결과를 불러올 수도 있긴 하다. 허구적인 얘기여도 누군가에겐 얼마든지 불편과 긴장을 불러올 수도 있기 때문이다. 그러나 화이트헤드는 그것이 새로움의 형식을 갖도록 이끄는 한 <비순응적 명제>라고해서 전적으로 무가치한 것으로만 보진 않았음을 여기선 분명하게 강조해두고 싶다.

화이트헤드가 보는 명제의 기본 역할은 적어도 이 세계가 새로움으로 전진할 수 있게 길을 터주는 데에 있다고 봤던 것이다. 실로 명제에 대한 놀라운 고찰이 아닐 수 없다.

> "명제를 단순히 판단의 소재라고 생각하는 것은 우주 안에서의 명제의 역할을 이해하는 데 치명적이다. 순수한 논리적 측면에서 볼 때, 비순응적 명제는 그릇된 것에 지나지 않으며, 그렇기 때문에 아무런 쓸모도 없는 것보다도 더 나쁘다. 그러나 그러한 명제의 기본적인 역할은 세계가 새로움으로 전진해 갈 수 있게 길을 터주는 것이다. 오류^{Error}는 우리가 진보를 위해 치르는 대가인 것

이다."(PR 187/383)

　적어도 화이트헤드에게서는 새로움으로 전진해갈 수 있는 길을 터주는 것이야말로 명제의 기본적 역할로서 강조된다. 이 세계 안에는 비순응적 명제 즉 현실 세계의 실현된 사실과는 어긋나는 그릇된 명제들도 있겠지만 그렇다고 해서 그것이 아무런 쓸모가 없는 것은 아니었다. 설령 그것이 나중에 오류로 판명이 나더라도―물론 오류 여부에 대한 판명 작업은 후속된 의식적 판단에서 수행된다― 우리는 그 오류를 타산지석(他山之石) 또는 전거지감(前車之鑑, 앞서간 수레를 거울로 삼는다는 뜻)으로 삼아 좀 더 나은 방향으로 나아갈 수 있는 새로운 기회를 얻게 될 수도 있는 것이다. 여기서 중요한 사실은, 명제의 역할이 세계 안에 새로움의 길을 터놓고 있다는 점이다. 나중에 그 명제가 오류로 판명이 나든 그렇지 않든 간에 우선은, 이 세계가 새로움으로 나아가도록 길을 터주는 그러한 명제의 역할에 우리는 지금까지 거의 주목하지 않았었다. 이처럼 화이트헤드는 오류를 불러일으키는 명제에 대해서도 일단은 그것이 전혀 무가치하다고만 보질 않았었다는 점을 기억해두자. 또한 그것은 후행하는 미래의 우주에선 밑거름이 되기도 할 것이다.

　사실 화이트헤드가 어떤 절대불변의 진리를 추구하는 입장은 분명 아니었지만, 어떤 의미에서 이전보다는 좀 더 나은 의미로서의 진보, 더욱 전진하는 의미로서의 진일보한 방향은 적어도 오류에 대한 성찰과 개선을 통해서 점진적으로 추구될 수는 있다고 내다봤었다(물론 무無로의 멸망 가능성과도 늘 함께). 그러나 화이트헤드가 보는 진보는 바로 이 점에서 〈오류〉라는 값비싼 대가를 치르는, 뼈아픈 진보에 해당한다. 그는 낙관주의적 의미의 진보론자는 아니었다. 오히려 화이트헤드는 인간을, 어리석은 기획과 불합리한 희망을 품고 있는 우주의 유아로 볼 정도다(MT 30). 하지만 그렇다고 해서 진보의 가능성까지 완전히 차단 해놓은 또 다른 한 쪽 극단의 근본적인 불신을 갖는 회의주의자의 입장도 아니어서 그의 철학에는 묘한 균형의 성격도 함께 녹아있다.

> 오류의 명제라고 해서 아무 쓸모없다고 보시면 곤란합니다. 오류는 진보를 위해 치르는 대가입니다. 진리를 사랑하는 길은 곧 오류를 보호하는 데에 있습니다.

그리고 이 지점에서 또 한 가지 언급할 점은, 화이트헤드가 〈느낌을 위한 유혹〉이라는 명제의 1차적 기능과 세계 안에서의 명제의 기본 역할을 강조하긴 했으나 또 한편으로 이제 〈명제적 느낌〉을 넘어서는 〈지성적 느낌〉에도 이를 수 있어야 함을 함축하는 점도 없잖아 있다. 왜냐하면 생명의 진화적 활동이 유혹을 불러일으키는 흥미를 끄는 명제들에만 이끌려 사는 삶이라면 그런 삶으로서만 계속 머물 수도 없을 뿐더러 그 같은 삶은 여전히 무의식적인 맹목적 느낌들에만 사로잡힌 것이기에 더 나은 상향적 충동 역시 일어날 수 있기 때문이다. 즉, 이제는 흥미를 끄는 명제적 느낌을 넘어 그러한 명제들 간의 비교를 비판적으로 고찰할 수 있는 〈지성적 느낌〉의 역할 역시 요구될 수 있는 것이다. 우리에게 느껴지는 다양한 명제들 중에서도 과연 어떤 명제들을 훨씬 더 가치 있는 중요한 것으로 볼 지에 대한 비판적 인식과 안목도 분명 필요하다. 그 명제가 오류인지 아닌지를 자각한다는 것은 명제적 느낌을 넘어 결국은 명제에 대한 비판적 느낌을 갖는 의식적인 〈판단〉judgment의 작용에서나 가능한 일이다. 화이트헤드는 바로 이러한 점을 〈지성적 느낌〉의 단계를 통해 마련해놓았었다. 즉, 이것은 〈느낌에의 유혹 단계〉에서 〈느낌에의 유혹에 대한 비판의 단계〉로 나아가는 것으로 볼 수 있다.

● **화이트헤드의 〈명제〉 개념에 대한 간단 정리**

1. 현실태와 가능태의 혼합물 = 불순한 가능태 = 새로운 유형의 존재

2. 〈지시적 느낌〉과 〈술어적 느낌〉의 통합

   | 주어가 되는 현실태에 대한 느낌 | 술어가 되는 가능태에 대한 느낌 |

3. 명제란 그것[특정 현실태]에 관해 말해질 수 있는 이론 또는 이야기

4. 명제의 1차적 기능은 느낌에의 유혹 또는 흥미 유발의 기능

5. 명제적 느낌 자체는 의식적 느낌이 아니며 판단이 들어있지 않음 (무의식적 느낌)

6. 사례 : 문학을 비롯해 정보를 접할 때, 참 거짓 판단이 아닌 먼저 흥미로서 대함

7. 기본 역할 : 세계가 새로움으로 전진할 수 있게끔 길을 터줌

잠시 <'테오리아'로서의 이론의 의미>를 다시 생각해보기

[* 화이트헤드는 <명제>를 <이론>이라고도 불렀는데, 어쩌면 이 점 역시 다소 의아함을 느낄지도 모르겠다. <명제> 개념에 대한 오해가 있을 수 있듯이 우리는 <이론>이라는 개념에 대해서도 그런 점이 있을 수 있겠다. 흔히 <이론>이라고 하면 일반적 인식의 고정관념에서는 거의 대부분 지적인 판단을 논할 수 있는 논리적 언명들로 된 주장들 또는 가설들, 학설들 같은 것들을 떠올릴 것이다. 그러나 화이트헤드가 여기서 말한 <이론>의 의미는 근본적인 기능을 하는 작용으로 보다 확대된 의미를 취하고 있다.

알다시피 theory(이론)이라는 영어 단어의 어원은 theoria('테오리아'라고 불리며, 주시/관조/관찰/봄/응시/ 등 이러한 뜻을 갖고 있는 용어)로 알려져 있는데, 적어도 이것은 그 어떤 것을 바라보는 <봄>^{viewing}의 경험과 관련한다. 그런데 화이트헤드 철학에서 볼 때도 <본다>라는 경험은 어떤 <의식적 판단> 이전에도 가능한 경험의 차원이며 <보는 경험> 자체가 어떤 참과 거짓을 논하는 진위 판단의 경험을 필연적으로 내포하고 있는 건 아닐 것이다. 그렇다면 우리가 <테오리아>의 어원적 의미를 상기할 경우 <이론>이라는 것도 실은 <본다>라는 경험 차원과 뿌리 깊게 연관된 것임을 이해해 볼 수 있는데다, 이 <본다>라는 경험 자체가 반드시 <의식>을 불러들이진 않기에 우리는 무의식적으로도 많은 <봄>의 경험들을 수행하곤 한다. 무엇보다 이 같은 <봄>의 경험을 꼭 인간만이 한다고도 볼 수 없다. 물론 <물리적 목적>의 단계를 갖는 무생물체들은 이에 해당되지 않는다고 하더라도 적어도 자극에 반응하는 많은 생물체들은 저마다 나름의 <봄>의 경험들을 수행한다고 볼 수 있다.

그런데 여기에 한 가지 흥미로운 점이 있다. 설령 <본다>는 경험이 필연적으로 <의식적 판단>을 불러들이진 않더라도 <본다>는 그 자체의 경험에는 어렴풋하게나마 그 어떤 〈대상〉과 〈주체〉를 만들어내고 있다는 점이다. 화이트헤드에 따르면 실제상에서의 "우리는 우리의 눈으로 보지만, 우리의 눈을 보지는 못한다."(MT 115). 그렇기에 〈보이는 것으로 간주된 대상〉과 〈보는 자로 여기는 주체〉를 막연하게나마 상정하는 느낌으로 유도될 수 있다. 따라서 이 〈본다〉는 경험에 있어서는 〈주체/주관〉와 〈객체/객관/대상〉로 나누는 상상적인 분리 느낌 역시 암암리에 들어올 수 있게 된다. 〈본다〉는 것은 〈어떤 무엇을 봄〉이 될 것이기에 여기에는 특정 대상을 향해 있는 어떤 〈무의식적 지향성〉이 일어날 수 있다는 점이다. 결국 〈의식〉consciousness의 출현도 이러한 사태에 기반해 나온 것일 수 있다. 잠시 후에 보겠지만 〈의식〉은 분명하게도 특정 부분에 초점을 맞춘 〈주목〉이 일어난 사건이다. 앞서 우리는 〈명제적 느낌〉에 있어서는 〈주어-술어 형식〉이 있음을 살폈었다. 〈본다〉는 경험의 과정은 〈대상〉을 상정하는 방향으로 향해 있는 경험이면서도 그와 맞물려 또 다른 한 쪽은 〈주어/주체〉가 되고 있는 느낌의 경험인 것이다. 결국 이 같은 경험의 단계는 주체와 객체의 분리 느낌을 갖는 경험 차원으로 나아간다고 볼 수 있다. 그러면서도 이 경험의 단계는 무의식적인 경험에서도 얼마든지 일어날 수 있는 것이어서 반드시 〈의식적 경험〉이어야 할 필요까진 없다. 오히려 의식적 경험의 기반이 될 뿐이다.

〈외부 대상〉과 〈자기 자신〉을 분가시키는 느낌들이 모호하든 어렴풋하든 또는 명료하든 간에 우리는 이 〈본다〉는 경험을 통해서 어떤 가상적 존재 및 사물을 상정한 세상 속으로 (설령 미약하게라도) 유도되고 있다고 봐야 할 것이다. 그러한 〈가상적 분리 느낌들〉은 사실^{fact}로서의 자연 세상과 완전히 일치하지는 않는다. 간혹 부분적으로는 부합될 수 있더라도 거의 대부분은 어긋날 것으로 여겨진다. 그럼에도 그러한 경험 자체는 계속적으로 작동되고 있는 것이다. 설령 자기 머릿속에만 극단적으로 존재하는 허구의 가상적 사물 및 존재들도 얼마든지 그 자신에겐 체험적으로 느껴질 수 있다. 〈의식〉에까지 이르면 그것은 훨씬 더 생생한 것으로 체험될 것이다. 따라서 감각 기관을 지닌 생물체들은 저마다 자신들의 신체를 통해 그 어떤 대상과 자기 자신을 모의적으로 상정해놓은 세계를 그려내며 살고 있을 수 있다. 그 세계는 생물체 자신의 존속을 추구하는 예측시스템이 가동된 세계이기도 하다. 아주 단적으로 말한다면, 〈'본다'는 것도 실은 '꿈을 꾸는 것'일 수 있다〉는 얘기다. 물론 이것은 인과적 자연의 흐름에서 파생된 지각 경험과도 관련한다(화이트헤드는 〈꿈으로서의 자연〉을 언급한 바 있는데, 이는 자연의 이분화 및 지각 문제와도 관련하기에 본서의 9장에서 이를 논의할 것이다). 무의식적이든 의식적이든 우리의 뇌가 사실 그대로를 묘사하지 않는다는 점은 이미 현대 신경과학 진영에서도 잘 알려져 있는 바이며 실제로 어느 뇌과학자는 '꿈을 꾼다'는 표현을 쓰기도 했었다.[98]

이 〈본다〉는 경험이 주체와 객체로 나누어지는 가상적인 분리 느낌으로 유도된다는 점은 〈테오리아로서의 이론〉이 갖는 근본적인 성격을 짐작케 해준다. 어떤 〈이론〉이든 간에 그것은 이미 근본적 수준에서부터 결국 세계를 가상적으로 만들어내서 〈보는〉 경험이 되고 있는 것이다. 물론 화이트헤드에게서는 이것의 발단이 느낌에의 유혹 또는 흥미로부터 유발되는 것임은 말할 나위 없다. 그리고 이를 〈합리화〉하려는 작업들은 후속되는 〈의식적 판단〉에서의 주된 임무가 될 것이다. 영어의 "I see"는 〈나는 본다〉이면서도 〈나는 안다〉이기도 하다. 결국 우리는 보는 만큼 아는 것일까? 아는 만큼 보고 있는 것일까? 하는 생각도 든다. 게다가 '나(I)'라는 개념의 발명도 알고 보면 이 가상적인 분리 느낌의 경험에 기반해서 나왔었다. 물론 '나'라는 개념에 대한 자각 자체는 의식적인 것일 테지만 앞서 말했던 무의식적 경험들 없이는 곧바로 나올 수가 없다. '나'라는 개념은 그러한 가상적인 분리 느낌의 경험에 있어 그에 관해 발명된 유력한 이론들 중의 하나였을 수 있고, 이것이 〈의식〉에 이르러서는 뚜렷한 느낌으로 〈실체화〉된 것일 수 있다. 그저 경험들만 있던 세계 안에서 어느 순간 '나' 또는 자아가 마련됨으로써 우리 안에 경험의 어떤 기준점 같은 것이 있게 되었다. 또한 '나'와 외부 대상을 구분함으로 유기체의 예측은 한결 더 용이해지는 실용성도 확보한다. 그리고 이 같은 경험은 계속적으로 강화될 가능성이 크다.

물론 화이트헤드가 PR에서 〈테오리아〉의 어원적 의미까지 고찰한 건 아니지만 적어도 그가 보는 〈이론〉에 대한 이해는 우리가 흔히 염두에 두는 〈이론〉이라는 개념의 성격을 훨씬 넘어서 있을 만큼 확장된 의미라는 점은 분명하다. 이 점에서 우리는 〈명제〉에 대한 전통적인 고정관념에 갇히지 말고 새롭게 봐야 하는 것처럼 마찬가지로 〈이론〉이라는 것에 대해서도 전통적인 고정관념으로 대하기보다 이를 새롭게 바라볼 필요가 있겠다. 우리는 〈이론〉을 대할 때 〈의식적 판단〉으로 대하기 이전에 어떤 〈느낌에의 유혹〉으로 대하는 경우들이 훨씬 더 많다. 어쩌면 우리가 믿고 따르는 〈진리〉로 간주되는 이론들도 실제로는 그것이 참이어서 또는 옳기 때문이 아니라 단지 그것이 좋아서 혹은 그것에 끌려서 〈진리〉라고 믿고 있는 것일지도 모른다. 〈진리〉라는 것도 〈두드러진 유별난 봄(주목)〉에 불과할 수 있다. "구체적 진리란 흥미의 변종이다"(MT 11). 알고 보면 인간의 학문들[이론들]이란, 인간들 자신이 〈바라보는〉 구체적인 관심사들로 점철되어 있을 뿐이다. 현재 지구행성에서 〈진리〉에 관심하는 별종은 오직 인간 생물 종밖에 없다. 인간 별종을 제외하면 아무도 진리 따위에 관심하고 있지 않다. 실로 〈본다〉라는 경험에는 정말 많은 것들이 깃들어 있다.]

화이트헤드 철학의 <의식> 이해 – 우선은 <정신성>과도 구분할 것!

이제 <명제적 느낌>을 넘어서 <의식>consciousness을 갖는 <지성적 느낌>intellectual feeling의 국면들로 더 나아가보자. 이것은 앞서의 비교 통합의 느낌보다 좀 더 복잡한 비교 통합의 느낌으로 나아가는 것이다. 그러나 이 모두는 앞서 말한 <비교적 느낌>에 속하는 것들이다.

> "<비교적 느낌>comparative feeling은 아직 고찰되지 않은 통합의 성과이다. 그 여건은 유적 대비類的 對比, generic contrast이다. 무한히 다양한 보다 복합적인 느낌들은 <비교적 느낌>이라는 표제 밑에 들어간다." (PR 266/521)

앞서 살펴본 <물리적 목적>과 <명제적 느낌> 그리고 의식을 갖는 <지성적 느낌> 모두 <비교적 느낌>의 국면에서 나오는 것들이다. 우선 화이트헤드 철학에서의 <의식> 개념은 어떤 기본적인 정신성mentality을 의미하는 것이 아니라는 점을 다시 한 번 강조하는 바이다. 이는 앞서 <현실 존재> 개념을 설명한 앞장에서도 간략히 언급한 바가 있었다. 화이트헤드 철학에서 모든 현실 존재들은 <물질성>에 해당하는 <물리적 포착>과 <정신성>에 해당하는 <개념적 포착>을 기본 성격으로 갖고 있기에 당연히 정신의 작용 역시 필연적으로 포함된다. 이때 영원한 객체를 여건으로 하는 <개념적 느낌>은 <정신의 작용>이라고 할 수 있지만 이것이 곧바로 <의식>을 뜻하진 않는다.

> "종합에 있어서의 요소로서 개념적 느낌을 포함하지 않는 의식적 느낌은 있을 수 없지만, 개념적 느낌이 반드시 의식을 수반하고 있는 것은 아니다." (PR 239/475)

그렇기 때문에 화이트헤드 철학의 〈의식〉 개념 이해를 위해 우리가 분명하게 구분해야 할 점 하나는, 〈의식〉이란 전적으로 순수 정신의 작용만을 말한 게 아니라는 점, 또는 정신의 작용과 동일한 것으로 취급해선 안 된다는 점이다. 이를테면 〈물리적 목적〉의 단계에서 종결되는 합생의 현실 존재들은 정신의 작용들이 거의 없다고도 볼 만큼 희박해서 무시될 뿐이다. 〈물리적 목적〉의 단계에서는 물리학의 법칙을 비롯해 자연의 물질성의 작용이 압도적으로 지배적인 것으로 볼 수 있다. 좀 더 새로운 반응으로 여겨지는 정신의 작용들은 〈물리적 목적〉의 단계 이후에 해당하는 〈명제적 느낌〉의 단계에서 비로소 관찰된다고 볼 수 있다. 다시 말해 이것은 〈욕구의 새로움〉을 추구하려는 점을 엿볼 수 있는 여러 유기체의 반응들로 드러나고 있다는 것이다. 하지만 이 단계에서조차도 〈의식〉은 부재하다. 화이트헤드 철학에서의 〈의식〉은 경험의 고차적 위상에서 출현하는 매우 특별한 경험에 해당한다.

"유기체 철학은, 의식이란 다만 복잡한 통합의 후기에 속하는 파생적 위상에서 나타나는 것일 뿐이라고 주장한다." (PR 162/338)

따라서 화이트헤드가 보는 〈의식〉 이해는 고등한 유기체에서나 볼 수 있을 만큼 자연의 진화에서도 뒤늦게 나중에 출현한 매우 특별한 사건인 것이다. 우리는 의식상에서 매우 뚜렷한 생각들을 명료하게 지각한다. 이 명확하고 뚜렷하게 느껴지는 감각들은 자연의 모든 유기적 생물체들이 경험하는 그러한 느낌이 아니다. 뭔가 확실함을 느끼도록 해주는 자명한 느낌들은 진화 과정에서 나중에 형성된 고도의 추상능력으로 인해 마련된 것이다. 따라서 우리는 의식상에서 명확하고 뚜렷한 느낌을 지닐수록 이것이 경험의 1차적인 특성이 아니라 그로부터 다시 파생된 2차적 성격일 수 있음을 이해할 필요가 있다. 그렇기 때문에 확실성의 느낌은 오히려 자기기만일 수 있는 것이다.

"우리의 의식적 경험은 확실성, 무지, 개연성[확률]의 당혹스런 혼합물을 동반하고 있다." (PR 205/414)

의식은 〈실제적 사실〉과 〈가능성들〉 간의 대비를 느끼는 주체적 형식

여기서 우리가 또 한 가지 떠올려야 할 점은, 〈주체적[주체의] 형식〉subjective form에 대한 것이다. 앞서 우리는 포착이 갖는 〈주체적 형식〉이라는 개념에 대해서도 살펴봤는데, 이것은 다름 아닌 '여건을 포착하는 방식'이라고 소개한 바 있다. 그런데 화이트헤드가 보는 이 〈주체적 형식〉에는 정서[감정]emotion, 가치화valuation, 목적purpose, 호감adversion, 반감aversion, 의식consciousness 등 많은 종들species이 있는데(PR 24/88), 이때 〈의식〉 역시 그가 말한 〈주체적 형식〉에 포함되고 있는 점을 간과하지 않길 바란다. 즉, 〈의식〉 역시 여건을 수용하는 특수한 방식들 중 하나에 속한다는 것이다.

따라서 관건은 〈의식〉이 주어진 조건들을 도대체 어떠한 방식으로 수용하고 있느냐 하는 점을 알아볼 필요가 있겠다. 이제 그가 말한 〈의식〉 개념이 과연 어떤 것인지를 살펴보자. 우선 화이트헤드는 〈명제적 느낌〉의 단계에서 〈의식적 느낌〉의 단계로 넘어감에 있어 다음과 같이 〈의식〉을 언급하고 있다.

"명제적 느낌이란 그 객체적 여건이 명제인 느낌을 말한다. 이러한 느낌은 그 자신 속에 의식을 포함하고 있지 않다. 그러나 의식에 대한 모든 형식들은 명제적 느낌들이 다른 느낌들—물리적 느낌이든 개념적 느낌이든—과 통합되는 여러 방식들로부터 생겨난다. 의식은 이러한 느낌들에 대한 주체적 형식에 속한다." (PR 256/503-504)

일단 여기서 명제적 느낌들이 그 자신 속에 의식을 포함하고 있지 않다가 다른 느낌들과 통합되는 여러 방식들로 인해 의식이 출현하고 있음에 주목해보자. 이는 적어도 하나 이상의 명제들이 관여되면서 이것이 다른 물리적 혹은 개념적 느낌들과 비교 통합되는 방식으로 인해 의식의 출현이 일어난다는 점을 말하고 있다. 즉, 하나 이상의 명제적 느낌들이 다른 느낌들과 비교 통합을 하는 가운데 〈의식〉이 발생된다고 본 것인데, 이는 앞서 말한 명제적 느낌의 위상보다 좀 더 후속적인 위상에서 마련될 수 있는 것에 해당한다. 따라서 〈의식〉은 처음부터 저절로 발생하는 것이 아니라 여건을 수용하는 특수한 방식이기 때문에 우선은 그에 상응하는 여건이 적절하게 갖춰져야만 비로소 의식이 발현될 수 있는 것이다.

"의식은 느낌에 있어 그 주체적 형식에 속하는 하나의 요소이다. 그러나 그러한 종류의 주체적 형식이 있을 수 있게 되는 것은 오직 객체적 여건$^{\text{objective datum}}$이 적절한^{adequate} 성격을 갖는 경우뿐이다." (PR 241/479)

결국 〈주체적 형식〉의 성격과 〈객체적 여건〉의 성격은 서로 맞물려 있는 셈이다. 〈의식〉이라는 주체적 형식은 그 객체적 여건이 충분한 성격으로 마련될 때에야 비로소 출현할 수 있다는 것이다. 화이트헤드는

제8장 현실 존재의 내부 들여다보기 (2) - 합생 후기 위상의 〈비교적 느낌들〉

PR 곳곳에서 의식이 〈주체적/주관적 형식〉이라는 점을 명시적으로 밝히고 있다.

"의식은 틀린 것일지도 모르는 〈이론〉^{theory}과 〈주어진〉^{given} 사실과의 대비^{contrast}를 느끼는 데에 들어 있는 주체적 형식이다." (PR 161/338)

여기서 주체적 형식이란 우리가 앞서 배웠듯이 포착 작용에 있어 대상에 해당되는 여건을 주체가 〈포착하는 방식〉을 말한다. 그런데 어떻게 포착한다는 것인가? 그것은 〈주어진 사실〉과 〈~일지 모를 가능성〉과의 대조 또는 대비^{contrast}를 느끼는 방식으로서 라는 것이다. 여기서 대비(對比)란 말 그대로 상대적 비교를 뜻한다. 따라서 의식은 〈주어진 사실〉과 그리고 〈이론〉과의 상대적인 비교 느낌에 깃든 포착의 방식이라는 것이다. 이때의 〈이론〉은 화이트헤드가 말한 〈명제〉에 해당한다고 볼 수 있고, 〈주어진 사실〉은 결합체라는 현실태에 해당한다고 볼 수

436

있다. 그럴 경우 이 둘 간의 대비[대조]를 느끼는 방식으로서의 주체적 형식이 곧 〈의식〉이라는 얘기다. 따라서 의식의 발생은 앞서 얘기한 명제적 느낌들을 전제하지 않으면 결코 출현할 수가 없다는 점을 알 수 있다. 쉽게 말해 〈물리적 목적〉의 단계가 있어야 〈명제적 느낌〉의 단계가 나올 수 있고, 〈명제적 느낌〉의 단계가 있어야 의식을 갖는 〈지성적 느낌〉이 나올 수 있는 것이다. 합생 과정에 있어 후속 위상들은 그전까지의 위상들을 통합의 구성요소로 포섭하고 있다. 결국 주어진 사실로서의 〈현실태〉와 이것을 논리적 주어로 삼는 〈명제〉와의 〈대비〉가 여건으로 자리할 때 비로소 〈의식〉이 있게 되는 것이다.

> "지성적 느낌에 있어서의 여건은 현실 존재들의 결합체와 그 결합체의 성원들을 논리적 주어로 삼는 명제와의 유적(類的)인 대비 contrast이다." (PR 267/522)

> "그것은 이 현실 세계에 있어서의 개별적인 사례와 관련한 〈실제로〉in fact와 〈일 수도 있다〉might be 간의 대비이다. 이 대비에 대한 느낌의 주체적 형식이 의식이다. 그러므로 경험에 있어 의식은 지성적 느낌 때문에, 그리고 이 느낌들의 다양성과 강도에 비례해서 생겨나는 것이다." (PR 266/523)

여기서 현실 존재들의 결합체인 〈실제로〉in fact가 있고 그것과 관련하여 〈~일 수도 있다〉might be는 명제와의 대비가 비로소 마련될 때 이 대비에 대한 느낌의 주체적 형식이 〈의식〉이 된다는 얘기다. 아주 간단히 말하면, 의식이란 지성적 느낌이 갖는 주체적 형식에 해당한다(PR 277/540). 즉 지성적 느낌이 여건을 느끼는 방식이 바로 의식인 것이다.[99] 따라서 의식은 물리적 느낌의 현실태 뿐만 아니라 적어도 명제에 대한 느낌을 함께 전제해야 나올 수 있는 것이다.

```
┌─────────────────────────────────────────────┐
│              지성적 느낌                      │
│                                             │
│  [객체적 여건] 주어진 사실 + 명제/이론[(-일 수 있음) │
│                    ⇓                         │
│  [주체적 형식] 의식: 이러한 대비를 느끼는 주체 형식  │
└─────────────────────────────────────────────┘
```

또한 화이트헤드는 〈지성적 느낌〉에 대해선 〈명제적 느낌〉과 그것을 부분적으로 파생시키는 〈지시적 느낌〉과의 통합에서 생긴다고도 언급한 바 있다(PR 266/521). 앞서 〈지시적 느낌〉이란 명제에 있어 논리적 주어가 되는 현실태에 대한 물리적 느낌이라는 점을 언급했었다. 따라서 지시적 느낌은 주어진 사실에 대한 느낌에 해당한다고 볼 수 있겠고, 적어도 그것과 명제적 느낌과의 통합에서 〈지성적 느낌〉이 생겨난다고 볼 수 있겠다. 이처럼 화이트헤드가 말하는 의식은 결코 순수한 정신의 개념적 느낌이 아니며 물리적 느낌이 반드시 포함되어야만 하는 것이다.

긍정-부정의 대비를 느끼는 방식으로서의 의식 이해
혹시 또 어렵게 느낄 수 있기에 다시 또 예를 들어 설명해보자. 앞서 우리는 명제 이해에서 빵과 관련한 예를 거론한 바 있다.

　　[예시] 빵과 관련된 명제 (*일단 2가지로 한정해서 설명)
　　　　　1번 명제 - 나는 빵을 먹는다.
　　　　　2번 명제 - 나는 빵을 먹지 않는다.

438

우선 〈내 앞에 놓인 빵〉이라는 현실태가 있다. 이것은 피할 수 없는 주어진 사실에 해당한다. 그리고 이 현실태와 관련한 명제로서 〈나는 빵을 먹는다〉는 1번 명제와 〈나는 빵을 먹지 않는다〉는 2번 명제를 떠올려 보자. 두 명제는 아직 미실현의 상태이기에 모두 〈미실현의 가능태들〉에 속한다. 물론 이 명제는 현실태와 결부된 가능태로서 〈불순한 가능태들〉인 것이다. 이때 명제적 느낌의 단계에서는 두 명제를 모두 한 번에 떠올릴 필요까진 없다. 어느 한 명제에 대한 느낌을 품고 있어도 그것은 명제적 느낌인 것이다. 그런데 만일 〈내 앞에 놓인 빵〉과 함께 〈나는 빵을 먹는다〉는 1번 명제와 〈나는 빵을 먹지 않는다〉는 2번 명제를 통합적으로 비교해서 이를 대비적으로 느낀다고 해보자. 이러한 대비의 느낌이 있을 경우, 이것은 1번 명제에 중요성을 부여할 수도 있지만, 2번 명제에 중요성을 부여할 수도 있을 것이다. 이를 실현하는 건 일종의 〈판단〉에 해당된다. 어쨌든 1번 명제를 배제하는 느낌과 함께 2번 명제에 중요성을 부여한다고 할 경우, 이 느낌의 작용은 앞서 말한 명제적 느낌의 단순 사례와 달리 현재 처해 있는 현실태와 그리고 미실현의 두 명제를 통합적으로 비교해서 나온 대비[대조]의 느낌으로 나아가는 것이다. 즉, 의식은 명제적 느낌과 달리 좀 더 복잡한 비교의 느낌들이 통합되는 가운데 출현하고 있는 것이다.

> "명제적 느낌은 그 가장 단순한 사례에서 볼 때, 의식적 느낌이 아니다. 의식은 명제적 느낌을 통합된 구성 요소 속에 포함하고 있는 그런 어떤 통합에서 생겨난다." (PR 259/509)

이때 주체적 형식으로서의 의식은, 주어진 사실로서의 현실태와 그리고 그 현실태와 관련해 가능할 수 있는 명제들을 서로 대비시켜보는 방식이 되고 있다. 따라서 여기에는 사실에 대한 긍정과 그와 연관된 부정의 느낌의 대비(대조)가 함께 있게 된다. 화이트헤드는 이 대비를 〈긍정-부정의 대비〉라고 불렀다. 그리고 우리가 긍정-부정의 대비를 느끼는 방식(how)을 화이트헤드는 〈의식〉이라고 말한 것이다(PR 243/481).

"이 대비가 〈긍정-부정의 대비〉라고 명명되어 왔던 것이다. 그것은 물리적 느낌에 있어서의 객체화된 사실에 대한 긍정과, 명제적 느낌에 있어서의 이러한 긍정에 대한 부정인 단순한 가능태와의 대비이다." (PR 267/523)

앞의 예에서도 〈내 앞에 놓인 빵〉이라는 현실이 있고, 이와 관련해 〈나는 빵을 먹을 수 있음〉과 〈나는 빵을 먹지 않을 수 있음〉이라는 각각의 명제들이 있다고 했을 때, 명제적 느낌에선 그냥 명제를 느낄 뿐이지만, 의식적 느낌에서는 현실과 관련해 이들 간의 비교의 느낌을 갖기 때문에 여기에는 명제에 대한 비판의 성격도 함께 자리할 수 있다. 즉, 결합체와 명제들 간의 비교 느낌으로 인해 우리의 지성은 명제들을 놓고서 비판하는 성격도 갖게 되는 것이다. 〈내 앞에 놓인 빵〉은 당면한 현실태[결합체]라는 점에서 〈긍정〉에 해당하며, 〈나는 빵을 먹을 수 있음〉과 〈나는 빵을 먹지 않을 수 있음〉은 〈부정〉negation이 가능한 미실현의 가능태들 곧 명제에 해당하는데, 이 부정의 느낌들 가운데 어느 하나가 충분히 성장할 수 있고 그것이 결국 긍정과의 대비에서 최종적인 것으로 강조될 수 있다. 〈의식〉이라는 주체적 형식은 바로 이 같은 〈긍정-부정에 대한 대비 느낌〉을 필연적으로 갖는다. 이것은 마치 흰색만 있는 곳에서는 그것이 흰색인지조차도 아무런 자각이 없다가 어떤 현실에서 검은색과의 상대적 비교 속에 있게 될 경우 오히려 그제서야 더 강하게 흰색임을 자각하게 되는 것과도 유사하다. 즉, 의식은 명제에 대해서도 어떤 상대적 비교라는 대비[대조]의 느낌에 있어 가능한 것들 중 마치 어느 하나를 특별한 것으로 강렬하게 느끼는 점이 있다. 여기엔 일종의 〈강조〉^{emphasis}가 자리하고 있는 것이다. 따라서 이 의식에서의 느낌은 명확하고 뚜렷한 느낌으로 다가오기 때문에 끝내 다른 느낌들을 온통 뒤덮어버린다. 그러나 이 명확하고 뚜렷한 느낌은 경험의 1차적 성격이 아니라 오히려 파생적인 국면들에서 일어나는 사태에 속한다. 경험의 근원적 성격은 결코 명확하고 뚜렷한 느낌으로 먼저 다가오지 않는다.

> "주체적 형식은 〈긍정-부정〉의 대비가 그것에 개입하는 경우에만 의식을 포함할 것이다. 달리 말한다면 의식이 느낌들의 주체적 형식에 개입하게 되는 것은 이 느낌들이 다음과 같은 통합적 느낌, 즉 현재 있는 결합체와 그 자신의 본성상 자신의 진위(眞僞)에 대한 결단을 부정하는 명제와의 대비를 여건으로 하고 있는 그런 통합적 느낌 내의 구성 요소가 될 경우이다." (PR 261/512)

따라서 의식은 적어도 실현된 사태에 대해 이를 부정할 수 있는 여러 가능성들도 그 안에 대비의 느낌으로서 갖고 있다. 앞서 말했듯이 〈내 앞에 놓인 빵〉이라는 현실과 관련해 〈빵을 먹을 수 있음〉과 〈빵을 먹지 않을 수 있음〉을 모두 대비시켜 느끼는 것이다. 그러나 제한된 사실에 있어 여러 가능태를 동시에 현실화시킬 순 없다. 의식은 분명한 〈부정의 느낌〉$^{feeling\ of\ negation}$이다(PR 161/338). 의식은 그러한 대비에 있어 중요하다고 여겨지는 어느 한 쪽을 더 부각시켜 조명하는 느낌을 갖는 것이 되면서 다른 것들을 배제해버린다. 그렇기 때문에 여기에는 필연적으로 <강조>가 있는 것이고 <주의 집중>concentration of attention이라는 특성이 있게 되는 것이다.

"지성적 느낌은 그 일차적 기능에 있어, 중요성의 증대를 수반하는 주의 집중이다." (PR 273/532)

예컨대 <내 앞에 놓인 빵>이라는 긍정과 그와 관련된 부정으로서의 <-일 수 있음>에 대한 대비의 느낌이 <의식>이 되겠군!

그땐 '나는 빵을 안 먹는다'는 명제를 의식적인 느낌으로도 지닐 수 있을테지!

의식은, 명확하고 뚜렷한 느낌을 갖는 강조의 정점

이렇게 볼 때 지성적 느낌의 주체적 형식인 <의식>은 일종의 집중적인 조명 능력이라고도 볼 수 있다. 그것은 더 중요하다고 여겨지는 것에 대한 느낌을 보다 명확하고 뚜렷한 것으로 부각시킨다. 그와 동시에 덜 중요하다고 여겨지는 것들에 대해선 명확하고 뚜렷한 느낌의 배경 뒤로 밀어 넣는다. 따라서 의식에는 이미 <더 중요함>과 <덜 중요함>이라는 선차성이 보다 뚜렷하게 내포된 것으로 볼 수 있다. 우리가 의식하는 것들은 이미 어느 정도 <중요성>을 부여하고 있는 것들의 <승리>

에 해당한다.

"의식이란 그 개개의 실재하는 결합체를 그것에 관한 상상적인 자유와의 대비 가운데 있는 것으로서 느끼는 방식을 말한다. 의식은 그 실재하는 사물이 무엇이냐에 중요성을 부여할 수도 있고, 그 상상력이 무엇이냐에 중요성을 부여할 수도 있으며, 이 양자 모두에 중요성을 부여할 수도 있다." (PR 261/512-513)

따라서 의식은 실제적인 사실과 연관된 각각의 명제들에 대한 통합적 비교로서의 대비[대조] 느낌의 주체적 형식이면서 이는 일종의 부정 느낌의 작용을 일으킨다. 그것은 특정한 명제에 대해 더 큰 중요성을 부여하고 조명하는 능력이기도 한 것이다. 우리가 뭔가를 의식한다는 것은 그 뭔가에 대한 〈주의 집중〉을 하고 있음을 말해주는 것이다. 그렇기에 의식에서의 느낌은 보다 명확하고 뚜렷한 성격으로서 지각된다. 왜냐하면 여기에는 중요하다고 느낀 것에 대한 〈강조의 증대〉가 실현되고 있기 때문이다. 이러한 느낌은 경험에 대한 원초적 느낌이 아니며, 그보다 더 복잡한 경험의 후기 통합의 파생적 느낌에서 비로소 출현할 수 있는 것에 해당한다.

"의식은 강조의 정점^{acme}이다" (AI 180)

"따라서 우리의 의식 속에 명확하고 뚜렷하게 부각되어 나타나는 우리 경험의 요소들은 경험의 기본적인 사실들이 아니다. 그것들은 과정에서 생겨난 파생적인 양상들이다." (PR 162/338)

"우리 경험의 이러한 성격은, 의식이란 경험의 불가결한 토대가 아니라 어쩌다 우연히 얻어질 뿐인 경험의 월계관이라는 것을 시사해 주고 있다." (PR 267/523)

그리하여 화이트헤드는 〈의식〉에 대해 다음과 같은 특징을 갖는 것으로 정리해놓는다.

"ⅰ) 의식은 합생의 보다 높은 위상에서 생기는 주체적 형식이다.

ⅱ) 의식은 기본적으로 그 자신이 생겨나는 보다 높은 위상을 조명하며, 초기의 위상들은 파생적인 방식으로만, 즉 그것들이 보다 높은 위상에 있어서의 구성 요소로서 남아 있을 때에만 조명된다.

ⅲ) 따라서 의식 안에 명확하고 뚜렷하게 나타나는 순서는 타당한 형이상학적 우선성에 따르는 순서가 아니다." (PR 162/339)

여기서 보다 높은 위상이라는 것은 합생의 초기 위상을 말한 것이 아님은 물론이고 적어도 단순 비교의 위상보다도 훨씬 더 복잡한 비교 통합으로 나아간 합생의 후기 위상을 말한다. 이는 적어도 의식을 갖는다고 볼만한 그러한 고등 동물 신체에서나 가능할 수 있는, 고차적인 합생의 위상인 것이다. 이것은 합생의 위상들 그림과 관련해서 보면, 〈비교적 느낌의 위상들〉인 Ⅲⓐ - Ⅲⓑ - Ⅲⓒ 중에서도 앞의 Ⅲⓐ와 Ⅲⓑ 보다는 상대적으로 Ⅲⓒ가 합생 과정의 후기 위상에 해당된다. 비교적 느낌의 위상에 속하는 이들 Ⅲⓐ - Ⅲⓑ - Ⅲⓒ 각각은 물리적 목적의 국면, 명제적 느낌의 국면 그리고 지성적 느낌의 국면을 보여주고 있다. 물리적 목적에서 종결한 현실 존재[계기]들은 우주에서 장대한 시간을 존속하는 무기적인 것들을, 그리고 명제적 느낌의 국면에서 종결한 현실 존재[계기]들은 무의식적인 유기적 반응의 생물체 구성에 기여한다고 볼 수 있으며, 또한 앞의 위상들을 다시 여건으로 비교 통합해서 나온 지성적 느낌에서 종결한 현실 존재[계기]들은 의식을 갖는 고등 유기체의 활동에 기여한다고 볼 수 있다. 또한 이것은 앞으로도 우주의 진화적 전개에 따라 얼마든지 더 복잡한 비교적 느낌의 후속 위상들로 진화될 가능성 역시 열려 있는 것이다.

거듭 강조할 점은, 의식적 느낌으로 나아갈수록 그것은 우리 안에 매우 명확하고 뚜렷한 느낌으로 떠오르는데, 이 명확하고 뚜렷한 느낌은 경험의 원초적 성격이 아니라 오히려 그것과 연관해서 생겨난 후속적인 파생적 느낌이라는 점이다. 화이트헤드는 당시까지의 주된 철학사상이 이 같은 점을 거의 대부분 잘못 진단한 것으로 보고 있다. 즉, 우리의 의식 속에 명확하고 뚜렷하게 느낌으로 떠오르는 것들은 경험의 기본적인 성격이 아님에도, 확실하다고 여겨지는 그 뚜렷한 느낌을 우리는 종종 경험의 근본적인 것들로 간주하곤 한다는 것이다.

> "이처럼 후기의 파생적 요소가 근원적인 요소보다도 더욱 명석하게 의식에 의해 조명된다고 하는 법칙을 무시한 결과, 경험하는 계기를 적절히 분석하려는 작업은 치명적인 손상을 입었다. <u>사실상 철학상의 난제들 가운데 대다수가 바로 여기에 기인하고 있다. 지금까지 경험은 완전히 그 처음과 끝이 뒤바뀐 채 잘못 설명되어 왔다.</u>" (PR 162/339)

그렇기에 명확한 느낌을 가져오는 의식의 단순성은 결코 완전한 경험의 복합성을 재는 척도가 못된다(PR 267/523). 오히려 그것은 초기 위상들과 관련된 것들 중 어떤 특정 요소에 대한 선택적인 조명이자 분명한 강조가 후속 위상들과의 비교 통합을 통해 일어난 것이다. 따라서 명확하고 뚜렷한 느낌은 경험의 1차적 성격이 결코 아니며 오히려 그에 대한 주관자의 해석이 관여된 2차적 성격의 것으로, 이는 어떤 의미에서 1차적인 초기 경험의 요소들을 재소환하는 성격을 갖는 것이기도 하다. 흥미롭게도 화이트헤드는 이를 플라톤의 〈상기설〉想起說과 연관해서 언급한 바 있다.

> "의식이 있을 때는 언제나 어떤 회상^{recollection}의 요소가 있게 된다. 이는 무의식의 희미한 은거지$^{dim\ recesses}$로부터 보다 초기의 위상들에 대한 기억을 이끌어낸다. 이 진리는 오래전에 플라톤의 상기^{reminiscence}설에서 주장되었다. 플라톤이 순수 형상의 초시간적^{timeless} 천계天界에서 온 영혼 속에 살아남아 있는 영원한 진리의 섬광을 직접 사유하고 있었다는 것은 의문의 여지가 없다. 어쨌든 보다 넓은 의미에서 의식은 그것에 선행하는 경험, 그래서 단순한 여건으로 생각할 경우, 의식이 없이도 있을 수 있는 그런 경험을 조명한다." (PR 242/479)

여기서의 화이트헤드 얘기는 자신의 의식 개념에 있어서도 초기 위상에 대한 기억을 이끌어낸다는 측면에서 플라톤의 상기설(想起說)과 연관해 설명하고 있는 것이다. 의식이 없어도 경험은 이미 존재하고 있기 때문이다. 의식은 필히 경험을 전제로 한다(PR 53/144). 앞서 말했듯이 화이트헤드의 의식 개념은 순수 형상의 초시간적 천계로부터 나온 것이라기보다 적어도 현실태에 대한 물리적 느낌이 필히 내포되어 있어야만 하는 것이다(물론 여기에는 본서의 뒷부분에서 설명될 〈비시간적 현실태로서의 신〉의 본성과 관련한 점도 있겠으나 여기선 생략할 것이다). 주체적 형식으로서의 〈의식〉은 바로 그러한 점과 함께 〈명제적 느낌〉과의 통합에 기인한다. 그럼으로써 화이트헤드가 보는 의식의 출현은 명확하고 뚜렷한 감각 경험의 진화와 밀접하게 연관된 것으로 간주되고 있는 것이다(MT 121).

화이트헤드는 현실태를 〈중요성〉에 대한 〈자기향유〉self-enjoyment라고 봤었는데(MT 117), 어떤 의미로 〈의식〉은 이 〈중요성에 대한 감각〉sense of importance을 고도로 발달시키는 과정에서 출현한 어떤 특별한 감각 느낌으로도 볼 수 있겠다(MT 26). 우리는 의식을 통해서 광범위한 일반성이 갖는 모호한 느낌들에 대해 중요하다고 여겨지는 어떤 개별적인 특수성을 보다 명료한 느낌들로 강조할 수 있게 된 것이다. 그리고 그러한 강조의 느낌들을 더 다양하게 보다 세부적으로 펼쳐놓을 수 있는 효과적 감각을 얻었다고 볼 수 있겠다. 우리는 의식을 통해 모호한 경험들을 명료하게 경계를 짓고 분류하며 선택한다. 그렇기에 화이트헤드는 의식이 고등 동물들에 있어 〈향유를 선택적으로 한다〉selectiveness of enjoyment는 점을 보여주는 최초의 사례라고 말한 것이다(MT 29). 만약에 이러한 의식이 없을 경우, 우리는 무엇을 선택함에 대한 자각을 갖지 못하며, 어떤 선택이 더 나은 선택인지 혹은 무엇이 더 가치 있고 더 소중한 것인지를 느끼는 〈중요성에 대한 감각〉은 오히려 퇴행하게 될 것이다. 우리는 〈의식〉이 있기에 선별적인 선택과 분류를 할 수 있는 것이며, 무엇이 더 가치 있고 더 중요한 것인지에 대한 선택적 향유를 하는 것이다.

지성적 느낌의 두 가지 종 : ① 의식적 지각 ② 직관적 판단

앞서 우리는 〈의식〉이 〈지성적 느낌〉의 주체적 형식에 해당된다는 점을 살폈었다. 화이트헤드는 이 〈지성적 느낌〉을 다시 두 종류로 세분하는데, <의식적 지각>conscious perception과 <직관적 판단>intuitive judgment이 그것이다.

"이 유형의 느낌은 <지성적 느낌>intellectual feelings이라고 불릴 것이다. 이러한 유형의 비교적 느낌은 다시 두 종류로 세분된다. 그 한 종류는 <의식적 지각>으로 이루어지고, 또 한 종류는 <직관적 판단>으로 이루어지고 있다. 직관적 판단의 주체적 형식도 의식을 포함하고 있다. 따라서 <의식적 지각>과 <직관적 판단>은 똑같이 <지성적 느낌>이다." (PR 266/521)

① 의식적 지각

우선 화이트헤드가 말한 <의식적 지각>은 가장 원시적/초기의primitive 형태의 <판단>judgment에 해당한다(PR 162/338). 반면에 <직관적 판단>의 경우에는 좀 더 고등한 형태의 판단으로 보다 복잡한 성립의 과정이 있다(PR 271/530). 하지만 둘 다 <지성적 느낌>으로 묶일 수 있는 이유는 그 비교적 느낌의 성격이 양자 모두에게 공통되고 있기 때문이다. 그것은 다름 아닌 결합체에 대한 물리적 느낌과 그 결합체의 현실 존재들을 논리적 주어로 하는 명제적 느낌과의 비교 통합인데, 이 점에선 양자는 서로 다르지 않다는 것이다(PR 271/529-530). 그렇다면 양자 간의 차이는 무엇인가? 일단 화이트헤드가 말하는 <의식적 지각>에 대한 핵심은 다음과 같다.

"무엇보다도 먼저 하나의 기초적인 물리적 느낌이 있고, 그로부터 일련의 느낌들 전체가 문제의 <주체>subject에게 일어난다. 이 물리적 느낌으로부터 <지각적>perceptive이라고 불리는 종류의 명제적 느낌이 생긴다. 의식적 지각은 지각적 느낌과 이 본래적인 original 물리적 느낌과의 통합에서 생기는 비교적인 느낌이다."
(PR 268/525-526)

〈의식적 지각〉은 결국 〈물리적 느낌〉과 〈지각적인 명제적 느낌〉과의 통합에서 생기는 비교적 느낌인 셈인데, 이는 앞서 말한 〈긍정 부정의 대비〉 느낌에 대한 설명에서 언급했던 바다. 여기서 말한 〈의식적 지각〉에서는 이것이 〈지각적인 명제적 느낌〉과의 통합이라는 점에 우리가 주목해볼 경우, 그것은 물리적 느낌으로부터 많은 일탈을 보이는 자유로운 상상의 느낌에까지는 이르지 않는다고 봐야 할 것이다. 앞서 소개한 바 있듯이, 〈지각적인 명제적 느낌〉은 논리적 주어를 파생시키는 지시적 느낌이 술어적 패턴을 파생시키는 물리적 재인recognition—또는 물리적 회상/상기recollection—과 동일한 경우의 명제적 느낌을 의미한다. 사실상 화이트헤드가 자신만의 새로운 개념어들을 갖고서 이를 설명한 점 때문에 괜히 어렵게 느껴질 수도 있다. 철학의 애로사항 중 하나는 일상의 아주 단순한 경험들을 어렵고 복잡하게 보일 정도로 매우 생소하게 풀어놓는 점이 있다. 왜냐하면 우리가 일상에서 단순 경험이라고 간주해온 것들이 실은 당연한 것으로만 볼 수 없을 만큼 다양하고도 깊은 이해를 요구하는 점도 있기 때문이다. 그럴 경우 때로는 사물을 이해함에 있어 근본적인 관점의 전환과 재고를 겪기도 한다.

우리는 일상에서 〈의식〉에 대한 경험을 지극히 당연한 것처럼 경험하는 중에 있다. 하지만 정작 〈의식〉이 무엇인지를 설명적으로 풀어놓고자 하면 우리는 그것이 참으로 쉽지 않다는 점을 느끼게 된다. 화이트헤드가 말한 〈의식적 지각〉도 어쩌면 너무 당연한 것처럼 경험되는 것임에도 그것이 무엇인지를 설명한다는 것은 참으로 쉬운 일이 아닌 것이다. 호진스키는 이 〈의식적 지각〉이 우리가 일반적으로 말하는 〈감각지각〉sense-perceptions과 일치하는 것이라고 했다.100) 〈감각지각〉이라 함은 너무 어렵게 생각할 필요 없이 우리의 〈시지각〉視知覺, visual perception 경험을 떠올려볼 수 있을 것이다. 화이트헤드는 우리의 감각지각들이 주로 시지각에 많이 국한된 점이 있다고 말한다(PR 36/113). 우리는 시지각을 통해 명료한 〈의식적 자각〉을 경험하곤 한다. 그렇지만 이 〈의식적 지각〉은 지성적 느낌의 또 다른 한 종류인 〈직관적 판단〉과 선명하게 구분되는 그러한 성격의 것은 아니다. 〈의식적 지각〉은 〈직관적 판단〉과 달리 보다 〈단순 유형의 지성적 느낌〉에 속한다고 본다면, 이제 살펴 볼 〈직관적 판단〉은 보다 복잡한 성립의 과정을 갖는 그러한 지성적 느낌에 속하는 것으로 볼 수 있다.

② 직관적 판단

화이트헤드에 따르면 〈의식적 지각〉은 〈긍정적인affirmative 직관적 판단〉과 매우 유사하다고 말해진다(PR 273/533). 그런 점에서 볼 때 두 종류 간에 차이는 있을 수 있어도 절대적인 선명한 경계로서의 구분은 없다. 오히려 〈의식적 지각〉은 매우 단순화된 유형의 긍정적인 직관적 판단이기도 한 것이다(PR 273/533). 이 〈직관적 판단〉에 대한 화이트헤드의 설명은 다음과 같다.

> "직관적 판단은 지시적 느낌에 포함된 결합체와 상상적 느낌에 포함된 명제와의 유적generic 대비에 의해 구성되는 여건을 갖는 비교적인 느낌이다." (PR 271/530)

사실 화이트헤드가 고안한 이런 용어들로 표현해서 괜히 어렵게 느껴지는 것이 될 뿐이지 실상 우리 경험과 관련해서 본다면 결코 어려운 내용이 아닐 수 있다. 경험 사례와 관련해 아주 간단하게만 언급해 본다면 〈직관적 판단〉이란 일종의 추정(推定)을 갖는 판단의 경험을 말한다. 즉, 미루어 짐작해 판정내리는 느낌의 경험들이다. 이것은 알고 보면 우리의 일상적 경험에서도 찾아볼 수 있는 사례에 속하고 있다. 그런데 여기에는 앞서 말한 〈의식적 지각〉과 달리 〈상상적 명제에 대한 느낌〉이 포함되어 있다는 것이다.

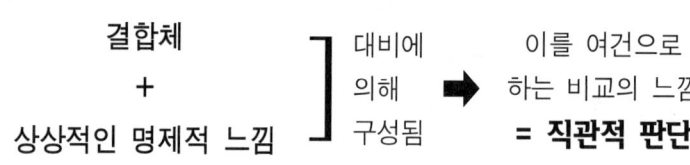

우리는 먼저 화이트헤드의 〈지성적 느낌〉에 대한 분석이 앞서 소개했던 그 자신의 명제적 느낌의 분석에 기반된 채로 계속 연장되고 있음을 잊어선 안 될 것이다. 즉, 명제적 느낌의 분석들은 어떤 식으로든 다시 지성적 느낌의 분석 안에서 새로운 종합을 위해 반영된다는 점이다. 그렇기에 우리가 이 〈직관적 판단〉에서 보다 주목할 점은 〈상상적인 명제적 느낌〉과의 대비를 갖는다는 점일 것이다. 이 지점에서 앞서 말한 의식적 지각이 〈감각지각〉인 점이 있다면 〈직관적 판단〉에서는 〈상상적인 명제적 느낌〉이 관여되고 있기에 감각여건/감각자료$^{\text{sense-data}}$ (또는 화이트헤드 철학에서 이것은 〈물리적 목적〉으로부터 주어지게 된 것임)에 직접 근거하지 않는 성격을 띠고 있다. 따라서 〈직관적 판단〉은 일종의 〈상상적인 직접적 판단〉이라고도 볼 수 있겠다. 적어도 〈직관적 판단〉에는 〈상상적인 명제에 대한 느낌〉이 필히 포함된 것이다.

그리고 이에 대한 예시로서 호진스키는 우리가 어떤 사람의 성격에 대해 갖는 느낌들이나 사람들의 행동과 결정 배후에 있는 동기에 대해 우리가 갖는 직관들을 〈직관적 판단〉의 사례로 들기도 했었다.[101] 알다시피 우리가 흔히 어떤 사람을 만났을 때 왜 그와 같은 말과 행동을 하는 것일까 하는 그 배경 동기를 추정(推定)하는 경우들이 종종 있다는 것이다. 이 역시 미루어 짐작해 판정하는 경험이다. 그럴 경우 우리는 이래저래 나름의 〈판단〉을 갖고서 대하는 것에 해당한다. 이를 테면 야구에서 투수와 타자 간의 복잡한 심리전에서도 엿볼 수 있다. 투수는 타자가 어떤 공에 배트가 나갈지를 추정하며 타자는 투수의 공이 어떤 코스로 들어올 것인가를 추정한다. 그 짧은 시간 안에서도 어떤 식으로든 판단을 내리면서 서로의 수를 읽어내려는 치밀한 수싸움을 하고 있는 것이다. 이 〈직관적 판단〉이라는 용어만 보자면 이는 직관의 형태를 띤 판단이라고도 볼 수 있겠지만, 적어도 이것은 〈의식〉이라는 주체적 형식을 갖는 지성적 느낌의 판단에 속할 만큼 합생 과정에 있어 명제적 느낌의 단계보다 더 후속적인 비교 통합의 후기 위상에서나 가능한 것이다. 즉, 합생의 과정은 그만큼 더 연장되면서 더 복잡한 비교 통합의 느낌을 실현하고 있다고 봐야 한다. 따라서 이러한 〈판단〉에 이르러서는 앞서 말한 유혹을 불러일으키는 명제에 대해서도 〈비판〉의 느낌을 지닐 수 있다. 달리 말하면 비로소 명제에 대한 논리적 진위 여부를 묻거나 따지는 〈판단〉의 느낌도 지니게 된 단계라고 볼 수 있겠다.

판단, 느낌에의 유혹에 대한 비판

여기서 우리는 이 〈판단〉judgment이라는 개념에 잠시 주목해보자. 화이트헤드는 〈직관적 판단〉이라는 말 대신에 그냥 〈판단〉이라고만 쓰기도 했었다.

"판단^{judgment}이란 판단하는 주체의 〈과정〉에 있어서의 느낌으로서, 그 주체와 관련하여 옳든가 옳지 않든가 한다. 그것은 하나의 가치로서 그 주체의 만족 속으로 들어간다. 그리고 그것은 미래에 있어서의 현실 존재들의 판단에 의해서 비판될 수 있을 뿐이다. 판단은, 판단하는 주체에 의한 포착의 과정 가운데서 우주와 관계된다." (PR 191/390-391)

"판단은 판단하는 주체에 의해 그 자신에게 내려지는 것으로서, 판단하는 주체에 있어서의 느낌이다. 판단이 명시적으로 관계하고 있는 현실 존재들 가운데는 그 판단의 〈논리적〉 주어가 포함되어 있으며, 선택된 영원한 객체들은 이 논리적 주어에 대해서 단언된^{affirmed} 〈성질〉이나 〈관계〉를 형성하고 있다." (PR 191/391)

화이트헤드에 따르면 이 〈판단〉 자체는 해당 주체의 내적인 느낌에 해당한다는 점을 알 수 있다. 해당 주체의 느낌이라는 점에서 그 자체는 항상 옳은 것으로서 느껴진다. 따라서 판단 그 자체는 진리치를 갖지 않으며 참이나 거짓이 되는 것도 아니다. 일차적으로 판단은 해당 주체의 느낌인 것이다. 다만 해당 주체의 판단은 후행하는 또 다른 현실 존재들의 판단에 의해서 비판될 수 있을 뿐이다. 여기서 해당 주체는 포함된 논리적 주어에 관하여 이를 선택된 영원한 객체들로서 〈단언〉$^{斷言, affirmation}$하는 느낌을 품고 있는 것이다. 〈단언〉이란 주저 없이 딱 잘라 말하는 것을 뜻하는데, 이것은 해당 주체에게 일종의 〈예측적인 확정 느낌〉으로 간주된다는 의미다. 판단은 그 안에 명제를 포함하고 있는 더 복잡한 비교를 갖는 후속 느낌이다. 그렇기에 역으로 말하면, 명제는 그것이 하나의 명제로 관여하고 있는 판단 주체를 한정한다고도 볼 수 있다(PR 193/393). 명제를 판단의 구성요소로 정의하기도 하지만, 화이트헤드는 명제의 실현에 판단이 그 구성요소가 되는 경우는 매우 드물다고 말한다(PR 184/378). 기본적으로 우리는 판단치 않고 명제를 영입^{entertainment}하는 경우—예컨대 흥미에 빠져 의식하지 않고 행동하는 경우—가 훨씬 더 많다. 그렇기에 명제와 판단의 관계가 필수불가결한 관계라고 보긴 힘들다. 그러나 판단을 위해선 여건으로서 명제가 비교 느낌 속에 꼭 필요하다. 그럼으로써 명제와 관련해서도 비판의 역할을 수행하는 것이다. 결국 **명제가 느낌에의 유혹을 불러일으킨다면, <판단>은 느낌에의 유혹에 대한 비판이라** 할 수 있겠다(PR 193/394).

> "명제는 판단을 분석하는 가운데서 나타난다. 명제는 판단하는 주체와 주체적 형식으로부터 추상한 판단의 여건이다. 판단이란 두 가지 종속적 느낌을 하나의 느낌의 통일성으로 포용하는 종합적 느낌이다. 이러한 종속적 느낌 중의 하나는 명제적인 것으로서, 단지 그 여건인 명제를 영입하고 있는 데 지나지 않는다."(PR 193/393)

> "판단은 결단을 약화시키거나 강화시킨다. 이 결단에 의해 유혹에 있어서의 한 구성 요소로서 판단된 명제가, 합생에 있어서의 효과적인 요소로서 수용되고, 이와 더불어 지식이 강화되게 된다. 판단이란 느낌에의 유혹에 대한 비판이다." (PR 193/394)

명제는 〈느낌에의 유혹〉을 불러일으킨다. 하지만 〈판단〉은 그러한 〈명제에 대한 비판〉의 느낌을 갖는 것이다. 명제의 논리적 진위 여부를 묻거나 따지는 판단이 결국 〈명제적 느낌〉의 단계가 아닌 의식을 주체적 형식으로 하는 〈지성적 느낌〉의 단계에서 일어난다는 점은 그만큼 소수의 고등 유기체에서나 가능한 것임을 말해주고 있다. 현재로선 이 지성적 느낌의 경험들은 특히 인간 생물 종에서는 매우 두드러지게 드러나는, 제한된 특수 사례에 속한다. 인간의 경우, 명제를 비판하는 수학과 논리학을 다룰 수 있게 되었다는 사실은 고도의 추상화 능력의 발달에 다름 아니며, 이를 통해 우리는 문명의 삶에 매우 실용적인 다양한 〈집중적 효율성〉의 방법들을 도입해왔던 것이다. 로고스^{logos}의 탄생 즉 철학의 탄생 더 나아가 학문의 탄생도 바로 이러한 후속적인 고등 위상의 합생을 갖는 유기체의 작용을 통해 마련된 것이다. 고대의 현자들이 뮈토스에서 로고스로, 즉 신화에서 철학으로 나아갈 때 거기에는 잡다한 이야기들은 배제하면서도 중요성을 갖는 명제에 대한 판단들에는 그만큼 더 고양된 주의집중을 갖도록 이끌었던 것이다. 따라서 논리적 유무를 따지는 작업에는 고효율의 뇌신경 에너지가 좀 더 많이 들어간다고 보는 것도 자연스러운 행보다. 〈주의집중을 갖는다〉는 건 그만큼 〈신경을 더 많이 쓴다〉는 뜻도 될 것이다. 그럼으로써 인류 문명의 중요한 고민들 또는 문제시되는 주제들도 한층 더 선명한 형식을 띨 수 있었던 것이다.

> **명제** - 느낌에의 유혹을 불러일으킴
> **판단** - 느낌에의 유혹에 대한 비판

판단의 3가지 주체적 형식 : 믿음, 불신, 유보

앞서 우리는 〈판단〉 자체는 주체의 내적 느낌이라는 점에서 참 거짓을 갖는 것이 아님을 언급했었다. 그러나 주체의 내적 느낌들은 다시 객체화되기에 그것의 진위 여부를 논할 수밖에 없다. 그 점에선 오류를 지닐 수도 있다고 보는 것이다. 우선 화이트헤드는 판단의 두 종류로서 〈직관적 판단〉과 〈파생적derivative 판단〉으로 분류한 바 있다. 이때 〈직관적 판단〉에 대해서는 오류가 있을 수 없지만 〈파생적 판단〉은 오류가 있을 수 있다고 말한다.

"우리는 판단이 두 종류로 나뉠 수 있다는 데에 주목한다. 즉 i)직관적 판단과 ii)파생적 판단이 그것이다.

직관적 판단에서 물리적 여건과 명제와의 통합은, 물리적 여건의 복합적인 세부 사항에 비추어 동일성 내지 상이성diversity이 비교되는 명제의 완전한 복합적 세부 사항을 느낌 속으로 끌어들인다. 직관적 판단은 동일성과 상이성을 포함하는 이러한 복합적인 세부 사항의 비교에 대한 의식이다. 이러한 판단은 그 본성상 언제나 옳다. 왜냐하면 그것은 있는 것what is에 대한 의식이기 때문이다.

파생적 판단에 있어서 물리적 여건과 명제와의 통합은, 명제의 완전한 복합적 세부 사항을 느낌 속으로 끌어들이지만, 이러한 세부 사항과 물리적 사실의 복합적 세부 사항과의 완벽한 비교를 끌어들이지는 않는다. 남겨진 세부 사항을 포함하는 어떤 비교가 있긴 하다. 그러나 주체적 형식은 비교된 구성 요소와 비교되지 않고 있는 구성 요소를 식별할 복합적 패턴을 취하는 대신, 명제 전체를 포용한다. 파생적 판단에는 잘못이 있을 수 있다." (PR 192/391-392)

〈직관적 판단〉은 여건으로서의 명제에 대한 세부사항들을 온전히 비교 느낌 속으로 남김없이 끌어들이고 있는 판단이다. 〈직관적 판단〉은 그 여건 속에 느껴지기 위해서 있는 것에 순응한다고 볼 수 있기에 그 판단을 구성하고 있는 통합의 주체적 형식으로부터는 오류가 생겨날 수 없다(PR 271/531). 여기서 말하는 직관적 판단에 있어선 물리적 여건과 명제와의 비교 통합 느낌과 관련해 그것이 동일한지 상이한지에 따라 각각 이를 승인하는 〈긍정의 형식〉과 이를 반대하는 〈부정의 형식〉이 있을 뿐이다. 그렇기에 그와 같은 〈직관적 판단〉의 주체적 형식은 찬성^{assent}, 믿음^{belief} 또는 반대^{dissent}, 불신^{disbelief}이 될 것이다(PR 192/392).

반면에 여기서 말하는 〈파생적 판단〉은 온전한 비교를 끌어들이고 있지 않기 때문에 결국은 〈'유보 형식'의 판단〉에 해당되고 있다. 화이트헤드는 우리가 수행하는 대부분의 판단들은 〈파생적 판단〉이라고 말한다(PR 192/392). 이렇게 보면 결국은 〈판단〉이 갖는 비교 느낌의 형식들이 크게 3가지로서 분류되고 있을 따름이다. 즉, 판단에 있어 온전한 비교 느낌의 형식들에는 〈긍정 형식〉과 〈부정 형식〉이 있는 것이며, 불완전한 비교 느낌의 형식을 갖는 판단은 〈유보/보류^{suspense} 형식〉이 된다고 볼 수 있겠다. 바로 그렇기 때문에 화이트헤드는 다음과 같이 말한다.

"〈판단〉이란 용어는 우리가 고려하는 비교적 느낌들 가운데서 세

제8장 현실 존재의 내부 들여다보기 (2) - 합생 후기 위상의 <비교적 느낌들>

가지 종(種)과 관계된다. 이들 각 느낌에 있어 여건은, 객체화된 결합체와—그 논리적 주어가 그 결합체를 구성하고 있는—명제와의 유적/포괄적^{generic} 대비이다. 그 세 가지 종은
 ⅰ) <긍정 형식>$^{yes\text{-}form}$에 있어서의 비교적인 느낌,
 ⅱ) <부정 형식>$^{no\text{-}form}$에 있어서의 비교적인 느낌, 그리고
 ⅲ) <유보 형식>$^{suspense\text{-}form}$에 있어서의 비교적인 느낌으로 되어 있다." (PR 270/529)

화이트헤드는 분류에 따라 결국 직관적 판단에는 크게 세 가지가 있다고 말하는데, 그것이 바로 <믿음>^{belief}, <불신>^{disbelief} 그리고 <유보된/유예된 판단>$^{suspended\ judgment}$이다.

"직관적 판단은 믿음이든가, 불신이든가, 유보된 판단이다. 최종적 만족에 관한 한, 유보된 판단을 믿음이나 불신으로 전환하는 것이 때때로 추론적 과정의 임무가 된다." (PR 272/532)

그런데 화이트헤드의 이 같은 분류는 사실상 영국 경험론 철학자 존 로크$^{John\ Locke}$가 <인식>^{Knowledge}과 <판단>^{Judgment}을 구별한 분류로부터 크게 빚진 거라는 점도 밝혀놓고 있다(PR 274/534). 화이트헤드는, <직관적 판단>의 두 사례인 <긍정적인 직관적 판단>과 <부정적인 직관적 판단>은—이 두 가지는 비교적 드문 판단 사례에 속한다— 로크가 말한 <인식>에 부합된다고 말한다(PR 274/534). 반면에 로크가 말한 <판단>의 경우 그 자신의 도식에선 <추론적^{inferential} 판단> 혹은 <유보된/유예된 판단>으로 부르고 있다(PR 274/534). 그리하여 이를 대략적으로 정리해보자면 다음과 같다.

> ● **<지성적 느낌>의 두 가지 종**
>
> **1) 의식적 지각** (* 긍정직인 직관적 판단과 유사)
>   – 물리적 느낌 + 지각적인 명제적 느낌
>
> **2) 직관적 판단**
>   – 물리적 느낌 + 상상적인 명제적 느낌
>   – 이에 대한 비교 느낌의 3가지 형식
>   ① 긍정 형식 – 믿음/찬성
>   ② 부정 형식 – 불신/반대
>   ③ 유보 형식 - 유보된 판단(추론적 또는 파생적 판단, 가장 흔한 판단 사례) - 과학의 진보에 있어 본질적 무기

그런데 여기서 한 가지 더 말씀드린다면, 실상 화이트헤드의 <직관적 판단>에 대한 분류에 있어서만큼은 다소 애매하거나 엄밀하지 못한 점도 있다고 여겨진다. 왜냐하면 <유보 형식>의 비교 느낌을 갖는 판단은 앞서 말한 오류가 있을 수 있는 <파생적 판단>—또는 추론적 판단—에 다름 아니기에 이것이 오류를 갖지 않는 <직관적 판단>에 포함시켜야 할 것인지 아닌지는 여전히 화이트헤드가 혼란스럽게 남겨놓았기 때문이다.102) 화이트헤드는 이 <유보된/유예된 판단>이 앞의 <믿음>과 <불신>이라는 두 사례에 비하면 가장 흔히 있는 판단 사례라고 말한다(PR 272/532). 앞서 대부분의 판단이 <파생적 판단>에 해당한다고 주장한 점과 같은 얘기다. 이 <유보된/유예된 판단>은 어떤 개연성probability에 대한 판단이 아닌 양립가능성compatibility에 대한 판단이며, 이것은 과학적 진보에 있어서도 본질적 무기라고까지 했었다(PR 275/535-6). 만일

그것이 진보를 불러온다면 이것은 세계 안에 〈통찰〉insight—또는 간파 penetration—로 드러날 것이다. 물론 우리의 〈추론적 판단들〉은 실제적으로는 오류 가능성들을 훨씬 더 많이 품고 있다고 보는 게 일반적일 것이다. 그 점에서 이미 저질러진 다양한 역사적 경험들에서의 숱한 〈오류〉와 〈비극〉을 더 유의미하게 주시하면서 이를 통해 좀 더 나은 통찰—또는 간파—를 추구할 필요 역시 있지 않은가 생각된다.

과학 이론에서 심지어 미묘한 직접적 관찰에 있어서조차도 우리의 모든 진보는 '유예된 판단'의 사용에 의존합니다.

우리는 앞서 형이상학의 범주가 근본적으로 〈시험적 정식화〉의 범주를 넘어서지 않는다고 했었는데, 달리 말해 형이상학을 논하는 장(場)은 그야말로 온갖 〈유예된 판단들〉로 가득 차 있는 근본적 사유들의 창고가 아닐 수 없다. 어떤 의미로 형이상학은 확정될 수 없는 유추들의 세계를 상상적으로 다루고 있는 학문 분야인 것이다. 다만 그것의 일부분이 우리의 경험에 대한 해명과 우리 안의 설명 욕구들을 해소함에 있어 일정 부분 기여도가 있게 되면, 그 이론의 생명력은 좀 더 연장되거나 강화될 것이다. 〈합리주의의 실험적 모험〉은 부단한 영속의 과정일 테지만 단지 그 과정에서 부분적으로만 성취될 뿐이다. 앞서 형이상학이 우리 문명의 유형을 기초적으로 틀 짓는 데 관여될 만큼 매우 중요한 내용들을 다룬다고 한다면 논의되는 유예된 판단들은 그 경험 해명에 비추어 설명력 확보에 따라서 우리 안에 상당한 중요성을 띨 수도 있다. 철학이 기여할 수 있는 지점에는 바로 이 같은 〈실험 합리주의〉라는 공장을 통해서 생산된 명제들을 끊임없이 세계안의 온갖 다양한 경험들과 대차대조해보는 가운데 문명화된 삶을 사는 유기체의 유추적 안목과 능력들을 계속적으로 강화해주는 데에도 있는 것이다. 철학은 〈추상관념들에 대한 비판자〉로서의 역할을 결코 포기할 수 없다.

물론 세계 안에 진보를 터놓는 새로운 길은 쉽게 그 길을 내어주진 않을 것이다. 아무래도 도래할 미래와 양립 가능한 것인지를 직관적으로 판단하면서도 계속적인 〈의식적 상상〉conscious imagination 을 발휘하여 이 느낌을 간직하고 있는 이들은 좀 더 미래를 앞당겨서 현재를 살고자 하는 점이 있다. 소수의 선각자만 지녔었던 그러한 느낌들은 처음엔 다른 이들이 보기에는 너무나 터무니없어 보일 수 있는 〈허튼소리〉나 〈망상〉으로 취급되었을 가능성이 컸었다. 그러나 인류사에는 당대와는 불화하면서도 시대를 앞선 통찰들을 펼쳤던 소수의 선각자들 역시 분명하게 있어왔다. 그렇기에 이들을 지배했던 〈상상적 비전〉이 과연 세계 전체 구성원들을 상향적으로 끌어올릴만한 〈효과적 비전〉인지 아닌지는 지난 시간의 과정 속에서 치열한 검증과 예증의 길을 밟아가야 할 것으로 본다. 화이트헤드에 따르면, "성공적인 진보는 매 걸음마다 테스트되면서 한 지점에서 다음 지점으로 천천히 나아간다(AI 20)."

지성적 느낌의 주된 기능은 감정적[정서적] 강도의 고양에 있다!

한 가지 유의할 점으로서, 〈지성적 느낌〉의 주된 기능이 앞서 말한 믿음, 불신, 유보된 판단에 있지 않다는 점도 결코 간과되어선 안 될 것으로 본다. 화이트헤드가 말하는 지성적 느낌의 기능은, 초기의 모호하게 드리워져 있던 정서적 색조의 느낌들이 비교 후속 느낌을 통해 보다 선명한 느낌을 갖도록 하는 그러한 〈감정적[정서적] 강도〉emotional intensity의 고양에 있다는 것이다. 그것은 초기 위상에서의 계승된 여러 느낌들을 모호하게 다루지 않고자 하여 그 개념적 가치화[가치매김]의 느낌을 한층 더 선명하게 부각시켜 현재에서 미래와의 관련성을 더 크게 확보하려는 점에 있다. 즉, 지성적 느낌의 기능은 초기의 어떤 느낌들 가운데서 그와 관련된 어떤 특수한 강조를 이끌어내고 있는 것이다.

> "지성적 느낌의 주된 기능은 신념도 불신도, 심지어 판단의 유보도 아니다. 이러한 느낌의 주된 기능은 그것에 연관되어 있는 개념적 느낌에 있어서의 가치화와, 어떠한 지성적 느낌보다도 더 초기의primitive 단순한 물리적 목적에 있어서의 가치화에 수반되고 있는 감정적[정서적] 강도를 고양하는 일to heighten이다. 지성적 느낌은, 특정의 논리적 주어와 관련된 여러 가능성들을 표현하기 위하여 추상적인 가치화를 제한하는 선명한 방식에 의해서 이러한 기능을 수행한다." (PR 272/532)

이렇게 보면 우리의 지성적인 판단들이 실은 무의식상의 감정 느낌과 완전히 별개로 분리되어 작동되는 것이 아니라 오히려 이를 의식상에선 더욱 선명하게 어떤 특정의 느낌을 두드러지게 강조하거나 부각시키는 작용으로 볼 수 있겠다. 우리는 초기의 물리적 느낌들을 거부할 수 없는 가운데 이에 대한 개념적 가치화의 느낌들을 진척시키고 있는 것이며 어떤 특정의 느낌을 보다 선명하게 강조해내고 있는 것이다. 그 형식이 믿음, 불신, 유보의 형식을 띤다고 하더라도 여기에는 어떤 느낌의 색조라는 정서가 예외 없이 배여 있다고 봐야 한다. 엄밀하게 따지면 수리논리학상의 명제의 참 거짓을 판단하는 무미건조할 것 같은 이성적 작업조차도 실제로 그것은 주체의 정서를 완전히 벗어나서 진행되는 것이 아니며, 우리의 지성적 판단들은 초기의 어떤 느낌으로부터 후속되는 과정을 통해 어떤 것을 보다 특별한 느낌으로 그 〈중요성〉을 부여하면서 이를 부각시키고 있는 것뿐이다. 따라서 우리의 지성적 느낌은 추상적인 가치화[가치매김]를 제한하는 매우 선명한 방식으로 이를 수행하고 있는 것이다.

 그런 점에서 우리가 일상에서 저도 모르게 자신의 감정을 내뱉거나 질러대는 일은 주로 무의식적인 명제적 느낌의 단계에서 일어나는 것일 테지만, 적어도 자신의 감정을 알아차림 하거나 자신의 감정이 어떻다는 것을 정확히 집어내서 이를 강조하고 표현하는 일은 오히려 의식을 갖는 지성적 느낌의 단계에서나 가능한 고도의 기능 작용에 속한다. 주의집중의 의식을 계속적으로 유지하는 일은 그만큼 에너지가 많이 들어가는 일이기도 하다. 그럼으로써 지성의 목적들은 유기체의 보다 만족스러운 삶을 위한 일들에 끊임없이 복무함에 놓여 있는 것이다.

의식적인 지성의 출현과 발달로 다양한 세부적 학문 탐구들의 전개

 우주의 진화 과정에 있어 의식의 출현과 그에 따른 지성의 발달은 어떤 의미로 세포의 출현 또는 그 이상으로 우주 안의 대사건이라고 할 만하다. 결국 우리의 우주는 우리가 속한 우주를 이해하려는 창조의 방향으로 가고 있는 것인가? 현재의 우리는 우주로부터 나온 자손들이다. 물론 이전 사건들이 없었다면 〈의식〉의 출현도 없었을 것이다. 그러면서도 의식은, 그 출현 이후에도 계속적으로 거듭 발달이 일어났다. 현재의 인간은 언어를 비롯해 온갖 지적인 학문들을 꽃 피운 〈높은 의식〉의 레벨까지 보이고 있다(물론 모든 인간이 다 똑같이 그렇다는 얘긴 아니다). 만일 의식의 출현과 발달이 없었다면, 언어와 문자 그리고 지식과 학문이 가능했을까? 싶을 만큼 그런 의문과 회의가 안들 수 없을 정도로 우주 역사에 있어 매우 강력한 대사건이라고 생각된다.

"동물과 연이은 인간 의식의 출현은 특수화/전문화^{specialization}의 승리이다. 그것은 명확하고 뚜렷한 감각 경험의 진화와 밀접하게 관련되어 있다. 다수의 모호한 근원적인 느낌들로부터의 추상이 있고, 소수의 질적인 세부사항들에 대한 비교적 명확성에의 주의 집중이 있게 된다." (MT 121)

진화에는 특수화의 승리와 발달이 있다. 경험의 근원적 성격은 결코 명확하고 뚜렷한 느낌으로 다가오지 않는다. 그 점에서 현재의 우주 시대에서 무언가를 명확하고 뚜렷한 느낌으로 자각할 줄 아는 지적인 생명체들은 결코 일반적이지 않으며, 보다 특수한 유형의 고등 생물체들인 것이다. 만일 우리가 반복적 곤란을 겪는 고통과 비극의 경험들을 〈중요한 강조의 느낌〉으로서 의식하지 않는다면 우리는 그것을 자꾸만 되풀이할 수 있다. 하지만 우리는 퇴행성 고통과 실패라는 것을 점차로 자각하고 의식할 수 있었기 때문에 역으로 그러한 점들을 새롭게 극복하려는 가능성들에도 관심을 갖게 되면서 상대적으로도 우선적인 중요성을 둘 수 있었던 것이다. 그러나 만약에 그것이 고통인지 실패인지 행복인지 성공인지 정말 아무런 의식적인 비교의 느낌조차도 없다면 우리의 경험은 계속 정체되거나 반복 되풀이되는 단조로움의 방향으로 떨어질 가능성도 그만큼 더 커지게 된다. 따라서 〈의식적 지각〉이라는 명확하고 뚜렷한 강조의 느낌이 자리하게 되면서 우리는 세부적인 집중과 분류들로 점차로 확장해가는 새로운 길이 활짝 열리게 된 것이다.

"경험의 명확성clarity은 바로 그 명확성에 의해 그 이상의 경험을 낳는다. 하지만 이러한 개시origination는 2차적인 사실일 뿐이지, 전체에 대한 토대basis는 아니다." (MT 109)

이 명확하고 뚜렷한 의식적 느낌이 없다면 주의집중도 있을 수 없다. 어쩌면 이 명확하고 뚜렷한 느낌들은 우리 신체의 감각들이 혼란스럽지 않게끔 그 진화와 역사적 과정에서 더욱 〈정밀하게 조율된 환각〉일지도 모른다. 이미 이러한 주장이 뇌 의식을 연구하는 신경과학 진영에서도 나오고 있다.103) 즉, 〈명확하고 뚜렷한 현실〉이라는 이 느낌은 단지 인간 생물 신체가 진화상에서 부단히 함께 공유하고 있는 주도적인 〈환각〉hallucination의 느낌일 수 있다는 얘기다. 〈환각〉이라고 해서 아무 쓸모없다거나 거짓된 순수 환상을 말하려는 게 아니다. 그것은 신체적 효과를 통해 굴절된 어떤 특정성에 대한 강조의 느낌들로 충만해 있음을 말하려는 점에 있다. 물론 이때 주도적인 신체 기관은 말할 나위 없이 뇌brain이다. 명료한 지성적 느낌들이라고 해서 곧바로 자명해지는 참된 지식이 되는 것은 아니지만, 지성적 느낌은 주의집중으로서의 〈중요성에 대한 감각〉을 증대시키는 가운데 그러한 인식을 포함한 경험의 확장과 소통의 발달에 큰 기여를 해왔던 점이 있는 것이다.

진화상에서 〈의식〉의 출현 및 지성적 느낌의 발달은 생명의 진화적 양상들을 한층 더 고무시키는 새로운 전화의 사건에 해당한다. 그것은 의식과 함께 명료한 세계가 출현했다고 봐도 과언이 아닐 정도다. 그 점에서 우주 진화 과정에서의 의식의 출현은 유기체의 인식 작용을 비약적으로 계발시킨 〈두 번째 빅뱅〉일 수 있다. 우리는 〈의식〉이 있어야

제8장 현실 존재의 내부 들여다보기 (2) - 합생 후기 위상의 〈비교적 느낌들〉

〈자신〉을 자각하거나 〈대상〉을 알아보든지 한다.

모호하고 육중한 흐름으로서의 전체 세계가 〈의식〉의 출현으로 인해 마침내 명석 판명한—명확하고 뚜렷한— 성격의 세계로 탈바꿈해서 우리 앞에 출현하게 된 것이다. 그럼으로써 주의 깊은 관찰이 가능해졌고 전자와 분자에 대한 세부적인 식별들이 가능해졌다. 전자와 분자의 존재성도 비로소 〈의식〉에 의해 그 존재성이 드러난 것으로 볼 수 있다. 만일 우리가 〈의식〉 자체도 일종의 관찰적인 측정 방식 도구로 간주한다면 전자와 분자의 존재성도 비로소 〈의식〉을 통해 명료한 확정이 되고 있는 셈이다. 〈측정〉measurement에 대한 보다 자세한 논의는 제2권의 10장에서 언급될 것이지만 화이트헤드는 전자와 분자 같은 과학의 탐구 대상들도 〈추상물〉로 보고 있다(* 제10장 〈자연의 계층구조〉 참조).

뿐만 아니라 우리는 여러 다양한 선택들을 놓고서도 또 다른 새로운 선택을 끌어들일 줄도 알게 되었다. 보다 정확히 말한다면 〈의식〉의 작용을 통해 온갖 경험들에 대한 판단적 분류를 수행함으로써 우리에게 놓여 있는 선택 가능성들을 창출하며 이를 계속 만들어간다고도 볼 수 있다. 이는 한편으로 유기체가 갖는, 제약된 자유라는 보폭에 대한 개척의 여정이기도 하다. 존속하는 생물 유기체의 삶들은 적어도 이전보다는 그 선택의 폭들을 점차로 더 넓혀나가려는 흐름을 보이고 있다. 즉, 의식을 통해서 시공간적인 제약들에 대해서도 좀 더 능동적인 대응들을 함께 만들어내고 있는 것이다. 오늘날 〈지성적 목적〉에 의한 유전자 편집 기술도 여기에 속한다. 언젠가 방사능에도 견뎌낼 수 있는 새로운 유전 정보의 신체body를 만들어 낼지도 모른다. 이런 작업들 역시 당면한 시공간의 제약들을 극복해가려는 욕구의 노력에 속한다. 그러나 과학 기술의 진보는 그 위력이 커져갈수록 또 한편에서 보면 최악으로 치닫는 멸망을 위한 발판이 될 수도 있다. 왜냐하면 그 사용자는 언제나 불완전한 성찰 가운데서 나름의 선택들을 수행하고 있기 때문이다. 우리는 의식적 삶을 통해 보다 중요한 것이 무엇인지를 놓고선 〈가능한 선택들에 대한 자각〉을 향유하고 있으며, 이를 더 세밀하게 비교해 보면서 한층 더 깊은 생각을 하는 데에도 이르고 있다. 우리가 추구하는 것들 중 과연 무엇이 더 중요한 것이고, 무엇이 더 사소한 것인가? 바로 이 같은 비교 느낌들에 대한 부단한 자각과 강조의 증대야말로 인류 정신의 발달을 한층 더 선명하고 예리하게 해주었던 것이다.

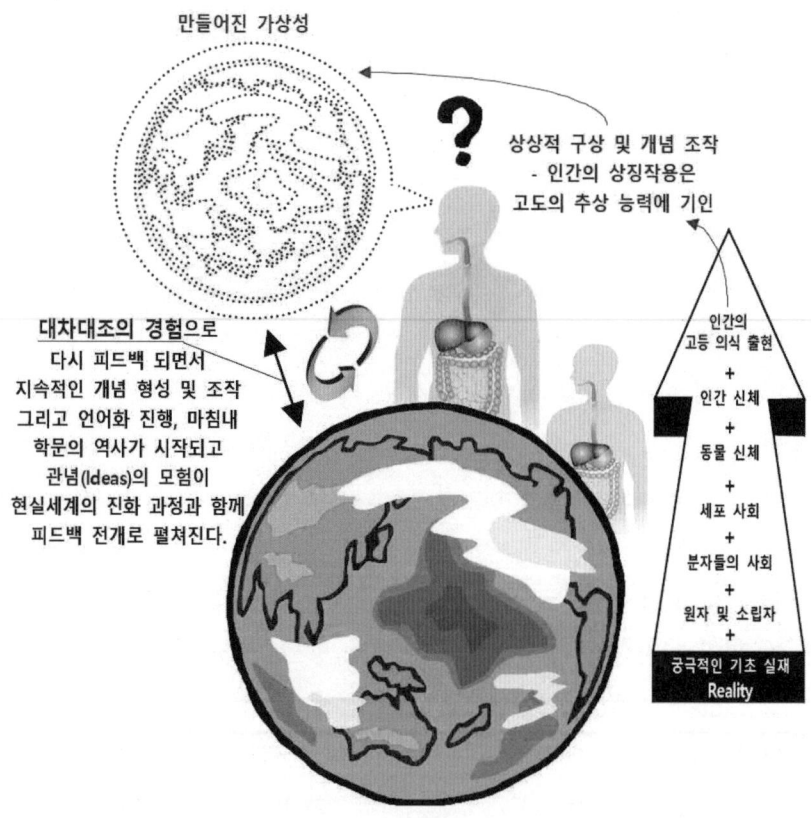

▲ 고등 의식의 출현과 관념의 모험

<물리적 목적> 단계를 넘어 새롭게 출현한 <단순 충동의 느낌>에도 <목적인>은 있다!

우리는 여기서 지금까지의 자연의 진화를 크게 <물리적 목적>에서 <감정적 목적>으로 그리고 <지성적 목적>으로의 진화 여정으로서 이를 한 번 되짚어보도록 하자. 현실 존재[계기]의 기본적인 특성에서도 보듯이, 화이트헤드는 자연세계 안에 <목적적 인과> 곧 <목적인>目的因, final causation을 처음부터 도입하고 있는 철학자다. 자연의 진화는, <작용적 인과>efficient causation에 의해서만 움직여지는 기계 장치와 달리 <새로움>의 느낌을 목적론적으로도 함께 도입하면서 진화해왔다는 것이다. 그가 볼 때 <정신의 작용>은 결코 수동적인 것이 아니다. 애초 물리계 곧 물질세계의 자연에선 전혀 관찰되지 않았던 <정신의 작용>은 어느 순간부터 자연 속에 점차로 출현한 것으로 간주되고 있다. 화이트헤드는 <정신의 작용>을 종종 <충동>urge이나 <욕구>appetition로도 표현했었다.

"본질적으로, 정신성이란 공허하지 않은 향유[즐거움]non-vacuous enjoyment를 사실태matter-of-fact 안에 포함시키기 위해 어떤 공허한 한정성vacuous definiteness으로 향해있는 충동이다. 이 충동이 욕구이다. 그것은 감정적 목적이며, 작인이다(It is emotional purpose: it is agency). 정신성은 물리적 향유인 것보다는 더 이상 공허하지 않다. 그러나 정신성은 경험의 실현 속으로 그 형식의 순전한 공허함을 끌어들인다. 물리적 경험에서의 그 형식들은 한정하는 요인들factors이다. 정신적 경험에서의 그 형식들은 직접적 계기들 너머에 있는 계기들과 연결된다. 그 미래를 가지는 직접적 사실이 그 욕구들 속에 거주하고 있는 것이다." (FR 32)

여기서 화이트헤드는 〈물리적 목적〉의 단계를 지나서 〈감정적 목적〉의 단계, 하지만 아직 〈지성적 목적〉의 단계에는 이르지 못한 중간 단계에서의 정신적 경험에 대해 언급한 걸로 보인다. 〈공허한 한정성〉이란 물리적으로 미실현에 있는 한정의 형식, 달리 말하면 영원한 객체인 가능태를 말한다. 결국 정신성의 경험은 어떤 영원한 객체에 대한 물리적 실현을 지향하는 충동 또는 욕구라는 것이다. 그것은 〈'기존 물리적 실현엔 없는 것들'의 실현〉으로 채워지길 충동하며 욕구한다. 그것은 실현되어질 미래를 현재의 직접적 목적으로서 도입하고 있는 작용이다.

아마도 자연세계에 출현한 최초의 세포생명체는 분명 〈물리적 목적〉에서 보이는 물리적 느낌의 재생과 반복으로 귀결되지 않는, 원시적인 〈명제적 느낌〉이라는 지극히 〈단순 충동의 느낌〉을 품고 있었을 걸로 여겨진다. 이때의 〈정신성〉은 〈무의식적 심리 감정의 가장 단순한 형태〉 또는 〈물리적 목적을 넘어선 단순 욕구〉였을 것이다. 이 최초 세포 생명체가 갖는 〈단순 충동의 느낌〉은 자극에 대한 반응에 있어, 물리계로 포섭되는 진동을 넘어서는, 새로운 개념적 느낌을 끌어들이고 있는 주체적 형식이 처음으로 출현한 것이 되겠다. 그것은 **물리적 〈진동〉을 포월하는[포함하며 초월하는]** 어떤 〈충동〉으로의 진화인 것이다. 이때 〈물리적 목적〉의 단계를 넘는 〈단순 충동의 느낌〉이라고 하더라도 그 역시 〈작용적 원인〉뿐만 아니라 〈목적적 원인〉을 지닌 것에 속한다.

이처럼 화이트헤드는 존재론에 〈작용인〉과 〈목적인〉도 함께 도입한다. 물론 우리의 삶에서 보면 〈의식〉의 작용에서나 뚜렷한 목적적 원인의 느낌을 체험한다지만 이 목적지향성의 분명한 기원을 물리학적 설명에서는 찾기 힘들다. 화이트헤드에 따르면, 전통적인 생리학적 학설들은 그 설명을 오직 물리적 시스템에 의존된 것으로만 보고 있어 내부적으로 일관성이 없다고 말해진다(FR 26). 신체 활동의 설명에 있어

제8장 현실 존재의 내부 들여다보기 (2) - 합생 후기 위상의 〈비교적 느낌들〉

이것이 그런 생리학적 설명처럼 전적으로 〈작용인〉에 의한 설명으로만 채워지고 〈목적인〉을 추방하는 것에 대해서만큼은 분명한 반대를 표시했던 것이다. 심지어 화이트헤드가 보기에, 과학자들은 동물의 신체 활동이 〈목적〉^{purpose}에 의해 유발되는 것이 아니라는 것을 증명할 〈목적〉으로 실험과 논문을 고안해내곤 한다면서(FR 16) 다소 역설적으로 비꼬는 느낌의 표현마저 썼을 정도로 명시적인 반대 입장을 드러냈었다. 그러한 과학자도 분명한 생리학적 인간이며 동물에 속하고 있다.

따라서 화이트헤드의 입장은, 목적의 느낌 곧 목적에 의한 인과적 원인 작용은 이미 지성적 느낌 이전부터 자연에 줄곧 있어왔다는 것이다. 〈기계론적 자연관〉을 갖고 있던 서구 근대 자연과학 연구에선 〈목적인〉이 추방되어 왔지만 그것은 제한된 관점에서의 성공이었을 뿐, 진화하는 자연에 대한 온전한 설명으로선 아니라고 본다. 결국은 〈작용인〉에 의한 설명과 함께 〈목적인〉에 의한 설명도 함께 요구된다는 것이다. 그렇기에 새로운 목적의 이상을 품고 이를 실현하고자 하는 충동 및 욕구에 기반하지 않은 채로, 곧바로 의식을 갖는 〈지성적 느낌〉 역시 산출될 수 없다. 인간의 지성은 기본적으로 〈감정적 목적〉을 그 안에 품고서 이를 기반으로 〈지성적 목적〉으로서 새롭게 등장한 새로운 타입의 느낌의 출현인 것이다. 그것은 이전보다 훨씬 더 분명하고 명확한 〈강조〉의 성격을 띤다. 이때 〈목적성〉의 느낌도 한층 더 뚜렷해진다.

감정과 지성의 관계, 신체와 옷의 관계로 비유할 수 있어

우리가 현재로선 〈의식적인 지성적 느낌〉에까지 이르고 있다지만, 그럼에도 여전히 훨씬 더 강력한 것은 〈무의식적인 명제적 느낌〉의 작용이다. 앞서도 말했듯이 일상생활에서의 무의식적인 심리 감정들[기쁨/슬픔/즐거움/분노/공포/.. 등] 또한 모두 명제적 느낌의 〈주체적 형식〉에 속한다. 인간을 〈합리적 지성〉의 존재로 보기에는 아직 힘들다. 그러나 지성[이성]이 없다면 우리의 문명생활은 훨씬 더 큰 곤란과 피로를 겪을 것이라는 점도 분명한 얘기다. 흥미롭게도 화이트헤드는 〈감정과 지성의 관계〉를 〈신체와 옷의 관계〉로 비유한 바가 있다.

"우리 생활의 90퍼센트는 감정[정서]^{emotion}의 지배를 받습니다. 우리의 두뇌들은 단지 우리의 신체 경험으로 전송받은 것들을 등록하고 반응할 뿐입니다. 지성^{Intellect}은, 마치 우리의 옷이 신체에 붙어 있는 것처럼, 감정에 있습니다. 우리는 옷 없이는 문명화된 삶을 잘 살아갈 수가 없지만, 만약에 신체가 없이 옷만 있다면 결핍된 방식^{way}이 될 것입니다." (D 231-232)

이처럼 화이트헤드는 〈감정〉이야말로 우리 생활의 전반을 거의 지배하고 있을 정도로 필수불가결한 것으로 보는 입장이다. 다시 말하면 실제적으로도 〈명제적 느낌〉이 〈지성적 느낌〉보다 훨씬 더 거대하게 작용한다는 것이며, 전자가 있어야 후자가 나올 수 있다는 것이다. 〈'지성'이라는 옷〉이 〈'감정'이라는 신체〉에 있다는 점은 한편으로 〈옳고 그름의 이해관계〉보다 〈좋고 싫음의 감정관계〉가 훨씬 더 근원적인 경험 방식에 가깝다는 점을 함의해주고 있다. 어떤 면에서 지성의 작용도 애초 그 자신의 감정 상태를 정당화하기 위한 후속 조치로 마련된 것일 여지가 크다. 그럴 경우 우리가 상대방을 온전히 설득하려면 논리적 공박도 중요하겠지만 감정적[정서적] 공략도 더 없이 중요하다는 점을 상기해볼 수 있다. 물론 그럼에도 인간은 문명화된 삶을 추구한다는 점에서 현재로선 〈지성적 느낌〉 역시 분명하게 필요로 한다는 점도 사실이다.

또 한 가지 언급할 점이 있는데, 사람들은 일반적으로 뇌에서 내린 명령으로 행동 통제가 되는 것으로 생각하기 때문에 우리의 뇌를 흔히 주체적 명령자로 간주하는 경우가 많다. 그러나 실제상에서 보면 우리는 오히려 신체를 둘러싼 환경 또는 상황으로부터 오는 여러 자극들에 대해서도 거의 <자동적 반응>의 기계처럼(물론 궁극적으로는 기계가 아니지만) 단순 대행 전달자로서의 뇌 역할이 훨씬 더 많다는 사실이다. 이를 <감정적 반응>이라고 표현하는 것이 좀 더 나을 것 같다. 즉, 주위 환경에 떠밀려서 일어나는 우리 뇌의 자동 반응들은 거의 대부분 <감정적 반응>일 수 있다는 얘기다. 알다시피 신체 내 자율신경계의 작동들도 여러 다양한 감정 반응들과 깊이 연루되어 있다. 불안과 공포의 공황상태는 이미 <의식적 판단> 이전에 일어나고 있는 상태이다. 이렇게 볼 때 우리 뇌가 진정한 결정자라기보다는, 이미 그 전에 문화적 환경과 여러 상황들이 주도적 원인을 일으키는 결정자였을 수도 있고, 가정과 일터의 생활반경에서의 관계들이 우리 자신의 뇌를 효과적으로 자극시킨 결정자였을 수 있다. 이 반응의 결과가 뇌를 비롯한 신체 내에선 신경전달물질과 호르몬의 이상 징후들을 갖는 차이들로 드러날 수 있는 것이다. 알다시피 신체를 둘러싼 여러 환경적 요인들은 신체상의 유전자마저 수정시키는 경우로도 나타나고 있다.

  결국 이때의 생물학적인 우리 뇌는 이미 선행된 여러 자극들에 기인한 주도적 결정들을 <감정적으로> 받아들여 등록한 후 다시 신체로 내보내는 역할만 하고 있는 셈이다. 물론 외부 자극으로부터 감각기관을 통해 들어오는 여러 정보들을 뇌가 재해석하는 것이긴 해도 거의 대부분은, <생각하는 주체로서의 판단적인 뇌>로서 그 신체에 명령을 내보내는 게 아니다. 그야말로 습관화된 자동 반응에 가까운 <감정적 반응으로서의 뇌> 작용을 통해 신체에 명령을 내리는 경우가 훨씬 더 많다고 볼 수 있겠다. 의식이 없이 일어나는 무의식적인 감정 반응들은 거의 대부분 자동 반응들이다. 이때의 뇌는 의식적인 생각을 수행하고 있지 않다. 즉, 판단하고 있지 않은 것이다. 그저 반응할 뿐이다. 따라서 화이트헤드가 잘 살폈듯이, "우리의 두뇌들은 단지 우리의 신체 경험으로 전송받은 것들을 등록하고 반응할 뿐"인 것이다. 우리가 감정을 내지르는 감정반응의 순간들만큼은 의식 없이 대부분 무의식적으로 나오는 경우들이 다반사다. 비유적 표현이지만, 우리의 뇌는 여전히 〈감정 생산 공장 기계〉에 더 가깝다. 지성을 갖는 의식의 상태보다 감정의 상태가 진화상의 유기체 경험에서 보면 더 선행되는 경험에 속한다.

인공지능과의 차이 – 인간의 경우 감정 없는 지성은 없다!

뿐만 아니라 〈지성이라는 옷〉이 〈감정이라는 신체〉를 입고 있다는 점은 〈'지성'이란 무엇인가〉를 연구하거나 이해함에 있어서도 매우 중요한 점을 시사해주고 있다. 그것은 다름 아닌 화이트헤드가 보는 〈지성〉 이해는, 오늘날 인공지능[AI]$^{Artificial\ Intelligence}$ 연구에서도 많이 언급되는 〈알고리즘〉^{algorithm}의 연산적 성격 또는 수학적이고 논리적인 절차나 방법을 갖는 데서 비롯되는 게 아니라는 점이다. 즉, 인간의 지성은 인공지능의 그것과는 다르다는 얘기다. 물론 그것들이 겉보기엔 인간 지성의 모방과 흉내 능력을 갖출 수는 있어도 내용상으로는 분명 다른 성격의 것이라는 얘기다(* 여기선 지능과 지성 간의 세부적인 개념 차이도 있을 수 있겠지만, 일반적으로 '문제 해결 능력'으로 간주되는 〈지능〉이라는 개념에 대해서도 여전히 논란들 역시 있기 때문에 단지 이 글에서는 〈지성에 의한 능력〉을 〈지능〉으로 간주해서 언급한 것뿐임을 말씀드린다). 적어도 화이트헤드 철학에 있어서는 〈명제적 느낌〉이 있고나서야 〈지성적 느낌〉이 출현할 수 있다고 보듯이, 〈물리적 목적〉을 넘어서는 정신적 극의 돌발적 섬광을 보이는 성장의 단계를 밟지 않고 곧바로 〈지성적 느낌〉이 출현할 수 있다고 보진 않는다. 다시 말하면, 흥미와 유혹을 불러일으키는 느낌의 과정들이 반드시 먼저 있고나서야 이를 기반으로 하는 수학적·논리적 판단을 보이는 지적 능력들 역시 나올 수 있다고 보는 것이다. 화이트헤드는, 인간이 수행하는 수학적이고 논리적인 지적 판단의 작용도 진화상에서 매우 특별한 것으로 강조된 흥미의 느낌들로부터 비롯되어 나온 것으로 본다. 자동 계산기나 인공지능 번역기가 갖지 못하는 흥미의 느낌을 생물체는 기본적으로 품고 있다는 것이다.

이렇게 볼 때 〈지성〉은 감정의 반대라기보다 어떤 면에서 감정의 특화, 즉 1차적으로 느껴진 여러 충동 및 감정들을 비교 통합하는 가운데서 새롭게 특화된 〈2차적 유형의 욕구〉로도 볼 수 있겠다. 이를 테면 1차적 상태의 충동 및 감정들을 비교 통합하는 가운데서 이를 〈교화시키고 있는〉civilizing 새로운 유형의 2차적인 느낌이라는 얘기다. 우리가 종종 〈이성〉reason이라고 말하는 바로 그것이 이때 등장한다고 볼 수 있다. 화이트헤드는 지성적 느낌의 단계 경험에서 등장하는 〈이성〉을 정신성mentality의 2차적 질서 유형으로 간주한다(FR 32-33).

게다가 놀랍게도 화이트헤드는 이러한 〈이성〉의 반대를 〈피로〉fatigue라고 봤었다(FR 23). 감정이 아니다. 하지만 인공지능의 기계는 〈피로〉를 모른다. 인공지능은 밤낮으로 부단한 학습이 가능할 수 있지만 인간의 경우는 휴식과 수면이 꼭 필요하다. 이런 점에서 보다라도 〈인공지능〉과 〈인간의 지능〉은 그 작용되는 기제 곧 메커니즘mechanism이 근본적으로 다르다고 생각된다. 따라서 인공지능의 인공신경망과 인간의 신경세포가 암암리에 동일하다고 보는 언급들은, 정작 제대로 진일보시켜야 할 현재의 연구를 오히려 더 혼란스럽게 만드는 표현이 될 수 있다.

그런데 우리가 〈감정〉과 〈지성〉 간의 경계선 속으로, 계속해서 세부적인 분석의 구체화로 파고들어갈수록 어느 순간엔 무의식과 의식의 경계선이 모호해지듯이 그 경계선 역시 〈정도의 차이〉가 될 뿐일 것으로 보인다. 다만 화이트헤드가 보는 〈지성적 느낌〉은 필히 〈의식〉과 결부되어 있어 〈지성적 느낌〉의 방향으로 갈수록 점차로 그 느낌이 더욱 명확하고 뚜렷하게 느껴진다는 점이 있을 뿐이다. 〈의식〉 이전의 무의식적 상태에서의 〈감정〉도 주체적 형식에 속하지만 〈의식〉은 그러한 감정 이후로 새롭게 출현한 또 다른 사적인 특별한 느낌에 속한다. 따라서 종합적으로 고려해본다면 이렇게도 언급해볼 수 있을 것 같다. "지성은 감정을 전제하지만 감정은 지성을 전제하지 않는다!"고.

〈의식〉과 문명, 무의식화의 목록들을 확장시키는 〈의식〉의 역할

앞서 〈무의식적인 감정〉이 〈의식적인 지성〉보다 거의 압도적일 만큼 거대하게 작용한다는 점을 언급했었다. 하지만 그렇다고 해서 화이트헤드는 〈의식〉을 항상 〈무의식의 노예〉로만 보는, 그런 입장도 아니다. 물론 우리의 일상적 감정 반응들은 거의 대부분 자동으로 빨려 들어가는 식의 무수한 유혹 느낌들인 흥미 반응에 속한다. 그런 식으로 우리는 많은 경험들을 향유^{enjoyment}하는 중에 있다. 하지만 〈의식〉이 없을 경우 그러한 경험의 향유를 내가 선택하고 있다는 점도 미처 깨닫지 못한다. 그저 경험할 뿐이다. 하지만 우리가 의식을 갖게 되면, 그런 무수한 끌림들에 대해서도 곧바로 빠져들기보다 어느 정도 〈향유에 대한 선택성〉$^{selectiveness\ of\ enjoyment}$을 선보일 수 있다(MT 29). 여기에는 선택이 갖는 〈목적성〉의 성격도 더 뚜렷하게 예시된다. 그런데 화이트헤드는 문명의 진보적 발전의 성격과 그리고 우수한 기술력 확보로서의 〈빛나는 기량〉$^{Sheer\ skill}$과 관련해 다음과 같은 중요한 언급을 한 바가 있다.

"문명의 발전은, 생각하지 않고서도 수행할 수 있는 중요한 작업 연산의 수를 계속 늘려감으로써 진보한다." (IM 61)

"탁월성excellence을 위한 조건은 기술technique에 있어서의 철저한 훈련이다. <u>빛나는 기량은 의식적인 연습의 영향권을 벗어나서 무의식적인 습성의 특성을 띠고 있어야 한다.</u>" (PR 338/640)

일견 당연해보일 수도 있는 진술이겠지만 여기에는 〈무의식〉과 〈의식〉에 대한 두 대조의 통합이 깔려 있다. 즉, 화이트헤드는 말하는 〈생각하지 않고서도 수행할 수 있는 중요한 작업 연산〉이라는 것과 그리고 철저한 기술 훈련을 거치는 〈의식적인 연습〉conscious exercise의 영향권을 벗어나 〈무의식적 습성〉unconscious habit의 특성을 띠는 〈빛나는 기량〉의 경지는 〈단순 무의식〉의 상태가 아니라는 점이다. 이에 대해선 다음과 같은 그림을 통해 설명해보고자 한다.

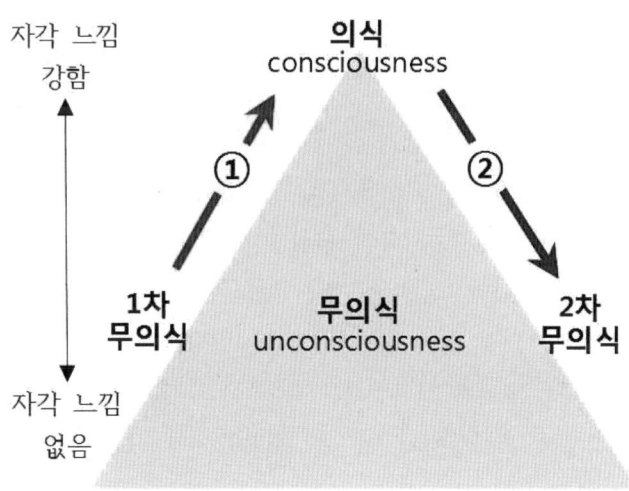

여기서 강조되어야 할 부분이 다름 아닌 <2차 무의식>인데 왜냐하면 이것은 <의식을 거쳐서 나온 무의식>이기 때문에 <1차 무의식>과는 구별된다는 것이다. 앞서 화이트헤드가 언급했던, 문명의 발전 방식 얘기나 <빛나는 기량>이 갖는 무의식적 습성 얘기도 필자가 보기에는 바로 이 <2차 무의식의 증대>를 가리키는 것으로 생각된다. 알다시피 무의식 자체에 의한 활동들은 거의 자동적일 정도로 매우 큰 힘을 애써 들여야만 하는 그런 행동이 아니다.

흔히 거론되는 사례로서 골프공을 칠 때 <골프선수의 뇌>와 <일반인의 뇌> 활동을 비교해보면, 골프선수의 뇌 활동 부분은 매우 적게 나타나지만 일반인의 뇌는 그렇지 않고 훨씬 더 많은 뇌 활동량을 보이는 것으로 나온다. 즉, 일반인이 골프채를 잡고 공을 칠 경우 이들은 더 많은 의식적 노력을 해야만 해서 뇌 활동량의 소비가 크지만, 골프선수는 거의 무의식적 감각 느낌으로 치는 거여서 뇌 활동의 에너지 소비가 크지 않은 것이다. 그러나 골프선수가 그러한 경지에 이르기까지는 정말 많은 의식적 훈련의 연습을 거쳐야만 가능할 수 있다. <의식을 거쳐서 나온 무의식>이란 바로 이런 의미다. 생물학적인 우리의 몸 활동은 반복적으로 익숙하게 체화된 것들을 다시금 <무의식>으로 돌려보내고 있다. 그리하여 머리가 아닌 몸이 기억할 때까지 체득하게 되면 소위 말하는 <달인>達人의 반열에도 오르게 된다. 따라서 <달인>의 경지란 <의식적 연습>을 넘어서 <무의식적 습성>에까지 이른 빛나는 기량의 상태를 말한 것이다. 이들 <달인>은 어떤 특정 분야에서 정말 많은 힘을 들이지 않고서도 정말 많은 일을 해내는 사람들을 말한다. <달인>이 갖는 집중의 강도는 초보적 일반인과는 큰 차이를 갖는다. 문명화된 사회의 교육은 다양한 분야들에서 고도의 숙련된 전문 기술인, <달인>을 육성하는 과정이기도 한 것이다.

그런데 오늘날 <인공지능> 산업의 발달은 바로 이 전문 기술을 기계가 새롭게 대체하고 있는 산업 방식에 속한다. 훨씬 더 많은 수고와 힘을 들여야 할 부분들을 점차로 이들 <인공지능> 기술에 맡기게 되면서 우리 자신의 의식적인 관심사는 이제 <또 다른 선택적 향유>로도 눈을 돌리는 여유까지 확보하게 되는 것이다. 물론 기존의 숙련된 기술자들을 인공지능 기술력으로 대체한다는 건, 기존의 전문 직업의 일자리를 잃게 만드는 문제도 있기 때문에 많은 사회적 문제가 되기도 한다. 사실상 현재의 <인공지능>이 대체하고 있는 것은 <인간지능> 자체가 아니며, 그동안 인간지능으로 수행해왔던 <패턴화된 활동들>이다. 인공지능의 알고리즘은 바로 이것을 찾아다니며 학습하고, 살아있는 유기체 인간은 또 다른 새로운 경험을 찾아나서는 활동들을 개시한다. 이런 식으로 "생각하지 않고서도 수행할 수 있는 중요한 작업 연산의 수를 계속 늘려감으로써" 우리의 역량들은 훨씬 더 증대되고 가능한의 경험들은 그 만큼 더 복잡 풍부해지는 것이다.

궁극적으로도 보면 생물체로서의 인간은 다시 또 <새로운 직감의 개발>을 찾아나서는 방향을 원하지, 반복되는 기술이나 달성된 활동 안에서만 계속 안주되거나 머물기를 거부한다. 이미 숙달된 것들은 새로운 경험을 다시 찾아나서는 여정에 있어 성취된 능력이라는 자산으로서 간직될 것이다. 그래서 필요하다면 그것들은 이제 얼마든지 꺼내어서 발휘해볼 수 있는 목록들에 속한다. 하지만 생물체로서의 우리 욕구들은 거기에 만족하지 않고 다시금 더 많은 새로운 경험들을 찾아 나서길 원하며, 우리가 속한 우주에 대해서도 더 많이 이해되길 기대하면서 자신의 존재 의미와 가치를 찾아 나선다. 이 같은 <새로운 경험으로의 확장>에서 보는 인간 생물 종은 심지어 확률이 거의 희박한 것에까지도 목숨을 걸 만큼 비합리적인 행태들을 보인다. 나중에 제10장에서도 살펴보겠지만, 근본적으로 이 같은 특징의 발원은 화이트헤드가 말하는 〈살아있음〉이라는 것, 곧 〈생명〉의 특징과도 맞닿아 있다.

복잡 풍부한 경험으로의 진화로

오늘날에도 〈진화론〉은 중요한 대세이긴 하지만, 화이트헤드가 봤을 때 진화론에서의 진화가 반드시 상향적인 진화를 암시하는 것으로는 보질 않았으며, 오히려 우리에게 관찰되고 있는 것은 종^{species}에서 종으로, 유^{genera}에서 유로의 〈역사적인 변천〉$^{historic\ transition}$이라고 말한다(MT 112). 다만 그러한 가운데 진화하는 유기체의 삶에는 생존 자체를 목적으로, 더 나아가 보다 만족스러운 생존을 목적으로, 그리고 그러한 만족의 계속적인 증대를 추구하는 방향으로, 이러한 3중의 충동^{urge}이 나타난다고 보는 것이다(FR 8).

우주의 창조적 진화가 〈물리적 목적의 단계〉에서 〈명제적 느낌의 단계〉로 그리고 〈지성적 느낌의 단계〉로 나아간다는 것은 유기체의 삶이 우주 안에서 단지 버텨내기만 하는 그러한 〈존속〉^{endurance}에만 있지 않다는 점을 예시해주고 있다. 즉, 진화하는 우주의 또 다른 방향성에는 〈'단조로움으로 떨어지는 질서'에 대한 항거〉가 있는 것이다. 오늘날 생물학에서도 거의 불로장생하는 해파리가 있다고도 말하지만 이들의 존속 경험들은 보다 복잡한 사회를 형성하며 살아가는 고등 동물의 다양한 경험들에 비한다면 지극히 단조로운 경험의 삶이 되고 만다. 고등 유기체의 복합적 느낌들이 만들어내는 다양한 감정의 색조들도 경험의 풍부성을 드러내준다. 뿐만 아니라 유기체는 온갖 상징들을 활용하는 〈상징작용〉^{symbolism}의 발달을 마련함으로써 간단한 사물 하나를 놓고서도 온갖 새로운 경험들로 나아갈 수 있는 다양한 길을 열어놓고 있다. 이는 고등 유기체의 지각 경험과도 관련된 문제다. 〈지각 이론〉$^{theory\ of}$

제8장 현실 존재의 내부 들여다보기 (2) - 합생 후기 위상의 〈비교적 느낌들〉

perception에 대해선 바로 다음 장에서 알아볼 것이다.

지금까지 우리는 합생의 후기 위상의 〈비교적 느낌들〉을 크게 3가지로 나누어서 〈물리적 목적의 단계〉와 〈명제적 느낌의 단계〉 그리고 〈지성적 느낌의 단계〉까지 대략적으로 살펴보았다. 이 단계들은 화이트헤드가 그 자신의 합생 개념에 대한 존재론적 분석을 통해 제안된 것이며, 그럼으로써 자연의 진화가 보여준 것처럼, 낮은 단계에서 보다 높은 단계에 이르기까지 그 유기체 활동들이 가능할 수 있는 합생의 고차적 위상들과 관련해 마련해놓은 것이다. 물론 앞으로도 계속적인 진행 중에 있는 우주의 진화를 염두에 둔다면 우리는 지금보다 훨씬 더 후속적으로 연장된 합생의 고차적 위상들, 즉 훨씬 더 복잡한 고차적 위상들로 계속해서 더 나아갈 가능성도 있다. 그러나 화이트헤드가 PR에서도 언급하지 않은 합생의 고차적 위상들을 굳이 여기서 더 타진해야 할 이유도 없으며 적어도 입문적 본서에선 불필요한 일이다. 오히려 이제 비로소 살펴야 할 점은, 〈유기체의 지각 경험〉에 대한 논의 즉 화이트헤드의 〈지각 이론〉이 아닌가 생각된다.

기본적으로 화이트헤드의 〈지각 이론〉은 자신의 형이상학인 존재론적 구도에서 나온 것이면서도 특히 인간 경험의 지각 방식과 관련해서 고찰되고 있기에 매우 주목할 만한 것이다. 한편으로 화이트헤드의 〈지각 이론〉은 입문 단계에서 논하기엔 매우 까다롭고 어려운 내용인 점도 있다. 그럼에도 아예 안할 수도 없기 때문에 본서를 통해서는 가능한의 스케치로서 주요 개념들을 담아 소개해보고자 한다. 이 지각 이론의 출발은 〈신체〉body다. 왜냐하면 신체 없는 지각이란 없기 때문이다.

- [제2권으로]

주[註]   • 참조 문헌

1) Randall E. Auxier and Gary L. Herstein, *The Quantum of Explanation: Whitehead's Radical Empiricism* (New York: Routledge Taylor & Francis, 2017), pp.39-49.

2) Bruno Latour, "What Is Given in Experience?", Isabelle Stengers (Author), Michael Chase (Translator), Bruno Latour (Foreword), *Thinking with Whitehead: A Free and Wild Creation of Concepts* (Cambridge, Massachuseitts, and London, England: Havard University Press, 2011). p. ix.

3) Ibid.

4) 뒤늦은 감도 없잖아 있지만, 최근 천문학계 뉴스는 기존 교과서에 있던 <허블의 법칙> 대신에 앞으로는 조르주 르메트르의 공헌을 인정하고 기념하고자 <허블-르메트르 법칙>으로 변경한다는 소식을 전해 왔었다.

5) 이안 바버 지음, 이철우 옮김, 『과학이 종교를 만날 때』 (서울: 김영사, 2002), p.70.

6) 이재원, "두 가지 위대한 실수를 한 아인슈타인", 『고등과학원(KIAS)』 (2006. No.33), pp.16-19.

7) Michael Epperson, *Quantum Mechanics and the Philosophy of Alfred North Whitehead* (New York: Fordham University Press, 2003), p.205.

8) Yutaka Tanaka, "The "Individuality" of a Quantum Event", Edited by Timothy E. Eastman and Hank Keeton, *Physics and Whitehead: Quantum, Process, and Experience* (New York: State University of New York Press, 2003), pp.164-179. 예컨대 유타카 타나카는, 화이트헤드의 <시간의 획기적 이론>Epochal Theory of Time을 통해 양자물리학에서 언급되는 휠러의 <지연된 선택>delayed-choice 실험에 대한 해석에 있어 화이트헤드 철학이 매우 유용한 도움이 될 수 있었음을 전하고 있다. 뿐만 아니라 물리학자인 헨리 스탭(Henry P. Stapp) 역시 양자역학 해석에 있어 화이트헤드 철학의 유용성을 주장했었다. Henry P. Stapp, "Whiteheadian Process and Quantum Theory of Mind", *Lawrence Berkeley National Laboratory Report*, LBNL-42143, (1998) p.1. 헨리 스탭은, 20세기 양자물리학 역사의

영웅들로도 평가되는 볼프강 파울리(Wolfgang Pauli)와 베르너 하이젠베르크(Werner Heisenberg)와도 함께 일한 적이 있는 양자역학 연구자이다. 그는 양자역학과 함께 뇌 의식 문제를 설명하는 시도에 있어서도 화이트헤드 철학의 통찰로부터 매우 크게 도움을 얻었음을 밝힌 바 있는데, 헨리 스탭의 양자 뇌 가설은 세간에 알려져 있는 펜로즈-해머로프의 양자 뇌 가설과도 또 다른 것으로 그의 경우는 <양자 제논 효과>Quantum Zeno Effect를 적용한 것이다. 그의 양자 의식 가설에 대해선, Henry P. Stapp, Mind, *Matter and Quantum Mechanics* (3E) (Berlin, Heidelberg, New York: Springer, 2009/1993) ; *Mindful Universe: Quantum Mechanics and the Participating Observer* [2E] (Berkeley, CA: Springer, 2011), 참조. 그리고 2017년에 출간한 책에서는 우리의 정신적 의도가 어떻게 신체적 활동으로 바뀌는지를 양자물리학과 관련해서 설명해놓은 책을 펴냈었다. Henry P. Stapp, *Quantum Theory and Free Will: How Mental Intentions Translate into Bodily Actions* (Berkeley, CA: Springer, 2017) 이 책에서 그는 양자물리학이 거의 1세기가 지나고 있음에도 불구하고 주류 생물학과 신경과학이 아직도 정신적 의도[목적]가 우리의 신체 활동에 아무 영향을 미치지 않는다고 생각하는, 실패한 고전적 교훈들에 자꾸만 매달리는 점을 지적하면서, 한편으로 양자역학이 생물학과 신경과학 간의 연결에 대한 더 나은 이해를 위해 합리적 근거를 어떻게 제공하는지를 보여주고 있다.

9) 현대 이론물리학자들 중 세계적으로도 유명한 로저 펜로즈(Reger Penrose)나 리 스몰린(Lee Smolin)의 경우는 <평행 우주론> 가설보다는 <순환 우주론>의 입장이라고 여겨진다. 특히 로저 펜로즈의 순환우주론은 <등각 순환 우주론>Conformal Cyclic Cosmology으로 알려져 있다. 로저 펜로즈 지음, 이종필 옮김, 『시간의 순환』(서울: 승산, 2015), 참조. 적어도 현재의 추세만큼은 단일한 하나의 현재 우주만 상정하기보다 <다중우주>에 대한 관심들이 더 늘어나는 걸로 보인다. 오늘날 <다중우주론>은 이미 과학 담론 안에서도 공공연히 표방될 만큼 우리가 속한 우주에 대해 많은 사람들의 상상력들을 자극하지만, 반면에 그것이 갖는 형이상학적 틀은 여전히 모호하면서도 과학자들은 오히려 수학적 모형에 좀 더 많이 경도된 점도 없잖아 있다.

10) 화이트헤드는, 태초(beginning)를 상정하는 건 오히려 넌센스(nonsense)로 보고 있다. Lewis S. Ford & George L. Kline, eds. *Explorations in Whitehead's Philosophy* (New York: Fordham University Press, 1983), p.10. 나중에 보겠지만 <무(無)로부터의 창조> 개념을 거부하는 그의 궁극적인 철학적 구도에선 창조적 전진으로서의 과정만이 있을 뿐이다.

11) 추측상 화이트헤드가 쓴 *Modes of Thought* 저작과 거의 비슷한 시기에 발표된, 영국의 생물학자이자 오늘날 <후성유전학> 연구의 선구자격인 콘래드 와딩턴(Conrad. H. Waddinton)을 두고 언급한 게 아닌가 생각된다. Conrad H. Waddington, *An Introduction to Modern Genetics* (London: George Alien & Unwin Ltd, 1939) 참조. 주지하다시피 <후성유전학>을 연구하는 대다수 생물학자들은 이 와딩턴을 선구자로 많이 소개하는 편이며, <후성유전>epigenetic이라는 용어 자체부터가 1940년대에 와딩턴이 처음 사용한 신조어임을 전하고 있다. Richard C. Francis, *Epigenetics The Ultimate Mystery of inheritance* (New York: W. W. Norton & Company, 2011), p.136. 여하튼 이런 역사적 맥락들을 통해서도 본서가 강조하고 싶었던 바는 어디까지나 화이트헤드가 자신의 철학을 통해 그것이 매우 중요하다는 점을 진즉부터 예견하고 있었다는 점, 바로 그 점에 주목해보고자 함에 있다.

12) 백성희, "후성유전학이란 무엇인가", 한국분자·세포생물학회 기획, 『생물학 명강 3』(서울: 해나무, 2015), p.288.

13) 이일하, 『이일하 교수의 생물학 산책』(서울: 궁리, 2014), p.334.

14) Lee Smolin, *Time Reborn: from the crisis in physics to the future of the universe* (New York: Houghton Mifflin Harcourt, 2013), 참조. 고리(loop) 양자 중력 이론가로 유명한 리 스몰린은 자신의 이 주장이 완전히 새로운 건 아니라는 점도 언급하는데, 놀랍게도 널리 알려진 유명 물리학자인 폴 디랙(Paul Dirac)과 존 아치볼드 휠러(John Archibald Wheeler)도 우주의 법칙이 영원한 것이 아니며 진화한다는 주장을 한 적이 있다고 했고, 심지어 휠러의 제자였던 리처드 파인먼(Richard Feynman) 역시 어느 인터뷰에서 물리학의 법칙이 항상 동일하진 않으며 역사적 진화적 의문이 가능함을 피력한 바 있다고 전하고 있다(같은 책, xxv-xxvi 참조).

15) Lisa Randall, *Knocking on Heaven's Door: How Physics and Scientific Thinking Illuminate the Universe and the Modern World* (New York: Ecco. Harper-Collins Publishers, 2012), p.73.

16) 리 스몰린 지음, 김낙우 옮김, 『양자 중력의 세 가지 길』(서울: 사이언스북스, 2007), pp.128-129.

17) 카를로 로벨리 지음, 김정훈 옮김·이중원 감수, 『보이는 세상은 실재가 아니다』(서울: 쌤앤파커스, 2018), pp.136-137.

18) 앞의 책, pp.192-193. 다만 화이트헤드 철학을 잘 모르고 있는 저자로선 현대 물리학의 <공변 양자장>이 고대 자연철학자 아낙시만드로스의 <아페이

론>ἄπειρον/apeiron, 무(無)한정자 개념을 가장 잘 나타낸 것으로 보고 있다.

19) Randall E. Auxier and Gary L. Herstein, *The Quantum of Explanation: Whitehead's Radical Empiricism* (New York: Routledge Taylor & Francis, 2017), p.6.

20) 리처드 니스벳 지음, 최인철 옮김, 『생각의 지도 - 동양과 서양, 세상을 바라보는 서로 다른 시선』(서울: 김영사, 2004) ; 김명진·EBS 동과서 제작팀 지음, 『EBS 다큐멘터리 동과 서 - 서로 다른 생각의 기원』(서울: 지식채널, 2012) 참조. 이 책들은 한편으로 동서양의 철학(형이상학)이 일상의 살아가는 방식들과 얼마나 많이 밀착되어 있는가를 여러 실제 사례들을 통해서 흥미진진하게 잘 보여준, 매우 유익한 내용들이다. 물론 이 책에는 화이트헤드에 대한 언급이 전혀 없다. 하지만 단언컨대 화이트헤드 철학 공부 이전에 한 번 들여다볼 만한 워밍업 자료로선 정말 좋다고 생각한다. 동서양의 철학적 세계관의 차이와 문화를 대중적으로 아주 쉽게 잘 소개한 교양서이다.

21) http://vancouversun.com/news/staff-blogs/china-embraces-alfred-north-whitehead 웹페이지 소개 내용 참조. ; Douglas Todd, "China embraces Alfred North Whitehead", *The Vancouver Sun* (December 10, 2008), 참조.

22) 행크 키튼 지음, 김영진 옮김, 『느낌의 위상학』(서울: 이문출판사, 2018), p.7.

23) 김준섭, 『논리학』(서울: 문학과지성사, 1995), p.12.

24) 윌리엄 닐·마사 닐 공저, 박우석·배선복·송하선·최원배 옮김, 『논리학의 역사 1』(서울: 한길사, 2015), p.16.

25) 한스 크리스천 폰 베이어 지음, 전대호 옮김, 『과학의 새로운 언어, 정보』(서울: 승산, 2007), p.312. 책의 저자는 양자물리학의 뿌리에 물질이 아닌 <정보>가 있다는 점을 유명한 양자물리학자인 안톤 차일링거(Anton Zeilinger)의 언급과 함께 소개하고 있다.

26) Randall E. Auxier and Gary L. Herstein, *The Quantum of Explanation: Whitehead's Radical Empiricism* (New York: Routledge Taylor & Francis, 2017), p.16.

27) 위의 책, p.62.

28) 이안 바버 지음, 이철우 옮김, 『과학이 종교를 만날 때』(서울: 김영사, 2002) 참조.

29) 데이빗 R. 그리핀 지음, 장왕식·이경호 옮김, 『화이트헤드 철학과 자연주

의적 종교론』(서울: 동과서, 2004), pp.54-55.

30) 토마스 호진스키 저, 장왕식·이경호 역, 『화이트헤드 철학 풀어 읽기』(대구: 이문출판사, 2003), 원서명: Thomas E. Hosinski, *Stubborn Fact and Creative Advance: An Introduction to the Metaphysics of Alfred North Whitehead* (Rowman & Littlefield Publishers, Inc., 1993) ; 도널드 W. 셔번 편저, 오영환·박상태 옮김, 『화이트헤드의 과정과 실재 입문』(서울: 서광사, 2010), 원서명: Donald W. Sherburne [by edited], *A Key to Whitehead's Process and Reality* (Chicago and London: The University of Chicago Press, 1966) ; 호진스키의 책은 해외 대학원에서 화이트헤드의 과정철학을 소개하는 교재로도 사용된 적이 있을 만큼 기존의 화이트헤드 철학 개론서 중에서는 비교적 쉽게 소개된 책에 속한다. 그러나 일반인들한테는 여전히 읽어내기가 어렵다는 반응이긴 했었다. 셔번의 책은 화이트헤드의 『과정과 실재』책 내용을 그 자신이 발췌 편집해서 여기에 약간의 설명을 곁들인 책이다. 따라서 셔번의 편집 책은 화이트헤드의 철학 내용을 거의 직접적으로 담고 있어 앞의 호진스키 책보다도 훨씬 더 어렵게 다가올 수 있다. 필자가 생각하기로는 입문용보다는 조금 더 난이도가 있는 중급 수준의 교재라고 생각된다. 적어도 필자의 화이트헤드 과정철학 강좌에서는 화이트헤드의 PR과 함께 이 두 책을 주교재로 많이 다뤄왔었다는 점을 밝혀둔다.

31) 접미사로 사용되는 '-적(-的)'은 원래 과녁이라는 뜻으로 현재 우리니리 사전에선 '-적(-的)'을 '그 성격을 띠는'으로 풀이하고 있다. 다만 이것이 그 유래에 있어 일본어투 번역이라는 얘기도 많고 중국에서는 '-의'라는 소유격으로도 많이 쓰인다고 한다. 그래서 혹자는 우리나라 말에서 많이 쓰이기도 하는 <'-적(-的)'의 남용>을 지적하기도 하는데, 본서에서는 그러한 취지 이전에 우선은 일반 대중들한테 안그래도 어렵게 느껴지는 화이트헤드 철학의 용어들에 대해 조금은 더 쉬운 느낌으로 다가가고자 하는 하나의 작은 노력의 일환으로 시도해 본 것에 불과하다.

32) 화이트헤드의 생애에 관해서는 대체로 국내 화이트헤드 번역서에도 함께 인용·요약되어 잘 수록되어 있는데 이것은 화이트헤드가 말년의 80세 때 발표한 그의 자서전에 기초하고 있다. A. N. Whitehead, "Autobiographical Notes", in *The Philosophy of Alfred North Whitehead* [ed. by P. A. Schilpp] (New York: Tudor Pud. co., 1941, 1951), pp.3-14. 이때 우리가 화이트헤드의 생애에서 필히 한 가지 알고 넘어가야 할 점은, 일반적으로 화이트헤드의 학문적 생애를 크게 세 시기로 구분해서 본다는 점이다. 이것은 대다수의 화이트헤드 연구자들도 대체로 이러한 시각을 갖고서 화이트헤드의

생애를 조감하고 있기에 가능하면 꼭 인지할 필요가 있겠다.
33) 버트란트 러셀 지음, 송은경 옮김, 『인생은 뜨겁게 - 버트란트 러셀 자서전』 (서울: 사회평론, 2014), p.156-158.
34) 같은 책, p.155.
35) Wolfe Mays, *Whitehead's Philosophy of Science and Metaphysics: An Introduction to His Thought* (The Hague: Martinus Nijhoff, 1977), p.3.
36) A. N. Whitehead, "Autobiographical Notes", in *The Philosophy of Alfred North Whitehead* [ed. by P. A. Schilpp] (New York: Tudor Pud. co., 1941, 1951), p.7.
37) Ronny Desmet, "The Minkowskian Background of Whitehead's Theory of Gravitation", (Edior) Dr. Vesselin Petkov, *Space, Time, and Spacetime* (New York: Springer, 2010), p.5.
38) A. N. Whitehead, "On Mathematical Concepts of the Material World", in *Philosophical Transactions of the Royal Society of London, Series A, Vol. 205* (London, Dulau & Co, 1906), p.465.
39) 행크 키튼, 앞의 책, pp.35-36.
40) 같은 책, p.35.
41) Wolfe Mays, 앞의 책, p.5.
42) 버트란트 러셀, 앞의 책, p.293. 하지만 어떤 면에서 비트겐슈타인은 등잔 밑이 어두웠다고도 볼 수 있다. 왜냐하면 화이트헤드는 일찍감치 언어분석 진영으로 빠져들지도 않았지만 비트겐슈타인이 후기 때 주장했던, 언어가 놓여지는 <삶의 형식>form of life이라는 거대한 마당에 대해서도 화이트헤드는 언어의 한계를 인정하면서도 그 언어들이 근거하고 있는 삶(생명) 전체에 관한 기본 도안으로서의 형이상학이 어떠한 것인지를 이미 그려내보이고 있었기 때문이다. 그렇지만 비트겐슈타인에게서 화이트헤드의 형이상학을 검토한 흔적은 찾기 힘들다. 게다가 그 자신이 말한 '삶(생명)의 형식'에 대해서도 구체적으로 그것이 어떤 것인지를 체계적으로 제시해놓지도 않았다. 물론 당시 그가 볼 때는 화이트헤드 철학에서 어떤 흥미나 구미가 당길만한 매력이 딱히 없어 보였을 수도 있다. 하지만 만에 하나 비트겐슈타인이 화이트헤드의 저작들도 온전히 검토해보았더라면 어땠을까? 싶은 막연한 상상도 한 번쯤 해보게 된다. 러셀의 입장과는 결별한 화이트헤드였기에, 비트겐슈타인도 그 자신의 견해와 다른 입장들까지도 함께 살펴봤더라면 이후 그의 학문적 행보에 어떤 식으로든 영향을 끼쳤을 가능성은 있지 않았을까 싶다.

43) Luis Acedo, "The Flyby Anomaly in an Extended Whitehead's Theory", *Galaxies* 2015, 3, pp.113-128.

44) 최근에는 과학 진영 안에서도 그동안 물리학자들이 수학적 아름다움에 지나치게 도취된 나머지 결국은 과학이 길을 잃고 있다는 자성의 비판이 나오기도 했다. Sabine Hossenfelder, *Lost in Math: How Beauty Leads Physics Astray* (New York: Basic Books, 2018), 참조.

45) Wolfe Mays, *Whitehead's Philosophy of Science and Metaphysics: An Introduction to His Thought* (The Hague: Martinus Nijhoff, 1977), p.6.

46) Henry Nelson Wieman, "A Philosophy of Religion", *The Journal of Religion 10* (1930), p.137.

47) Randall E. Auxier and Gary L. Herstein, *The Quantum of Explanation: Whitehead's Radical Empiricism* (New York: Routledge Taylor & Francis, 2017), p.14.

48) Nicholas Rescher, *Process Metaphysics: An Introduction to Process Philosophy* (New York: State University of New York Press, 1996), pp.153-154. 이 책에서 니콜라스 레셔는 서구철학사에서 <실체>subsatance를 강조하는 철학적 사조들과 <과정>process을 강조한 철학적 사조들을 구분하면서 <과정 형이상학>Process Metaphysics을 소개하고 있다.

49) 인문학을 통한 치료 상담의 예로서는, 얼 쇼리스 지음, 고병헌·이병곤·임정아 옮김, 『희망의 인문학 - 클레멘트 코스 기적을 만들다』 (서울: 이매진, 2006), 참조.

50) 루 매리노프 지음, 이종인 옮김, 『철학으로 마음의 병을 치료한다』 (서울: 해냄, 2000) ; 루 매리노프 지음, 김익희 옮김, 『철학 상담소-우울한 현대인을 위한 철학자들의 카운슬링』 (서울: 북로드, 2006) ; 피터 B. 라베 지음, 김수배 옮김, 『철학상담의 이론과 실제』 (서울: 시그마프레스, 2010) ; 이광래·이기원·김선희 지음, 『마음, 철학으로 치료한다 - 철학치료학 시론』 (서울: 지와사랑, 2011) 참조. 철학상담에 관한 자료들은 이외에도 많이 있다.

51) [네이버 지식백과] 형이상학(Metaphysics) (학문명백과 : 인문학, 형설출판사) 참조.

52) Michaech Loux, *Metaphysics : A contemporary introduction* [3E] (New York & London: Routledge, 2006), pp.1-3. [국역판] 마이클 루 지음, 박재철 옮김, 『형이상학 강의』 (서울: 아카넷, 2010).

53) 조지프 캠벨·빌 모이어스 지음, 이윤기 옮김, 『신화의 힘』(서울: 21세기 북스, 2002), 참조.
54) 필자는 이를 다른 곳에선 <전개체화>(全個體化, holonization)라는 개념으로 언급한 바 있다. <전개체화>는 우주의 진화가 항상 <전체>와 <개체>가 상호의존적인 <공진화>co-evolution 중에 있음을 철학적으로 표현해 본 용어다. 여기서 말한 <전개체>는 헝가리의 작가 아서 케슬러(Arthur Koestler)가 주장했던 <홀론>holon 개념과도 크게 다르지 않다. 홀론(holon)이라는 용어의 의미 자체가 holos(전체)와 -on(부분적 개체)의 의미를 담고 있다. 또한 이것은 <전일론>holism과 <환원주의>reductionism 어느 한 쪽으로만 빠져서도 곤란하다는 점 역시 함축한다. 모든 개별자로서의 개체들은 <전체를 내포하고 있는 개체>이며, 이들 개체의 종합이 다시 <전체>가 되고 있는 것이다. 정강길, "통섭에서 몸섭으로", 한국화이트헤드학회 편저, 『화이트헤드연구』 30권 (서울: 동과서, 2015), pp.8-47.
55) 문창옥, 『화이트헤드 과정철학의 이해』 (서울: 통나무, 1999), p.28. 밑줄은 필자의 표시.
56) 켄 윌버 지음, 박정숙 옮김, 『의식의 스펙트럼』(서울: 범양사, 2006), p415. 또한 이 책에서 윌버는 우리가 너무나 당연하게 여겨서 더 이상 자세히 살펴보지 않는 개인의 관찰되지 않은 <형이상학적 가정>을 <철학적 무의식>이라고도 표현했었다(p.243).
57) 노우드 러셀 핸슨 지음, 송진웅·조숙경 옮김, 『과학적 발견의 패턴』(서울: 사이언스북스, 2007), 참조. 원제는 *Patterns of Discovery: An Inquiry into the Conceptual Foundation of Science* (1958년)이다.
58) <아상블라주>assemblage란 수집, 배치, 조립, 집적의 의미를 함축한 프랑스 말로 오늘날엔 지스러기나 폐품을 활용하는 예술 작업을 뜻하는 것으로 꽤 알려져 있는 용어이다.
59) 참고로 자연과학 진영에서는 'coherence'가 때론 <간섭성>으로 번역되기도 한다. 말 그대로 빛의 파동이 서로 간섭(干涉)할 수 있는 성질이라는 뜻이다. 관련된 양자역학에선 <결맞음>으로도 불리는데 이 역시 파동의 간섭 현상 성질을 뜻한다.
60) Steven Shaviro, *Discognition* (New York: Repeater Books, 2015), p.12. ; 김영진, "화이트헤드의 방법론", 한국화이트헤드학회 편집, 『화이트헤드연구』(서울: 동과서, 2004), pp.91-134 ; 이 가추법은 현대 과학철학 진영에선 과학적 발견의 논리에 해당하는 것으로도 알려져 있다. 이에 대해선 러셀 노

우드 핸슨 지음, 송진웅·조숙경 옮김, 『과학적 발견의 패턴』 (서울: 사이언스북스, 2007), pp.152-163. 참조.

61) Alfred North Whitehead (Author), Allison Heartz Johnson (Editor) *The Interpretation Of Science: Selected Essays* (Bobbs-Merrill, 1961), p.33. 토마스 호진스키 지음, 장왕식·이경호 옮김, 『화이트헤드 철학 풀어읽기』 (서울: 이문출판사, 2003), p.68. 재인용.

62) 토마스 호진스키, 앞의 책, p.44.

63) 논리실증주의 주장의 핵심을 전해주고 있는 저작을 꼽는다면 아무래도, 알프레드 J 에이어(Alfred J. Ayer)가 1935년에 썼던 『언어, 논리, 진리』 *Language, Truth and Logic* (서울: 나남출판, 2010)를 빼놓을 수 없을 것이다. 에이어의 이 저작은 철학사에서도 논리실증주의 진영의 선언문으로도 평가될 정도로 이들 주장의 핵심을 담고 있다.

64) 아리스토텔레스 지음, 김진성 역주, 『범주론·명제에 관하여』 (서울: 이제이북스, 2008), p.24.

65) Ibid, p.16.

66) 박해용·심옥숙 공저, 『철학 개념 용례 사전』 (서울: 한국학술정보, 2012), p.355.

67) 국역판에는 이 용어가 <가치 평가>로 번역되어 있는데 '평가'라는 단어가 주는 어감이 어떤 의식적 판단의 개입이나 인간의 의도적인 품평 같은 것을 떠올릴 수 있다고 여겨져서, 여기선 단순하게 <가치화> 또는 <가치매김>으로 옮겼다. 이 개념에 대한 상세 설명들은 본서의 제8장에 나온 내용을 참조하길 바란다. 참고로 <가치화>라는 단어 자체는 필자가 지어낸 게 아니며 이미 세간에도 나와 있는 역어에 해당한다.

68) 아리스토텔레스 지음, 김진성 역주, 『범주론·명제에 관하여』 (서울: 이제이북스, 2008), p.34.

69) 다만 '실체substance'라는 영어 단어의 어원적 계보는 substantia(라틴어)-hypokeimenon(그리스어, 질료라는 뜻의 hyle와 유사)에 기인한 것인데, 오늘날엔 실체가 물질을 떠올리게 할 만큼 아리스토텔레스 이후 약간의 변천이 있다. 이에 대해선 이정우, 『개념-뿌리들』 (서울: 그린비, 2012), pp.206-207.

70) 문창옥, 『화이트헤드 과정철학의 이해』 (서울: 통나무, 1999), p.138.

71) 미시 스케일에 대한 [도표 그림]은, 리사 랜들 지음, 이강영 옮김, 『천국의

문을 두드리며』(서울: 사이언스북스, 2015), p.122. 참조.

72) 리 스몰린 지음, 김낙우 옮김, 『양자 중력의 세 가지 길』(서울: 사이언스북스, 2007), pp.125-126.

73) 화이트헤드가 PR에서 인용한 플라톤의 『티마이오스』 구절은 벤자민 조엣(Benjamin Jowett)의 영역으로서 다음과 같다. "but that which is conceived by opinion with the help of sensation and without reason, is always in a process of becoming and perishing and never really is" 또한 국내 플라톤 전문학자가 희랍어에서 번역한 국역판의 경우는 다음과 같다. "반면에, 뒤엣 것은 비이성적인 감각과 함께 하는 의견(판단: doxa)의 대상으로 되는 것으로서, 생성·소멸되는 것이요, 결코 참으로 존재하는 것이 아닙니다." 플라톤 지음, 박종현·김영균 공동 역주, 『플라톤의 티마이오스』(서울: 서광사, 2000), p.75.

74) 도널드 셔번 편저, 오영환·박상태 역, 『화이트헤드의 과정과 실재 입문』(서울: 서광사, 2010), p.377.

75) 예컨대 광물과 생물 간의 공진화(co-evolution) 관계를 연구한 지질학자이자 광물학자인 로버트 헤이즌(Robert M. Hazen)은 지구생명체의 진화 역사를 논하면서 생명체는 광물에서 나왔고, 광물은 생물의 기반이며, 모든 생명체들이 광물과 얽혀 있는 가운데 공진화해왔다고 주장한다. 물론 이것이 곧 바위의 정신성을 말한 것으로는 볼 수 없다. 하지만 적어도 바위가 늘상 과거에 대한 순응 반복만 하고 있는 것만은 아니라는 점만큼은 분명하게 알려주는 것이다. 무기적이든 유기적이든 <경험>이라는 활동 자체는 쉼 없이 활동되고 있으며 거기에는 미약하더라도 과거로부터 이탈하려는 <새로움>과 <자유>의 요소도 함께 맥박 요동을 하고 있는 것이다. 광물과 생물의 공진화에 대해선, 로버트 M. 헤이즌 지음, 김미선 옮김, 『지구 이야기-광물과 생물의 공진화로 푸는 지구의 역사』(서울: 뿌리와이파리, 2014), 참조.

76) 문창옥, 『화이트헤드 과정철학의 이해』(서울: 통나무, 1999), pp.39-40.

77) Ibid, p.148. 밑줄은 필자의 강조.

78) Ibid, p.59.

79) 아리스토텔레스 지음, 김진성 역주, 『형이상학』(서울: 이제이북스, 2007), pp.199-204.

80) 오늘날 현대 유물론의 여러 판본들 중에는 <비물질성의 유물론>을 표방하는 점도 있는데, 이것과의 비교는 또 다른 논의 차원에서 다뤄야 할 점이라고 생각된다.

81) [그림 출처] Thomas E. Hosinski, *Stubborn Fact and Creative Advance: An Introduction to the Metaphysics of Alfred North Whitehead* (Rowman & Littlefield Publishers, Inc., 1993), p.125. ; 토마스 E. 호진스키, 장왕식・이경호 역, 『화이트헤드 철학 풀어읽기』 (서울: 이문출판사, 2003), p.220. 다만 원래 그림에서 종결ⓐ, 종결ⓑ, 종결ⓒ 이렇게 붙인 것은 필자가 첨가한 표시에 해당한다.

82) 화이트헤드 형이상학이 채택한 개념 용어들은 그 용어들 속에 내포된 그 어떤 느낌을 유비적으로 채택하고자 한 점이 있다. <만족>satisfaction이라는 용어의 채택도 그런 사례에 해당한다. 이는 그 자신이 염두에 둔 가장 궁극적인 존재론적 구도의 그림을 떠올릴 수 있게끔 시도된 맥락에서 채택된 것이다.

83) 혹시 철학 용어에 익숙하지 않은 분이라면, 아무래도 <가능태>라는 용어가 조금 낯설게 들릴 수도 있겠는데, 이는 <현실태>와 짝을 맞춘 것으로 철학에선 'potentiality'를 <잠재태>로도 번역한다.

84) 문창옥 교수는, "화이트헤드에게서 결단이라는 개념은 결코 합리화될 수 없는 존재의 내면을 드러내 보여주는 술어"라고 언급한 바 있다. 또한 이것은 오늘날 해체론의 주요 뿌리 가운데 하나로 작용한 비합리주의 이념을 상징적으로 끌어안는 것이라고 말한다. 이에 대해선 문창옥, 『화이트헤드 과정철학의 이해』 (서울: 통나무, 1999), pp.166. 참조.

85) 중국철학의 리(理) 개념만을 따로 본격적으로 연구한 저작에 따르면, 리(理) 개념은 시대마다 조금씩 차이가 있지만, 천지만물의 본체 및 존재의 근거 그리고 사물의 규율, 주체의식(심즉리心卽理), 도덕윤리의 관념・원칙・규범 등으로 간주되어왔었다고 말한다. 장입문 지음, 안유경 옮김, 『리의 철학』 (서울: 예문서원, 2004), pp.19-20.

86) 영어의 subjective에 대한 국역은 '주체적인'과 '주관적인'이라는 단어로 번역될 수 있겠는데, 필자는 이 두 가지 번역어 모두 맥락상에서 자유롭게 사용하고자 했다.

87) 이미 눈치 빠른 독자라면 adversion은 영어사전에도 잘 나오질 않는 매우 낯선 단어에 해당함을 알 것이다. 하지만 이 용어는 문맥상으로도 보듯이, 화이트헤드가 'aversion(반감, 혐오)에 대한 반대 의미'로 사용한 것이다. 그래서 adversion을 여기선 <호감>이나 <애착>이라고 번역함이 좀 더 낫다고 보고 있다. 이는 필자가 처음 쓴 표현은 아니다. 다만 현재의 PR 국역판에는 aversion이 '혐오'로, 그리고 adversion은 '역작용'으로 번역되어 있는데,

의미상으로 볼 때 aversion에 대한 반대 뜻을 국역할 때는 오히려 <호감>이나 <애착>으로 번역하는 게 좀 더 낫지 않은가 생각했을 뿐이다. 결국 avesion을 <혐오>로 번역한다면 adversion은 <애착>으로 번역할 수 있다고 보며, 마찬가지로 aversion을 <반감>反感으로 번역해 놓는다면 그에 맞추어 adversion 역시 <호감>好感으로 번역해볼 수 있다고 본다. 실제로 필자는, 많은 사람들이 화이트헤드를 공부할 때 adversion을 '역작용'으로 읽을 경우 도대체 무슨 뜻인지를 잘 모르겠다는 이들을 꽤나 많이 접했었다. 그런 점에서도 조금은 더 나은 번역 개선 역시 필요하지 않은가 생각한다.

88) [※ 필자는 화이트헤드가 말한 <창조성>과 <현실 존재>와의 관계가 마치 독일 철학자 하이데거가 말한 <존재>Sein와 <존재자>Seiendes와의 관계 같은 느낌을 받기도 했었다. 실제로 이와 관련해 화이트헤드의 'actual entity'를 <현실 존재>가 아닌 <현실 '존재자'>로 번역해야 한다는 주장도 있긴 했었다. 물론 유사점도 있겠지만 그렇다고 하이데거 철학의 그러한 양상과 마냥 같다고도 볼 순 없을 것이다. 알다시피 화이트헤드 철학에서의 <창조성>은 궁극자의 범주에 속하고 <현실 존재>는 현존의 범주에 속하고 있다. 뿐만 아니라 <존재>와 <존재자>를 구별했던 하이데거는 <존재 물음의 우위성>을 표방했었다. 반면에 화이트헤드는 <공허한 현실태> 개념을 거부하면서 '오직 현실 존재만이 근거가 된다'고 보는 <존재론적 원리>를 표명했었다. 화이트헤드의 경우 어차피 <있음[존재]은 곧 과정>에 다름 아니다. 게다가 화이트헤드의 형이상학은 <원자론>이어서 인간중심주의도 못 된다. 물론 하이데거 철학도 인간중심주의가 아니라는 항변도 있긴 하지만 적어도 거의 대부분 인간 존재 방식의 분석에 치중하며 토대되고 있어 아무래도 큰 차이도 있다고 여겨진다. 화이트헤드의 경우 그가 보는 인간 이해에는 비록 동물과 인간의 건널 수 없는 차이를 언급하면서도 어디까지나 원자적 실재론의 기본 층위에서 바라보고자 하는 점이 늘 함께 배여 있다. 또 한 가지의 비교 고찰은, 화이트헤드의 <창조성>creativity 개념은 아리스토텔레스의 <질료> 개념보다 훨씬 더 고대로 올라가면 밀레토스 자연철학자인 아낙시만드로스의 <아페이론>(apeiron: 무한정적인 것) 개념과도 맞닿아 있지 않나 생각한다. 이 아낙시만드로스의 <아페이론>은 플라톤 철학에서는 <코라>(chōra: 생성이 있게 하는 기반 또는 그러한 자리를 뜻함, 이 코라 자체는 형태가 없으며, 일종의 '우주의 자궁' 같은 것으로 알려짐) 개념으로도 이어진다. 즉, 이와 같은 일련의 그리스 철학에서는 <무한정적인 것>에 어떤 <규정적인 것>이 자리한다고 보는 그러한 사유의 도식을 엿볼 수 있는 것이다. 그런데 화이트헤드의 경우는 양자가 서로를 제약하는 관계로 놓여 있다는 점과, 우선은 현실 존재[계기]를 통해 접근하고자 하는 <존재론적 원

리>에 철저히 따르고자 한 점에서 또 다른 차이점도 가늠해볼 수 있다. 물론 이는 필자의 단순 직관으로 짧게만 언급해본 것에 불과하며 앞으로도 계속적인 연구 논의들 역시 필요할 것으로 본다. 단지 이러한 비교 고찰들은 한편으로 철학상의 다양한 생각들을 자극시켜주는 흥미로운 지점으로도 느껴져서 여기선 간략히만 써본 것이다.]

89) 앞서도 잠시 언급한 바 있지만, 국역판에는 이 용어가 <가치 평가>로 번역된 것인데 아무래도 '평가'라는 단어가 어떤 의식적 판단의 개입이나 인간의 인식작용을 포함한 것으로 떠올릴 수도 있다고 여겨져 그냥 <가치화>로 옮긴 것뿐이다. 이 용어는 이미 세간에도 나와 있는 역어다. 또한 <가치매김>도 괜찮다고 본다. 포착의 주체적 형식에 속하는 'valuation'은 가치를 결정짓는 형식으로서의 '가치매김'에 해당한다. 이에 따라 본서에서는 valuation up을 <가치 상향>으로, valuation down을 <가치 하향>으로 쓰고 있다.

90) 도널드 셔번 편저, 오영환·박상태 역, 『화이트헤드의 과정과 실재 입문』 (서울: 서광사, 2010), p.368.

91) 화이트헤드 철학과 브래들리 철학에 대한 보다 상세한 비교 연구에 대해서는 Leemon B. McHenry, *Whitehead and Bradley: A Comparative Analysis* (New York : State University of New York Press, 1992) 참조.

92) 에롤 E. 해리스 지음, 이현휘 옮김, 『파멸의 묵시록』(서울: 산지니, 2009), p.279. 재인용.

93) 도널드 W. 셔번 편저, 오영환·박상태 옮김, 『화이트헤드의 과정과 실재 입문』(서울: 서광사, 2010), p.339.

94) 여기서 화이트헤드는 베르그송의 <직관>의 단계를 <명제적 느낌>과 동일시하고 있지만, 또 다른 언급에서는 <물리적 목적>과 같은 의미를 갖는 것으로 보고 있다(PR 33/106). 사실상 그 경계 자체는 모호한 점이 있기 때문에 아직 명쾌한 정리를 안 한 건지는 몰라도 두 가지 모두가 베르그송의 직관에 상응될 수 있다고 본 것 같다.

95) 한스 크리스천 폰 베이어 지음, 전대호 옮김, 『과학의 새로운 언어, 정보』 (서울: 승산, 2007), p.312.

96) 현재의 국역판에선 '물리적 인지'로 되어 있는데 여기선 'recognition'에 있어 're-'의 의미를 살려 '다시 알아봄'의 '재인(再認)'으로 번역한 것임을 말씀드린다. 맥락상 '물리적 승인'이라는 번역도 크게 나쁘진 않다고 본다. 물론 'recognition'을 '인지'라는 번역도 괜찮긴 하지만 오늘날 많이 사용되는 '인지(認知)'라는 개념 용어는, 현재의 인지과학 분야 또는 인지심리학에서 채택되

고 있는 <인지>cognition 개념이라고 여겨져서 이를 연상케해주는 점도 없 잖아 있기에, 여기선 일단 're-'의 의미를 살려서 '물리적 재인'으로 한 것임 을 말씀드린다. 물론 이에 대해서도 화이트헤드 연구자들 사이에선 얼마든지 이견이 있을 수 있다. 그만큼 번역에 대한 합의 문제 역시 매우 어렵고 까다 로운 문제라고 생각된다. 그럼에도 앞으로도 얼마든지 더 좋고 더 나은 설득 력 있는 번역이 있다면 계속적으로 제안되고 반영되어야 할 것이라는 점도 분명한 얘기다.

97) 조너선 갓셜 지음, 노승영 옮김, 『스토리텔링 애니멀-인간은 왜 그토록 이 야기에 빠져드는가』 (서울: 민음사, 2014) 참조.

98) 로돌포 R. 이나스 지음, 김미선 옮김, 『꿈꾸는 기계의 진화』 (서울, 북센 스, 2007) 참조. 뇌를 연구하는 신경학자로서 유명한 저자는, 물리적인 '나' 라는 존재란 없고 그것은 그저 특별한 정신 상태일 뿐, '나' 혹은 '자아'로 부르는 것은 어쩌다 생겨난 추상적 실체라고 말한다(p.188). 또한 색깔, 냄새, 맛, 소리와 같은 감각의 2차적 특질들은 본질적인 중추신경계 의미론 (semantic)의 발명품 혹은 구조물에 불과하다는 점을 분명히 해야 한다고도 했으며(p.189), 주관적 느낌이라는 감각질(qualia)은 근본적으로 단세포 수준 에서도 있는 것으로 보고 있다(p.301).

99) 문창옥, 『화이트헤드 과정철학의 이해』 (서울: 통나무, 1999), p.279.

100) 토마스 E. 호진스키, 장왕식·이경호 역, 『화이트헤드 철학 풀어읽기』 (서 울: 이문출판사, 2003), p.207. 화이트헤드의 표현으로 할 경우, <감각지각> 은 <표상적[현시적] 직접성의 방식에 있어서의 의식적 지각>conscious perception in the mode of presentational immediacy이라는 의미로 나와 있 다(PR 36/113). 여기서 <표상적[현시적] 직접성>이라는 개념은 화이트헤드 의 지각 이론에 해당하는데 이는 다음 9장에서 설명될 것이다.

101) Ibid, p.207.

102) 문창옥 교수 역시 이 점을 지적하면서 오히려 추론적 판단(또는 파생적 판단)을 직관적 판단과 구별되는 판단으로 간주해야 한다고 쓰고 있다. 문창 옥, 『화이트헤드 과정철학의 이해』 (서울: 통나무, 1999), p.300-301 각주 내 용 참조.

103) https://www.ted.com TED 홈페이지 검색창에서 'anil seth'로 검색하여, 인지신경과학자 아닐 세스(Anil Seth)의 TED 강연 참조(검색일 2018년 11월 2일).

찾아보기 [Index] 제1권＋제2권

4차원 534, 541, 543, 656, 719, 723, 724
333차원 639

가
가추법 [귀추법] 161, 162, 488
감정 [정서] 146, 339, 340, 411, 419, 420, 434, 461-463, 468-475, 479, 544, 564, 565, 567, 824, 943
강도 192, 251, 273, 300, 414, 415, 422, 437, 461, 462, 477, 511, 531, 706, 710, 822, 827-838, 841, 851, 853, 856, 859, 860, 920
강도적 관련성의 원리 836, 837, 860, 920
개념적 가치화[가치매김]의 범주 192, 363-366, 370, 381, 405, 462, 507, 783, 789, 792, 806, 810, 818, 830, 835-836, 842, 914
개념적 느낌 [개념적 포착] 270, 295, 343-351, 354, 358-361, 363-366, 370, 371, 378, 379-381, 394, 402-406, 411, 412-414, 431, 432, 435, 438, 462, 469, 507, 508, 541, 694, 700, 784, 788, 789, 792, 796-798, 811, 816-819, 824, 827, 828, 834, 836, 842, 843, 912, 916
개념적 역전의 범주 192, 363-367, 370, 371, 405, 507, 689, 690, 696, 697, 818
개선된[개정된] 주관주의적 원리 252, 590, 604-606, 608, 610-613, 941, 978, 979
객체적 불멸성 210, 211, 214, 253, 274, 602, 698, 772, 776, 880, 882, 906, 914, 916, 992
객체화 298, 512-516, 528, 529, 532, 536, 548, 607, 613, 625, 634, 641, 700, 836, 858, 906

겐첸, 게르하르트 64
결과적 본성 712, 787, 788, 792-800, 810-812, 823, 860, 909-913, 915, 982
결정성과 자유 [자유와 결정성] 192, 278-280, 839
결합체 192, 196, 197, 209, 218, 263, 264, 299, 301, 302, 312, 361, 364, 372-374, 391, 392, 394, 396-398, 400, 436, 437, 440, 441, 443, 448, 450, 451, 458, 649, 651, 656, 665-667, 671, 672, 674, 675, 677-679, 682-688, 695, 698, 699, 703, 714, 717, 719, 720, 968
경험론 [경험주의] 11, 161, 166, 290, 291, 294, 309, 375, 376, 458, 580, 610, 611, 741, 751, 767, 768, 935, 937
공간화 33, 224-226, 231, 233, 235, 253, 534-540, 542, 543, 545, 551, 639-640, 720, 842
공리주의 860
과학적 유물론 122-124
관념론 17, 18, 81, 188, 259, 294, 575-578, 739-741, 768, 803
관찰의 이론 의존성[탑재성] 125.
괴델, 쿠르트 63, 64
구조를 갖는 사회 681-688, 719, 720
궁극자의 범주 82, 191-196, 305-307, 311, 492, 764, 803-805, 808, 825, 892, 893, 899-901, 922, 923, 928, 930, 932, 933, 935-937, 940, 987
균일성 653, 736
그리핀, 데이비드 36, 42, 81, 484, 747, 756, 901, 903, 984, 987, 992
근본주의 759, 760, 920
기독교 57, 65, 66, 95, 113, 141, 256, 293, 419, 578, 664, 746-748, 750, 751, 752, 754, 757, 759, 762, 768, 772, 826,

862, 863-868, 870-874, 893, 902, 903, 917, 923, 957, 958, 960, 971, 982, 984-987, 989, 991, 993
기하학 12, 41, 63, 64, 67, 229, 536, 538-547, 552-554, 617, 638, 639, 643-652, 654-656, 718-721, 954, 955, 979
기하학적 사회 553, 643, 646, 649, 650, 652, 655, 656, 718, 719-721

나
내포 위계 717, 718, 720, 722, 723, 725-727
네빌, 로버트 893, 894, 898-903, 922-925, 928, 930-937, 940, 945, 951, 987
논리실증주의 11, 174, 489
논리학 2, 37-40, 56, 58, 64, 65, 70, 76, 77, 149, 384, 386-390, 393, 399, 414, 415, 419, 455, 463, 484, 594, 739, 742, 978
뇌과학 [신경과학] 28, 120, 430, 465, 494, 702,
뉴턴 11, 12, 16, 27, 33, 65, 67, 68, 75, 121, 122, 124, 134, 225, 226, 813
니체 240, 513, 746

다
다원론 576, 924, 928, 938, 939, 942
다중우주(론) 21, 22, 482, 720, 721
단순 위치의 오류 122, 226,
단자론 243, 510
데모크리토스 201, 203, 204, 210, 215,
데카르트, 르네 111, 158, 242, 292, 504, 511, 579-585, 587-590, 594, 595, 597, 603, 606-608, 613, 629, 633, 739
독단주의 [독단론] 160, 375, 376
동양 형이상학 232, 282

듀이, 존 11, 13
들뢰즈, 질 13, 35, 78, 976, 977

라이프니츠 242, 243, 315, 510,
라투르, 브뤼노 13, 14, 78
러셀, 버트란트 7, 8, 11, 57, 58,
 63-65, 173, 986
레닌 953, 957, 958, 974
로크, 존 236, 237, 355, 458, 513,
 580, 595-597, 978, 979
로벨리, 카를로 32, 33
류영모 974
르메트르, 조르주 15, 481

만족 (위상)
 251, 272-274, 354-356, 358,
 359, 371, 453, 458, 463, 478,
 479, 502, 550, 556, 749, 771,
 819, 833, 834, 859, 861, 876,
 895-900, 904-907, 909-917,
 931, 932, 945, 984
명제 37-40, 64, 65, 100, 108,
 115, 116, 118, 119, 126, 149,
 150, 172, 174, 175, 191, 192,
 230, 270, 292, 349-352, 354,
 360, 361, 371, 377-380,
 382-422, 424-429, 431-445,
 447-459, 461, 463, 469-471,
 473, 479, 480, 489, 493, 570,
 582, 590, 597, 598, 612, 767,
 790, 804, 926, 963, 968, 985
명제적 느낌 270, 361, 377-380,
 382, 383, 385, 386, 394,
 399-418, 420, 426, 427, 429,
 432-435, 437-439, 444, 445,
 447-449, 451, 452, 455, 459,
 463, 469-471, 473, 479, 480,
 493, 597, 968
모험 20, 34, 35, 48, 51, 53, 56,
 71, 74, 75, 92, 93, 130, 137,
 143, 155, 167-170, 172-176,
 180, 324, 460, 467, 597, 635,
 669, 709, 714, 737, 739, 749,

 759-761, 768, 791, 804, 813,
 826, 860, 868, 869, 874, 878,
 882, 891, 921, 941, 942,
 944-946, 948-951, 956, 982,
 984
목적인[목적적 인과] 253-259, 289,
 290, 320, 339, 468-470, 602,
 689, 769, 790, 817-819, 821,
 822, 824, 906, 912, 915, 920
무(無)로부터의 창조 247, 293, 482,
 368, 663, 664, 756, 768, 772,
 773, 816, 821, 862, 894, 924,
 945, 986,
무신론 42, 577, 744, 746, 747,
 751, 753, 754, 756-762, 782,
 883, 897, 898, 903, 919, 920,
 972, 989, 991, 992
무질서 627, 658-661, 663, 664,
 717, 735, 949
문창옥 112, 249, 491, 494
물리적 느낌[포착] 345-348, 350,
 351, 353, 362-366, 378-381,
 394, 403-409, 411, 412, 435,
 437, 438, 440, 446, 448, 449,
 459, 462, 469, 507-511, 517,
 518, 606, 608, 700, 792, 793,
 794-796, 799, 810-812, 842,
 910-913, 916,
물리적 목적 377-383, 394, 403,
 409-415, 428, 432, 433, 437,
 444, 451, 462, 468, 469, 473,
 478, 480, 538, 542, 543, 613,
 614, 696

바울 957, 958
반감 [혐오] 339, 353, 380, 381,
 414, 434
반쪽 진리 121, 181
베르그송, 앙리 11, 13, 35, 78, 82,
 123, 382, 410, 493, 534-538,
 551
베이컨, 프랜시스 161, 580
벡터 331-335, 352, 362

변형의 느낌 538, 540-543, 613,
 614
변형의 장소 534, 541-543, 547,
 975
변환된 느낌 506, 508, 509, 511,
 512
변환의 범주 506, 507, 509-512,
 522, 528-530, 541-543
부동의 동자 578, 765, 766 864,
 866-869, 871, 872
분석철학 11, 173, 174
불교 46, 95, 113, 137, 204, 822,
 876, 882, 925, 926, 960, 972,
 973, 982 990
비교적 느낌 358-360, 363, 370,
 371, 377-379, 382, 409, 414,
 432, 444, 445, 448, 449, 457,
 480, 796

사변철학 11, 65, 91, 97-100, 112,
 133, 144-1419, 151-156, 158,
 159, 161-163, 167, 170, 171,
 173-176, 502, 753, 779, 921
사변학파 11
사영 기하학 63, 545, 650, 979,
 981,
사회적 질서 621, 622, 628, 665,
 667, 668, 672, 673, 675, 676,
 684, 687, 699,
살아있는 인격 [영혼] 680, 681,
 697-701, 703, 704, 707, 710,
 713-714, 717, 720, 723
상상적 일반화 28, 92, 97, 98, 106,
 134, 164, 166, 175, 299,
상징작용 72, 479, 559, 560, 564,
 566, 567, 856,
상징적 연관 501, 560, 561,
 563-569, 571, 613, 614
새로움의 기관 704-707, 832, 833,
 835,
생명 25, 26, 102, 115, 118, 119,
 185, 186, 216, 245, 318, 345,
 385, 426, 433, 460, 464, 465,

469, 479, 486, 490, 555, 556, 575, 625, 658, 664, 681, 687-700, 704-707, 712, 717, 719, 720, 722, 728, 833-835, 842, 852, 856, 857, 882, 891, 949-951, 980, 981, 983
설득적 작인 867, 869
세이건, 칼 248, 726
셔번, 도널드 45, 47, 243, 338, 485, 631, 718, 747, 794, 847, 894, 897, 898, 903, 975, 983, 984, 991, 993
수하키, 마조리 747, 897-899, 903, 904
순수한 연장(성)의 사회 632, 639, 643, 654, 655, 718-720
스몰린, 리 31, 482, 483, 722
스탕제, 이자벨 78
스피노자 35, 258, 595, 596, 629, 740, 754, 757, 993
습행 [의례] 417, 920, 945-947,
시간화 224-226, 231, 233, 235, 253, 640, 720, 722, 725, 842,
시물라크르 567, 569, 976, 977
시원적[원초적] 관계성 299, 302, 633, 639, 640, 723
시원적 위상 906, 907, 909-912
신비주의 94, 168, 865, 877, 924, 942-945
신플라톤주의 95, 924, 925
실용주의 564, 570, 917, 919, 921, 922, 993, 994
실용적 유신론 917
실재론 18, 68, 79, 107, 122, 229, 244, 259, 260, 318, 334, 335, 492, 555, 576, 577, 979, 981
실재적 가능태 296-299, 303, 552, 553, 614, 633, 634, 637, 638, 641, 656
실체 23, 25, 29, 30, 47, 48, 49, 51, 82, 117, 188, 194, 206, 207, 208, 209, 212, 213, 215, 242, 292, , 309, 310, 325, 373, 376, 431, 487, 494, 506, 582,

583-599, 602, 604, 605, 607, 608, 611, 612, 623, 625, 626, 671, 729,732, 737, 738, 739, 740, 742, 771, 929, 980
실체론 29, 30, 47, 48, 50, 207, 242, 589, 607, 626, 740
실체-성질 589, 590, 593-596, 599, 605, 608, 612
스미스, 아담 962

아리스토텔레스 37-39, 88, 89, 91, 95, 111, 132, 137, 185, 188, 195, 206, 212, 213, 237-241, 254-256, 298, 307, 325, 489, 490, 492, 578, 582, 584-587, 591, 594, 598-600, 602, 604, 605, 626, 739, 765-767, 809, 818, 842, 864, 866-869, 872, 924, 925, 927, 964, 966, 967, 977, 978
아우구스티누스[어거스틴] 95, 748, 864, 873, 991
아퀴나스 토마스 95, 256, 705, 748, 864
양자 중력 30-34, 228, 229, 483, 489, 970
양자역학 19, 20, 30-32, 269, 481, 488
에포크 222, 223 ('획기성' 참조)
연장의 사회 632, 640, 643, 649, 655, 719, 720
연장적 연결 302, 633-635, 637, 639-641, 647, 649, 721, 723, 734
연장적 연속체 299, 310, 516, 534, 614, 629, 631-634, 637-642, 647, 649, 654-656, 719, 734, 980
영원한 객체 192, 264, 267, 270, 280-288, 290, 291, 294-297, 299-304, 308, 310, 311, 337, 338, 344, 346, 349, 350, 352, 354, 361, 363-364, 366-368,

377, 379, 380, 383, 390, 391-398, 400, 403, 404-406, 412-415, 432, 453, 469, 508, 515, 553, 606, 633, 767, 771, 773, 774, 727, 778, 779, 783, 785, 786, 788-793, 795, 810, 811, 818, 830, 832, 836, 838, 843, 860, 893, 914, 936, 937, 985, 992
영혼 78, 243, 244, 446, 559, 707-717, 743, 761, 946 ('살아 있는 인격' 참조)
예배 752, 761, 809, 823, 858, 900, 901, 945, 946, 752, 761, 809, 823, 858, 900, 901, 945, 946
예수 [갈릴리인] 748, 824, 862, 870-872, 920, 957, 984, 990, 994
오강남 114
오영환 51, 976
완벽한 사전의 오류 172, 173
욕구 96, 345, 346, 349, 380, 385, 413, 414, 415, 417, 418, 433, 460, 468, 468, 469, 470, 474, 478, 689, 690, 694, 720, 794, 827-830, 874, 875, 973
우발성 801-805, 928, 936, 939-941, 945
우연성 278, 279, 802
우주론 15-17, 18, 21-23, 30, 68, 75, 91, 92, 215, 217, 226, 263, 482, 510, 615, 636, 720, 857, 866, 879, 888, 899, 900, 902, 923, 928, 930, 935, 936, 949, 973, 979
유물론 17, 18, 24, 25, 42, 81, 82, 122, 123, 124, 201, 203, 204, 213, 215, 241, 244, 259, 260, 334, 490, 575-578, 739, 740, 746, 756, 989
유심론 81, 259, 260, 577
원자론 36, 65, 173, 199, 218, 263, 315, 317, 350, 492, 502,

497

510, 719, 981
원초적 본성 787-797, 799-801, 806, 810-812, 816, 817, 820, 827-834, 836, 837, 860, 882, 910-915, 932 987, 993
위상학, 위상수학 40, 41, 62, 484
유교 925, 959, 960, 971, 990
유동과 영속성 850, 853, 856
유신론 66, 744, 746, 747, 749, 751, 754-762, 764, 765, 800, 813, 862, 866, 869, 870, 871, 873, 892, 894, 898, 903, 913, 917-921, 945, 946, 984, 986, 989, 992
유클리드 647, 648
의미관련성 652
의식 28, 114, 115, 125, 127, 145, 218, 225, 244-247, 252, 262, 264, 274, 278, 329, 339, 340, 344, 345, 346, 353, 363, 371, 377, 382-386, 410-412, 415-418, 420, 425, 427-452, 454-456, 459, 461-467, 469, 470, 472, 473, 475-478, 481, 488, 489, 493, 494, 503, 509, 510, 514, 515, 517-520, 523, 527, 534, 545, 557, 563, 564, 568, 569, 582, 677, 679, 680, 681, 692, 701, 711, 715, 732, 733, 768, 781, 799, 811, 906, 963, 965, 967, 970, 982, 983
이성 9, 59, 74, 93, 236, 251, 325, 411, 420, 463, 471, 474, 522, 556, 580, 835, 872, 873, 935, 950, 977
이원론 242, 739
인격적 질서
 665-669, 671, 675-677, 679, 698, 699, 703, 897
인격적 사회 709
인공지능 473, 474, 478, 570, 713, 969
인과적 객체화 512-516, 532, 536, 548, 607, 613

인과적 효과성 52, 501, 516-524, 532-535, 544, 551, 560-563, 571, 613, 614, 749
인류세 27
인식론 252, 315, 326, 327, 329, 330, 390, 502, 574, 579, 580, 581, 585, 588, 589, 611-613
일리치, 이반 973
일원론 593, 738-742, 803, 879, 894, 924, 929, 940, 941
일자 중심 900
입자적 사회 672-676, 685, 695, 719, 729

자본주의 [자본교] 962, 971
자기원인 247-250, 253, 257-259, 280, 289, 361, 735, 753, 769, 771, 802, 807, 817, 822, 823, 826, 838, 839, 864, 901, 927, 929, 735, 753, 769, 771, 802, 807, 817, 822, 823, 826, 838, 839, 864, 901, 927, 929
자기창조적
 278, 327, 802, 928-931, 934, 936, 937, 940, 952
자연의 이분화 [분기화] 68, 430, 531, 532, 535, 571, 573, 579
자연의 계층구조 [내포 위계]
 299, 466, 615, 617, 654, 685, 705, 717-723, 727
자연주의 42, 484, 748, 749, 755, 756, 873, 927, 971, 984, 989, 991
자연학 28, 68, 88
자타실현 938, 948, 951
작용인 [작용적 인과]
 253-259, 279, 289, 290, 469, 470, 551, 601, 602, 689, 769, 819, 906, 908, 915
잘못된 구체성의 오류 373
재디자인 140-142, 144, 174
적용가능성 147, 148, 152-154, 176, 193, 921, 922

전문화 128, 184, 464
전자 17, 262, 276, 298, 466, 527, 552, 555, 564, 630, 636-638, 656-659, 663, 669, 670, 672, 678, 679, 684, 685, 693, 719, 723, 729, 730-736
전자기적 사회 656, 657
전지전능 293, 753, 756, 757, 772, 808, 824, 863, 865, 866, 878
절대자 293, 576, 577, 753, 803, 805, 808, 826, 849, 894, 948
정당화 4, 10, 21, 95, 96, 158, 171, 291, 292, 375, 471, 563, 564, 578, 691, 692, 753, 765, 768, 810, 824, 922, 947
정보물리학 39, 40
정합성 92, 147, 148, 149, 150, 151, 152, 153, 161, 166, 176, 218, 369, 595, 733, 736, 765, 778, 779, 786, 791, 804, 808, 809, 862, 897, 904, 917, 921, 923, 984
제1실체[으뜸 실체] 195, 584-587, 591, 594, 598, 599, 602, 604, 605
제1원인자 578, 924-928, 930, 936, 938, 939
제논 220, 221, 222, 223, 481
제임스, 윌리엄 11, 220, 223, 741, 917, 983, 994
존속하는 객체 [존속물들]
 665-681, 700, 702-704, 719, 729, 737
존재론 2, 22, 30, 40, 62, 63, 68, 75, 78, 91, 196, 197, 215, 224-227, 234, 235, 252, 259, 285, 287-294, 296, 304, 306, 308, 309, 311, 316, 322, 326, 327, 329, 330, 344, 367, 373, 374, 387, 392, 393, 397, 406, 418, 469, 480, 491, 492, 502, 503, 514, 516, 544, 592, 593, 597, 602, 603, 605, 610-612, 628, 641, 649, 716, 717, 725,

751, 766, 767-774, 776, 780, 786, 790, 793, 794, 807, 819, 821, 862, 866, 888, 892-894, 898-904, 908, 922-928, 930, 931, 933, 935-938, 940, 945, 973, 975, 981, 992
존재론적 물음 892-894, 898-904, 922-924, 926, 927, 930, 931, 935, 937, 940, 945
존재론적 원리 196, 197, 285, 287, 288, 289, 290, 291, 292, 293, 294, 296, 304, 306, 308, 309, 311, 367, 373, 374, 392, 397, 406, 492, 592, 593, 605, 610, 611, 649, 716, 717, 751, 766-770, 772-774, 780, 786, 790, 807, 899, 908, 923, 924, 928, 935, 937, 992
주관주의적 원리 252, 590, 604-606, 608, 610-613, 941, 978, 979 ['개선된 주관주의적 원리' 참조]
주어-술어 형식 429, 586, 587, 593, 595-597, 599, 601, 612, 740,
주체적 지향 258, 320, 339, 689, 791, 795, 812, 813, 817-822, 825, 826, 828, 831-833, 836, 838, 839, 842, 901, 910-913, 915, 987
주체적 형식 258, 320, 339, 502, 509, 784, 978
주체-초주체 213, 214, 600-604, 822, 839, 840
지성적 느낌 270, 361, 363, 377, 379, 382, 409, 410, 411, 418, 426, 427, 432, 437, 438, 442, 444, 445, 447, 448, 450-452, 455, 459, 461-463, 465, 470, 471, 473-475, 479, 480, 510, 524, 570, 704
지능 411, 473, 474, 411, 473, 474, 411, 473, 574
지혜 왕 957, 958

직관적 판단 447, 448, 450-452, 456-459, 494
직선 62, 230, 541, 545, 643-649, 651, 652, 655, 719, 734
유보된[유예된] 판단 458, 459, 460, 461
진화론 23-25, 479, 989

차이화 226, 227, 231, 233, 234, 277, 725, 977
창발 227, 245, 367, 368, 369, 659, 697, 779, 786, 810, 982
창조성 264, 267, 278, 304-311, 492, 602, 698, 771, 772, 800-808, 812, 815-817, 825, 829, 840, 842, 843, 879, 892, 893, 898-902, 904, 907, 915, 925, 928-940, 945, 987
초자연주의 42, 748, 749, 754, 755, 756, 873, 971, 989, 990
초주체[자기초월체] 213, 214, 251, 600-604, 822, 839, 840, 896, 904, 905, 909, 910, 913-916
초주체적 본성 896, 904, 905, 909, 910, 913-916
최초의 주체적 지향 791, 812, 817, 818, 820-822, 831, 832, 836, 838, 839, 901, 910, 913, 915
추상물 372, 373, 374, 375, 466, 606, 608, 618, 679, 729-733, 736, 737
충분성 142, 147, 148, 152-154, 164, 176, 193, 921, 922
측정 92, 298, 299, 466, 534, 550-554, 615, 617, 637, 638, 643-647, 649, 650, 653-655, 718, 719, 733, 734, 736, 955, 980, 981

칸트, 임마누엘 16, 35, 59, 68, 132, 185, 188, 250-252, 580, 581, 959, 978, 979
캅, 존 36, 81

크로포트킨 660
키튼, 행크 37, 484, 486

탈레스 755, 963, 991
탈신론 757, 919
테오리아 428, 430, 431
퇴락退理 804, 951(진리進理 참조)
투사[투영] 542, 543-545, 547-549, 552, 652, 823, 824, 993
틈새 45, 676, 695, 696, 697, 705, 706, 715, 835
티마이오스 236, 237, 489, 490, 636, 664, 873, 940

파르메니데스 601, 976
파인먼, 리처드 199, 201, 260, 483
페르소나 677, 680, 681
펜로즈, 로즈 481, 482, 715, 716, 982, 983
포이어바흐 782, 783, 987
포착 [파악] 192, 196, 205, 234, 270, 312-316, 318-326, 329-356, 359, 361-363, 371-374, 379, 380, 391, 392, 394, 395, 400, 401, 404, 406, 407, 412-416, 421, 432, 434, 436, 453, 493, 507-513, 522, 528, 554, 595, 618, 621-623, 634, 651, 673, 694, 700, 703, 707, 725, 727, 731, 789, 791-793, 799, 811, 825, 837, 856, 907, 911, 939
표상적[현시적] 객체화 512, 515, 532, 607
표상적[현시적] 직접성 501, 516, 519, 520-524, 527, 532-535, 538, 542-563, 571, 573, 574, 583, 613, 614, 646, 650, 967, 975,
프레리, 파울로 973
프리드먼, 알렉산드르 15
플랑크 30, 227, 229, 230, 980

하이데거, 마르틴 79, 82, 492, 893
하츠온, 찰스 81, 747, 826, 894, 897, 898, 900, 903
한정 특성 305, 621-626, 628, 632-635, 637, 639, 642, 660, 663, 665-668, 670, 671, 673-675, 677, 679, 688, 689, 699, 700, 703, 707, 717, 719, 720, 727, 731, 737
한정성 284, 295, 300-302, 337, 364, 380, 398, 404, 405, 412, 414, 421, 468, 469, 606, 621, 633, 731, 735, 736, 737
한정의 형식 281, 283, 284, 295, 302, 303, 337, 338, 391, 394, 417, 469
함석헌 973
합리주의 749, 759, 761, 802, 804, 813, 882, 917, 921, 939-942, 944
- 반합리주의 167, 168
- 비합리주의 168, 279, 491, 802, 804, 940
- 실험 합리주의 11, 169, 170, 376, 461, 941
합생 83, 222, 232, 261, 264, 268-274, 279, 289, 295, 312, 313, 319, 320, 322, 323, 328-331, 339, 349, 351, 354-362, 365, 366, 370, 371, 378-380, 382, 405, 408, 409, 412, 415, 433, 437, 444, 452, 454, 455, 480, 511, 512, 514, 515, 517, 518, 595, 606-608, 670, 689, 698, 720, 723, 725, 728, 777-779, 785, 788, 790, 791, 793, 796, 812, 815, 818-822, 824-826, 831-833, 836, 838-844, 896, 898, 901, 906-912, 915, 916, 929, 932, 933, 937, 945, 968, 985, 987, 988, 993
해머로프, 스튜어트

481, 715, 716, 982, 983
핸슨, 노우드 러셀 125, 488, 489
허블, 에드윈 15, 16, 481
헤겔 35, 59, 68, 132, 739, 741, 819, 987, 988
헤라클레이토스 215, 224, 334, 335, 601, 851, 852
헨리 스탭 481, 482,
현실태 83, 202, 204, 208, 210, 215, 219, 271, 274, 275, 278, 280, 287, 288, 290-292, 294, 298, 308-311, 319, 320, 349, 350, 391-394, 396, 397, 399-403, 405, 406, 411, 416, 417, 436-440, 446, 447, 491, 492, 509, 510, 514, 545, 549, 552, 587, 589, 592, 593, 595, 596, 599-612, 626, 640, 641, 649, 698, 767-769, 774, 781, 785, 786, 790, 792-797, 822, 825, 836, 857, 858, 874, 877, 880-882, 906, 908, 909, 939, 978, 980
현실 계기 51, 201, 202, 205, 215-217, 219, 225, 233-235, 242-244, 246, 252, 259, 261-264, 271, 277, 305, 315, 328, 347, 355, 357, 390, 401, 503, 534, 537, 618, 622, 662, 667, 668, 671, 673, 680, 694, 698, 704, 705, 714, 720, 722, 723, 725, 729, 737, 738, 772, 775-777, 786, 787, 791, 794, 803, 816-820, 822, 825, 830, 832, 833, 843-846, 849, 853, 896, 905, 909, 910, 916, 935, 938, 945
현실 존재 33, 34, 39, 51, 115, 192, 196, 197, 199-220, 222-227, 229, 231-236, 241-244, 246-250, 252, 253, 257-259, 261-264, 267-269, 271-274, 277-282, 284-295, 296, 297, 300-303, 306-313,

318-327, 329-331, 333-336, 338, 341, 343-348, 351, 352, 354, 355, 357, 361, 363-365, 367, 369, 370-374, 377, 383, 390, 392-398, 400, 401, 403, 405, 406, 412, 413, 415, 432, 433, 436, 437, 444, 445, 448, 453, 468, 492, 502, 503, 507, 510, 513, 514, 528, 538, 571, 578, 583, 584, 588, 594, 595, 597, 600, 601, 605-607, 610, 613, 618-622, 625, 627-630, 632, 634, 640, 649, 658, 662, 663, 670, 678, 680, 684, 713, 714, 728, 729, 737, 739, 740-743, 763, 764, 766-780, 783, 785-792, 794, 795, 800-803, 806-810, 817-820, 822, 827, 828, 830-832, 836, 837, 839, 842-845, 847, 864, 893, 895, 896, 903, 905, 906, 908-910, 912, 914-916, 923, 927-940, 945, 948
호감 [애착] 300, 339, 353, 380, 381, 414, 434, 491, 492, 705
호진스키, 토마스 42, 45, 47, 165, 450, 452, 484, 485, 488-490, 494, 668, 981, 986-988
혼성적 느낌[포착] 348, 351, 836
홀라키 722, 727
환각 465, 546, 733
환원론 [환원주의] 42, 367, 369, 370, 488,
획기성 222-224
획기적 219, 222, 223, 224, 234, 253, 268, 355, 358, 482, 725, 776, 876, 988
휠러, 존 아치볼드 40, 482, 483
후성유전학 25, 26, 482, 483
흄, 데이비드 579, 580, 581, 610, 978, 979

500